LA
FRANCE PITTORESQUE
DU MIDI

1re SÉRIE GRAND IN-8°

PROPRIÉTÉ DES ÉDITEURS

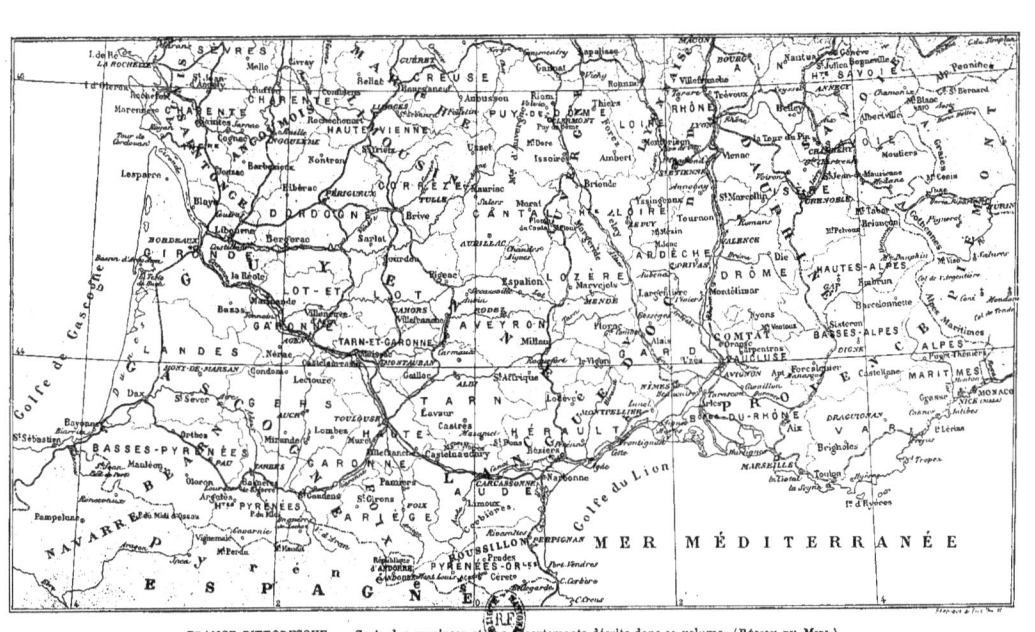

FRANCE PITTORESQUE. — Carte des provinces et des départements décrits dans ce volume. (Région du Midi.)

LA

FRANCE PITTORESQUE

DU MIDI

HISTOIRE ET GÉOGRAPHIE DES PROVINCES

D'AUVERGNE
GASCOGNE, BÉARN, FOIX

LANGUEDOC
ROUSSILLON, COMTAT, NICE

PROVENCE, CORSE
ET DES DÉPARTEMENTS QU'ELLES ONT FORMÉS

PAR ALEXIS-M. G.

Membre des Sociétés de géographie de Paris, de Bruxelles, d'Anvers.
Socio corresponsal de la Sociedad geografica de Madrid, etc.
Auteur de la *France coloniale illustrée*, etc.

TOURS
MAISON ALFRED MAME ET FILS

M DCCCC

La description complète de la FRANCE PITTORESQUE, par F. Alexis-M. G., comprend quatre volumes : le NORD, l'EST, l'OUEST, le MIDI.
Ces quatre parties sont, du reste, entièrement distinctes et indépendantes.

TABLE

DES PROVINCES ET DES DÉPARTEMENTS

COMPRIS DANS CE VOLUME

AUVERGNE	1. PUY-DE-DÔME
	2. CANTAL
GASCOGNE	3. GERS
	4. LANDES
	5. HAUTES-PYRÉNÉES
BÉARN	6. BASSES-PYRÉNÉES
FOIX	7. ARIÈGE
ROUSSILLON	8. PYRÉNÉES-ORIENTALES
	9. HAUTE-GARONNE
	10. TARN
	11. AUDE
LANGUEDOC	12. HÉRAULT
	13. GARD
	14. ARDÈCHE
	15. LOZÈRE
	16. HAUTE-LOIRE
COMTAT	17. VAUCLUSE
	18. BOUCHES-DU-RHÔNE
PROVENCE	19. VAR
	20. BASSES-ALPES
NICE	21. ALPES-MARITIMES
CORSE	22. CORSE

NOTA. — Après une étude générale de la province et du département, la revue des villes et des communes suit dans l'*ordre d'orientation des arrondissements et dans l'ordre alphabétique des cantons*.

Les **chefs-lieux d'arrondissements** sont en caractères **gras**, de même que les localités intéressantes à divers titres. Les CHEFS-LIEUX DE CANTONS sont en PETITES CAPITALES.

Bien qu'on développe de préférence les villes importantes, on cite au moins en note toutes les communes de plus de 1500 habitants avec le chiffre de leur population, d'après le recensement officiel du 31 décembre 1896.

Les petites *cartes des départements* contiennent au moins tous les chefs-lieux de cantons, toutes les communes de plus de 3000 habitants (⊙ rond pointé); en outre, les cotes d'altitude des points culminants, les rivières et les chemins de fer.

LA FRANCE PITTORESQUE
DU MIDI

AUVERGNE

2 DÉPARTEMENTS

PUY-DE-DOME ET CANTAL

Sommaire géographique. — Considérée au point de vue physique et géologique, l'Auvergne est la clef de voûte du Massif Central français, dont l'altitude moyenne est d'environ 800 mètres. Ce Massif Central est, pour le savant Élie de Beaumont, le *pôle répulsif* de la France, par opposition au bassin de Paris, qui en est le *pôle attractif*. « Le premier, dit-il, est une protubérance, une sorte de cône qui est formé de roches dures et relativement peu fertiles; de même que les eaux glissent rapidement sur ses pentes et fuient ses sommets abrupts, de même les habi-

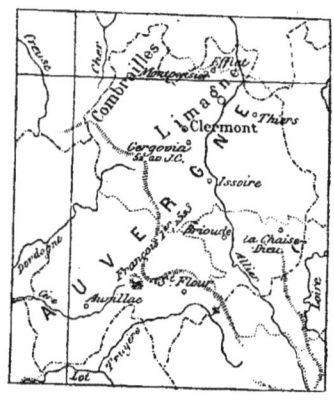

L'Auvergne historique.

tants, rares déjà, s'expatrient volontiers et descendent vers la plaine, où ils trouveront de meilleures conditions d'existence. »

A part la fertile plaine de la Limagne, formée de terrains tertiaires ou d'alluvions, le sol de la province est entièrement couvert par les montagnes granitiques et volcaniques du Forez à l'est, de l'Auvergne à l'ouest et au sud. Celles-ci sont dominées par le puy de Sancy, 1 886 mètres, et le Plomb du Cantal, 1 858 mètres, les points culminants de la France intérieure. Le lieu le plus bas est celui où le Lot abandonne le territoire par 220 mètres.

Les eaux se rendent au nord dans la Loire par l'Allier et ses tributaires, la Dore et la Sioule; à l'ouest dans la Garonne ou la Gironde par le Lot, où se jette la Truyère, et par la Dordogne et son tributaire la Cère.

Le climat du Massif Central, on le sait, comporte des hivers longs et rigoureux. La richesse agricole de la Haute-Auvergne ou du Cantal consiste surtout dans les pâturages, l'élevage des bestiaux et la fabrication des fromages. La Basse-Auvergne, ou le Puy-de-Dôme, produit en abondance des céréales, du vin et des fruits. Du sol on extrait de la houille, du plomb argentifère, des pierres à bâtir. L'industrie proprement dite n'est avantageusement représentée que par la coutellerie de Thiers.

L'Auvergne. — Cette province est certainement l'une des plus intéressantes de la France au point de vue du pittoresque. C'est tout d'abord le pays des *volcans éteints*. « Sur le grand plateau rocheux qu'on nomme le Massif Central, on voit plus de deux cents de ces volcans, grands et petits. Voyez ce paysage rude, sauvage; au loin ces montagnes qu'on dirait à demi écroulées. Au premier coup d'œil reconnaissez-vous leur origine? Observez leur forme de cônes, leurs vastes cratères, les uns parfaitement arrondis, les autres égueulés, ouverts d'un côté par une brèche énorme. Parfois les eaux des pluies ont rempli le cratère, et à la place d'une fournaise de feu il y a un lac froid et paisible. Si vous gravissiez leurs pentes, vous trouveriez sous vos pieds un sol formé de pierres calcinées, croulantes; seulement ces débris sont recouverts presque partout d'herbes ou de mousses. Par la brèche du cratère se sont déversées d'immenses quantités de laves, qui se sont étendues toutes brûlantes en longues et larges *coulées*. Elles forment des étendues rocheuses que les gens du pays nomment *cheires*, et dont la surface inégale, âpre, stérile, est impossible à cultiver, difficile même à parcourir. Autour de ces volcans, d'immenses étendues de pays sont recouvertes de blocs rocheux, de cendres, de cailloux et de laves broyées qu'ils ont autrefois lancés. Des villages, des villes entières même sont bâties avec les laves, qui ont l'aspect de pierres brunes, noires ou rougeâtres et comme rouillées, dures et difficiles à tailler. Parmi les volcans éteints d'Auvergne on cite surtout le groupe des *monts Dômes* et celui des *monts Dore.* » (CH. DELON.)

« L'Auvergne, écrivait George Sand, n'est pas une petite Suisse, comme nous le disons parfois, pensant lui faire honneur. L'Auvergne est l'Auvergne, avec sa grande signification géologique comme Alpe centrale et puissant relief aux doux escaliers. On les gravit sans fatigue et sans vertige, sans songer à la conquête d'une région supérieure, mais avec l'intérêt de bonnes gens montant au faîte de leur maison pour contempler leur jardin. C'est que ce jardin c'est la France, dont une si grande partie va se dérouler sous nos yeux des sommets du vaste Plateau Central. Sur ces paisibles belvédères, nous serons au cœur de la patrie. Nous aurons sous les pieds ces vieux volcans qui nous ont fait émerger du sein des océans et qui nous montrent les traces de leurs formidables vomissements. Leurs puissants massifs sont comme les assises de notre existence même. Les grandes chaînes qui protègent nos frontières sont nos murailles, l'Auvergne est notre forteresse. »

Le Massif Central, dont l'Auvergne occupe le centre, est en effet le vrai foyer de la résistance nationale. L'histoire est ici d'accord avec la science pour démontrer que ce massif fut de tout temps le dernier refuge des défenseurs du pays. En 1814 même, au lendemain de nos désastres, le maréchal Soult ne disait-il pas à ses officiers d'état-major, en leur parlant de l'Auvergne : « Cette région est l'antre du lion : un ennemi peut y pénétrer, mais non en sortir. C'est là qu'après Toulouse, si la paix ne fût venue, je voulais attirer Wellington. »

Historique. — L'Auvergne tire son nom des Celtes *Arvernes*, qui l'habitaient primitivement et furent, jusqu'à l'invasion des Barbares, l'un des peuples les plus puissants et les plus civilisés de la Gaule. Vers l'an 120 avant Jésus-Christ, les Allobroges ayant réclamé leur secours contre les Romains, ils accourent au

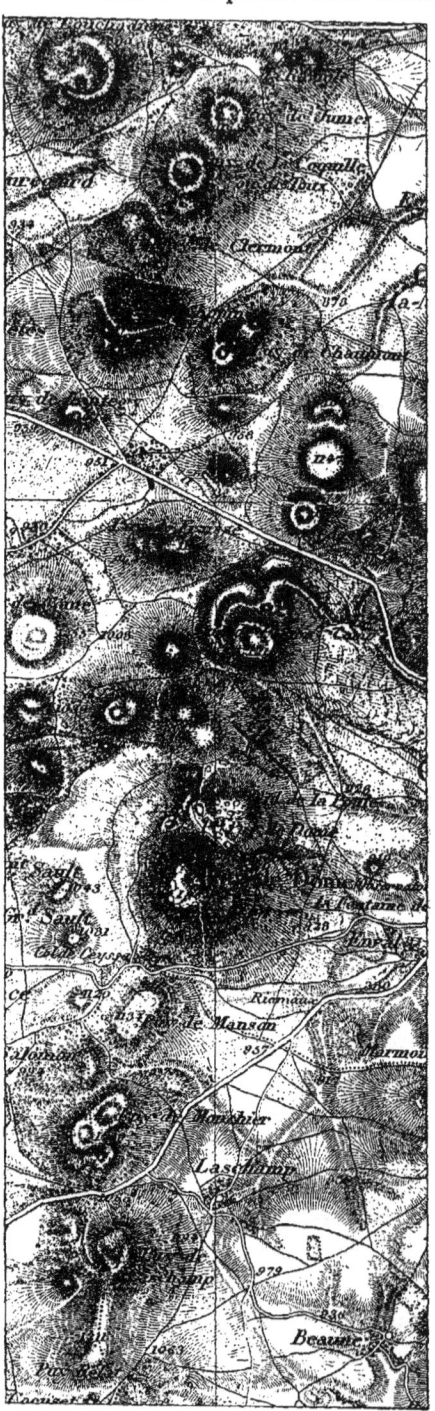

Chaîne des puys d'Auvergne. Carte de l'état-major au 80 000e.

nombre, dit-on, de 200 000, sous la conduite de Bituit; mais ils furent battus près du confluent du Rhône et de l'Isère par les 30 000 légionnaires du consul Fabius Maximus, qui leur tuèrent 120 000 hommes.

« Bituit, pris par trahison, fut envoyé à Rome, traîné au Capitole avec son char d'argent, et mourut prisonnier à Albe. Les vainqueurs n'osaient pas toutefois s'emparer du pays; ce ne fut que soixante ans plus tard que César, qui avait besoin de dominer la Gaule pour devenir maître de la république, s'attaqua au principal centre de résistance des contrées celtiques, à ce « milieu sacré » de la terre gauloise qu'on appelait l'Arvernie.

« Alors se noua la grande conjuration celtique de l'an 53 avant Jésus-Christ. Les Arvernes, résolus à défendre leur indépendance, se groupent autour d'un des leurs, le jeune **Vercingétorix**, c'est-à-dire le « grand chef des cent têtes », que sa haute stature, sa beauté, son adresse aux armes et l'éclair de génie qui brillait dans ses yeux, désignaient d'avance à ce rôle glorieux. A sa voix, tous les gens des montagnes se lèvent; des Dômes, des monts Dore, du Cantal, on descend sur la vallée de l'Allier. Les grands qui veulent s'opposer au complot sont chassés, Vercingétorix est proclamé chef suprême, et vingt nations ratifient ce choix.

« César, qui se trouvait à Rome, se hâte d'accourir. En plein hiver, à travers six pieds de neige, il franchit ces montagnes cévenoles que les habitants de l'Arvernie regardaient comme un rempart inexpugnable, et il va mettre le siège devant *Avaricum* (Bourges), qu'il prend et incendie. Après ce succès sur les Bituriges, alliés et clients de Vercingétorix, il se porte contre Gergovie, la capitale des Arvernes. Cette fois, il est moins heureux. Au bout de plusieurs semaines d'efforts, il se voit contraint de se retirer. Vercingétorix, qui l'a tenu en échec, se lance à sa poursuite et l'atteint près de la Saône. Là se livre une bataille à la suite de laquelle les Gaulois, vaincus, sont obligés de se retirer dans Alésia, sur les pentes du mont Auxois, en Bourgogne. On sait le reste : la forteresse d'Alésia est prise après une résistance héroïque. Vercingétorix, désespérant des destinées de sa patrie, se livre de lui-même au vainqueur; et comme Bituit l'avait été avant lui, le héros de l'indépendance gauloise est emmené à Rome, puis remis aux mains du bourreau après six ans de captivité dans les cachots du Capitole. »   (J. GOURDAULT, *la France pittoresque*.)

Bien traitée par les Romains, l'Auvergne adopta leur civilisation, et Gergovie détruite fut remplacée par *Augustonemetum*, qui devint Clermont. Au IIIe siècle, saint Austremoine et saint Nectaire y apportèrent la religion chrétienne, ce qui eut notamment pour conséquence l'abandon et la destruction du grand sanctuaire païen élevé à Mercure Dumiate sur le puy de Dôme. Incorporée par Honorius dans l'Aquitaine Ire, l'Auvergne était en pleine prospérité quand apparurent les Barbares au Ve siècle. Elle échut aux Francs après leur victoire de Vouillé; mais les déprédations qu'y exerça Thierry d'Austrasie l'indisposèrent pour longtemps contre nos rois. Aussi Pépin le Bref dut-il s'emparer d'une foule de petites places fortes qui avaient pris parti pour Waïfre, duc d'Aquitaine. Puis ce furent les Sarrasins et les Normands qui ravagèrent le pays.

Le puy de Sancy (1886m), le puy de l'Aiguiller et le Creux-d'Enfer.

Malgré ces calamités, l'Auvergne redevint, du Xe au XIe siècle, un foyer de lumières, grâce à ses abbayes où se cultivaient les sciences, les lettres et les arts; il s'y éleva alors des églises très remarquables, dans un style architectural local, désigné sous le nom de « roman auvergnat ». Ce fut à Clermont que le pape Urbain II réunit, en 1095, la grande assemblée d'évêques et de seigneurs qui décida la première croisade. Cependant la féodalité avait jeté de profondes racines dans la contrée, où elle était protégée par les montagnes et des forteresses réputées inexpugnables. Après avoir nominalement reconnu au XIIe siècle la suzeraineté des ducs d'Aquitaine, rois d'Angleterre, elle fit de même à l'égard de saint Louis; mais ce fut seulement sous Henri IV et Louis XIII que la royauté parvint à détruire les manoirs féodaux qui entretenaient au cœur de la France des foyers de résistance, souvent de brigandages, dont les guerres de Cent ans et de Religion avaient fait comprendre tout le danger. Les grands-jours, tenus à Clermont dès 1665, achevèrent cette œuvre de justice nécessaire. Six ans auparavant avait été organisé le gouvernement d'Auvergne, qui ressortissait au parlement de Paris.

Parmi les principaux fiefs qui se partagèrent cette contrée, on distinguait le *comté d'Auvergne* (capitale Vic-le-Comte), qui entra au XIVe siècle dans la maison de la Tour, connue depuis sous le nom de la Tour-d'Auvergne; réuni à la couronne en 1610, il fut ensuite apanagé à la maison de Bouillon jusqu'en 1789; — le *dauphiné d'Auvergne* (capitale Vodable, puis Issoire), confisqué par François Ier sur le connétable de Bourbon, et apanagé à la maison d'Orléans depuis Louis XIII jusqu'à la Révolution; — le *duché-pairie d'Auvergne* (capitale Riom), érigé en 1360, réuni définitivement en 1610 par la cession qu'en fit Charles d'Angoulême; — le *comté de Clermont*, possédé par les évêques jusqu'en 1552; — les *duchés de Mercœur* et *de Montpensier*, supprimés l'un en 1772, l'autre en 1789; — le *comté de Carlat* et la *seigneurie de Murat*.

Au point de vue topographique, il y avait la *Basse-Auvergne*, capitale Clermont, qui l'était aussi de toute la province, et la *Haute-Auvergne*, capitale Aurillac. Leurs sous-régions étaient : la *Limagne* ou Val d'Allier, capitale Clermont; le *Livradois* (Ambert), le *Tallendais* (Saint-Amant-Tallende), l'*Ussonnais* (Usson), la *Chandesse* (Besse), le *Randanais* (Randan), le *Brivadois* (Brioude), le *Langadais* (Langeac), le *Féniers* (Condat), le *Veynazès* (Montsalvy), la *Planèze* (entre Murat et Saint-Flour). — Le *Combrailles* (Évaux et Chambon) fut rattaché tantôt à la Marche, tantôt à l'Auvergne.

En 1790, on forma dans ce pays les départements du *Puy-de-Dôme* (Basse-Auvergne) et celui du *Cantal*, puis l'arrondissement de Brioude et un tronçon de l'Allier (Haute-Auvergne).

L'Auvergnat. — S'il est en France un peuple immuable, un peuple qui ne varie point, c'est sans doute le peuple auvergnat. Ce qu'ont écrit dans tous les temps sur son caractère et sur ses mœurs les observateurs judicieux qui l'ont étudié, est encore aujourd'hui juste et vrai. « Les gens de la Limagne, disait d'Ormesson, un des intendants de l'Auvergne, sont laborieux, mais pesants. Au contraire, ceux de la montagne sont vifs et industrieux, et subsistent abondamment des ventes de leur bétail et du fromage; mais l'Auvergnat, rude dans ses mœurs, est néanmoins naturellement bon. A ceux qui respectent sa susceptibilité il se montre tel qu'il est, officieux, obligeant et même généreux. Rarement il refuse l'aumône à un pauvre. A la vérité, pauvre lui-même, ce n'est point de l'argent qu'il lui donne; mais il partage son pain et sa soupe avec le malheureux et lui donne charitablement l'hospitalité. »

« L'Auvergne, dit Michelet, pays froid sous un ciel déjà méridional, où l'on gèle sur les laves. Aussi, dans les montagnes, la population reste l'hiver presque toujours blottie dans les étables, entourée d'une chaude et lourde atmosphère. Chargée, comme les Limousins, de je ne sais combien d'habits lourds et pesants, on dirait une race méridionale grelottant au vent du nord, et comme resserrée, durcie sous ce ciel étranger. Vin grossier, fromage amer comme l'herbe d'où il vient. Ils vendent aussi leurs laves, leurs pierres ponces, leurs pierreries communes, leurs fruits communs, qui descendent de l'Allier par bateau. Le rouge est la couleur qu'ils préfèrent; ils aiment le gros vin rouge, le bétail rouge. Et pourtant il y a une force réelle dans les hommes de cette race, une sève amère, acerbe peut-être, mais vivace comme l'herbe du Cantal. »

« On sait que l'émigration annuelle du centre est très considérable. Les Auvergnats parcourent en colporteurs toutes les parties de la France, et on les trouve partout à Paris: ils se rendent aussi jusqu'en Suisse, en Belgique, en Hollande. Avant le milieu du siècle, l'émigration annuelle était naturellement réglée par des habitudes invariables. Ceux qui partaient en automne revenaient au printemps, après avoir suivi l'itinéraire accoutumé, rapportant en moyenne un pécule de cent ou deux cents francs, soit ensemble un million et demi; puis en été ils vaquaient au travail de leurs champs, toujours conformément à la vieille routine. Même loin de ses montagnes, l'Auvergnat tenait à ses mœurs avec une sorte d'âpreté: il feignait de ne rien voir et de ne rien comprendre; il restait partout un étranger, ne visant qu'à une chose: l'accroissement de ses profits, acquis sans fraude, mais avec une sorte de férocité. Il gardait ses qualités naturelles, sa droiture, sa franchise, sa pratique de l'hospitalité. De nos jours l'émigration a partiellement changé de caractère; elle est devenue durable pour un très grand nombre des expatriés, et ceux-ci, entrant définitivement dans un milieu nouveau, se font citoyens de la France par les mœurs et la manière de penser. »   (Élisée Reclus, *Géographie univ.*)

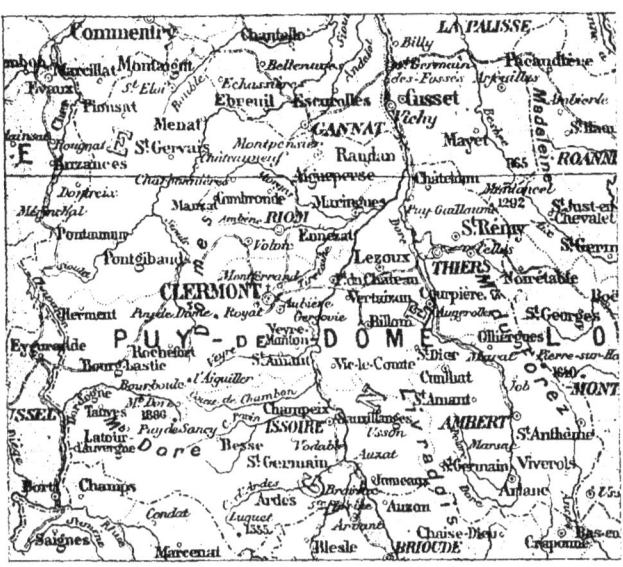

PUY-DE-DÔME

4 ARRONDISSEMENTS, 50 CANTONS, 470 COMMUNES, 555100 HABITANTS

Géographie. — Le département du *Puy-de-Dôme* est ainsi nommé du cône volcanique qui domine la ville de Clermont-Ferrand. Il comprend la presque totalité de la *Basse-Auvergne* avec des portions du Bourbonnais et du Forez. C'est le 10e de France par sa superficie, qui est de 8 004 kilomètres carrés.

A part la célèbre plaine alluviale de la Limagne, ou vallée de l'Allier, ancien lac desséché large de 5 à 20 kilomètres, ce territoire est entièrement montagneux. A l'ouest, un plateau granitique de 1 000 mètres d'altitude y supporte les chaînes volcaniques des *Dore* et des *Dômes*. Parmi les premiers, situés au sud, trône le *puy de Sancy* (1 886 mètres), culmen de la France centrale, qui cependant a dû être dans l'origine plus élevé encore. En effet, on considère comme le cratère fortement ébréché de ce volcan la vallée même de la Dordogne naissante, au fond de laquelle gîtent le village du Mont-Dore, qui a dénommé le massif, et celui de la Bourboule, tous deux connus par leurs eaux minérales. Les bords du cratère présentent, outre le Sancy, plusieurs autres sommets rapprochés, tels que le puy Ferrand, le Cacadogne, le Capucin, le puy Gros, le puy de l'Aiguiller [1].

---

[1] *Puy*, en latin *podium*, en celtique *puech*, en italien *poggio*, signifie hauteur, colline, mont.

Les monts **Dômes**, situés entre l'Allier et son affluent la Sioule, s'étendent du nord au sud sur une longueur de 30 kilomètres; ils se composent d'une soixantaine de cônes volcaniques dénudés ou boisés, lesquels émergent d'une hauteur variant de 150 à 500 mètres au-dessus du plateau qui leur sert de base. Leurs cratères, plus ou moins déformés, ont donné naissance à des lits de pouzzolane et à des coulées de lave ou *chéires*,

Le puy de Dôme (1465m), surmontant le plateau.

dont la plus célèbre est exploitée depuis des siècles sous le nom de pierre de Volvic. Le **puy de Dôme** (1465 mètres), qui s'élève majestueusement au-dessus de Clermont, diffère de ses voisins par son élévation plus grande, sa forme arrondie sans cratère et ses roches de trachyte ou « domite », qui semblent être sorties du plateau à l'état pâteux. Les autres puys

Vue de la chaîne des puys d'Auvergne (du puy Chopine au puy de Dôme).

les plus remarquables sont : le petit puy de Dôme, avec son cratère du Nid de la Poule; les puys de Pariou et de Louchadière, dont les cratères ont 90 et 160 mètres de profondeur; le puy de la Nugère, d'où est sortie la lave de Volvic; les puys Chopine, de Côme, de la Vache et de Gravenoire.

Au sud des monts Dore, les monts granitiques et dénudés du Cézallier s'élèvent à 1555 mètres au Luguet, tandis que sur la frontière orientale les monts du **Forez** atteignent 1640 mètres à la cime de Pierre-sur-Haute, et les Bois-Noirs 1292 au puy de Montoncel.

Des vallées profondes et des ravins, des cascades, des lacs, qui souvent occupent le fond des cratères, achèvent de rendre ce département l'un des plus pittoresques de notre pays. Son point le plus bas, 268 mètres, est marqué par la sortie définitive de l'Allier; son altitude moyenne est d'environ 600 mètres, celle de la Limagne de 310 mètres; Clermont-Ferrand est à 407 mètres, Thiers à 300-400 mètres d'altitude.

Hydrographie. — A part la *Dordogne* supérieure et son affluent le *Chavanon*, qui appartiennent au bassin de la Gironde, presque tous les

cours d'eau se dirigent vers la Loire par l'**Allier,** qui parcourt ici une centaine de kilomètres, en arrosant la belle et fertile Limagne, où il laisse à quelque distance les villes d'Issoire, de Clermont et de Riom. Ses principaux tributaires sont: l'*Alagnon*, les Couzes d'Ardes, Pavin ou d'Issoire et de Chambon; la *Morges*, où afflue le Bédat, grossi de la Tiretaine et de l'Ambène, riviérettes de Clermont et de Riom; la *Dore*, superbe rivière de 135 kilomètres, qui arrose Ambert et s'adjoint la Dolore, ainsi que la pittoresque Durolle, venue de Thiers; enfin, hors du territoire, la *Sioule*, où se jette le Sioulet. Le *Cher* court quelque peu sur la frontière nord-ouest.

Parmi les nombreux petits *lacs* de montagnes, vieux cratères ou réservoirs arrêtés par des laves, le plus remarquable est le *Pavin*. Situé à

1197 mètres d'altitude, il dort dans un cirque de parois escarpées, revêtues de sapins et de hêtres; sa surface est de 42 hectares, sa profondeur de 94 mètres. Citons encore les lacs Chambon, Bourdouze, Chauvet, Montcineyre, Aydat et de Servières.

Climat et productions. — Le climat du Puy-de-Dôme est essentiellement continental; de plus, grâce à la forte pente du terrain, qui est de 1 600 mètres, il est brusque et changeant, très froid partout en hiver, froid même en été, le matin et le soir, sur les plateaux et les montagnes : tel est le climat dit du Massif Central, d'ailleurs très sain et, dans les plaines, souvent très chaud. Il tombe annuellement près d'un mètre de pluie sur les hauteurs, et un peu plus de la moitié seulement dans la Limagne.

Sous le rapport agricole, le Puy-de-Dôme se divise en trois zones. La première comprend principalement la plaine de la Limagne, qui produit en abondance du blé, du chanvre, des fruits et des légumes de toute espèce, tandis que les coteaux qui la bordent sont couverts d'excellents vignobles. La zone moyenne, qui s'étend entre 400 et 1200 mètres d'altitude, fournit du blé noir, du seigle, de l'orge et de l'avoine. La zone supérieure est caractérisée par les pâturages, qui nourrissent un nombreux bétail; par les landes et bruyères, où l'on recueille beaucoup de plantes médicinales, et par les forêts, qui couvrent près de 100 000 hectares, grâce à un reboisement persévérant. Une école pratique d'agriculture fonctionne à la Mollière, près Billom.

Riche en minéraux de toutes sortes, le département extrait environ 200 000 tonnes de houille, des bassins de Brassac, Bourg-Lastic et Saint-Éloy; le plomb argentifère des environs de Pontgibaud, la pierre de Volvic, des schistes et sables bitumineux, des améthystes, rubis, agates, servant à fabriquer les « bijoux d'Auvergne ». Parmi ses **nombreuses sources minérales**, si fréquentées non seulement pour leurs vertus thérapeutiques, mais encore pour la beauté des sites, on connaît surtout celles du Mont-Dore, de la Bourboule, de Saint-Nectaire et de Royat. L'industrie produit la coutellerie commune et les papiers de Thiers, les dentelles et guipures d'Arlanc, les peaux chamoisées et mégissées de Maringues, les pâtes alimentaires et les pâtes d'abricots de Clermont, les fromages, l'huile de noix, le sucre de betterave et les produits chimiques.

Les habitants. — Après avoir gagné 94 000 âmes de 1801 à 1846, le Puy-de-Dôme en a perdu 48 600 jusqu'en 1896, par suite des nombreuses émigrations définitives vers Paris et ailleurs; définitives, car il y a en outre beaucoup d'émigrations temporaires d'octobre à mai, naturellement dans le but de trouver un travail rémunérateur. Le dernier recensement accusait 555 100 habitants sur l'ensemble du territoire, ou 69 par kilomètre carré, ce qui place le département à cet égard au 16e et au 28e rang. Beaucoup de gens parlent encore uniquement le patois auvergnat. Les étrangers sont environ 1150, et les protestants 800.

Personnages. — Vercingétorix, le héros gaulois, mort en l'an 46 avant Jésus-Christ. Saint Grégoire de Tours, évêque et historien, né à Clermont, mort en 595. Saint Étienne de Muret, fondateur de l'ordre de Grandmont, né à Thiers, mort en 1124. Pierre le Vénérable, abbé de Cluny, né à Brousse, mort en 1156. Le cardinal Duprat, chancelier, né à Issoire, mort en 1535. Le chancelier Michel de l'Hospital, né à Chaptuzat, mort en 1573. La vénérable Louise de Marillac, co-fondatrice des sœurs de

Blaise Pascal, né à Clermont.

Charité, née à Montferrand, morte en 1660. Le savant Blaise Pascal, mathématicien, philosophe et littérateur, né à Clermont, ainsi que le jurisconsulte Domat, morts en 1662, 1696. Delille, poète didactique, né à Aigueperse, mort en 1785. Le conventionnel Couthon, né à Orcet, mort en 1794, ainsi que l'amiral d'Estaing, né au château de Ravel. Le marquis de Bouillé, si dévoué à Louis XVI, né au château de Cluzel, mort en 1800. Le général Desaix, né au château d'Ayat, tué à Marengo (1800). De Barante, historien et homme politique, né à Riom, mort en 1866.

Administrations. — Le Puy-de-Dôme forme l'évêché de Clermont, ressortit à la cour d'appel de Riom, à l'académie de Clermont, à la 13e région militaire (Clermont), à la 10e région agricole (Est-Centrale), à la 21e conservation forestière (Moulins) et à l'arrondissement minéralogique de Clermont. Il comprend 5 arrondissements : *Clermont-Ferrand, Riom, Thiers, Ambert, Issoire*, avec 50 cantons et 470 communes.

I. **CLERMONT-FERRAND**, chef-lieu du département[1], est une cité de 50000 âmes, dont le double nom vient de la réunion administrative, en 1731, de la ville de *Clermont* avec sa voisine *Montferrand*. Clermont, considéré seul, est magnifiquement situé au bord de la fertile plaine de la Limagne et dans un vaste bassin demi-circulaire formé par des montagnes que domine le puy de Dôme : c'est là qu'il s'élève, à 417 mètres d'altitude, sur une colline baignée par la Tiretaine. Bâti en pierre de Volvic, Clermont présente un aspect assez sombre; mais il a de beaux monuments, dont les principaux sont deux églises : la cathédrale gothique de Notre-Dame, surmontée de deux tours avec flèches hautes de 108 mètres, et qui, commencée en 1248, n'a été achevée que de nos jours; l'église Notre-Dame-du-Port, des XIe-XIIe siècles, l'un des prototypes existants de l'architecture romane auvergnate. On remarque encore le musée et le jardin botanique, la fontaine de Jacques d'Amboise, les places ornées des statues de Desaix et de Pascal, l'aquarium de l'école de pisciculture, la fontaine incrustante de Saint-Allyre, dont les sédiments ont formé deux ponts naturels sur la Tiretaine, et donnent lieu à un commerce d'objets en apparence pétrifiés. Clermont possède une manufacture de vitraux peints, des fonderies

Cathédrale de Clermont-Ferrand.

[1] Arrondissement de CLERMONT-FERRAND : 14 *cantons*, 120 communes, 175030 habitants.
Cantons et communes principales : 1-4. *Clermont-Ferrand*, 50870 habitants; Aubière, 3250; Aulnat, 1200; Beaumont, 1390; Blanzat, 1120; Cébazat, 1750; Ceyrat, 1190; Chamalières, 2700; Gerzat, 2140; Nohanent, 1010; Orcines, 1620; Romagnat, 1580; Royat, 1530; Saint-Genès, 1760; Sayat, 1110. — 5. *Billom*, 3250; Égliseneuve, 1230; Saint-Julien, 1510. — 6. *Bourg-Lastic*, 1560; Meisseix, 2100. — 7. *Herment*, 520. — 8. *Pont-du-Château*, 3310; Cournon, 2080; Dallet, 1020; Lempdes, 1380. — 9. *Rochefort-Montagne*, 1430; Bourboule (La), 2000; Gelles, 1740; Mont-Dore, 1870; Orcival, Perpezat, 1100. — 10. *Saint-Amant-Tallende*, 1540; Aydat, 1440; Chanonat, 1010; Saint-Sandoux, 1030; Saint-Saturnin, 1110. — 11. *Saint-Dier*, 1390; Domaize, 1090; Saint-Jean, 1720; Sugères, 1230; Tours-sur-Meymont, 1780; Trézioux, 1150. — 12. *Vertaizon*, 1910; Beauregard, 1150; Chauriat, 1270; Mezel, 1010; Moissat, 1190; Ravel. — 13. *Veyre-Monton*, 1840; Cendre (Le), Martres, 1740; Plauzat, 1410; Roche-Blanche (La), 1370. — 14. *Vic-le-Comte*, 2510; Isserteaux, 1070; Manglieu, 1080; Mirefleurs, 1090; Sallèdes, 1040.

et des ateliers de grosse chaudronnerie ; mais il est surtout renommé pour ses pâtes alimentaires, ses confitures et ses pâtes d'abricots, que l'on expédie jusque dans le Levant. C'est en même temps le grand marché des produits de l'Auvergne.

Après la destruction de *Gergovia* par César, Clermont, sous le nom de *Nemetum*, puis d'*Augustonemetum*, devint la capitale des Arvernes et fut embellie de monuments par les Romains. La cité fut d'abord très prospère, à cause du voisinage du grand sanctuaire national de Mercure Dumiate.

« Sachant, dit Malte-Brun, que les Romains avaient pour habitude de bâtir leurs temples sur les hauteurs, on supposait que le sommet du puy de Dôme n'avait pas dû échapper à cette destination religieuse ; cette supposition s'est trouvée confirmée lorsqu'en 1874 on a creusé les fondations de l'observatoire météorologique qui le couronne aujourd'hui. On a, en effet, trouvé des ruines et des débris de constructions antiques. Ces ruines proviennent d'un temple païen dont la construction semble remonter au premier siècle qui suivit la conquête romaine. On y a trouvé des échantillons de marbre de toute nature et des fragments de statues et d'objets d'art. Sur un cartouche en bronze on a pu lire l'inscription suivante : *Numini Augusti et Deo Mercuri Dumicati Matutinus Victorinus* DD. (Matutinus Victorinus a élevé ce monument au dieu tutélaire d'Auguste et à Mercure du Puy). Au moyen âge, on éleva sur le sommet de la montagne une chapelle à saint Barnabé, qui devint un lieu de pèlerinage. » Là aussi Pascal et Périer firent leurs expériences barométriques, qui mirent hors de doute la pesanteur de l'air.

C'est au IIIe siècle que le grand bienfait du christianisme fut apporté à Clermont par saint Austremoine, son premier évêque, qui souffrit le martyre aux environs d'Issoire. Saccagée à plusieurs reprises par les Barbares et les Normands, la cité fut reconstruite au IXe siècle sous le nom de *Clarus mons*. En 1095 eut lieu, sous la présidence du bienheureux Urbain II, le célèbre concile de Clermont, dans lequel fut décidée la première croisade. En 1126, Louis le Gros s'empara de la ville sur le comte d'Auvergne, et la remit à son évêque, le légitime possesseur. Celle-ci, toujours fidèle à la cause royale, contrairement à Riom sa rivale, fut définitivement réunie à la couronne au XVIe siècle. Lors de la formation des grands gouvernements, elle devint la capitale de celui d'Auvergne. En 1665, s'y tinrent les grands-jours, dont Fléchier se constitua l'historien.

Concile de Clermont. — « Le 18 novembre de l'an 1095, dans cette ville où, six siècles auparavant, saint Sidoine Apollinaire avait longtemps arrêté les flots envahissants de la barbarie, on vit se réunir autour du pape une assemblée telle qu'il s'en était tenu rarement de pareille dans le monde. Malgré les rigueurs de la saison, quatorze archevêques, deux cent vingt-cinq évêques, quatre-vingt-dix abbés et un grand nombre de seigneurs, de bourgeois et de serfs, étaient au rendez-vous. Dominant de sa haute taille cette multitude déjà électrisée par les paroles émouvantes de Pierre l'Ermite, Urbain II prononça un admirable discours : il montra l'Orient aux mains des infidèles, Jérusalem sous le joug de Mahomet, le tombeau du Christ profané, les chrétiens de Palestine dans les fers, les hordes musulmanes couvrant l'Asie et prêtes à déborder l'Europe. « Pour

Clermont. — Notre-Dame-du-Port, style roman auvergnat.

« conjurer ces maux, il n'y a qu'un parti à prendre, s'écriait le saint pape
« en terminant son discours, c'est d'aller frapper au cœur l'ennemi du
« nom chrétien, en replantant la croix au sommet de la ville sainte. *Dieu*
« *le veut !* car Dieu veut le règne de son Christ. » — « Dieu le veut ! Dieu
« le veut ! » (*Diex el volt !*) répètent tous les assistants, et ce cri retentit
au loin dans la cité de Clermont et jusque sur les montagnes du voisinage.
Une multitude de fidèles firent serment de marcher à la délivrance de la
Terre-Sainte, et ils prirent pour marque de leur engagement une croix
rouge attachée à l'épaule droite, ce qui leur fit donner le nom de Croisés.
On appela aussi croisade la guerre sainte qu'ils allaient faire aux musul-

mans. Le jeune duc de Lorraine, Godefroi de Bouillon, fut l'un des premiers à prendre la croix; peu de temps après il avait groupé autour de lui dix mille cavaliers et soixante-dix mille fantassins.

« Le bienheureux Urbain II promit aux croisés la rémission des peines qu'ils avaient encourues par leurs péchés, et il menaça d'anathème ceux qui porteraient préjudice à leurs biens ou à leur famille pendant leur absence. Ce grand Français, comme on l'a si justement appelé, employa une année entière à prêcher la croisade sur différents points de la France, laissant partout le souvenir ineffaçable de sa piété et de son zèle. A Toulouse, il consacra la belle église de Saint-Sernin, qui venait d'être reconstruite. On le vit aussi à Avignon, dans l'antique basilique de Notre-Dame-des-Doms; à Nîmes, à Limoges, où il fit la consécration de la nouvelle église élevée en l'honneur de saint Martial; à Poitiers, à Angers, à Tours, etc. Partout il retrouvait le souvenir de nos saints de France, et plaçait sous leur protection sa glorieuse entreprise. » (I. VERNY, *les Saints de France*.)

Montferrand, bien que réuni à Clermont, est une ville d'origine féodale d'une physionomie parfaitement distincte. Bâti sur un monticule de 380 mètres environ, à 3 kilomètres au nord-est de Clermont, il renferme de nombreuses maisons fort intéressantes du moyen âge et du XVIe siècle, dont les plus connues sont les maisons dites de l'Éléphant, de l'Apothicaire et du sire de Beaujeu. De cette époque on remarque encore une partie des remparts, les restes d'une commanderie et surtout l'église, ancienne collégiale au riche portail gothique. — Montferrand, ainsi nommé du seigneur Ferrand, fut, après avoir passé en diverses mains, vendu à Philippe le Bel en 1298, et depuis lors souvent apanagé par les rois de France. Devenue place forte, cette ville fut souvent assiégée du XIe au XVIe siècle. Durant les deux siècles qui suivirent, elle prospéra par son industrie et son commerce; mais cette prospérité excita la jalousie de la capitale auvergnate, qui obtint un décret d'annexion en 1731. Pour consoler de la perte de leur autonomie les populations incorporées, on joignit les noms des deux villes; d'où la dénomination de Clermont-Ferrand.

Chamalières, faubourg de Clermont, est peut-être ainsi nommé d'un dépôt de chameaux des Arabes, qui habitèrent longtemps ce lieu et y eurent une forteresse dont il reste la « tour des Sarrasins ».

Royat, à 2 kilomètres sud-ouest, au milieu de sites pittoresques où naît le Tiretaine, possède deux établissements thermaux alimentés par quatre magnifiques sources alcalines-ferrugineuses de 25 à 35°, une église fortifiée des XIe-XIIe siècles, une grotte où jaillissent sept sources en forme de jets d'eau, et de superbes hôtels récemment construits : ce qui fait de Royat une cité balnéaire ravissante.

BILLOM, bâtie en pierre de Volvic dans une vallée de la Limagne, dont elle se disait jadis la capitale, est un des principaux marchés d'Auvergne et fabrique de la poterie, des tuiles et des briques. Ville très ancienne, elle eut dès 1455 une université qui devint plus tard un florissant collège des Jésuites. On y a installé une école militaire préparatoire pour le génie et l'artillerie. Son église Saint-Cerneuf, du xi⁰ siècle, est un type intéressant du style roman auvergnat.

Bourg-Lastic, à 2 kilomètres de Chavanon, est le centre d'un bassin houiller exploité notamment à *Messeix*. — Au nord, Herment, près du Sioulet, est une ancienne baronnie de la maison Rohan-Soubise.

Pont-du-Chateau, en amphithéâtre au-dessus de la rive gauche de l'Allier, était autrefois une place forte qui fut prise par Louis le Gros en

L'ancien village de Mont-Dore-les-Bains, et vue du puy de Sancy.

1126, et par Philippe-Auguste en 1212. Restes du château de Canillac. Mine de bitume, ainsi qu'à *Lempdes* et *Dallet*. — Plus au sud, le bourg de *Cournon* fabrique du vin, de l'huile et du sucre.

Rochefort, dans une vallée profonde, conserve sur un rocher volcanique de belles ruines d'un château qui appartint d'abord aux dauphins d'Auvergne. Grottes basaltiques et pierre branlante du Deveix. — A l'est, *Orcival* possède une statue de la Vierge, but d'un pèlerinage célèbre dans la région.

Le **Mont-Dore,** dans le massif de même nom, dominé par le puy de Sancy, jouit d'une renommée plus étendue encore, mais à un titre bien différent : c'est une importante station thermale, située par 1 050 mètres d'altitude sur la Dordogne naissante, au milieu de nombreuses curiosités naturelles : pics, puys, gorges, lacs et cascades. Les sources qui alimentent son grand établissement sont bicarbonatées, arsenicales ou ferrugineuses et d'une température variant de 12º à 46º. Elles furent connues des Romains, comme l'attestent des restes de thermes. — *La Bourboule*, à 8 kilomètres en aval et à 200 mètres plus bas, est une ville d'eaux récente, presque aussi renommée, où se trouvent trois établissements de bains.

Saint-Amant-Tallende, sur la Veyre, possède des papeteries; — *Saint-Saturnin*, les vastes ruines d'un château fort; — *Aydat*, le tombeau de saint Sidoine Apollinaire, évêque de Clermont et historien; — Saint-Dier, une église fortifiée des xiᵉ-xviᵉ siècles.

Beauregard-l'Évêque, au canton de Vertaizon, doit son origine et son nom à un château des anciens évêques de Clermont, de la terrasse duquel on voit onze villes et une centaine de bourgs ou villages. Le savant et pieux Massillon y mourut en 1742; mais il fut inhumé dans sa ville épiscopale, qui l'avait en grande vénération et affection. — *Chauriat* possède une église romane (mon. hist.); — et *Ravel,* un château flanqué de tours, où naquit en 1719 l'amiral d'Estaing.

Veyre-Monton est formée de deux agglomérations principales, situées l'une sur la Veyre, l'autre sur le puy de Monton, que couronne une Vierge colossale mesurant, avec son piédestal, 21 mètres de hauteur.

C'est sur la commune de la *Roche-Blanche* que se trouve la montagne de Gergovie, célèbre pour avoir porté l'oppidum arverne de *Gergovia*, défendu victorieusement par Vercingétorix contre César, en 52 avant Jésus-Christ. Situé à 7 kilomètres sud-est de Clermont, cette montagne, isolée de tous côtés, mesure 1500 mètres de long sur 600 de large, et 744 mètres d'altitude, soit 400 mètres au-dessus de la plaine environnante. Aujourd'hui il ne reste que quelques traces de l'oppidum, mais on a retrouvé de nombreux objets qui sont au musée de Clermont. On croit avoir reconnu le camp principal de César à Gondole, près du *Cendre*.

Vic-le-Comte, non loin de l'Allier, doit son surnom aux comtes d'Auvergne, dont il était la capitale. De leur château il reste principalement une sainte chapelle très remarquable de la Renaissance. Eaux minérales de Sainte-Marguerite. — *Manglieu* conserve l'église d'une abbaye de bénédictins fondée en 633.

II. **RIOM**, sous-préfecture de 11000 âmes[1], est située par 360 mètres d'altitude sur l'Ambène, à 13 kilomètres au nord de Clermont, dans une

---

[1] Arrondissement de Riom : 13 *cantons*, 137 communes, 140250 habitants.
Cantons et communes principales : 1-2. *Riom*, 11130 habitants; [Châteaugay, 1220; Châtelguyon, 1620; Enval, Mozac, 1090; Saint-Bonnet, 1330; Volvic, 3680. — 3. *Aigueperse*, 2330; Artonne, 1410; Aubiat, 1100; Chaptuzat, Effiat, 1210; Montpensier, Thuret, 1190. — 4. *Combronde*, 2050. — 5. *Ennezat*, 1210; Saint-Beauzire, 1360; Saint-Ignat, 1530. — 6. *Manzat*, 2010; Charbonnières-lès-Varennes, 1680; Charbonnières-les-Vieilles, 2070; Châteauneuf, Loubeyrat, 1190; Saint-Georges, 1510. — 7. *Menat*, 1340; Blot, 1090; Servant, 1580. — 8. *Montaigut*, 1880; Lapeyrouse, 1530; Saint-Eloy, 4510; Virlet, 1030. — 9. *Pionsat,* 2150; Saint-Maurice, 1640. — 10. *Pontaumur*, 1020; Condat, 1200; Giat, 2090; Miremont, 1130; Montel, 1310. — 11. *Pontgibaud*, 1000; Bromont, 1720; Chapdes, 1680; Cisternes, 1200; Goutelle (La), 1130; Saint-Ours, 1790; Saint-Pierre. — 12. *Randan*, 1700. — 13. *Saint-Gervais*, 2460; Ayat, Charensat, 1730; Espinasse, 1110; Saint-Priest, 1800.

région également agréable et fertile, à la base de la même chaîne de montagnes basaltiques. Cette ville est régulièrement bâtie, et ses constructions en lave de Volvic lui donnent un aspect sévère. On y trouve d'intéressants monuments. Les deux principales églises sont de beaux spécimens : l'une, Saint-Amable, de l'art des xie-xiiie siècles; l'autre, Notre-Dame-du-Marthuret, du style ogival flamboyant. A la porte de cette dernière est une Vierge dite à l'Oiseau, vénérée depuis plus de quatre siècles par les Riomois. Au palais de justice, qui fut jadis un château ducal, est attenante une Sainte-Chapelle gothique fort remarquable. De la Renaissance existent un grand nombre de maisons, l'hôtel de ville, dit des Consuls, et un beffroi. Riom, siège d'une cour d'appel, est surtout une ville de magistrature; elle possède une maison centrale de détention, une manufacture de tabac, des fabriques de toiles communes, de pâtes alimentaires et de fruits confits. Ancienne *Ricomagus*, elle fut la capitale du duché d'Auvergne, créé en 1360 et réuni définitivement à la couronne en 1610.

Mozac, faubourg de Riom, conserve l'église d'une ancienne abbaye de bénédictins, fondée au vi^e siècle par saint Calamin, « sénateur d'Auvergne, » dont les reliques sont vénérées dans un beau reliquaire en émail limousin.

Au nord-ouest, *Châtelguyon* utilise dans deux établissements thermaux plusieurs sources ferrugineuses bicarbonatées, chlorurées sodiques et gazeuses, qui sont laxatives, toniques et reconstituantes. Ces eaux (35°), qui jaillissent dans une vallée ravissante, rivalisent, dit-on, avec les sources de Carlsbad et de Marienbad, en Bohême.

Volvic doit son importance à sa situation au pied du puy de la Nugère, dont le courant de lave ou chéire est exploité en grand depuis des siècles comme carrières de pierres à bâtir. Ces pierres, dites de Volvic, sont une espèce de basalte gris d'ardoise sur lequel ni l'air, ni l'eau, ni le temps n'ont d'action. Elles ont servi à construire toutes les villes d'Auvergne et s'exportent jusqu'à Paris. On les utilise à Volvic même pour des travaux de sculpture et d'émaillerie. C'est avec cette matière qu'a été érigée sur une hauteur voisine une statue colossale de la Vierge. Vers le nord, on remarque les pittoresques ruines du château fort de Tournoël et les curieuses gorges d'*Enval*, avec la cascade formée par l'Ambène au lieu dit le Bout-du-Monde.

Aigueperse possède deux monuments historiques : une Sainte-Chapelle du xve siècle et une église du xiiie partiellement restaurée en 1870; en outre, la statue du chancelier Michel de l'Hospital, né sur la commune de *Chaptuzat*, au château de la Roche. — A 4 kilomètres, *Montpensier* est bâti au pied d'une butte jadis couronnée d'un château fort, où vint mourir en 1226 le roi Louis VIII au retour de son expédition contre les Albigeois. Ce château était le siège d'une puissante seigneurie qui fut érigée en duché-pairie en 1538, avec la cité d'Aigueperse pour nouvelle capitale. Le duché passa de la maison de Bourbon à celle de Condé, puis

à celle d'Orléans, dont une branche porte encore le nom de Montpensier.
— Au nord-ouest, *Effiat* montre un joli château du temps de Louis XIII ;
le maréchal d'Effiat y annexa un couvent d'oratoriens, auxquels Louis XIV
confia la direction d'une école militaire dont fut élève Desaix.

COMBRONDE et ENNEZAT, près de la Morge, peuvent être cités, le premier
pour ses fabriques de poterie et de chaux hydraulique, le second pour sa
remarquable église du XIIᵉ siècle. — Au canton de MANZAT, *Châteauneuf-
les-Bains*, dans la pittoresque vallée de la Sioule, exploite des eaux minérales (16° à 37°) qui étaient déjà connues à l'époque romaine.

MENAT, en aval, extrait du schiste bitumineux et conserve l'église d'une
abbaye de bénédictins fondée vers 700 par saint Ménélas. — A MONTAIGUT
se voit dans le cimetière une lanterne des morts du XIIᵉ siècle, — et au
nord de *Virlet*, les restes de l'abbaye cistercienne de Bellaigue, créée en
1137. — *Saint-Éloy*, sur la Bouble, extrait chaque année environ
30 000 tonnes de houille.

PONTGIBAUD, au bord de la Sioule, est connu pour ses mines de galène
argentifère qui, traitée dans ses hauts four-neaux, fournit annuelle-

Le château féodal de Pontgibaud.

ment 20 000 kilogrammes de plomb, 1 000 kilogrammes d'argent fin et
100 000 kilogrammes de litharge. On y visite un ancien manoir des dauphins d'Auvergne, la fontaine d'Oule, dont les eaux sont gelées en été,
et le camp de Chazaloux, enceinte de 200 mètres sur 150 contenant une
cinquantaine de cases en pierres sèches et sans toiture, que l'on attribue
aux Gaulois ou aux Barbares. — *Bromont*, *Chapdes* et *Saint-Pierre* ont
aussi des mines de plomb argentifère.

RANDAN possède un beau château du XVIᵉ siècle, presque entièrement
reconstruit en 1822 pour Madame Adélaïde, et resté depuis lors la propriété des princes d'Orléans, avec le vaste domaine adjacent. La ville avait
été érigée en duché par Louis XIII en faveur d'une branche cadette de
la Rochefoucauld.

Au canton de SAINT-GERVAIS, le château d'*Ayat* vit naître le brave
Desaix, qui périt à Marengo (1768-1800).

III. **THIERS**, sous-préfecture de 17 000 âmes [1], est une des villes les

---

[1] Arrondissement de THIERS : 6 *cantons*, 41 communes, 74 870 habitants.
Cantons et communes principales : 1. *Thiers*, 17 140 habitants ; Dorat, Escoutoux, 1 880. —
2. *Châteldon*, 2 060 ; Lachaux, 1 040 ; Paslières, 1 820 ; Puy-Guillaume, 1 700 ; Ris, 1 560. —

plus pittoresques de France. Ses maisons vieilles et noires s'étagent en pentes rapides, entre 300 et 400 mètres d'altitude, sur le flanc du mont Besset, au pied duquel la Durolle coule profondément encaissée. Deux églises romanes, Saint-Genès et le Moûtier ; une église gothique, Saint-Jean, sont ses principaux monuments. Thiers est le centre d'une immense fabrication de coutellerie à bon marché, qui occupe 12 000 ouvriers dans la ville et la banlieue, et produit par an pour une valeur de 30 millions. Il s'y trouve aussi une importante manufacture de papier timbré. Cette curieuse cité, d'origine gauloise, est appelée *Tigernum* par saint Grégoire de Tours. Elle devint au xe siècle le chef-lieu d'une vicomté et au xvie celui d'une baronnie. Les huguenots la pillèrent en 1572. — A 4 kilomètres sud, *Escoutoux* produit des vins estimés et montre le château de Maubec (xviie siècle). — *Dorat,* sur la Dore, possède le beau château moderne de Barante et une église romane (mon. hist.), dont le clocher n'est autre que la « tour du More » célébrée par Chateaubriand.

Chateldon, qui conserve son aspect du moyen âge et sa forteresse féodale, exploite des sources froides ferrugineuses, carbonatées, gazeuses.

Courpière, sur la Dore, fait un grand commerce de bois de construction et de planches débitées par les scieries du Forez. Belle église des xie-xiie siècles et restes des fortifications. — *Vollore-Ville,* sur les pentes inférieures du puy Chignon, est l'antique place de *Lovolautrum,* assiégée et détruite en 532 par Thierry d'Austrasie. Au nord, ruines du château de Montguerlhe.

Lezoux et Maringues, non loin de l'Allier, sont de jolies petites villes qui étaient jadis fortifiées. La première fabrique des faïences et des poteries ; la seconde est renommée par ses mégisseries et ses chamoiseries.

Saint-Rémy, au nord-est de Thiers, participe activement à l'industrie coutelière de cette ville ; il en est de même de *Celles,* dont la montagne plonge dans le vallon si accidenté de la Durolle.

IV. **AMBERT,** sous-préfecture de 8 000 habitants[1], est agréablement située sur la Dore au pied de montagnes, par 530 mètres d'altitude. Sauf l'église Saint-Jean, surmontée d'un clocher très élevé, cette petite ville n'a aucun édifice remarquable. Elle fabrique des dentelles, des papiers fins et des fromages appelés « fourmes », qui passent pour les meilleurs de l'Auvergne. Ancienne capitale du Livradois, Ambert soutint plusieurs

---

3. *Courpière,* 3 680 ; Augerolles, 2 200 ; Sermentizon, 1 510 ; Vollore-Ville, 2 200. — 4. *Lezoux,* 3 650 ; Crevant, 1 160 ; Culhat, 1 180 ; Orléat, 1 320 ; Peschadoires, 1 110. — 5. *Maringues,* 3 130 ; Joze, 1 240 ; Luzillat, 1 620. — 6. *Saint-Rémy,* 5 430 ; Arconsat, 1 170 ; Celles, 3 050 ; Saint-Victor, 1 520 ; Viscontat, 1 350.

[1] Arrondissement d'Ambert : 8 *cantons,* 55 communes, 72 720 habitants.

Cantons et communes principales : 1. *Ambert,* 7 710 habitants ; Champétières, 1 050 ; Forie (La), Job, 2 550 ; Marsac, 2 730 ; Saint-Martin, 1 080 ; Valcivières, 1 640. — 2. *Arlanc,* 3 350 ; Beurières, 1 180 ; Dore-l'Église, 1 900. — 3. *Cunlhat,* 2 810 ; Auzelles, 1 680 ; Brousse, 1 420 ; Chapelle-Agnon (La), 1 890. — 4. *Olliergues,* 1 760 ; Brugeron (Le), 1 140 ; Marat, 2 080. — 5. *Saint-Amant-Roche-Savine,* 1 520 ; Bertignat, 1 780. — 6. *Saint-Anthème,* 3 100 ; Grandrif, 1 210. — 7. *Saint-Germain-l'Herm,* 1 650 ; Aix, Echandelys, 1 120 ; Fournols, 1 400 ; Saint-Bonnet-le-Chastel, 1 350. — 8. *Viverols,* 990 ; Églisolles, 1 030 ; Sauvessanges, 1 530.

sièges pendant les guerres de Religion et fut détruite par les protestants en 1574. Elle mit plus de deux siècles à se relever de ses désastres. — Au nord, se trouvent *la Forie*, bourg très industriel, et *Job*, avec le joli château moderne d'Hautpoul.

ARLANC, sur la Dolore, fabrique des dentelles et des guipures de laine à bon marché. Source minérale froide. — CUNLHAT et *Auzelles* possèdent des mines de plomb argentifère; — *Brousse*, les restes du château de Montboisier, où naquit en 1092 le célèbre abbé de Cluny, Pierre le Vénérable.

OLLIERGUES, ancienne seigneurie et place forte sur la Dore, fait un grand commerce de fils et de toiles. — *Le Brugeron*, au nord-est, fabrique et vend des chapelets, ainsi que *Bertignat*, au canton de SAINT-AMANT-ROCHE-SAVINE.

SAINT-ANTHÈME, dans les monts du Forez, confectionne des dentelles; c'est la commune la plus étendue du département : 6 900 hectares. — SAINT-GERMAIN-L'HERM, près de la Dore naissante, a une remarquable église des XIIIe-XVe siècles; — *Aix-la-Fayette*, un château qui fut le berceau de la famille des Lafayette.

V. **ISSOIRE,** sous-préfecture de 6000 âmes [1], est agréablement située, par 400 mètres d'altitude, au centre d'un bassin très riche, près du confluent de la Couze avec l'Allier. C'est l'antique *Iciodurum*, bourgade gallo-romaine connue par le martyre de saint Strymonius ou Austremoine, premier apôtre de l'Auvergne. En 1577, la ville, occupée par le capitaine protestant Merle, fut prise par le duc d'Alençon et saccagée à tel point qu'on put écrire : « Ici fut Issoire. » L'église Saint-Paul-Saint-Austremoine, du XIIe siècle, fut presque seule épargnée; c'est un type complet du style roman auvergnat, dérivant directement de Notre-Dame-du-Port de Clermont. Issoire fabrique de la passementerie en soie, laine, coton, et fait un certain commerce de blé, vins et fruits. — A l'ouest, *Vodable* conserve les débris d'un château des dauphins d'Auvergne, dont il fut la résidence principale de 1160 à 1426. — *Saint-Yvoine*, au-dessus des superbes gorges de l'Allier, montre les ruines de la forteresse de Pierre-Ancise, en partie taillée dans le roc.

ARDES-SUR-COUZE, au milieu de montagnes volcaniques, est l'ancienne capitale du duché de Mercœur. Le château des ducs est encore debout, mais ruiné, sur un pic escarpé qui domine la Couze de 300 mètres. — *Anzat*, au pied du Luguet, extrait de l'antimoine.

[1] Arrondissement d'ISSOIRE : 9 *cantons*, 117 communes, 92 210 habitants.
Cantons et communes principales : 1. *Issoire*, 6010 habitants; Saint-Babel, 1350; Saint-Yvoine, Vodable. — 2. *Ardes*, 1400; Anzat, 1320. — 3. *Besse*, 1730; Chambon, Égliseneuve, 1900; Murols. — 4. *Champeix*, 1680; Montaigut, 1290; Neschers, 1020; Saint-Nectaire, 1240. — 5. *Jumeaux*, 1140; Auzat, 1700; Brassac, 2550; Lamontgie, 1150. — 6. *Latour*, 2220; Bagnols, 1910; Chastreix, 1080; Picherande, 1240; Saint-Donat, 1310. — 7. *Saint-Germain-Lembron*, 2170; Charbonnier, Nonette. — 8. *Sauxillanges*, 1890; Pradeaux (Les), Saint-Genès, 1070; Usson, Vernet, 2050. — 9. *Tauves*, 2510; Larodde, 1200; Saint-Sauves, 2520; Singles, 1070.

Besse-en-Chandesse, dans les monts Dore, sur la Couze de Besse, est une petite ville d'aspect du moyen âge. On visite aux environs la chapelle Notre-Dame de Vassivière, but de pèlerinage; l'admirable lac Pavin, dans le cratère d'un volcan éteint, et les curieuses grottes de Jonas, autrefois habitées.

Ces **grottes de Jonas** offrent une quarantaine d'ouvertures béantes, qu'on voit même de très loin se détacher en noir de la paroi verticale du puy de Saint-Pierre-Colamine. Malgré l'apparence abrupte, l'ascension n'en est pas difficile, et même on rencontre de véritables escaliers tournants

Le lac Chambon, au pied de l'ancien volcan du Tartaret.

qui aident à y monter. Elles sont à 9, 12, 15 et jusqu'à 30 mètres au-dessus de la plaine, et diffèrent encore par leurs dimensions, depuis celles d'une petite cabane jusqu'à celles d'une énorme salle où plus de cent personnes pourraient tenir à l'aise. Çà et là les murs sont décorés d'ornements, et une salle, considérée comme ayant été une chapelle, a ses murs peints de fresques intéressantes.

D'après certains érudits, les auteurs des excavations seraient les Templiers, qui s'étaient proposé, par cette œuvre gigantesque, de transformer en citadelle le rocher de Colamine. D'autres pensent qu'il s'agit d'un véritable village souterrain, dont la ruine serait la conséquence d'un éboulement, genre d'accident très fréquent dans les amas de conglomérats, tels que ceux où les grottes sont perforées.

Chambon (pour Champ bon), qui conserve une curieuse rotonde sépulcrale du XIe siècle, s'élève à l'issue du fameux val de Chaudefour, s'ouvrant au pied des escarpements presque droits du puy Ferrand. Il a donné son nom à la Couze qui l'arrose et à un petit lac qui miroite à la base de l'ancien volcan du Tartaret, au-dessous du château de *Murols,* l'une des plus belles ruines féodales du centre de la France.

Champeix et *Montaigut,* sur la Couze précitée, ont aussi leurs châteaux forts ruinés. — *Saint-Nectaire,* entouré de cratères et de profonds ravins, près de la même Couze, se compose de deux villages principaux : Saint-Nectaire-le-Bas et Saint-Nectaire-le-Haut ou Mont-Cornadore, centre paroissial. Ce bourg, qui fabrique d'excellents fromages, a trois établissements de bains où sont utilisées dix sources (18° à 46°) chlorurées sodiques, bicarbonatées, ferrugineuses, dont quelques-unes sont incrustantes. On y remarque une église romane du xie siècle, un beau dolmen, des grottes avec stalactites et pétrifications, enfin les magnifiques cascades des Granges et du Saillant, formées par la Couze.

Jumeaux, *Auzat* et *Brassac,* sur l'Allier, fabriquent de la passementerie; cependant Brassac est surtout important comme centre d'un bassin houiller, qui s'étend aussi dans la Haute-Loire, et produit en moyenne 240000 tonnes de charbon par an.

Latour, à la base des monts Dore, offre au touriste un curieux spécimen de roches de basalte, notamment le carrelage naturel du « Champ de Foire », résultant de la section des prismes basaltiques juxtaposés, et qui rappelle la Chaussée des Géants du nord de l'Irlande. Latour conserve en partie son aspect du moyen âge; mais il ne reste presque rien de son château, qui fut le siège d'une seigneurie appartenant à une branche ducale de la maison d'Auvergne, et de laquelle sortirent le grand Turenne et le « premier grenadier de France ». — Aux environs de *Saint-Donat,* on visite les ruines de l'abbaye cistercienne de Lavassin (*Vallis Sana*), fondée au xiie siècle; le puy de Sancy (1 886 mètres), culmen de la France centrale, et le curieux lac Chauvet, occupant un ancien cratère.

Saint-Germain-Lembron, sur la Couze d'Ardes, extrait du kaolin, — *Charbonnier,* de la houille, — et *Nonette* du travertin appelé marbre de Nonette. Cette dernière localité conserve les vestiges d'un château fort, qui était regardé avec celui d'*Usson,* aujourd'hui disparu, comme une des clefs de l'Auvergne. Toutefois le château d'Usson est surtout célèbre pour avoir été pendant vingt ans le séjour de Marguerite de Valois, première femme d'Henri IV. Démoli, aussi bien que le précédent, par ordre de Louis XIII ou de Richelieu, il s'élevait au canton de Sauxillanges, petite ville ayant des fabriques de poteries ou de toiles métalliques. — La commune des *Pradeaux* possède le magnifique château de Grangefort, bâti en 1860 dans le style des résidences féodales des xive et xve siècles, avec donjon, herses et tourelles.

Dans le bassin supérieur de la Dordogne, Tauves exploite des gisements métallifères contenant de l'or et de l'argent; — *Saint-Sauves,* des mines d'antimoine sulfuré, — et *Singles,* des mines de houille quelque peu importantes.

CANTAL

4 arrondissements, 23 cantons, 267 communes, 234400 habitants

Géographie. — Le département du Cantal correspond à la majeure partie de la *Haute-Auvergne,* qui avait pour capitale Aurillac. Sa superficie est de 5775 kilomètres carrés, ce qui le place au 58e rang sous ce rapport. Il tire son nom du massif volcanique qui le domine au centre.

« Le **Cantal** fut jadis le volcan le plus considérable de l'Europe. Sa première éruption date de la période miocène, et la dernière, la plus violente, paraît avoir eu lieu au commencement de l'époque quaternaire. Aussi bien les convulsions du sol n'ont pas encore cessé; car, de l'an 448 de notre ère jusqu'en l'an 1840, on a compté dans la région une vingtaine de tremblements de terre. La masse de lave sortie du cratère a couvert toutes les pentes du massif jusqu'à une vingtaine de kilomètres de la base, s'est amassée dans les creux jusqu'à 120 mètres d'épaisseur, a comblé les lacs qui s'étendaient alors au pied de la montagne, et dont on reconnaît encore l'emplacement, brûlé les forêts qui en garnissaient les pentes, et les a transformées en une mince couche de houille. Plus tard, les eaux coulèrent de nouveau sur les flancs refroidis du colosse.

« Le Cantal se présente aujourd'hui sous l'aspect d'une pyramide dont les assises se sont élevées jusqu'à une altitude de 1858 mètres. De ce point culminant rayonnent de nombreux contreforts, d'où s'écoulent les eaux dans les vallées de l'Allier au nord-est, de la Dordogne à l'ouest et du Lot au sud. Pendant quatre à cinq mois, un lourd manteau de neige couvre les hautes cimes; mais, le reste de l'année, verdissent d'épaisses forêts de chênes et de châtaigniers, ou s'étalent de magnifiques pâturages, parcourus par de nombreux troupeaux.

« Bien qu'au premier abord la configuration générale du massif semble compliquée, peu de contrées offrent autant de régularité dans leur structure. Vallées, plateaux ou sommets sont, en effet, symétriquement rangés autour d'un point central. Qu'on s'imagine un cirque gigantesque, dont un volcan délabré occupe le milieu. Ce volcan autrefois était un immense cône régulier et très élevé; mais il s'est éboulé dans le cratère, et les dentelures résultant du déchirement forment un groupe de pics ou puys rangés en cercle. Au centre du cercle, c'est-à-dire du cratère, se dresse la cime aiguë et décharnée du puy de Griou (1 694 mètres), autour duquel, semblables aux créneaux d'un mur d'enceinte, s'élèvent : à l'est, le Lioran; au sud, le *Plomb du Cantal*, le puy Gros et le puy de la Grousse; à l'ouest, le Courpeau-Sauvage et le puy de Chavaroche; au nord, le puy Mary, le col de la Cabre et le puy Violent.

« Le **Plomb du Cantal,** qui élève jusqu'à 1 858 mètres sa cime presque toujours fouettée par une bise glaciale, est une sorte de colline sphérique entée sur la montagne. On arrive assez facilement au sommet, qui est fortement incliné vers le sud.

« Lorsque fumaient à l'horizon toutes ces gigantesques cheminées et que les fleuves de lave brûlaient sur leur passage les forêts de la montagne, quel admirable spectacle devait présenter cette partie de la France! Ce sont de nos jours les eaux qui ont remplacé le feu; mais leur action, pour être plus lente, n'en a pas été moins sensible. Elles ont, en effet, creusé sur les flancs du volcan jusqu'à dix-neuf vallées rectilignes, disposées comme les rayons d'une étoile dont le puy de Griou serait le centre. Les flancs de ces vallées offrent des escarpements gigantesques; elles sont très régulières jusqu'au pied du volcan; mais dès qu'elles rencontrent les terrains primitifs, elles se tordent et se replient les unes sur les autres, en formant des gorges splendides, jusqu'à ce que les eaux aient réussi à se frayer un passage. Les principales de ces vallées sont celles de la Cère, de la Jordanne, de la Maronne, de la Bertrande, de l'Aspre, du Mars, de la Rue, de la Santoire, de l'Alagnon, de l'Épie, de la Bromme et du Goult. La vallée de la Bertrande est surtout très curieuse; elle se termine par les orgues de Soubéjac, immense talus de conglomérats, glacé, poli par le temps et incliné comme l'escarpe d'un fort; une longue zone de prismes verticaux surmonte le talus en guise de parapets, et de gigantesques faisceaux d'orgues basaltiques sont inclinés au dehors comme des bastions ou des tours en ruines. » (P. GAFFAREL.)

Outre le massif du Cantal, on distingue encore : au nord, le plateau de l'Artense, les monts du Cézallier et du Luguet, régions granitiques et dénudées; à l'est, le plateau basaltique et dépouillé de la Planèze, qui se rattache aux monts de la Margeride, 1 434 mètres, granitiques, boisés et herbeux; enfin, au sud, les monts volcaniques d'Aubrac, 1 435 mètres, célèbres par leurs pâturages. — Saint-Flour est à 885 mètres d'altitude, Mauriac à 700 mètres, Aurillac à 620 mètres; le point le plus bas, 210 mètres, est l'endroit où le Lot cesse de longer le territoire; l'altitude moyenne est d'environ 700 mètres.

Hydrographie. — Le département du Cantal, dont les vallées sont si pittoresques, appartient pour un cinquième au bassin de la Loire par

Massif du Cantal. — 1. Puy Violent. 2. Col de Cabre. 3. Puy Mary. 4. Puy de Chavaroche. 5. Puy Griou. 6. Col du Lioran et chemin de fer d'Aurillac à Murat.

l'*Alagnon*, qui baigne Murat, et, pour le reste, au bassin de la Gironde par la *Dordogne* et le *Lot*. Celui-ci borde le département sur 10 kilomètres et en reçoit d'abord la *Truyère*, où se jettent l'Aude, ruisseau de Saint-Flour; le Bès et le Goul, puis le Célé. La Dordogne parcourt sur la frontière nord-ouest environ 50 kilomètres; elle recueille la Rhue, la Sumène, la Maronne et la *Cère*, qui forme de jolies cascades et reçoit la Jordanne, baignant Aurillac.

Très élevé et éloigné de la mer, le Cantal a un climat rude mais inégal, le *climat* dit du *Massif Central :* agréable et chaud en été, il est très froid en hiver, surtout dans les arrondissements de Murat et de Saint-

Flour : la neige y séjourne pendant la moitié de l'année, et les orages y sont terribles; sur la Planèze, les vents soufflent fréquemment avec violence. Le pays d'Aurillac est celui qui jouit du climat le plus doux. La hauteur des pluies tombées annuellement sur le territoire est de 1^{m}10 en moyenne.

Le Cantal est essentiellement agricole. Néanmoins le sol, généralement volcanique ou granitique, est peu fertile, et la Planèze même, surnommée le « Grenier de la Haute-Auvergne », ne produit guère que du seigle, base de la nourriture des habitants avec les pommes de terre et les châtaignes. Les châtaigneraies abondent dans le sud du département, tandis que les bois couvrent certaines pentes de montagnes. Les croupes sont tapissées de pâturages et les vallées de vertes prairies, où paissent soit de petits moutons noirs et des chèvres, soit les vaches renommées de Salers et d'Aubrac. L'élevage des bêtes bovines et la fabrication du fromage constituent le principal revenu de l'agriculture cantalienne.

Le département extrait les granits et basaltes, un peu de houille et d'antimoine; il exploite les eaux minérales de Chaudesaigues, Vic-sur-Cère, etc. L'industrie proprement dite, peu développée, y a pour objet la fabrication de la petite chaudronnerie, des parapluies et des cuirs, concentrée principalement à Aurillac; celle des toiles et des dentelles, de quelques étoffes et de poteries.

Les habitants. — En 1896, le Cantal avait une population totale de 234 400 habitants, ou 41 par kilomètre carré, ce qui le place respectivement au 78e et au 80e rang. Par suite de ses nombreuses émigrations, il n'a gagné depuis 1801 que 14 000 âmes, dont 2 500 depuis 1871. Les étrangers y sont à peine 200, et les protestants à l'avenant. Le langage courant est en général le patois auvergnat.

Les Cantaliens sont très industrieux et surtout commerçants, ce qui les porte à émigrer principalement vers Paris, Lyon et autres grandes villes. Là, établis dans certains quartiers en qualité de marchands de chiffons, de vieux métaux, de rebuts et d'antiquités, ils réalisent souvent des bénéfices considérables; d'autres émigrent temporairement pendant la mauvaise saison, comme colporteurs, chaudronniers, marchands de parapluies, etc.

Bien plus, « depuis le moyen âge, dit É. Reclus, un courant d'émigration régulier existe entre le Cantal et l'Espagne. Jadis les moines d'Aurillac possédaient un prieuré et une église à Compostelle; une confrérie de Saint-Jacques existait dans la ville, et tous ceux qui accomplissaient des « voyages d'adoration » prenaient soin d'emporter leur pacotille d'échange : de là les relations de commerce qui continuent encore. Les paysans d'Ytrac et de Crandelles, à l'ouest d'Aurillac, sont ceux qui se rendent en plus grand nombre de l'autre côté des Pyrénées; on dit qu'ils se distinguent des autres habitants de la haute Auvergne, non seulement par leur coutume presque catalan, mais aussi par la vivacité de la physionomie, l'éclat du langage et la richesse de l'imagination. »

Vie d'hiver. — « Pendant les longs froids de l'hiver, dit A. Hugo, et à l'époque où les travaux agricoles sont entièrement suspendus, les montagnards du Cantal et de Salers, qui n'ont pour se défendre de la rigueur de la saison que des vêtements d'étoffe grossière, emploient pour s'en préserver un singulier moyen : celui de rester au lit le plus longtemps possible. Ils ne se chauffent au foyer que pendant le temps où ils sont levés, et économisent le bois, qui est très rare sur leurs montagnes;

En Auvergne, le dimanche. — Sortie de la messe.

mais dans la Planèze, où le bois manque absolument, le paysan s'en passe en se renfermant en hiver avec ses bestiaux. De fait, l'habitation d'un paysan de la Planèze est ordinairement divisée en trois parties : d'un côté est l'étable, de l'autre la grange, au milieu la chambre d'habitation ou le logement; ces trois parties communiquent entre elles par des portes intérieures; quand le froid arrive, on quitte la chambre, et toute la famille passe dans une partie appropriée au fond de l'étable, qui dès lors devient l'appartement d'hiver. Ces étables ont la forme d'un carré long; elles sont surmontées d'un grenier pour le foin et les autres fourrages secs, et éclairées par deux lucarnes que ferme une planche à coulisse. Outre la porte intérieure, elles en ont une qui sert pour communiquer au dehors. »

Personnages. — Saint Géraud, comte d'Aurillac, sa ville natale, mort en 909. Le savant Gerbert, pape sous le nom de Sylvestre II, né à Saint-

Simon, mort en 1003. Saint Odilon, abbé de Cluny, mort en 1040. Le théologien Guillaume d'Auvergne, né à Aurillac, mort en 1248. Le cardinal de Noailles, archevêque de Paris, né près d'Aurillac, mort en 1729. L'astronome Chappe d'Auteroche, né à Mauriac, mort en 1769. Le farouche Carrier, né à Yolet, mort en 1794. Le général Delzons, né à Aurillac, mort en 1812.

Administrations. — Le Cantal forme l'évêché de Saint-Flour, ressortit à la cour d'appel de Riom, à l'académie de Clermont, à la 13e région militaire (Clermont) et à la région agricole du Sud-Central.

Il comprend 4 arrondissements : *Aurillac, Mauriac, Murat, Saint-Flour*, avec 23 cantons et 267 communes.

I. **AURILLAC**, chef-lieu du Cantal, est une ville d'environ 17 000 âmes[1], située par 620 mètres d'altitude à l'issue de la pittoresque vallée de la Jordanne. On y arrive de la route de Saint-Flour par une belle allée de peupliers et un joli pont de trois arches. Entre la ville et la rivière s'étend la promenade du Gravier, ornée des statues du pape Sylvestre II et du général Delzons. Aurillac a des rues mal percées, mais larges et arrosées d'eaux vives qui y entretiennent la fraîcheur et la propreté. Ses principaux monuments sont deux églises, qui faisaient jadis partie de monastères et servent

Cathédrale de Saint-Flour.

aujourd'hui de paroisses : Saint-Géraud, en forme de croix grecque, et Notre-Dame-des-Neiges, renfermant une Vierge noire vénérée. Du château comtal, dit de Saint-Étienne, qui s'élevait sur le roc Castanet et dominait la cité, il reste une tour carrée du XIe siècle et des bâtiments plus modernes. — C'est seulement vers la fin du IXe siècle que l'histoire fait mention d'Aurillac, précisément à l'époque où saint Géraud y fonda

---

[1] Arrondissement d'Aurillac : 8 *cantons*, 95 communes, 91 080 habitants.
Cantons et communes principales : 1-2. *Aurillac*, 16 890 habitants; Arpajon, 2 350; Jussac, 1 480; Marmanhac, 1 300; Saint-Simon, 1 350; Yolet, Ytrac, 1 670. — 3. *Laroquebrou*, 1 590; Rouffiac, Siran, 1 200. — 4. *Maurs*, 2 920; Boisset, 1 900; Leynhac, 1 050; Saint-Étienne. — 5. *Montsalvy*, 990; Cassaniouze, 1 470. — 6. *Saint-Cernin*, 2 160; Saint-Illide, 1 610; Tournemire. — 7. *Saint-Mamet-la-Salvetat*, 1 910. — 8. *Vic-sur-Cère*, 1 750; Carlat, Polminhac, 1 240; Saint-Jacques, Thiézac, 1 650.

une abbaye de bénédictins, devenue célèbre par l'école qui s'y établit, et d'où sortirent entre autres savants illustres Gerbert. Avant 1780, la ville était capitale de la Haute-Auvergne. Elle a des fabriques de chaudrons et d'ustensiles en cuivre très estimés, des tanneries, des fabriques de parapluies, et fait un grand commerce de fromages appelés « fourmes du Cantal ».

Aux environs se remarquent de beaux châteaux, tels que ceux de *Marmanhac, Saint-Simon* et *Yolet;* mais ces deux derniers villages sont surtout connus pour avoir donné le jour, l'un au savant Gerbert, qui devint le pape Sylvestre II, l'autre au sanguinaire Carrier, le cynique auteur des « noyades » de Nantes. — *Arpajon*, ou *le Pajou*, dans la splendide plaine de prairies où la Cère reçoit la Jordanne, fut le siège d'une seigneurie transférée en 1720 à Chartres-sous-Montlhéry, aujourd'hui Arpajon (Seine-et-Oise). Pépinière départementale.

Laroquebrou, sur la Cère, possède des fabriques de cuirs, de chaussures et de poteries. Église du xve siècle très bien ornée, et, sur un rocher, ruines du château ducal des Cars. — A *Rouffiac*, une chapelle souterraine renferme une statue miraculeuse de la Vierge.

Maurs est renommé pour ses châtaignes et plus encore pour ses jambons, que certains gastronomes disent supérieurs à ceux de Bayonne et de Mayence. Il y avait là jadis une abbaye de bénédictins, et une autre à *Boisset.* — *Saint-Étienne* montre le beau château de Senergues.

Montsalvy, ancien chef-lieu de Veynazès, conserve la belle église d'une abbaye augustine, fondée en 1030 par saint Gausbert. Ruines du château de Mandulphe, rasé par Louis XI.

Au canton de Saint-Cernin se voyait jadis le château de *Tournemire*, qui appartint au fameux routier Aimerigot, décapité à Paris en 1390. Manoir d'Anjony, flanqué de tours.

Vic-sur-Cère gîte dans la riante vallée de la Cère, qui en amont de la ville bruit et mugit en cascades dans le *Pas de la Cère*, splendide précipice de 140 mètres de profondeur, entre deux murailles verticales ou surplombantes, écartées seulement de 12 à 15 mètres. Vic fut au moyen âge le chef-lieu du Carladès, qui eut des comtes particuliers et fut érigé en duché par Louis XIII. Il possède un établissement thermal, où sont utilisées des sources ferrugineuses, bicarbonatées, gazeuses. — *Carlat* succéda à Vic comme capitale du Carladès, auquel il donna son nom. Ce fut l'une des plus fortes places de l'Aquitaine. Son château, construit sur un roc isolé de toutes parts, fut démoli par ordre d'Henri IV.

Entre *Thiézac* et *Saint-Jacques-des-Blats*, se trouvent les magnifiques gorges du « Pas de Compain », creusées dans la roche à plus de 100 mètres de profondeur, et où la Cère se précipite en cascades. Le Plomb du Cantal domine le village de Saint-Jacques, d'où on en fait l'ascension. C'est aussi en partie sur cette commune que se trouvent les deux fameux tunnels superposés du Lioran.

Le *col du Lioran*, voisin du Plomb du Cantal, est ainsi nommé d'un sommet regardé par un certain nombre de géologues comme le foyer central des éruptions volcaniques dans la Haute-Auvergne. Le puy Lioran, ou Massubiau, est revêtu d'une couche épaisse de gazon partout où le sol n'est pas recouvert de sapinières. S'il séduit par le charme de ses grands bois et de ses vallées, l'ampleur imposante des pays environnants, il a une importance géographique considérable, et c'est par deux tunnels superposés que la route et le chemin de fer de Murat à Aurillac passent du bassin de la Loire dans celui de la Gironde. Le tunnel supérieur, servant à la route, fut percé à une altitude de 1 680 mètres ; il a 1 410 mètres de longueur ; le tunnel inférieur, traversé par la ligne ferrée, a une altitude un peu moindre, 1 160 mètres, et une longueur plus considérable, soit 1 956 mètres. Le voyageur qui, de Murat, a remonté la vallée de l'Alagnon, traverse ensuite le Lioran du nord au sud pour descendre la vallée de la Cère vers Aurillac.

II. **MAURIAC**, modeste sous-préfecture de 3 500 âmes [1], s'élève par 700 mètres d'altitude sur le penchant d'une colline volcanique. On y remarque l'église romane de Notre-Dame-des-Miracles, en partie du XIIe siècle. « Sa façade, dit M. Delalo, est divisée en trois parties indiquant les trois nefs. Au milieu est une porte décorée de plusieurs rangs de moulures en retrait. Sur les côtés, deux arcades bouchées étaient ornées de bas-reliefs détruits pendant la Révolution, et dont l'un représentait la sainte Famille fuyant en Égypte. Ces arcades s'appuyaient sur deux colonnes dont la porte est flanquée, et qui avaient pour bases des lions assis. L'archivolte du portail représente le zodiaque ; la plupart des figures sont transposées... Le tympan est couvert par un bas-relief représentant l'Ascension de Notre-Seigneur,

Castel de Mauriac.

---

[1] Arrondissement de MAURIAC : 6 *cantons*, 61 communes, 58 910 habitants.
Cantons et communes principales : 1. *Mauriac*, 3 520 habitants ; Auzers, 1 060 ; Chalvignac, 1 320 ; Drugeac, 1 240 ; Moussages, 1 010 ; Vigean (Le), 1 200. — 2. *Champs*, 1 860 ; Lanobre, 1 540. — 3. *Pleaux*, 2 430 ; Ally, 1 200. — 4. *Riom-ès-Montagne*, 3 050 ; Apchon, Menet, 1 730 ; Saint-Étienne, 1 040 ; Trizac, 1 840. — 5. *Saignes*, 620 ; Champagnac, 1 820 ; Chastel-Marlhac, 1 250 ; Vebret, 1 130 ; Veyrières, Ydes, 1 840. — 6. *Salers*, 910 ; Anglards, 2 240 ; Saint-Bonnet, 1 020 ; Saint-Martin, 1 280.

et qui, quoique mutilé, est remarquable sous tous les rapports. » Notre-Dame-des-Miracles, comme son nom l'indique assez, est un lieu de pèlerinage à la Mère de Dieu. C'est à ce pèlerinage, fondé, dit-on, par une petite-fille de Clovis, que Mauriac doit son origine; toutefois le patron de la ville est saint Mary ou Marius, qui évangélisa au IIIe siècle le pays d'alentour, où il a donné son nom à plusieurs montagnes, villages et hameaux.

Pleaux possède un petit séminaire, et Riom-ès-Montagne, qui élève des bestiaux et fabrique des fromages, le beau château de Saint-Angeau, du XVIIe siècle. — *Apchon* est remarquable par son château féodal en ruines,

Église de Saint-Martin-Valmeroux (Cantal).

couronnant un rocher de 1 115 mètres d'altitude. — Près de *Trizac,* le lieu dit « Cotteughe » est en tout conforme au fameux camp des Chazaloux, près Pontgibaud. — Au canton de Saignes, le plateau de *Chastel-Marlhac* était jadis occupé par le très vaste camp romain de *Castrum Meroliacum,* décrit par Grégoire de Tours. — *Champagnac* est le centre d'un bassin houiller qui s'étend aussi dans le Puy-de-Dôme et produit annuellement 100 000 tonnes de combustible. — Outre des houillères, *Ydes* exploite des carrières de grès et des eaux minérales. Belle église du XIIe siècle. — Près de *Veyrières,* comme du reste sur toute la limite nord-ouest du département, on admire les magnifiques gorges de la Dordogne. — *Saint-Martin-Valmeroux,* dans un des plus beaux sites de l'Auvergne, conserve les ruines du château de Crèvecœur et une belle église du XIVe siècle, renfermant des fonts baptismaux de l'époque.

Salers, sur un mamelon basaltique dominant la Maronne, conserve de l'époque féodale une bonne partie de ses remparts, de nombreuses maisons à tourelles et une commanderie des Templiers occupée par l'école des Frères. On y élève, ainsi que dans les communes environnantes, une race de vaches dite de Salers, très appréciée pour sa vigueur, et qui s'exporte particulièrement dans l'Ouest et le Midi. Ses fromages sont parmi les meilleurs du Cantal, grâce aux pâturages exceptionnellement fertiles de la région, qui est aussi très accidentée.

Pâturages et fromages. — « Dans le Cantal, comme en Suisse, on distingue les *prairies* d'en bas et les *pacages* de la montagne ; chaque année aussi, comme en Suisse, les troupeaux ont coutume d'*estiver* sur les hauteurs. C'est au mois de mai que les bêtes partent sous la conduite des vachers. La montagne où elles émigrent est divisée en deux parties : l'aire close, fumée par les vaches qui y couchent, et qu'on déplace successivement pour que tous le pâtis ait le bénéfice de l'engrais, s'appelle la *fumade;* le reste de l'herbage constitue l'*aigade*. Au point culminant se trouve le *buron* ou *mazut*, petite cabane à peu près aussi primitive que la hutte du chaletier alpestre. Cette case comprend deux compartiments : l'un sert de logis au vacher et à ses aides, l'autre est la pièce où se fait la manipulation des fromages, qui, une fois fabriqués, se resserrent dans une cave au-dessous du buron. La traite a lieu deux fois par jour, le matin et le soir. Le buronnier en verse le produit dans un grand vase de sapin (*gerle*). Quand le caillé est séparé du petit-lait, il pétrit la *tome*, la laisse fermenter, la sale, puis la met sous presse. Quelques jours suffisent ensuite pour que la pièce soit compacte à souhait et puisse être emmagasinée.

« Le rendement total en fromages d'un puy cantalien forme une *estivade* (produit d'une *estivation*); chaque estivade est d'ordinaire achetée en bloc par un gros marchand, qui se charge de l'écouler en France et particulièrement dans le Midi. De même que les bergers des cantons catholiques de la Suisse s'envoient le soir d'un pâtis à l'autre, à l'aide de la fameuse trompe alpestre, la prière mélodieuse qu'on appelle *Alpsegen*, de même, au lever et au coucher du soleil, les buronniers de la Haute-Auvergne se saluent de crête en crête, par-dessus les précipices béants, de l'incantation montagnarde qu'on nomme la *Grande*. C'est une mélodie d'une tonalité grave, presque solennelle, qui ne se compose que de deux ou trois notes accouplées d'une façon caractéristique. » (GOURDAULT.)

III. **MURAT**, sous-préfecture d'un peu plus de 3 000 âmes [1], s'élève par 936 mètres d'altitude sur la rive gauche de l'Alagnon, au pied du rocher de Bonnevie, dont les colonnades basaltiques offrent de loin l'aspect d'un jeu d'orgues. Ce rocher portait jadis un château fort auquel la ville dut son origine, et qui fut le siège d'une importante vicomté. La forteresse, démolie en 1633 par ordre de Richelieu, a été récemment remplacée

---

[1] Arrondissement de MURAT : 3 *cantons*, 36 communes, 33 280 habitants.
Cantons et communes principales : 1. *Murat*, 3 390 habitants; Bredons, Chalinargues, 1 230; Cheylade, 1 520; Dienne, 1 180. — 2. *Allanche*, 1 890 ; Saint-Saturnin, 1 200 ; Ségur, 1 160. — 3. *Marcenat*, 2 680 ; Condat, 2 600 ; Lugarde.

par une statue colossale en fonte de la Vierge. De son côté, l'église de Murat, dédiée à Notre-Dame des Oliviers, renferme une Vierge noire qui passe pour un présent de saint Louis et qui est en grande vénération : une mère ne manque jamais de remettre à son fils, comme une sauvegarde lorsqu'il quitte le pays, une oraison ou une médaille de Notre-Dame des Oliviers. — Murat fabrique des dentelles, des étoffes, et fait un grand commerce de fromages dit « fourmes » du Cantal. — *Bredons* conserve une remarquable église du XIe siècle et d'anciennes habitations de troglodytes.

ALLANCHE, au pied du Cézallier, est une ancienne place forte qui fit partie du duché de Mercœur. Commerce des denrées agricoles de la Planèze. — Au canton de MARCENAT, près de *Condat,* on remarque : la cascade du Saut de la Saule, haute de 8 mètres, formée par la Rhue; une pyramide basaltique de 130 mètres de haut dans le lit même d'une autre rivière, la Santoire; les ruines de l'abbaye cistercienne de Féniers, fondée au XIIe siècle; enfin la chapelle du Pont-des-Taules, but de pèlerinage. — *Lugarde* est dominé par les débris de son château fort, couronnant un rocher escarpé.

IV. **SAINT-FLOUR**, sous-préfecture de 5 600 habitants[1], s'élève à 880 mètres d'altitude sur le bord d'un plateau qui domine à pic de plus de 100 mètres le ruisseau du Lander. Bâtie en lave sur un rocher basaltique, elle mérite bien le nom de « ville noire » sous lequel elle fut longtemps connue dans le pays. Ses rues sont généralement tortueuses et étroites; mais elle a une assez belle cathédrale gothique, construite de 1375 à 1466. Le lieu s'appelait *Mons Indiciacus* à l'époque gallo-romaine : il commença à se peupler autour de l'oratoire élevé sur le tombeau de saint Flour, l'un des apôtres de la contrée, mort vers 390. Dès le moyen âge, la ville fut la plus renommée de la Haute-Auvergne, sans doute parce qu'elle en était la capitale religieuse et féodale. Aujourd'hui ce dernier privilège est remplacé par celui de chef-lieu judiciaire du département. Saint-Flour fabrique de la poterie estimée, des étoffes dites marègues, des cuirs, mais, contrairement à l'opinion, presque pas de chaudronnerie.— *Andelat* montre une cascade de 40 mètres de haut; — *Paulhac,* une église fortifiée du XVe siècle; — *les Ternes,* le dolmen de la Table-du-Loup.

CHAUDESAIGUES, dans une gorge sur le Remontalou, doit son nom à ses sources minérales, les plus chaudes de France (81°). Elles sont employées par la population à la cuisson des aliments, et pendant l'hiver comme moyen de chauffage des maisons, à l'aide de canaux pratiqués dans le sol. L'industrie les emploie également à l'incubation artificielle des œufs,

---

[1] Arrondissement de SAINT-FLOUR : 6 *cantons,* 75 communes, 51 120 habitants.
Cantons et communes principales : 1-2. *Saint-Flour,* 5 610 habitants; Andelat, Neuvéglise, 1 820; Paulhac, 1 290; Talizat, 1 170; Ternes (Les), Valuéjols, 1 380. — 3. *Chaudesaigues,* 1 650; Saint-Urcize, 1 220. — 4. *Massiac,* 2 040; Saint-Mary. — 5. *Pierrefort,* 1 210; Brezons. — 6. *Ruines,* 1 120.

au dégraissage des laines et dans un établissement de bains. — Près de Massiac, deux rochers, séparés par l'Alagnon, sont couronnés d'antiques chapelles dédiées aux anachorètes locaux saint Victor et sainte Madeleine. — En amont, *Saint-Mary-le-Plain* possède une église élevée sur le tombeau de saint Mary, compagnon de l'apôtre saint Austremoine, qui vécut plusieurs années près du Montjournal.

Pierrefort conserve les restes d'un château qui fut le siège d'une des principales baronnies d'Auvergne. — *Brezons* montre la belle cascade du Saut de la Truite, haute de 30 mètres.

A 5 kilomètres de Ruines, le chemin de fer de Saint-Flour à Marvejols

Viaduc de Garabit, sur la vallée de la Truyère (Cantal).

franchit la vallée de la Truyère par le gigantesque pont-viaduc de *Garabit*, construit de 1880 à 1888. Il se compose d'une arche en fer de 655 mètres de corde et de cinq piles de même métal, supportant, à 122 mètres au-dessus de la rivière, un tablier horizontal de 450 mètres de long. Ce tablier, également en fer, a pour complément des travaux en maçonnerie qui en constituent les abords, et donnent au viaduc une longueur totale de 565 mètres. Le viaduc est établi pour une seule voie, laquelle est placée à 1 mètre 66 en contre-bas des poutres latérales; de la sorte, celles-ci forment de part et d'autre une solide muraille, capable de maintenir les véhicules dans le cas où ils sortiraient de la voie; ce qui a encore l'avantage de diminuer la surface du train exposée au vent.

Le poids du métal entrant dans cet ouvrage est de 3 526 tonnes, ou plus de 3 millions et demi de kilogrammes.

GASCOGNE

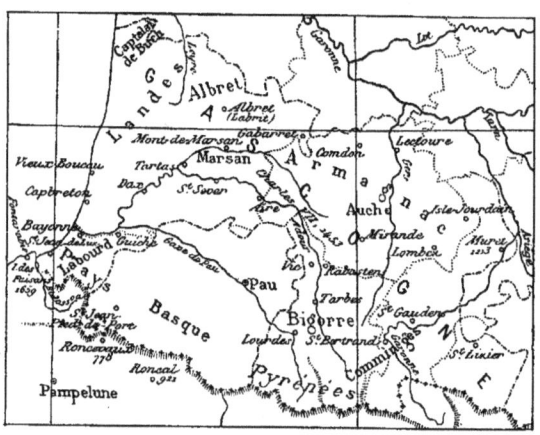

3 DÉPARTEMENTS

GERS, HAUTES-PYRÉNÉES, LANDES

Sommaire géographique. — Topographiquement, la Gascogne comprenait : au sud, une partie des Pyrénées françaises avec leurs plus hauts sommets, notamment le Vignemale, 3 290 mètres ; au centre et au nord, le plateau de Lannemezan avec les collines divergentes de l'Armagnac et de la Lomagne ; à l'ouest, la plaine sablonneuse des Landes, qui confine à l'Océan.

Hydrographiquement, cette contrée appartient au bassin de la Garonne, le soi-disant « fleuve gascon », qui en réalité l'est très peu, mais reçoit le Gers et la Baïse ; au bassin de l'Adour, dont les maîtres affluents sont la Midouze et le gave de Pau ; enfin au bassin côtier de la Leyre.

La Gascogne jouit d'un climat *girondin*, généralement maritime. Essentiellement agricole, elle produit des fourrages et céréales, les vins du Gers, partiellement convertis en eau-de-vie d'Armagnac ; les pins maritimes et le chêne-liège des Landes, les chevaux de Tarbes. La région pyrénéenne exploite des carrières de beau marbre et de nombreuses sources minérales. — L'industrie proprement dite est peu avancée ; il n'y a guère à citer que les marbreries de Bagnères-de-Bigorre. Du reste, ce pays est un de ceux qui fournissent le plus à l'émigration au profit du nord de la France, de l'Algérie, des Antilles et de l'Amérique du Sud.

Historique. — Bien que réunie à la Guyenne pour constituer notre plus grand gouvernement militaire, la Gascogne fut une province distincte, dont Auch était la capitale.

Bornée au nord par la Guyenne, à l'est par le Languedoc et le comté de Foix, au sud par l'Espagne et le Béarn, à l'ouest par le golfe de Gascogne, elle avait tout le cours, sinon tout le bassin de l'Adour, dont elle imitait la forme en arc de cercle. Elle se divisait en treize pays principaux : l'Armagnac, capitale Auch; l'Astarac (Mirande), le Condomois (Condom), la Lomagne (Lectoure), le Comminges (Muret), le Nébouzan (Saint-Gaudens), les Quatre-Vallées (Labarthe), le Couserans (Saint-Lizier), le Bigorre (Tarbes), la Chalosse (Saint-Sever), les Landes (Dax), enfin les deux pays basques du Labourd (Bayonne) et de la Soule (Mauléon).

Les premiers habitants connus de la Gascogne sont les Ibères, auxquels se mêlèrent plus tard des Celtes, ce qui donna lieu à la race mixte des Celtibères ou Aquitains proprement dits. Comme ces Aquitains formaient neuf peuplades particulières lorsque César en fit la conquête, leur pays fut appelé *Novempopulanie*. En l'an 31, Tibère les réunit aux Celtes d'entre Loire et Garonne pour constituer une Aquitaine trois fois plus étendue que la première. Mais cette réunion déplut aux vrais Aquitains, qui obtinrent de former une province à part, l'Aquitaine IIIe ou Novempopulanie, avec *Elusa* pour capitale.

C'était vers l'an 395. Alors huit des anciens peuples celtibères existaient encore : les *Aturenses*, capitale *Atura* (Aire-sur-l'Adour); les *Ausci*, capitale *Elimberris* (Auch); les *Convenæ* remplaçant les *Garumni*, capitale *Lugdunum Convenarum* (Saint-Bertrand-de-Comminges); les *Bigerriones*, capitale *Turba* (Tarbes?); les *Elusates*, capitale *Elusa* (Eauze); les *Iluronenses*, capitale *Iluro* (Oloron); les *Lactorates*, capitale *Lactora* (Lectoure); les *Tarbelli*, capitale *Aquæ Tarbellicæ* (Dax). Quant aux *Sotiates*, capitale *Sos*, ils avaient disparu; mais on trouvait à leur place les *Consorani*, capitale *Lugdunum Consoranorum* ou *Austria* (Saint-Lizier); les *Beneharnenses*, capitale *Beneharnum* (Lescar?); les *Boïates*, capitale *Testa Boïorum* (Teste-de-Buch), et les *Vasates*, capitale *Bazas*, ces deux derniers faisant partie de l'Aquitaine IIe.

Déjà tous ces peuples avaient reçu l'Évangile de Jésus-Christ, et leurs villes, sauf peut-être celle des Boïens, étaient dotées de sièges épiscopaux, avec *Elusa* pour métropole. Au ve siècle, parmi les Barbares qui se précipitèrent successivement sur la Gascogne, les Westgoths seuls parvinrent à s'y fixer de 417 à 507. Vaincus par les Francs à cette dernière date, ils passèrent en Espagne, d'où à leur tour ils chassèrent les Vascons, qui vinrent s'établir dans l'Aquitaine méridionale. C'est de ces Vascons que descendent nos Basques, et que la Gascogne prit son nom au viie siècle. Comprise d'abord dans le duché, puis royaume franc d'Aquitaine, cette province eut, dès 872, des ducs héréditaires sous la suzeraineté des chefs aquitains; mais, en 1070, ceux-ci reprirent l'autorité immédiate sur leurs arrière-vassaux, qui s'étaient, pour ainsi dire, partagé l'ancienne Novempopulanie, tant leur indépendance était complète. En effet, du xe au xiie siècle se formèrent le duché d'Albret, les comtés de Comminges, de Bigorre, de Fezensac, d'Armagnac, etc.; les vicomtés de Couserans, de Dax, de Bayonne, etc. Quant à la vicomté de Béarn, elle était déjà séparée de la Gascogne, ainsi que les territoires des Boïates et des Vasates.

Quatre d'entre les fiefs précités eurent une importance prépondérante : le Bigorre et le Comminges à leur origine, l'Albret et l'Armagnac par des agrandissements successifs. Grâce à l'esprit indiscipliné de leurs possesseurs, ils échappèrent à la suzeraineté d'Éléonore de Guyenne, lorsqu'un second mariage porta en 1154 l'Aquitaine à la couronne d'Angleterre. De plus, la bataille de Muret, gagnée en 1213 sur les hérétiques albigeois, fut une victoire du Nord sur le Midi et ainsi une préparation à l'unité française. Aussi la France conserva-t-elle son autorité sur la plus grande partie de la Gascogne, même pendant la guerre de Cent ans et malgré le traité de Brétigny, qui cédait le Bigorre à Édouard III. Au xiiie siècle et durant la première moitié du xive, il s'éleva sur le territoire de cette province des *bastides* ou « villes neuves » en plus grand nombre que partout ailleurs. Ces villes furent construites sur plan régulier rectangulaire, soit par les seigneurs laïques et les communautés religieuses, séparément ou en commun, soit « en paréage » avec les rois de France, c'est-à-dire que l'administration judiciaire et les revenus étaient adjugés par moitiés égales au propriétaire du sol et au roi.

Le Comminges fut le premier fief gascon qui rentra dans le domaine royal en 1453; puis l'Armagnac fut confisqué par Louis XI après la mort de l'odieux comte Jean V. Le Bigorre et l'Albret ne furent annexés qu'en 1607 par un édit d'Henri IV, dont ils formaient une partie du patrimoine. Sous le règne de ce prince, qui mit fin aux guerres de religion, la paix et la prospérité furent rendues à cette malheureuse contrée, qui avait servi de champ clos aux terribles lutteurs Montgomery et Blaise de Montluc.

En 1716, la Gascogne fut réunie au gouvernement militaire de la Guyenne et forma presque complètement la généralité d'Auch. Au point de vue judiciaire, elle ressortissait au parlement de Pau. La Révolution ne lui laissa que quatre de ses dix évêchés : Auch, Tarbes, Aire, Bayonne, en même temps qu'elle en tira les départements du *Gers,* des *Hautes-Pyrénées* et des *Landes,* une grande partie de la Haute-Garonne et des Basses-Pyrénées, un quart de Tarn-et-Garonne et de l'Ariège.

Le dernier événement politique à signaler est l'invasion de l'armée anglo-espagnole aux ordres de Wellington, qui franchit en 1814 le seuil occidental des Pyrénées, défendu par Bayonne. Au point de vue religieux, tout le monde connaît les apparitions de la Vierge immaculée à Lourdes, en 1858, et l'immense concours de pèlerins qui afflue depuis lors de toutes les parties de la France et même du dehors vers ce lieu béni. Avec tous ces fidèles, disons donc : O Marie conçue sans péché, priez pour nous qui avons recours à vous!

Le Gascon. — Outre sa tendance à l'émigration, dont il a été parlé plus haut, le peuple gascon a un trait de caractère universellement connu : il passe pour menteur, hâbleur, exagérateur. « Il oublie facilement ses propres affaires, dit M. P. Joanne ; il parle par démangeaison de bavarder, de se répandre, d'attirer l'attention sur son mérite ; quand la vérité s'épuise ou se dérobe, il enjolive, brode, ajoute, invente de toutes pièces : de là ce qu'on appelle « gasconnades »... On a mis sur le compte des Gascons comme sur celui des Marseillais, leurs compères, des fanfaronnades qui, pour n'être pas toujours authentiques, ont assez le caractère de terroir pour être rappelées. Telle est la suivante :

> Un gentilhomme de Provence,
> De ses aïeux exaltant la puissance,
> Disait : « Sans me vanter,
> Dans ma maison je puis compter
> Jusqu'à quinze bâtons de maréchaux de France.
> — Eh! qu'est cela?
> Fit un Gascon; belle vétille!
> Depuis cent ans et par delà,
> Ce n'est qu'avec ces bâtons-là
> Qu'on se chauffe dans ma famille! »

« En dehors de ce défaut, ajoute M. Vivien, le Gascon est très brave, gai, généreux; qu'on se rappelle au surplus le portrait fameux que Marot a tracé de son valet. Les populations des Landes sont de mœurs patriarcales, de même que celles de la Soule ; dans les parties du Bigorre que n'a point modifiées le contact quotidien avec l'étranger, l'hospitalité est encore en honneur, les relations pleines d'abandon et de cordialité, les mœurs très pures dans les villes aussi bien que dans les campagnes les plus reculées.

« Le Gascon parle, en dehors du français, dont les progrès sont très rapides, des patois assez variables, plus harmonieux, plus concis et plus originaux dans les Hautes-Pyrénées que partout ailleurs. Mais ces patois, moins heureux que ceux de la Provence, du Limousin et du Languedoc, n'ont guère eu de troubadours ni de poètes. »

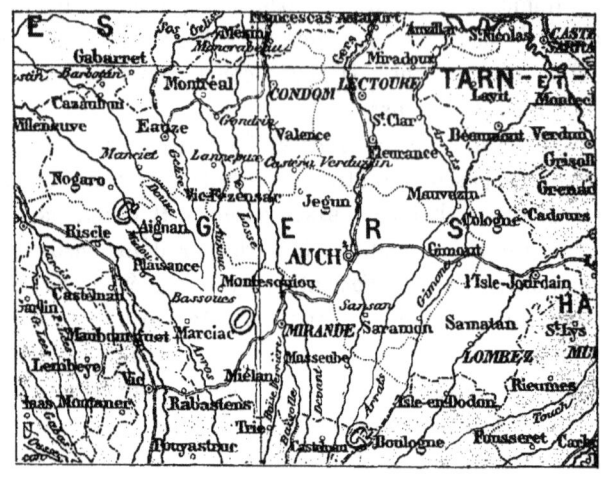

GERS

5 arrondissements, 29 cantons, 466 communes, 250000 habitants

Géographie. — Le département du *Gers* est ainsi nommé de la rivière qui baigne le pied des collines d'Auch et de Lectoure. Il a été formé de l'*Armagnac*, capitale Auch; de l'*Astarac*, capitale Mirande; du *Fezensac*, capitale Vic-Fezensac; du pays de *Gaure*, capitale Fleurance; et de parties de la Lomagne, du Comminges, du Condomois, tous pays de Gascogne. Son aire, qui est de 6290 kilomètres carrés, lui donne le 36ᵉ rang sous ce rapport.

D'un aspect tout particulier, le territoire du Gers est sillonné de collines encaissant de longues et étroites vallées divergentes, que l'on a justement comparées aux rayons d'un éventail ouvert, dont la poignée serait au plateau de Lannemezan. Ces collines, qui sont en général celles dites d'Armagnac, se composent de terrains tertiaires, débris arrachés aux Pyrénées à l'époque glaciaire et reposant sur des roches argilo-calcaires; elles vont en s'élevant du nord vers le sud, où elles atteignent 400 mètres, point culminant, près de Mont-d'Astarac, au bord du Gers; le point le plus bas, 55 mètres, est marqué par la sortie de cette rivière. Auch est à 160 mètres, Mirande à 150; l'altitude moyenne est de 200 mètres.

Hydrographiquement, le département du Gers est incomparable à deux points de vue : nul n'a relativement autant de longues vallées de rivières, et dans aucun les rivières ne sont aussi pauvres; car, à part l'Adour et l'Arros, elles seraient à sec en été sans le canal d'alimentation de la Neste. Deux bassins se partagent le territoire : 1° le bassin de l'*Adour*, arrosé par ce fleuve, l'Arros, le Midou et la Douze; 2° le bassin de la Garonne, vers laquelle se dirigent la *Save*, rivière de Lombez, la Gimone, l'Arrats; le *Gers*, qui baigne Auch et Lectoure; la *Baïse*, qui arrose Mirande et recueille la Baïsolle, la Baïse-Derrière et la Gélise, où se jettent l'Auzoue et la Losse.

Le **Gers** ne vaudrait pas mieux en temps caniculaire que ses compagnons et compagnes du plateau lannemezanais, sans les 1 000 litres par seconde envoyés par le canal de la Neste; mais on estime ses crues majeures à 400 mètres cubes. Issu des Hautes-Pyrénées pour s'achever en Lot-et-Garonne, il traverse du sud au nord le territoire auquel il donne son nom. Il y fait un voyage de 124 kilomètres, sans aucun grand détour, et y draine 100 000 hectares. Il y rencontre Masseube et passe au bas du raide amphithéâtre d'Auch, puis dans la riche vallée de Fleurance et au pied de l'abrupt coteau de Lectoure. A sa sortie du territoire, et près d'être dévoré par la Garonne dans la plaine d'Agen, il n'a que 20 mètres de largeur.

Le département jouit du *climat girondin*, généralement doux et agréable; mais les chaleurs hâtives amènent souvent des grêles désastreuses. Le vent du sud-est, ou d'autan, a des effets funestes sur les plantes, les animaux et même l'homme. Il tombe annuellement sur le sol de 5 à 9 décimètres d'eau pluviale.

Essentiellement agricole, le Gers produit abondamment des céréales et de bons vins ordinaires, dont une partie est convertie en eau-de-vie dite « armagnac », la meilleure après le « cognac ». Les chevaux de remonte, les mulets, les bêtes à cornes et les volailles sont aussi d'un bon rapport. La superficie boisée n'est que de 54 000 hectares. Une ferme-école fonctionne à la Hourre, près d'Auch.

Le département n'exploite guère que le marbre jaune de Castéra-Verduzan et les eaux minérales de la même localité, celles de Barbotan et d'Aurensan. L'industrie proprement dite, peu importante, comprend des minoteries, quelques fabriques d'alambics, de tissus et de chaussures, une ou deux verreries, la fonderie de cloches de Ramouzens, la construction de machines agricoles de Vic-Fezensac, etc.

Les habitants. — Depuis 1846, où elle était de 314 880 habitants, la population a toujours été en décroissant par suite de l'émigration et de l'excédent des décès. En 1896, elle n'était plus que de 250 500 habitants, y compris 6 000 étrangers, presque tous Espagnols; c'est une diminution de 20 000 âmes sur 1801. Le Gers est le 75e département pour la population absolue et le 81e pour la densité, avec 40 personnes par kilomètre carré. Le catholicisme y règne presque exclusivement, et le patois gascon est encore très usité.

Personnages. — Rufin, ministre de Théodose, né à Eauze, mort en 395. Saint Bertrand, évêque de Comminges, né à l'Isle-Jourdain, mort en 1123. Blaise de Montluc, adversaire des protestants, né à Sainte-Gemme, mort en 1577. Le poëte gascon du Bartas, né à Montfort, mort en 1590. Le duc de Roquelaure et son fils, qui devint maréchal de France, nés près d'Auch, morts en 1683, 1736. Sénac, médecin de Louis XV, né près de Lombez, mort en 1770. Le maréchal Lannes, duc de Montebello, né à Lectoure, mort en 1809. L'amiral de Villaret-Joyeuse, né à Auch, ainsi que le général Dessoles, morts en 1812, 1828. L'abbé de Montesquiou-Fezensac, ministre de Louis XVIII, né à Marsan, mort en 1832. De Salvandy, publiciste, né à Condom, mort en 1856.

Vue d'Auch et l'ancien pont sur le Gers.

Administrations. — Le Gers forme l'archidiocèse d'Auch, ressortit à la cour d'appel d'Agen, à l'académie de Toulouse, à la 17e division militaire (Toulouse) et à la 8e région agricole (Sud-Ouest).

Il comprend 5 arrondissements : *Auch, Condom, Lectoure, Lombez, Mirande,* avec 29 cantons et 466 communes.

I. **AUCH**, chef-lieu du département[1], est une ville de 15 000 âmes, située par 160 mètres d'altitude sur la rive gauche du Gers. Bâtie en

---

[1] Arrondissement d'Auch : 6 *cantons,* 85 communes, 53 650 habitants.
Cantons et communes principales : 1-2. *Auch,* 14 840 habitants; Barran, 1240; Pavie, Roquelaure, Sansan. — 3. *Gimont,* 2840; Aubiet, 1240; Marsan. — 4. *Jegun,* 1460; Biran, Ordan. — 5. *Saramon,* 1120; Castelnau, 1110. — 6. *Vic-Fezensac,* 3510.

amphithéâtre sur une pente escarpée, elle se divise en ville haute et ville basse, qui communiquent par des rues rapides et de nombreux escaliers; l'un de ces escaliers, vraiment monumental, est orné de fontaines et compte 375 marches. La cathédrale Sainte-Marie, qui couronne le sommet de la colline, est un beau monument gothique avec façade de style gréco-romain surmontée de deux tours : on admire surtout la hauteur de sa voûte, les 113 stalles du chœur, les vitraux, considérés comme les plus beaux de la Renaissance dans le Midi, et le buffet d'orgues chef-d'œuvre de Poyerle. A citer encore l'asile d'aliénés, les statues de l'amiral de Villaret-Joyeuse et de l'intendant d'Étigny, bienfaiteur de la ville, ainsi que les restes de la célèbre abbaye Saint-Orens, d'origine mérovingienne.— Cette antique capitale des *Ausci* s'appela d'abord *Elimberris*, puis *Augusta Ausciorum*. Son évêché, fondé au IVe siècle, devint en 879 la métropole de la Novempopulanie. Au moyen âge, Auch fut la capitale de l'Armagnac et, après sa réunion à la couronne, celle de la province de Gascogne, en même temps que le siège d'une généralité. Son industrie embrasse la fabrication du drap, des toiles de fil, des cuirs et de la poterie; son commerce a pour objet les vins, les eaux-de-vie, les bestiaux et la volaille.

Au nord, *Roquelaure* conserve les ruines du château que Louis XIV érigea en duché-pairie pour Gaston de Roquelaure et pour son fils Antoine, maréchal de France, tous deux trop connus par leurs bouffonneries. — A *Sansan* ont été découverts, en 1854, de nombreux ossements fossiles d'animaux disparus. — *Pavie*, dont le nom rappelle celui d'une ville italienne, est une bastide fondée sur plan régulier en 1281, et qui, après avoir voulu supplanter Auch comme capitale de l'Armagnac, tomba en décadence après les guerres de religion.

Gimont, au-dessus de la Gimone, est aussi une ville régulière et symétrique, que créèrent en 1322 les cisterciens de l'abbaye de Planselve; elle possède une belle église gothique du XIVe siècle et la chapelle Notre-Dame-de-Pitié ou de Cahuzac, but de pèlerinage. Il s'y tient d'importants marchés aux bestiaux et aux volailles. — A *Marsan*, on remarque le superbe château de la famille Montesquiou; — à *Biran* et *Ordan* (canton de Jegun), des piles itinéraires romaines.

Saramon, sur la Gimone, conserve des restes de remparts et l'église romane d'une abbaye de bénédictins. — Vic-Fezensac, sur la Losse, était autrefois le chef-lieu de la vicomté de Fezensac et soutint plusieurs sièges durant les guerres du XVIe siècle. Fabrique d'alambics et d'instruments aratoires, commerce de vins et liqueurs.

II. **CONDOM**, sous-préfecture de 7000 âmes[1], située par 80 mètres

---

[1] Arrondissement de Condom : 6 *cantons*, 88 communes, 60850 habitants.
Cantons et communes principales : 1. *Condom*, 7050 habitants; Larressingle, Romieu (La), 1050. — 2. *Cazaubon*, 2620; Estang, 1320; Mauléon, 1050. — 3. *Eauze*, 4180; Lannepax, 1100; Ramouzens. — 4. *Montréal*, 2220; Castelnau-d'Auzan, 1960; Gondrin, 1660. — 5. *Nogaro*, 2170; Houga (Le), 1540; Manciet, 1670. — 6. *Valence*, 1500; Castéra, Saint-Puy, 1260.

d'altitude sur la Baïse, est un entrepôt considérable d'eaux-de-vie d'Armagnac. Son église gothique de Saint-Pierre, jadis cathédrale, a été bâtie de 1506 à 1521; on dut, en 1569, la racheter pour 30 000 livres au protestant Montgomery, qui voulait la détruire. Un beau cloître du xve siècle renferme un petit musée. — Autrefois capitale du Condomois et place très

Auch. — Intérieur de la cathédrale Sainte-Marie.

forte, cette ville se forma au xie siècle autour d'une abbaye de bénédictins. Elle fut, de 1317 à 1709, le siège d'un évêché dont Bossuet fut quelque temps titulaire, bien qu'il ne l'eût jamais occupé. — A *Larressingle*, sur la Losse, ruines imposantes d'un château fort, ancienne résidence des évêques de Condom. — *La Romieu* fut fondée par des pèlerins, dits autrefois Romains ou Roumious dans le Midi. En 1318, le cardinal d'Aux y établit une collégiale et s'y fit bâtir une maison forte à côté d'un beau cloître et de son admirable église, le tout encore existant aujourd'hui. — Cazaubon, sur la Douze, conserve des restes de remparts et possède les eaux ferrugineuses et les bains de boue de Barbotan, ainsi que des fabriques d'eau-de-vie.

Eauze, sur une colline près de la Gélise, est le principal marché des eaux-de-vie d'Armagnac. C'était jadis, sous le nom d'*Elusa*, la capitale des *Elusates*, qui devint au IVe siècle la métropole politique et religieuse de la Novempopulanie; mais après sa destruction par les Sarrasins et les Normands, son archevêché fut transféré à Auch.

Henri, roi de Navarre, était, selon les mœurs de son temps, un passionné guerroyeur. De Pau ou de Nérac, il sortait avec une petite troupe et s'en allait gaiement conquérir une forteresse, une ville. En voici un exemple, la prise d'Eauze, que Sully se fait raconter par son secrétaire.

« Le roi surprit la porte d'Eauze et entra dedans avant que ceux de la garde eussent eu moyen de prendre les armes. Mais l'un d'iceux ayant crié à celui qui était au portail en sentinelle, il coupa la corde de la herse coulisse, qui s'abattit aussitôt quasi sur la croupe du cheval du roi et de celui de votre cousin, ce qui empêcha la suite qui venait au galop de pouvoir entrer, tellement que le roi et vous quinze ou seize tous seuls demeurâtes enfermés dans cette ville, de laquelle tout le peuple s'étant armé, il vous tomba à diverses troupes et diverses fois sur les bras, le tocsin sonnant furieusement et un cri d'*arme, arme,* et de *tue, tue,* retentissant de toutes parts. Ce que voyant le roi de Navarre, dès la première troupe qui se présenta de quelque cinquante, les uns bien, les autres mal armés, lui marchant le pistolet au poing, droit à eux, il vous cria : « Or sus, mes amis, mes compagnons, c'est ici qu'il vous faut montrer « du courage et de la résolution, car d'icelle dépend notre salut; que « chacun donc me suive et fasse comme moi, sans tirer le pistolet qui « ne touche. » Et en même temps oyant trois ou quatre qui criaient : « Tirez à cette jupe d'écarlate, à ce panache blanc, car c'est le roi de « Navarre, » il les chargea de telle impétuosité, que, sans tirer que cinq ou six coups, ils prirent l'épouvante et se retirèrent. »   (Sully.)

Montréal, sur l'Auzoue, est une ville régulière fondée en 1256 par Gérard V, comte d'Armagnac. Montgomery la détruisit de fond en comble. — Nogaro, sur le Midou, fut construit en 1060 par saint Austinde, archevêque d'Auch, et devint comme le second centre religieux du diocèse. Grande fabrication de vins et d'eaux-de-vie, ainsi qu'à *Manciet,* ancienne place des calvinistes.

Valence, sur la Baïse, était aussi fortifié jadis. Aux environs, on voit de beaux restes de l'abbaye cistercienne de Flaran et du château de Tauzia. — *Castéra-Verduzan* extrait de beau marbre jaune, et utilise, dans un établissement thermal, des eaux ferrugineuses et sulfureuses.

III. **LECTOURE,** sous-préfecture de 5000 âmes [1], est bâtie par 180 mètres d'altitude au bord d'un plateau qui tombe abruptement sur la vallée du Gers. On y remarque l'église Saint-Gervais-Saint-Protais, qui fut cathédrale jusqu'en 1790; l'antique fontaine de Diane ou d'Houndélie, et la promenade du Bastion, d'où l'on jouit de vues magnifiques. A cette promenade travailla comme terrassier le futur maréchal Lannes, qui y a une statue en marbre blanc. — Lectoure, ancienne *Lactora*, cité des *Lactorates*, devint au xe siècle la capitale des vicomtes de Lomagne, et au xive celle des vicomtes d'Armagnac, qui en firent une place redoutable. Les troupes de Louis XI s'en emparèrent en 1469 après un blocus de huit mois, puis en 1473, et passèrent les habitants au fil de l'épée. L'évêché de Lectoure, créé au ive siècle, fut supprimé en 1790. Important commerce de blé dans une région de grande production. — A *Saint-Mézard,* chapelle Notre-Dame d'Esclaux, but de pèlerinage.

Fleurance, sur le Gers, est une jolie ville de 4300 âmes, aussi industrielle que commerçante. Ancienne capitale du pays de Gaure, elle fut fondée en 1280 par les cisterciens de Bouillas et reçut des fortifications aujourd'hui disparues. Elle tient son nom d'une ville d'Italie (Florence), de même que plusieurs autres localités du Gers : Plaisance, Pis (Pise?), Pavie, Miélan (Milan).

Mauvezin, sur l'Arrats, était jadis la résidence des vicomtes de Fezensaguet; il doit son nom de « mauvais voisin » aux déprédations des seigneurs et des routiers qui habitèrent son château au moyen âge.

A Miradoux se livra un combat entre Condé et les royalistes en 1652. — *Sainte-Mère* a les restes d'un château des évêques de Lectoure, — et *Gaudonville* (canton de Saint-Clar), un pèlerinage à Notre-Dame de Tudet.

IV. **LOMBEZ,** à 160 mètres d'altitude dans une plaine fertile de la Save, est un chef-lieu d'arrondissement peuplé à peine de 1600 âmes [2]. Plus important autrefois, il fut de 1317 à 1790 le siège d'un évêché, qui avait succédé à une abbaye fondée par Charlemagne au lieu dit *Lomberium*. L'ex-cathédrale Sainte-Marie est remarquable par la disposition de sa voûte, son clocher octogonal, ses statues et ses vitraux. Le palais épiscopal est devenu la sous-préfecture. — *Simorre* a une église fortifiée du xive siècle.

Cologne est une bastide créée en 1286 par Odon, vicomte de Gimoës.

L'Isle-Jourdain, sur la Save, est la commune la plus peuplée de l'arrondissement: 4440 habitants. Elle était jadis fortifiée, et fut enlevée en 1323

---

[1] Arrondissement de Lectoure : 5 *cantons,* 72 communes, 37940 habitants.
Cantons et communes principales : 1. Lectoure, 4740 habitants; Saint-Mézard. — 2. *Fleurance,* 4240. — 3. *Mauvezin,* 2480. — 4. *Miradoux,* 1180; Sainte-Mère. — 5. *Saint-Clar,* 1530; Gaudonville.

[2] Arrondissement de Lombez : 4 *cantons,* 71 communes, 32750 habitants.
Cantons et communes principales : 1. *Lombez,* 1540 habitants; Simorre, 1570. — 2. *Cologne,* 620. — 3. *L'Isle-Jourdain,* 4310. — 4. *Samatan,* 2260; Cazaux.

à la maison de Jourdain, par la confiscation qu'en fit Charles le Bel sur son seigneur le sire de Cazaubon. Belle église moderne et statue de saint Bertrand, évêque de Comminges. — SAMATAN, à 3 kilomètres en aval de Lombez, est aussi une ancienne place forte; les calvinistes la saccagèrent en 1589. — Près de *Cazaux* se voit le magnifique château de Caumont, rebâti par le duc d'Épernon, qui y était né.

V. **MIRANDE** est une sous-préfecture de 4000 habitants[1], située à 166 mètres d'altitude sur la rive gauche de la Baïse. Miranda, « la Jolie, » a probablement pour marraine quelque ville espagnole de ce nom. En tout cas, elle a conservé sa régularité primitive et son enceinte presque entière. Trois seigneurs la fondèrent d'un commun accord, en 1280 : Eustache de Beaumarchais, sénéchal de Toulouse, l'abbé de Berdoues et Centulle, comte d'Astarac; dans la suite elle devint capitale de ce pays.

AIGNAN conserve une tour de l'ancien château des seigneurs d'Armagnac, qui en firent apparemment leur première résidence. — MARCIAC est une bastide créée en 1298 pour servir de capitale aux comtes de Pardiac, qui habitèrent jusque-là le château voisin de *Monlezun*. Il y a un couvent d'augustins du XIVe siècle et deux belles églises, dont l'une sous le vocable de Notre-Dame de l'Étang.

MASSEUBE (*Mala Sylva*), sur le Gers, est aussi une ville régulière du moyen âge; elle a des restes de remparts. — A *Saint-Blancard*, château de Gontaut-Biron, récemment reconstruit.

MIÉLAN, sur une colline dominant la Losse, était autrefois défendu par un puissant château; les Anglais le prirent en 1370 et détruisirent la ville. — En aval, MONTESQUIOU fut le siège de la première baronnie d'Armagnac et le berceau d'une célèbre famille de guerriers et d'hommes d'État. — A *Bassoues*, donjon de 38 mètres de haut, reste d'un château des archevêques d'Auch.

PLAISANCE, dans une situation agréable sur l'Arros, est une ville régulière créée en 1320; elle a une belle église gothique, des minoteries et des scieries mécaniques. — *Beaumarchés* doit son nom à un sénéchal de Toulouse, qui la construisit en 1288, de concert avec les moines de Bouillas. Ancienne abbaye de Prémontrés de la Case-Dieu.

RISCLE, dans une belle et fertile plaine sur l'Adour, fait le commerce de vins, ainsi que *Viella*, au sud-ouest. — *Barcelonne*, près de l'Adour, est une ville neuve du XIVe siècle, comme en témoignent son plan régulier et son nom, souvenir de la grande ville aragonaise.

---

[1] Arrondissement de MIRANDE : 8 *cantons*, 150 communes, 65 280 habitants.
Cantons et communes principales : 1. *Mirande*, 3 770 habitants. — 2. *Aignan*, 1 520; Lupiac, 1 030. — 3. *Marciac*, 1 550; Monlezun. — 4. *Masseube*, 1 510; Saint-Blancard. — 5. *Miélan*, 1 670. — 6. *Montesquiou*, 1 380; Bassoues. — 7. *Plaisance*, 1 830; Beaumarchés, 1 120. — 8. *Riscle*, 1 850; Barcelonne, 1 130; Viella, 1 630.

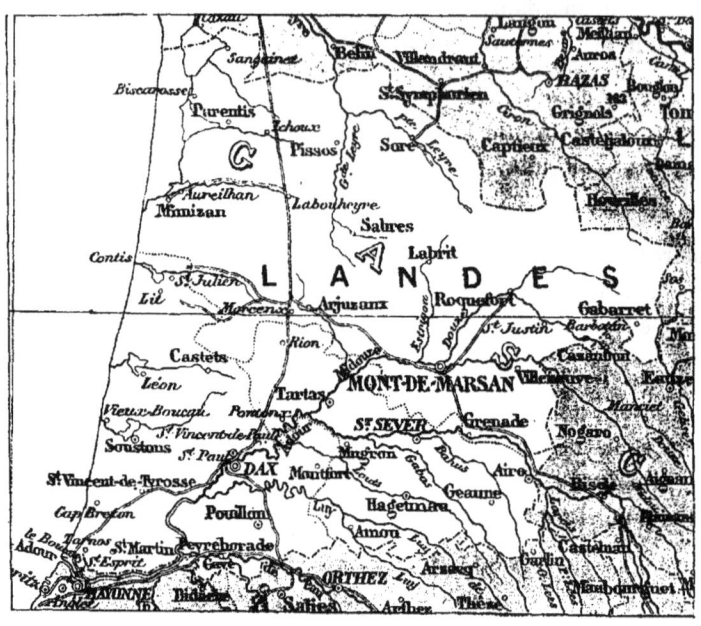

LANDES

3 arrondissements, 28 cantons, 333 communes, 292 900 habitants

Géographie. — Le département des *Landes* est ainsi nommé de sa grande plaine sablonneuse, jadis couverte de bruyères et de marais insalubres, aujourd'hui partiellement transformée en forêts de résineux. Il comprend en tout ou en partie : 1° trois pays de Gascogne : les *Landes*, qui avaient pour capitale Dax et renfermaient notamment l'Albret, chef-lieu Labrit, et le Marsan, chef-lieu Mont-de-Marsan; la *Chalosse*, capitale Saint-Sever, et le *Condomois*, capitale Condom ; 2° une portion du *Bordelais*, qui dépendait de la Guyenne ; 3° un lambeau du Béarn. Sa superficie étant de 9 363 kilomètres carrés, il est, après la Gironde, le plus étendu de France.

Le cours de l'Adour divise le territoire en deux régions très distinctes au triple point de vue de la géologie, de la topographie et de l'agriculture ; ce sont : la Chalosse au sud, la Lande au nord. Celle-ci est une vaste plaine de sable reposant sur une couche imperméable de tuf ou *alios*, qui empêche l'écoulement des eaux et la pénétration des racines, d'où l'infertilité et l'insalubrité naturelles de cette contrée. Une zone de dunes aux chaînes parallèles, enfermant des vallées appelées *lèdes* ou lettes, la sépare à l'ouest de l'Océan. La Chalosse, contrairement à la Lande, est formée de coteaux généralement argileux et fertiles, résultant du ravinement des pentes occidentales du grand cours de déjection des Pyrénées ; le point le plus élevé du département, 227 mètres, s'y rencontre au sud d'Aire, près de la frontière des Basses-Pyrénées. Mont-de-Marsan est à 30-50 mètres d'altitude, Dax à 12 mètres ; l'altitude moyenne est d'environ 70 mètres.

Dunes et landes. — Le littoral du département présente à l'Océan une bordure presque rectiligne de plus de 100 kilomètres, formée de dunes généralement revêtues de pins, n'ayant aucun port digne de ce nom et sans cesse battue par une mer houleuse.

« Comment les dunes se forment-elles ? Le phénomène est le même partout. Le vent dominant de ces régions souffle de la mer, de l'ouest ; il soulève le sable du rivage. Chaque grain monte ainsi séparément, doucement, le long du cordon littoral, du petit monticule sablonneux déjà formé. Porté par le vent, il s'élève le long de ce petit plan incliné et tombe

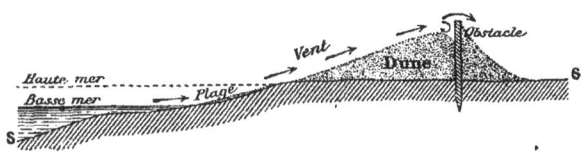

de l'autre côté, qui est presque à pic. Cela dure de tout temps et explique à la fois la formation des dunes et leur marche progressive. Elles se sont avancées peu à peu, ont englouti insensiblement des villages tout entiers. Brémontier, en conseillant des plantations de pins, a mis un terme à leur invasion toujours plus menaçante.

« Quand le vent souffle avec violence, le sable tourbillonne, est projeté au loin ; de là ces plaines sablonneuses, ces landes qui s'étendent derrière les dunes et dont l'horizon se fixe même par les limites. C'est là, sur les sables mouvants, coupés de flaques d'eau, que se promène toute l'année le berger monté sur ses échasses, avec lesquelles il marche, il court mieux et plus vite qu'avec ses jambes. Appuyé sur son long bâton, qui lui sert aussi de balancier, il ne se repose jamais. Pour se distraire il tricote, même en marchant. Jamais il ne perd de vue son maigre troupeau. De loin en loin, une cahute, un bois de pins ; puis plus rien, le désert, toujours le désert. La culture du pin a seule vivifié ces régions. » (L. SIMONIN.)

Hydrographie. — Le département est traversé au sud par l'*Adour*, qui baigne Aire, Saint-Sever, Dax, et recueille presque tous les autres cours d'eau : le Gabas, la *Midouze*, formée à Mont-de-Marsan du Midou et de la Douze ; le Louts, le *Luy*, formé du Luy de France et du Luy de Béarn ; le *gave de Pau*, qui reçoit le gave d'Oloron. La Grande et la Petite-Leyre constituent la *Leyre*, qui se dirige vers le bassin d'Arcachon. — L'Adour, la Midouze, le Luy et le gave de Pau sont navigables, mais peu utilisés.

L'*embouchure de l'Adour* s'est plusieurs fois déplacée. Au XIIIe siècle, elle se trouvait à Capbreton. Vers 1369, à la suite d'une tempête, les sables furent rejetés par les vagues de manière à constituer là un véritable barrage, et les eaux du fleuve allèrent se frayer un passage jusqu'au Vieux-Boucau, à 18 kilomètres au nord de Capbreton; pendant deux siècles les navires durent donc suivre ce cours tortueux pour remonter de la mer jusqu'à Bayonne. En 1578, Henri III chargea Louis de Foix de changer le lit de l'Adour et de percer la ligne de dunes qui, aux environs de Bayonne, séparait ce fleuve de l'Océan. Louis de Foix fut aidé dans son œuvre par

Dunes de Gascogne (Landes).

une tempête et des pluies diluviennes qui, au mois d'octobre 1579, déterminèrent de fortes crues, à la suite desquelles les sables qui s'opposaient au passage furent balayés et rejetés à la mer. Depuis cette époque, l'embouchure de ce fleuve s'est maintenue au Boucau-Neuf.

La chaîne littorale des dunes, en arrêtant au pied de leur versant oriental les cours d'eau landais ou *crastes*, y a formé une sorte de chapelet d'étangs, qui se déversent à la mer par des chenaux ou *courants;* les principaux de ces étangs sont, du nord au sud, ceux de *Sanguinet*, de *Parentis et Biscarosse*, d'*Aureilhan*, de *Saint-Julien*, de *Léon* et de *Soustons*.

Productions. — Le département jouit du *climat girondin* sous sa forme la plus bénigne et d'une grande égalité relative. Naturellement très salubre dans la Chalosse, il le devient de plus en plus dans la lande à mesure que se dessèchent ses marais et que la « lande rase » se couvre de pins, dont l'odeur bienfaisante imprègne l'atmosphère. Il en résulte que les fièvres ont presque disparu et que, avec l'amélioration de la santé, la vie moyenne a passé de trente-quatre ans et demi à près de trente-neuf ans, soit un an et demi de plus que la vie moyenne en France. Quant à la précipitation pluviale, elle varie entre 6 et 14 décimètres pour une année, et va en augmentant du nord-est au sud-ouest.

Le rendement agricole des Landes progresse avec les plantations de résineux; or, sur les 520 000 hectares boisés du département, qui à cet égard tient le premier rang, la plus grande part revient à ces sortes de forêts; le chêne-liège croit particulièrement dans le Marensin et la Marenne, au sud-ouest, où se récoltent de bons « vins de sable ». La Lande nourrit encore beaucoup de moutons, et dans ses étangs et marais vivent de nombreux oiseaux aquatiques, qui donnent lieu à une chasse active. La Chalosse, contrée fertile et essentiellement agricole, produit du froment, du maïs, des légumes secs, du tabac et du vin; elle élève une excellente race de bœufs et une grande quantité de volailles.

Le bitume de Dax, du minerai de fer et des pierres à bâtir sont les **principaux minéraux du pays, qui possède d'assez nombreuses sources thermales à Dax, Préchacq, Eugénie-les-Bains, Gamarde, etc. L'industrie proprement dite fabrique des fontes, fers, bouchons de liège; mais surtout elle exploite les forêts de pins, dont elle retire des produits variés.**

Les forêts de pins. — Quelle est la vraie origine de la fixation des dunes par la culture du pin? Vers 1750, l'abbé Desbiey, de Saint-Paul-en-Born, avait sauvé une de ses terres en semant des pins sur une dune qui menaçait de l'envahir. A l'académie de Bordeaux dont il était secrétaire, il avait lu un mémoire indiquant la manière d'ensemencer les dunes, et M. de Ruat, seigneur du captalat de Buch, avait fait des essais qui avaient pleinement réussi. Ce furent les précurseurs de Brémontier, qui eut l'honneur et la gloire d'appliquer le remède indiqué et préconisé par eux. Il a eu le mérite d'en comprendre toute l'efficacité, et fut assez heureux pour faire accueillir par le gouvernement les propositions qu'il avait formulées dans un mémoire adressé au roi en 1784: le pays fut sauvé. Pendant vingt-cinq ans, Brémontier n'a cessé de poursuivre son œuvre, et elle se continue sans relâche depuis cette époque.

Quant à l'extraction de la résine, elle se fait par la *pique* ou incision, pour laquelle le résinier est armé de deux instruments: le *pitey*, qui lui sert d'échelle, et le *hapchot*, sorte de petite hache. Un bon résinier exploite de 2 000 à 2 400 pins dans l'année. La résine qui s'échappe de la plaie ou *care* se divise en deux espèces: le *barras* et la *gemme*; celle-ci, de beaucoup plus précieuse, doit sans doute son nom latin aux gouttelettes qu'elle forme et qui ressemblent à autant de perles; elle coule lentement. Le barras, au contraire, blanc et opaque, se colle à la care, qu'il finit par recouvrir d'une couche pareille au sucre candi. La récolte s'en fait en automne, au moyen de petits pots attachés à l'arbre; puis on distille cette résine pour en obtenir de l'essence de térébenthine et le goudron d'une part, la colophane et le noir de fumée de l'autre. Lors de la guerre de Sécession américaine, quand l'essence de térébenthine n'arrivait plus des États-Unis, tous les résiniers d'Arcachon ont fait fortune.

Rien, du reste, ne se perd. Le bois de pin lui-même, quand il est épuisé par les saignées, est abattu. On en fait des traverses très estimées pour les chemins de fer, des poteaux télégraphiques, des échalas pour les vignes, des planches, des pavés pour les rues des villes, et, avec les brindilles, des branchages, des fascines pour les fours des boulangers. On en retire aussi un excellent charbon de bois. Le bois de pin doit à la résine qu'il renferme de pouvoir résister longtemps aux intempéries, et de se conserver très bien. C'est un excellent bois de charpente; injecté d'un sel de cuivre ou de fer, ou de créosote, ou bien encore carbonisé, flambé à la surface, il peut durer indéfiniment. Malheureusement, pendant les grandes chaleurs, de fréquents incendies ravagent les forêts de pins desséchées.

Les habitants. — En 1896, le département entretenait 292 900 habitants, soit 68 700 de plus qu'en 1801 et 8 000 de moins qu'en 1871. Il est ainsi le 61e pour la population absolue et le 84e pour la densité, avec 31 habitants par kilomètre carré. On y compte à peine 600 étrangers. Les Landais sont presque tous catholiques; ils savent parler le français, mais entre eux ils se servent du dialecte gascon. Comme mœurs ou coutumes, outre les échasses qui deviennent très rares, ils ont les courses de taureaux, qui sont au contraire bien en vigueur.

Les courses landaises. — « Nous avons en France une variété de courses de taureaux, les *courses landaises,* bien moins sanglantes que les courses espagnoles. Les bergers des Landes, vivant constamment au milieu de leurs troupeaux, ont affaire souvent avec des bêtes rebelles et sauvages, contre lesquelles il leur faut savoir se défendre par l'adresse. De là est né ce qu'on nomme l'*écart,* qu'ils ont à chaque instant à mettre en pratique dans les pâturages, et dont ils sont tout naturellement arrivés à faire montre dans des courses organisées. L'homme attend de pied ferme, parfois les pieds liés ou posés sur son béret, la vache qui fond sur lui au galop, et, au moment où il est presque touché et jeté en l'air, par un simple mouvement du buste il se déplace à droite ou à gauche, et les cornes l'effleurent sans le toucher. Souvent aussi, s'aidant d'une longue perche, il saute par-dessus la tête de la vache comme il franchit les fossés dans ses landes, ou même enfin il attend immobile, et, au moment où l'animal baisse le front, il prend son élan et le saute en longueur, parfois faisant le saut périlleux en l'air. Notons, du reste, que souvent la vache est tenue comme en laisse à l'aide d'une longue corde, qui permet en quelque sorte de la diriger.

« Les courses landaises sont aussi populaires dans le midi de la France que la corrida en Espagne ; il n'est pas de village des Landes qui n'ait son arène, parfois simple enclos palissadé ou cour de ferme préparée dans ce but ; tous les jeunes gens s'exercent aux courses, aussi y en a-t-il peu qui en fassent profession.

« Il y a une variété de course, la *ferrade*, qui est un résultat naturel de l'occupation des gardeurs de troupeaux, et qui se retrouve identique,

Bergers landais (autrefois).

ou à peu près, dans les *pampas* de l'Argentine : ces vastes troupeaux de bœufs qui parcourent les landes doivent être marqués aux initiales de leur propriétaire, pour que les vols puissent être évités, et il faut pour cela saisir ces bêtes à demi sauvages, les renverser par terre et les maintenir tandis qu'on leur applique une marque au fer rouge. » (DANIEL BELLET.)

Personnages. — Saint Philbert, fondateur d'abbayes, né à Aire, mort en 684. Claude de Mesmes, comte d'Avaux, le principal négociateur de la paix de Westphalie, né à Mont-de-Marsan, mort en 1650. Saint Vincent de Paul, fondateur des lazaristes et des sœurs de Charité, né au village qui porte aujourd'hui son nom, mort en 1660. Le mathématicien Borda et le consul Roger-Ducos, nés à Dax, morts en 1799, 1816. Le général Lamarque, député populaire, né à Saint-Sever, mort en 1832. Le maréchal Bosquet, né à Mont-de-Marsan, mort en 1861. L'entomologiste Dufour, né à Saint-Sever, mort en 1865.

Administrations. — Le département des Landes forme le diocèse d'Aire, ressortit à la cour d'appel de Pau, à l'académie de Bordeaux, à la 18e région militaire (Bordeaux), à la région agricole du Sud-Ouest, et à la 29e conservation forestière (Bordeaux).

Il comprend 3 arrondissements: *Mont-de-Marsan, Saint-Sever, Dax*, avec 28 cantons et 333 communes.

I. **MONT-DE-MARSAN**, chef-lieu du département[1], est une ville de 11 000 âmes, s'élevant à 30-50 mètres d'altitude, au confluent de la Douze et du Midou, qui forment la Midouze navigable. On y remarque la charmante promenade de la Pépinière et, près de la nouvelle église, de style classique, un grand bâtiment rectangulaire qui est la partie inférieure de l'ancien donjon de *Nou-li-bos* (tu ne l'y veux pas), construit par Gaston Phœbus pour contenir les habitants. La ville possède des fabriques de bouchons de liège, des établissements métallurgiques, des scieries hydrauliques et une pépinière départementale; elle est l'entrepôt d'une partie du commerce de Bayonne pour les vins et les eaux-de-vie, ainsi qu'un important marché pour les bestiaux, laines, bois et résines. — D'après plusieurs chartes apocryphes, Mont-de-Marsan aurait été fondé sous Charlemagne, détruit par les Normands et rebâti en 1141. Cette dernière date est celle de la véritable origine de la ville, que bâtit Pierre, vicomte de Marsan, pour servir de capitale à sa seigneurie. Mont-de-Marsan, qui serait ainsi la première bastide ou ville neuve du moyen âge, passa en 1251 aux vicomtes de Béarn et fut réuni à la couronne par Henri IV.

GABARRET, sur un plateau jadis marécageux, à l'extrémité orientale du département, est l'ancienne capitale du Gabardan; le protestant Montgomery la détruisit presque entièrement en 1569. On remarque le camp romain du Bourneau, les restes d'une abbaye bénédictine et ceux d'un château habité par Jeanne d'Albret et Henri IV. Fabrication d'eau-de-vie renommée. — *Mauvezin* et *Parleboscq* gardent aussi un château du Béarnais. — GRENADE, sur l'Adour, rappelle par son plan régulier les bastides du xiiie siècle, et par son nom une ville célèbre d'Espagne. Camp présumé romain de Saint-Savin.

LABRIT (*Leporetum*, lieu où il y a des lièvres) n'est plus qu'un village des Grandes-Landes; il était jadis beaucoup plus important, alors qu'il s'appelait *Albret*, de même que le puissant duché dont il fut la capitale

---

[1] Arrondissement de MONT-DE-MARSAN, 12 *cantons*, 117 communes, 107 180 habitants.
Cantons et communes principales: 1. *Mont-de-Marsan*, 11 270 habitants; Saint-Martin, 1 030. — 2. *Gabarret*, 1 190; Losse, 1 190; Mauvezin, Parleboscq, 1 220. — 3. *Grenade*, 1 370; Benquet, 1 050. — 4. *Labrit*, 1 160; Brocas, 1 290. — 5. *Mimizan*, 1 300; Mezos, 1 540; Pontenx, 1 980. — 6. *Morcenx*, 2 250; Arengosse, 1 200; Arjuzanx, Lesperon, 1 350; Onesse, 1 340; Ygos, 1 790. — 7. *Parentis-en-Born*, 1 960; Biscarosse, 2 060; Sanguinet, 1 250; Ychoux, 1 150. — 8. *Pissos*, 1 700; Moustey, 1 070; Saugnacq, 1 410. — 9. *Roquefort*, 1 610; Labastide, 1 520; Lencouacq, 1 170; Lugaut, 1 700; Saint-Justin, 1 610; Sarbazan. — 10. *Sabres*, 2 510; Escource, 1 170; Labouheyre, 1 420; Solférino. — 11. *Sore*, 1 940; Luxey, 1 610. — 12. *Villeneuve-de-Marsan*, 1 900; Hontanx, 1 130.

primitive. Restes d'un château des rois de Navarre. — *Brocas* a des usines à fer aux Berthes.

Mimizan, à l'origine du courant émissaire de l'étang d'Aureilhan, avait autrefois un port de pêche, actuellement enseveli sous la dune d'Udos avec une partie de la commune. Dans les environs, trois colonnes indiquent les angles de la « sauveté », lieu de refuge offert jadis par le village et son abbaye aux persécutés des pays voisins. Mimizan, à l'embouchure du Courant, est une station balnéaire ; — *Pontenx*, qui possède des forges, est un but de pèlerinage à la chapelle Saint-Jean.

Morcenx, à l'intersection de plusieurs voies ferrées, se compose de l'ancien et du nouveau Morcenx, celui-ci bâti sur plan régulier de 1875 à 1880, et déjà de beaucoup le plus important par ses scieries mécaniques et ses fabriques de poterie, de résine et d'enveloppes de bouteilles. — *Arjuzanx* était, avant 1888, le chef-lieu du canton actuel de Morcenx; on y voit le château de Montolieu, — et à *Arengosse*, celui de Castillon, construit sur les dessins de Mansart.

Parentis-en-Born et *Biscarosse*, qui a des pêcheries importantes, donnent chacun leur nom à une partie du vaste étang voisin. — *Sanguinet*, qui pratique l'apiculture en grand, dénomme également la partie sud de l'étang, dit de Cazau dans sa partie nord, laquelle est girondine. — *Ychoux* produit de très bonne fonte et des ustensiles de ménage.

Pissos, près de la Grande-Leyre, a des forges, et *Moustey* une verrerie.

Roquefort, au confluent de la Doulouze et de l'Estampon, fut la capitale primitive du Marsan; il doit son nom au château féodal, aujourd'hui en ruines, bâti entre des rochers de tuf. — En amont, *Labastide-d'Armagnac* est un bourg fondé en 1284 par Édouard Ier d'Angleterre et le comte de Juillac; il s'y fabrique de l'excellente eau-de-vie. Restes d'un couvent de Templiers. — *Saint-Justin* conserve les débris de ses remparts, ceux d'un château d'Henri IV et de l'église d'une ancienne commanderie de Malte. — *Sarbazan* possède la fontaine vénérée de Saint-Eutrope.

Sabres, sur la Grande-Leyre, exploite les vastes forêts de son territoire, le 5e de France en étendue (16130 hectares). Église des xve-xvie siècles au beau portail sculpté. — A l'ouest, *Solférino* est un centre agricole formé autour d'un domaine créé par Napoléon III en 1862. — *Escource* a une fontaine dite de Saint-Roch, réputée miraculeuse. — *Labouheyre*, c'est-à-dire « la Bouverie », à la bifurcation de chemins de fer, tient d'importantes foires aux bestiaux et possède des ateliers de conservation de bois de pin, de construction de wagons, des forges et un haut fourneau. C'est l'ancienne ville murée d'*Herba Fabaria*, qui fut pendant près d'un siècle le siège de l'évêché de Dax, après la ruine de cette ville par les Normands.

Sore, sur la Petite-Leyre, se compose de deux parties distantes l'une de l'autre d'un kilomètre: le Bourg, centre actuel avec une église du xiie siècle, et la Ville, conservant des restes de remparts du xve siècle.

Fabrique d'essence. — VILLENEUVE-DE-MARSAN, sur le Midou, fut fondée d'un seul jet au XIIIe siècle; son église est ornée de fresques de 1529 et surmontée d'un élégant clocher. Établissement thermal du Brousté et château de la Bataille.

II. **SAINT-SEVER**, dans une contrée fertile, est une sous-préfecture de 4700 âmes[1], qui s'élève fièrement sur une colline abrupte, dominant de 70 mètres la rive gauche de l'Adour. De sa belle promenade de Morlane notamment, qui occupe l'emplacement du camp romain et du château de Palestrion, on jouit d'une vue fort étendue sur les landes et leurs forêts de pins. Les Vandales y martyrisèrent saint Sever au commencement du Ve siècle. Après sa victoire de Taller sur les Normands, le duc gascon Guillaume Sanche, en accomplissement d'un vœu fait sur le tombeau de ce martyr, éleva en 982 une abbaye de bénédictins qui fut l'origine de la ville. Fortifiée au XIIe siècle, celle-ci devint le chef-lieu du comté de Gascogne propre, ce qui lui valut d'être appelée quelquefois cap de Gascogne; elle fut jusqu'en 1790 la capitale de la Chalosse. Son église est celle de l'ancienne abbaye, dont les bâtiments servent aujourd'hui de mairie. Colonne élevée au général Lamarque, qui a son tombeau dans le cimetière d'*Eyres*. — *Montaut*, sur le Gabas, conserve des débris de fortifications.

Intérieur de l'église de Saint-Sever.

Aire, en amphithéâtre sur l'Adour, est l'antique *Atura*, appelée quelque

---

[1] Arrondissement de SAINT-SEVER : 8 *cantons*, 109 communes, 78250 habitants.
Cantons et communes principales : 1. *Saint-Sever*, 4680 habitants; Eyres, Montaut, 1220. — 2. *Aire*, 4510; Eugénie-les-Bains, Sarron. — 3. *Amou*, 1600; Donzacq, 1030; Pomarez, 1890. — 4. *Geaune*, 650; Samadet, 1240. — 5. *Hagetmau*, 3090. — 6. *Mugron*, 2000; Doazit, 1250. — 7-8. *Tartas*, 3000; Bégaar, 1020; Beylongue, 1010; Laluque, Meilhan, 1040; Pontonx, 1940; Rion, 2520; Souprosse, 1770.

temps *Vicus Julii*, et qui devint l'une des résidences des rois westgoths; le code d'Alaric y fut publié en 506. Vers la même date fut fondé son évêché, dont elle est restée, quoique simple chef-lieu de canton, l'unique siège pour tout le département. Elle était jadis la capitale du Tursan et une place forte que dévastèrent les Normands, les Sarrasins et les protestants. La cathédrale Saint-Jean, de diverses époques, est peu remarquable; plus intéressante est l'église du Mas-d'Aire, rebâtie aux XIIIe et XIVe siècles avec un portail riche, mais aujourd'hui mutilé, et dont la crypte, plus ancienne encore, renferme le tombeau de la jeune martyre sainte Quitterie; les jardins de l'évêché et le grand séminaire sont aussi remarquables. Ateliers de constructions mécaniques; commerce de produits agricoles.

Eugénie-les-Bains, qui doit son nom actuel à l'impératrice Eugénie, possède plusieurs établissements thermaux; — *Sarron*, une source dite de Sainte-Anne, but de pèlerinage; — Amou,

Cathédrale d'Aire.

un château construit sur les dessins de Mansart; — Geaune, ancienne bastide d'origine anglaise, des débris de remparts et d'un cloître d'Augustins.

Hagetmau, sur le Louts, fabrique du linge de table et des huiles de lin et de colza. Son église, dédiée à saint Girons, a une crypte romane classée parmi les monuments historiques. Cette ville était autrefois une place importante, qui fut souvent pillée pendant les guerres de religion.

Mugron, près de l'Adour, possède une belle église gothique moderne, l'ancien château de Candale et la statue de l'économiste Frédéric Bastiat. Carrières de pierres de taille.

Tartas, sur la Midouze, passe pour être l'antique capitale des *Tarusates*, peuple novempopulan remplacé probablement au IIe siècle par les *Aturenses*. Fortifiée au moyen âge et siège d'une vicomté de la maison d'Albret, la cité devint un des boulevards du calvinisme en Gascogne et fut démantelée par Louis XIII. Belle église ogivale moderne. — *Pontonx* et *Rion* possèdent des usines pour le traitement des matières résineuses.

III. **DAX**, sous-préfecture de 10 000 âmes[1], est située à 12 mètres

---

[1] Arrondissement de Dax : 8 *cantons*, 107 communes, 107 460 habitants.
Cantons et communes principales : 1. *Dax*, 10 200 habitants; Herm, 1 030; Heugas, 1 170; Saint-

d'altitude sur l'Adour, qui la sépare de son faubourg du Sablar. Cette ville s'est de tout temps distinguée par ses eaux thermales (47° à 62°), sulfatées mixtes et chlorurées sodiques, qui la firent appeler *Aquæ* par les Romains, d'où son nom actuel. La Fontaine-Chaude s'indique de loin par une colonne de vapeur. Les bains de boues chaudes sont très efficaces contre les rhumatismes et les maladies nerveuses. Le nouvel établissement, dit Salin-Thermal, utilise les eaux salées et les eaux amères de *Saint-Pandelon*.

Dax. — Son église et les murs gallo-romains.

L'ancienne cathédrale Sainte-Marie, reconstruite de 1656 à 1719, conserve une magnifique porte du XIIIe siècle, classée comme monument historique, ainsi que la partie restante de l'enceinte gallo-romaine. L'église Saint-Vincent est dédiée au premier évêque de Dax, dont elle renferme le sarco-

Pandelon, Saint-Paul-lès-Dax, 3 640 ; Saint-Vincent-de-Paul, 1 730 ; Saubusse, Tercis. — 2. *Castets*, 1 730 ; Léon, 1 670 ; Linxe, 1 310 ; Lit-et-Mixe, 1 720 ; Saint-Julien, 1 640 ; Uza. — 3. *Montfort*, 1 540 ; Gamarde, 1 230 ; Préchacq, Sort, 1 000. — 4. *Peyrehorade*, 2 560 ; Orthevielle, Port-de-Lanne, 1 060 ; Saint-Lon, 1 090 ; Sorde, 1 030. — 5. *Pouillon*, 3 340 ; Habas, 1 640 ; Labatut, 1 390 ; Mimbaste, 1 240 ; Tilh, 1 180. — 6. *Saint-Martin-de-Seignanx*, 2 550 ; Ondres, 1 340 ; Tarnos, 3 070. — 7. *Saint-Vincent-de-Tyrosse*, 1 550 ; Bénesse, 1 130 ; Capbreton, 1 280 ; Saint-Jean, 1 110 ; Sainte-Marie, 1 460 ; Saint-Martin, 1 310 ; Saubrigues, 1 020. — 8. *Soustons*, 3 900 ; Magescq, 1 740 ; Saint-Geours, 1 580 ; Vieux-Boucau.

phage. La ville exploite des salines, des mines de bitume et de fer; elle fabrique des faïences, des liqueurs fines, et fait le commerce de produits des Landes. — Dax est l'antique *Aquæ Tarbellicæ*, capitale des *Tarbelli*, et s'appela successivement dans la suite Acqs, d'Acqs et Dacqs. Elle reçut au IIIe siècle un évêché, qui subsista jusqu'à la Révolution. Aux Xe et XIe siècles, elle eut des vicomtes particuliers; puis elle fut réunie aux possessions des vicomtes de Béarn et, de 1177 à 1453, à celles des Anglais en Gascogne. Durant la lutte contre Charles-Quint et pendant les guerres de Religion, elle subit plusieurs assauts à la suite desquels elle fut démantelée en 1622.

Saint-Paul-lès-Dax possède une église des XIe et XVe siècles, dont le chœur offre à l'extérieur de belles arcades, surmontées d'une frise à bas-reliefs remontant aux premiers siècles chrétiens. Usines métallurgiques. — *Tercis* et *Saubusse* ont des établissements thermaux.

Saint-Vincent-de-Paul, à cinq kilomètres nord-est de Dax, est une commune qui se compose de trois sections principales : 1º *Saint-Vincent-de-Paul* proprement dit, naguère *Pouy*, près de l'Adour; 2º les établissements religieux de même nom, appartenant aux Filles de la Charité et aux Lazaristes; 3º le hameau de *Buglose*, dont dépendent des usines métallurgiques, ainsi que la chapelle moderne de Notre-Dame de Buglose, l'un des sanctuaires les plus vénérés de la Gascogne.

Saint Vincent de Paul, l'honneur de l'Église et de la France, parce qu'il fut l'un des plus grands bienfaiteurs de l'humanité, naquit à Pouy le 24 août 1576, de parents aisés qui l'élevèrent dans les sentiments de la piété chrétienne. Dès son enfance, qu'il passa à garder les troupeaux, il avait une grande inclination à faire l'aumône aux pauvres; un jour qu'il se trouvait en possession de trente sous, somme considérable pour lui, il les donna à celui qu'il trouva le plus malheureux. Son père l'envoya successivement chez les Cordeliers de Dax et à l'université de Toulouse, où il prit le grade de docteur; puis il reçut les ordres sacrés.

Par un accident providentiel, le jeune prêtre, dans un voyage par mer de Marseille à Narbonne, est pris par les corsaires d'Afrique et mené en esclavage à Tunis, où il est vendu, revendu, traité comme une bête de somme; il tombe entre les mains d'un maître impitoyable, d'un chrétien renégat qui avait fait argent de son Dieu; il le convertit, et après deux ans de captivité vient aborder avec lui sur les côtes de Provence. Devenu aumônier de la reine, Vincent employa son temps à visiter et à soulager les malades dans les hôpitaux, faisant ainsi l'apprentissage des misères humaines. Il fut ensuite successivement curé de Clichy, près Paris, précepteur des enfants de la famille de Gondi et curé de Châtillon-les-Dombes, d'où on le fit revenir dans la capitale. C'était le moment marqué pour ses grandes entreprises, résumées principalement dans l'institution des *Prêtres de la Mission*, ou Lazaristes, et des *Filles de la Charité*.

En effet, Vincent de Paul envoie ses prêtres aux villes et aux campagnes pour y faire fleurir la foi, la vertu et la paix, ainsi qu'aux armées pour les moraliser; il fonde des séminaires pour donner à la France de saints ministres de Dieu; il occupe ses Sœurs charitables à l'enseignement des jeunes filles, aux soins des malades dans les hôpitaux et à secourir des blessés sur les champs de bataille; il les conduit lui-même dans les prisons, les bagnes, et reçoit du roi le titre d'aumônier général des galères; il donne des mères et une famille aux enfants trouvés de Paris et des

Église et couvent de Saint-Vincent-de-Paul.

grandes villes, comme il prépare aux vieillards indigents un asile pour y attendre en paix la mort. Son zèle couvrira toute la France; il en franchira les limites; il s'étendra sur l'Angleterre, l'Italie, la Pologne; il nourrira des provinces entières pendant des années, et sauvera des horreurs de la famine et de la peste la Champagne, la Picardie, la Lorraine; il suivra sur les côtes barbaresques les chrétiens en captivité, et ses enfants s'enseveliront, pour sauver leurs frères, dans les bagnes pestiférés de Tunis, d'Alger, de Smyrne, de Constantinople; il atteindra par eux aux plages de l'Orient et portera la lumière de l'Évangile aux Indes et à la Chine. — Saint Vincent de Paul mourut à l'âge de quatre-vingt-quatre ans, le 27 septembre 1660; sa fête a été fixée au 10 juillet. On vénère la majeure partie de ses reliques dans la chapelle des Lazaristes, à Paris, et son cœur dans la cathédrale de Lyon. La maison même où il vit le jour et le chêne sous lequel il garda les troupeaux sont devenus des buts de pèlerinage.

CASTETS, sur le Palu, est la principale localité du Marensin, pays sablonneux, mais couvert de pins et de chênes-lièges, dont le nom (*maris sinus*) vient du voisinage de la mer. Il possède des fabriques de résine et de bouchons, des scieries mécaniques et, comme *Uza*, situé plus au nord, des forges et des hauts fourneaux. Curieuse fontaine Saint-Roch. — *Léon*, près de l'étang de ce nom, fabrique des produits des Landes. — *Saint-Julien-en-Born* est voisin du double étang de Lit-et-Saint-Julien, en partie desséché. Bains de mer de Contis et phare d'une portée de 43 kilomètres.

Montfort-en-Chalosse récolte de très bon vin; c'est une bastide du xive siècle, conservant son plan régulier et deux portes fortifiées. — *Préchacq*, près du confluent de l'Adour et du Louts, a un établissement d'eaux thermales (72°) sulfatées calcaires et sodiques, exploitées en bains d'eau et de boue contre les douleurs rhumatismales et les scrofules. — *Gamarde*, au sud-est, a aussi deux petits établissements balnéaires, ainsi qu'un camp antique, dit de Crassus.

Peyrehorade (c'est-à-dire *Pierre-Percée*), sur le gave de Pau venant de recevoir celui d'Oloron, est un petit port animé, point de départ de tout le commerce fluvial avec Bayonne. Cette ville est dominée par le donjon du château d'Apremont, bâti au xive siècle lorsque Peyrehorade remplaçait *Orthevielle* comme capitale de la vicomté d'Orthe. Le maréchal Soult y livra un combat aux Anglo-Espagnols en 1814. Belles carrières de pierres de taille. — *Sorde*, sur le gave d'Oloron, conserve une curieuse église, en partie du xiie siècle, et des bâtiments grandioses, restes d'une abbaye bénédictine fondée en 960. Cavernes préhistoriques. — *Saint-Lon* possède des gisements de lignite; — Pouillon, des carrières de gypse, des fabriques de plâtre et une source chloro-iodo-bromurée.

Saint-Martin-de-Seignanx remplace comme chef-lieu de canton Saint-Esprit, réuni à Bayonne en 1858.

Au canton de Saint-Vincent, *Capbreton* fut un port important jusqu'en 1369, c'est-à-dire tant que l'Adour y eut son embouchure; alors ses marins poursuivaient la baleine jusque dans les mers polaires d'Amérique, où ils laissèrent le nom de Capbreton à une île du Saint-Laurent. Actuellement la localité est située à l'embouchure du Boudigau, que l'on transforme en un port de pêche. En face de ce chenal existe le Gouf de Capbreton, sorte de fosse sous-marine qui, s'avançant au large sur une longueur de 50 kilomètres, atteint de 400 à 1500 mètres de profondeur, alors que la mer avoisinante n'en a que de 40 à 200; cette fosse sert de mouillage dans ces régions inhospitalières et tourmentées.

Soustons, sur la rive orientale de l'étang de même nom, est avec Capbreton la principale localité de la Maremne, que caractérisent les forêts de pins, les chênes-lièges et aussi de bons « vins de sable ». Fabrication de bouchons et de matières résineuses, commerce de bois de sciage. — *Vieux-Boucau*, au débouché du « courant » de Soustons, est une ville déchue, dont le nom signifie « vieille embouchure », l'Adour y finissant jadis, comme il a été dit plus haut (page 57).

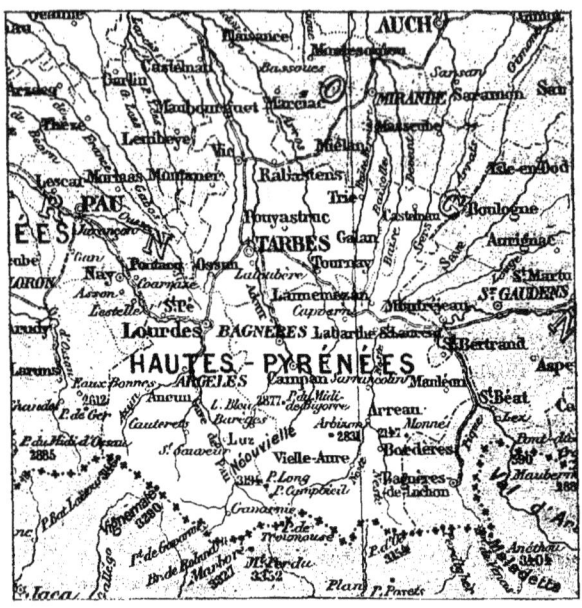

HAUTES-PYRÉNÉES

3 arrondissements, 26 cantons, 480 communes, 219000 habitants

Géographie. — Le département des *Hautes-Pyrénées* a été désigné ainsi, par opposition à son voisin de l'ouest, parce qu'il s'appuie aux Pyrénées françaises les plus élevées. Il a été formé surtout du *Bigorre*, capitale Tarbes; puis des *Quatre-Vallées*, capitale la Barthe-de-Neste, de morceaux du Nébouzan, de l'Armagnac et de l'Astarac. Son étendue est de 4533 kilomètres carrés; six départements seuls lui sont inférieurs.

« La chaîne des **Pyrénées,** qui du côté de l'Espagne s'abaisse lentement par des plateaux arides et brûlés, se prolongeant jusqu'à l'Èbre, finit rapidement du côté de la France par des pentes abaissant promptement l'altitude moyenne du faîte (3 000 mètres) à celle de la plaine (300 mètres). Du Marboré ou du pic de Lustou, compris dans l'arête médiane, à Lourdes ou à la Barthe, à l'entrée des plaines, il y a moins de 50 kilomètres. Il résulte de cette disposition qu'en quelques heures le voyageur peut contempler les hauts sommets couverts de neiges éternelles et portant des glaciers à leurs flancs, les précipices vertigineux qui bordent les sentiers, les cirques immenses qui écrasent le regard et la pensée, les cascades qui bondissent de rocs en rocs avec des grondements que multiplient les échos. Un peu plus loin il voit de gracieuses collines arrondies, entre lesquelles s'ouvrent de fraîches vallées et se cachent de gais hameaux, et les ruisselets les plus tranquilles du monde qui serpentent paresseusement au milieu des prairies veloutées, en murmurant doucement; puis, plus bas encore, la belle plaine de Tarbes, sillonnée de cours d'eau et de lignes de peupliers, au milieu desquels s'enfouissent de nombreux villages. Vue du haut de la colline de Ger, cette riche plaine, bornée au midi par l'immense panorama de la chaîne que l'on découvre des monts Maudits à l'Océan, se perdant au nord-ouest dans l'immensité d'un horizon qui s'étend jusqu'à la mer, présentant l'aspect d'un vaste lac de verdure, d'où émergent une infinité de maisons et de clochers, semble représenter ces « royaumes du monde » que Satan, du haut de la montagne, montrait

Cimes des montagnes de Gavarnie.

à Jésus pour le tenter. Plus d'un, qui était monté l'âme agitée par les petits soucis de la vie, est redescendu l'esprit rasséréné par le spectacle des grandeurs de la nature, se disant : « Aux heures tourmentées, je reviendrai là. »

« Mais il faut avoir vu et senti cela; il faut avoir remonté les vallées d'Azun, de Cauterets, de Gavarnie, d'Aure, par des routes parfois entaillées dans les monts, parfois surplombées par d'énormes masses de rochers, le long des gaves aux eaux vertes, qui grondent au fond d'abîmes que l'œil ne peut mesurer, ou qui glissent doucement en jasant avec les cailloux, tandis qu'en haut, bien haut, se détachent sur le ciel, entourées de troupeaux que la lorgnette seule permet d'apercevoir, des chaumières, des granges si petites, qu'on les prendrait pour des jouets d'enfants. Il faut avoir joui de ces spectacles indescriptibles, de ces sites inoubliables, pour comprendre ce qu'il y a de vérité dans cette strophe musicale d'Alfred de Vigny :

> O montagnes d'azur, ô pays adoré,
> Rocs de Frazona, cirque du Marboré,
> Cascades qui tombez des neiges entraînées,
> Sources, gaves, ruisseaux, torrents des Pyrénées... »
> (Mlle Heurtefeu, *Géographie des Hautes-Pyrénées*.)

En résumé, le sol, composé de granit, de schiste, de craie, de terrains tertiaires ou d'alluvions, se divise en trois régions distinctes : 1° au sud et au centre, la *montagne,* dont les principaux sommets sont : le pic du Midi de Bigorre, 2 877 mètres, surmonté d'un observatoire; le pic de Néouvielle, 3 092 mètres; le Balaïtous, 3 146 mètres; les pics Campbieil, 3 175 mètres; Long, 3 194 mètres; le Marboré, 3 253 mètres, et surtout le Vignemale, 3 290 mètres, point culminant situé au sud de Cauterets, sur la frontière espagnole; là se trouvent les cols internationaux appelés *ports* (portes), traversés par des sentiers; le plus praticable est celui de Gavarnie, 2 282 mètres; il est voisin de la Brèche de Roland, gigantesque coupure

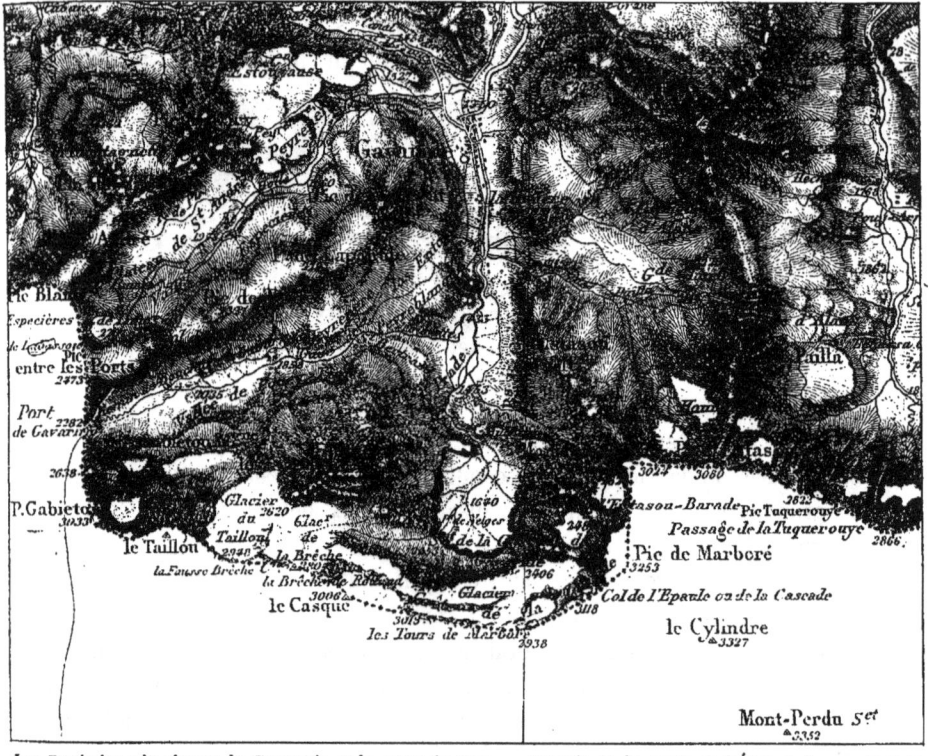

Les Pyrénées : le cirque de Gavarnie et le gave de Pau. — Extrait de la carte de l'État-major au 80 000ᵉ.

attribuée par la fable à l'épée du paladin; là aussi se développent les fameux cirques naturels de Troumouse, d'Estaubé et de Gavarnie.

2º Au nord-est, le *plateau* caillouteux et stérile de Lannemezan, qui s'élève à 660 mètres, et d'où collines et rivières se dirigent en forme d'éventail vers la Garonne et l'Adour.

3º La *plaine*, aux fertiles vallées d'alluvions, principalement celle de l'Adour, dont la sortie du territoire marque le point le plus bas : 120 mètres. Bagnères-de-Bigorre est à 533 mètres d'altitude, Lourdes à 400, Tarbes à 310. L'altitude moyenne est d'environ 300 mètres.

Hydrographie. — Le département est quelque peu limité par la Garonne; il lui envoie la *Neste*, formée des « nestes » d'Aure et de Louron, la *Save*, le *Gers* et la *Grande-Baïse*. Il est traversé du sud au nord par l'*Adour,* qui y baigne Bagnères, Tarbes, et y reçoit l'Échez, le Lesteous, l'Arros et surtout le *gave de Pau,* qui recueille tant d'autres « gaves » et passe près d'Argelès et au pied de Lourdes.

Le *canal de la Neste* alimente les rivières altérées du plateau lannemezannais, et le canal d'*Alaric* irrigue la belle plaine de l'Adour.

Les *lacs* sont nombreux dans les Pyrénées; tous, sauf celui de Lourdes, qui paraît dû à un accident glaciaire, sont situés à une grande altitude. Certains sont disposés en chapelets de vasques qui se déversent les unes dans les autres; d'autres gisent dans des cuvettes parfois très profondes.

Le gave de Pau. — « Le Gave arrive de plus loin que l'Adour, mais plus droit. Il ne suit pas le chemin des écoliers, comme la rivière de Tarbes, qui semble longtemps devoir s'engloutir dans la Garonne vers Bordeaux. Enfant d'un petit glacier, le Grand-Gave s'annonce par la cascade de Gavarnie, qui tombe de 422 mètres des neiges du Marboré, dans le plus beau de tous les cirques. Il reçoit tous les gaves, c'est-à-dire tous les torrents possibles : le gave de Héas, par de tristes gorges, lui porte les eaux solitaires du cirque de Troumouse et du cirque d'Estaubé; le gave de Bastan (nom basque s'il en est) vient de Barèges, ville thermale à 1 232 mètres d'altitude, tapie dans un vallon froid, nu, morne, menacé d'avalanches; le gave de Cauterets est fils du Vignemale, il dort dans le lac de Gaube, gouffre bleu. Il plonge de cascade en cascade; il passe bruyamment devant Cauterets, ville de bains. Le gave d'Argelès réunit le gave de Bun et le gave d'Arrens, descendus des monts où règne le dangereux Balaïtous. Tous ces gaves grondants, tonnants, tapageants, sautants, tournoyants, insensés, éperdus, qui n'ont de repos que dans les lacs et çà et là dans de petits abîmes, brillent rarement en ruisseaux d'argent sur l'herbe des prairies; car ils sortent peu des défilés étroits, pierreux, obscurs. Tous ont de claires eaux, surtout celui de Cauterets, plus transparent que les flots un peu savonneux du Grand-Gave.

« Le Grand-Gave coule sous le très haut pont de Saint-Sauveur, ville de bains, dans le bassin de Luz, où la terre tremble souvent, puis dans le Lavedan, ou vallée d'Argelès. Il sort de ce val gracieux à Lourdes, petite ville, vieux château, grotte prodigieusement célèbre dans les deux mondes, d'où les pèlerins lui viennent par multitudes. A l'issue de nouvelles gorges, où les voyageurs qu'emportent les trains du chemin de fer de Toulouse à Bayonne admirent l'éternel déchirement de ses eaux vertes sur les rochers, leur éternelle fuite sur un lit de cailloux, il arrive dans la vallée de Pau, l'un des paradis de l'Europe. Il court sur de larges grèves devant cette ville d'hiver, séjour des poitrinaires, surtout d'Anglais, attirés par la douceur du climat, la moiteur d'un air calme, la splendeur du site, la vue et le voisinage des Pyrénées; il y mêle à sa vague impétueuse l'eau plus molle du Néez, issu d'un « goueil » ou font bouillonnante, et grossi par une perte du gave d'Oloron. A 40 kilomètres en aval, à Orthez, et d'Orthez à Bérenx, il heurte violemment les rocs d'une petite Via-Mala; mais des carriers sont à l'œuvre sur le bord du torrent: bloc à bloc, ils font de ces rochers des moellons, et les charrettes emportent loin du Gave la magnificence de ses rives de pierre. »

(O. RECLUS, *France*.)

Productions. — Sauf dans les régions élevées, le département jouit du climat *girondin* modéré, doux et agréable. Il tombe annuellement 85 centimètres de pluie à Tarbes, et jusqu'à 3 mètres sur les hautes cimes.

Les céréales, surtout le froment et le maïs, sont les produits les plus rémunérateurs du département. La vigne en hautains tend à disparaître pour faire place aux plants américains. Les prairies et les pâturages des moyennes montagnes favorisent l'élevage des animaux domestiques. La race des chevaux de Tarbes est très appréciée pour la cavalerie légère et le trait rapide; de même les vaches de la race de Lourdes, pour les labours et les transports. Les forêts couvrent 80 000 hectares.

Le département extrait les marbres de Campan, de Sarrancolin et autres, les ardoises des environs de Lourdes et de Labassère, divers minerais en petite quantité. Il possède une centaine de sources minérales, qui attirent de nombreux étrangers autant par leurs vertus thérapeutiques que par la beauté de leurs sites: telles sont celles de Bagnères, Barèges, Cauterets, Saint-Sauveur, Sainte-Marie, Capvern, Capdéac. L'industrie principale est la transformation de la laine en fils, draps ou étoffes dites « barèges ». Viennent ensuite les scieries de bois et de marbre, la bonneterie commune, les cuirs et papiers.

Les habitants. — En 1896, le département renfermait 219 000 âmes, soit 48 000 de plus qu'en 1801, et 16 300 de moins qu'en 1871. Il est le 81e pour la population absolue et le 66e pour la densité, avec 48 personnes au kilomètre carré. Tous les habitants sont catholiques; ils savent parler le français, mais entre eux ils emploient le gascon. Les étrangers, au nombre de 3 000, sont presque tous Espagnols.

Personnages. — Saint Exupère, évêque de Toulouse, né à Arreau, mort en 412. Le chevalier Barbazan, né au château de Barbazan-Dessus, mort en 1431. Le cardinal d'Ossat, diplomate, né à Laroque-Magnoac, mort en 1604. Le général Maransin, né à Lourdes, mort en 1828. Le conventionnel Barrère, né à Tarbes, mort en 1841. Le baron Larrey, chirurgien des armées de Napoléon, né à Baudéan, mort en 1842.

Administrations. — Le département forme le diocèse de Tarbes; il ressortit à la cour d'appel de Pau, à l'académie de Toulouse, à la 18e région militaire (Bordeaux), à la région agricole du Sud-Ouest et à la 23e conservation forestière (Tarbes).

Il comprend 3 arrondissements: *Tarbes, Bagnères-de-Bigorre, Argelès*, avec 26 cantons et 480 communes.

I. **TARBES,** chef-lieu du département[1], peuplé de 24 000 âmes, s'élève par 310 mètres d'altitude sur la rive gauche de l'Adour, au milieu d'une plaine magnifique et très fertile. C'est une ville agréable, avec de beaux canaux d'eau courante dérivés du fleuve. Du musée et du jardin public Massey, on a une vue splendide sur la chaîne des Pyrénées, tout éclatante sous la neige quand brille le soleil. Ses principaux monuments sont : la cathédrale Sainte-Marie-de-la-Sède, des XIIe, XIVe et XVIIe siècles ; la vaste caserne de cavalerie de l'antique château des comtes de Bigorre, transformé en prison. Tarbes possède un arsenal qui occupe plus de 2 000 ouvriers, un important haras national et un grand établissement industriel comprenant une fonderie de métaux, un atelier de constructions mécaniques, une fabrique de lainages, une filature avec carderie de laine et de lin. Ses foires et marchés sont très fréquentés.

Tarbes paraît avoir succédé, comme capitale des anciens Bigourdans, à la cité de *Turba*, dont l'emplacement est marqué par le village de *Cieutat*, situé à 17 kilomètres au sud-est. Il reçut au IVe siècle un évêché, dont le premier titulaire fut saint Justin. Plus tard il jouit, comme tout le Bigorre, de grandes libertés ou « fors », qu'il conserva avec ses coutumes et privilèges jusqu'à la Révolution. Au temps des guerres de Religion, Tarbes eut beaucoup à souffrir et demeura quelque temps inhabité. En 1814, il se livra sur son territoire un combat où les Anglais furent vainqueurs.

Ibos possède une église du XIVe siècle ayant l'aspect de forteresse ; — *Horgues*, un château des comtes de Lavedan ; — *Odos*, celui où mourut en 1549 Marguerite d'Angoulême, reine de Navarre ; — *Laloubère*, un vaste hippodrome pour les courses de Tarbes ; — *Séméac*, la chapelle de Piétat, but de pèlerinage.

Castelnau-Rivière-Basse et *Madiran*, à l'extrémité nord du département, produisent des vins très estimés. — Galan a une intéressante église du moyen âge, ainsi que Maubourguet, où se tiennent d'importantes foires aux chevaux. — Ossun possède un ancien château, les restes d'un camp romain et de nombreuses tombelles. Plusieurs communes de ce canton forment deux enclaves dans les Basses-Pyrénées. D'après la tradition, la lande de Lanne-Mourine, au sud-ouest, serait ainsi nommée de ce que les Maures y auraient été vaincus, au IXe siècle, par les Bigourdans sous la conduite du prêtre Missolin.

Rabastens doit son origine et son nom à un membre de la famille seigneuriale de Rabastens, en Albigeois. Il est tristement célèbre par le siège

---

[1] Arrondissement de Tarbes : 11 *cantons,* 195 communes, 103 490 habitants.
Cantons et communes principales : 1-2. *Tarbes,* 24 200 habitants ; Aureilhan, 1 850 ; Bordères, 1 740 ; Horgues, Ibos, 1 500 ; Laloubère, 1 000 ; Odos, Séméac, 1 520. — 3. *Castelnau-Rivière-Basse,* 1 060 ; Madiran, 1 000. — 4. *Galan,* 1 060. — 5. *Maubourguet,* 2 430. — 6. *Ossun,* 2 030 ; Juillan, 1 510. — 7. *Pouyastruc,* 510. — 8. *Rabastens,* 1 160. — 9. *Tournay,* 1 140 ; Barbazan. — 10. *Trie,* 1 590 ; Antin. — 11. *Vic-en-Bigorre,* 3 720.

de 1570, à la suite duquel la population fut massacrée et la ville brûlée par ordre de Montluc, qui avait été balafré en montant à l'assaut.

Tournay est une bastide du xive siècle, qui reçut son nom en souvenir de la ville belge de Tournai. — *Barbazan-Dessus* montre les ruines du château où naquit en 1360 le chevalier de Barbazan, célèbre dans les luttes contre les Anglais et les Bourguignons.

Trie, ville régulière fondée vers 1320, avait autrefois un monastère

Baudéan (Hautes-Pyrénées).

que Montgomery démolit en 1571, après avoir fait périr les religieux. — *Antin* est un ancien duché-pairie érigé en 1711 ; on y exploite une carrière de marbre. — Vic-en-Bigorre est une ville agréable et commerçante dans la fertile plaine de l'Adour.

II. **BAGNÈRES-DE-BIGORRE**, sous-préfecture de 9000 habitants[1], s'élève gracieusement par 550 mètres d'altitude à l'entrée de la belle

---

[1] Arrondissement de Bagnères-de-Bigorre : 10 *cantons*, 194 communes, 75270 habitants.
Cantons et communes principales : 1. *Bagnères-de-Bigorre*, 8840 habitants; Cieutat, 1430; Labassère, Pouzac. — 2. *Arreau*, 990; Cadéac, Sarrancolin. — 3. *Barthe-de-Neste (La)*, 680; Avezac, Hèches, 1080; Lortet. — 4. *Bordères*, 400. — 5. *Campan*, 2740; Asté, Beaudéan. — 6. *Castelnau-Magnoac*, 1430; Monléon, 1350. — 7. *Lannemezan*, 1790; Bonnemazon, Capvern, Mauvezin. — 8. *Mauléon-Barousse*, 600; Sainte-Marie, Siradan, Sost. — 9. *Saint-Laurent*, 1330; Aventignan, Nistos (Haut-et-Bas), 1510; Tibiran, Tuzaguet, 1350. — 10. *Vielle-Aure*, 400.

vallée de Campan, qu'arrose l'Adour. C'est la première ville industrielle des Pyrénées, grâce à ses fabriques de tricots, de lainages, de tabletterie, et à ses marbreries, qui occupent 800 ouvriers. C'est en même temps une cité balnéaire que visitent chaque année 20 000 étrangers, attirés non seulement par ses eaux thermales, ferrugineuses ou sulfureuses (15 à 51°), mais encore par la beauté pittoresque des environs. Son musée, riche en collections géologiques, est dû en partie à la société Ramond, fondée en 1866 pour l'exploration scientifique des Pyrénées. — Bagnères est l'*Aquæ Bigerrionum* des Romains, et doit son nom actuel à ses bains, fréquentés de nouveau depuis le xve siècle.

Labassère exploite aussi des sources minérales, ainsi que de riches ardoisières. — *Cieutat* occupe l'emplacement de *Turba*, la capitale primitive des Bigourdans, comme en témoignent son nom (*Civitas*) et la découverte de nombreux débris romains. — *Pouzac* a un « camp de César ».

ARREAU, au confluent des nestes d'Aure et de Louron, a élevé une chapelle à saint Exupère, l'un de ses enfants, mort évêque de Toulouse en 421. — *Cadéac* exploite des sources sulfurées sodiques ; — *Sarrancolin* et les communes voisines, des carrières de très beau marbre rouge.

Campan, sur l'Adour, est connu par son marbre vert et surtout par sa belle vallée. « Je n'oublierai point ces maisons si jolies et si propres, chacune entourée de sa prairie, accompagnée de son jardin, ombragée de sa touffe d'arbres ; les méandres de l'Adour, plus vif qu'impétueux, impatient de ses rives, mais en respectant la verdure, les molles inflexions du sol ondulé comme des vagues qui se balancent sous un vent doux et léger ; la gaieté des troupeaux et la richesse du berger ; ces bourgs opulents, formés comme fortuitement là où les habitations répandues dans la vallée ont redoublé de proximité ; Bagnères, le lieu charmant, où le plaisir a ses autels, séjour délicieux placé entre les champs de Bigorre et les prairies de Campan comme entre la richesse et le bonheur ; ce cadre enfin, digne de la magnificence du tableau ; cette fière enceinte où la nature oppose le sauvage au champêtre ; ces cavernes, ces cascades, visitées par tout ce que la France a de plus aimable et de plus illustre ; ces roches, trop verticales peut-être, dont l'aridité contraste avec la parure de ces heureuses vallées ; ce pic du Midi, suspendu sur leurs tranquilles retraites comme l'épée du tyran sur la tête de Damoclès : menaçants boulevards qui me font trembler pour l'Élysée qu'ils renferment. »   (RAMOND.)

Monléon-Magnoac possède le sanctuaire vénéré de Notre-Dame-de-Garaison (guérison) ; *Baudéan*, la maison natale du baron Larrey, chirurgien militaire, et une église du xvie siècle, avec un curieux clocher à quatre clochetons. — *Asté* est une ancienne vicomté des ducs de Gramont.

LA BARTHE-DE-NESTE fut jusqu'en 1790 le chef-lieu des Quatre-Vallées : d'Aure, de Magnoac, de Neste et de Barousse. — *Avezac* et *Lortet* ont des grottes préhistoriques ou fortifiées. — *Capvern*, sur le plateau de

Lannemezan, ou « des landes du milieu », possède un établissement thermal fréquenté ; — *Mauvezin*, « mauvais voisin, » les restes d'un château qu'occupèrent les Anglais et les protestants ; — *Bonnemazon,* ceux de la célèbre abbaye cistercienne de l'Escaledieu (échelle divine), surnommée « l'École de la vertu ».

Au canton de Mauléon-Barousse, *Siradan* et *Sainte-Marie* exploitent des eaux sulfatées calciques ; — *Sost*, des carrières de marbre blanc.

Saint-Laurent, sur la Neste, et *Tuzaguet* ont la spécialité des tricots. — *Tibiran* (*Tiberianum*) offre des antiquités gallo-romaines, — et *Aventignan*, la grotte de Gargas, l'une des plus belles des Pyrénées.

Vielle-Aure exploite d'importants gisements de manganèse.

III. **ARGELÈS** est l'une de nos plus humbles sous-préfectures, comptant à peine 1 900 habitants[1] ; mais elle est située dans l'une des plus fraîches vallées des Pyrénées, avec le gave d'Azun pour rivière, à 466 mètres d'altitude. On y utilise les eaux sulfureuses froides d'Argelès-Gazost. Au hameau de Vieuzac se voient l'habitation modernisée du conventionnel Barrère et une tour à signaux du XIVe siècle, qui correspondait par ses feux avec deux châteaux aujourd'hui en ruines : celui du Prince-Noir, à *Arcizans-Avant*, et celui de l'abbaye de *Saint-Savin*. Jusqu'au XVIIe siècle, la vallée de Saint-Savin fut une vraie république, composée de sept communes, aujourd'hui encore représentées par un syndicat, auquel appartiennent les principaux établissements thermaux de Cauterets, en vertu d'une donation faite à la célèbre abbaye par un comte de Bigorre.

En face de Saint-Savin, *Beaucens* offre les imposantes ruines d'un château des vicomte de Lavedan, — et, en amont, *Villelongue*, celles d'une abbaye dédiée à saint Orens, lequel, pour être fils du duc d'Urgel, n'en sut pas moins, comme saint Savin, fils d'un comte de Barcelone, mépriser les biens passagers et trompeurs de ce monde, pour travailler en anachorète à acquérir les biens véritables et éternels du paradis.

Cauterets, sur un gave entre de hautes montagnes, est une importante station thermale, qui comprend 24 sources sulfurées sodiques (34° à 56°), alimentant neuf établissements. Il y a de nombreux sites pittoresques aux environs, entre autres le Pic, la Brèche et le charmant lac de *Gaube*, qui se déverse par le beau torrent à cascades conduisant au *Pont-d'Espagne*.

Voici comment un touriste décrit la réception qui est faite aux étrangers dans ce bourg : « Hôteliers, guides, tout un peuple affamé nous investit ; mais nous avons beaucoup de force d'âme ; et après une belle résistance nous obtenons le droit de regarder et de choisir. Cinquante pas plus loin nous sommes raccrochés par des servantes, des enfants, des

---

[1] Arrondissement d'Argelès : 5 *cantons*, 91 communes, 40 220 habitants.
Cantons et communes principales : 1. *Argelès*, 1 880 habitants ; Arcizans, Beaucens, Cauterets, 1 590 ; Saint-Savin, Villelongue. — 2. *Aucun*, 450. — 3. *Lourdes*, 7 760. — 4. *Luz* (Saint-Sauveur), 1 500 ; Betpouey (Barèges), Gavarnie. — 5. *Saint-Pé*, 2 180.

loueurs d'ânes, des garçons qui par hasard viennent se promener autour de nous. On nous offre des cartes, on nous vante l'emplacement, la cuisine; on nous accompagne, casquette en main, jusqu'au bout du village; en même temps on écarte à coups de coude les compétiteurs : « C'est mon voyageur; je te rosse si tu approches ! » Chaque hôtel a ses recruteurs à l'affût. Ils chassent l'hiver à l'isard, l'été au voyageur. »

(TAINE, *Voyage aux Pyrénées*.)

Lourdes, ville prospère de 8 000 âmes, s'élève dans un site splendide à l'entrée d'une vallée des Pyrénées et près d'un lac, au-dessus de la rive

La basilique de Notre-Dame de Lourdes et l'église du Rosaire.

droite du gave de Pau. Dominée par un ancien château fort, construit sur un rocher et servant aujourd'hui de prison, elle se compose de deux parties bien distinctes : la vieille ville, dotée récemment d'une belle église romane, et la ville neuve, dite Massabielle, ou plus communément la Grotte. Dans celle-ci, on remarque la basilique Notre-Dame, élevée de 1864 à 1870 dans le style gothique du XIIIe siècle, et dont l'intérieur est de la plus grande richesse; l'église du Rosaire, bâtie en avant et en contre-bas de la basilique; la Grotte, où la Mère de Dieu apparut à la jeune Bernadette Soubirous, qui est le véritable centre du pèlerinage de Lourdes. De l'affluence des pèlerins (jusqu'à 500 000 par an), il résulte un grand élément de richesse pour les habitants, qui les hébergent et fabriquent pour eux quantité d'objets de piété. La ville exploite aussi des carrières de marbre et d'ardoises, et, comme elle est de beaucoup la plus importante de l'arrondissement, elle en possède le tribunal de première instance.

— Lourdes aurait succédé à une forteresse appelée Mirambel, prise par Charlemagne sur les Sarrasins. Ce fut, du ixe au xviie siècle, la principale place du Bigorre. Cédée aux Anglais par le traité de Brétigny, il fallut deux longs sièges, en 1366 et en 1406, pour la leur reprendre. Le château, après avoir encore joué son rôle durant les guerres de Religion, servit de prison d'État depuis Louis XIV jusqu'à Napoléon 1er.

Notre-Dame de Lourdes. — « Le 11 février 1858, trois petites filles pauvres de Lourdes suivaient les bords du Gave, à peu de distance de la ville, cherchant des débris de bois abandonnés sur la rive. Arrivées en face d'une roche creuse, où les grandes eaux avaient amoncelé du sable, les deux plus agiles s'élancèrent dans l'excavation pour compléter leur fagot. Elles butinaient parmi des jeux et des rires, quand tout à coup elles s'aperçurent que leur compagne plus faible, Bernadette Soubirous, comme fascinée et ravie, regardait au-dessus d'elle, et, à genoux, priait.

« Dans une niche rustique formée par le rocher, au haut de la grotte Massabielle, une Dame était apparue, souriante et douce, d'une beauté admirable et toute resplendissante de lumière. Sa robe, longue et traînante, laissait ressortir les pieds, qui reposaient sur le roc et foulaient légèrement la branche d'un églantier. Ni bagues, ni collier, ni joyaux, ni diadème : rien qu'un chapelet, dont les grains, blancs comme la neige, glissaient entre ses doigts ; elle gardait le silence. Bernadette, sentant d'instinct que c'était quelqu'un du ciel, récitait son chapelet. Mais voilà que la Vierge lumineuse disparut. L'enfant se releva, et son sourire avait quelque chose d'angélique.

« Trois jours après, la petite fille se rendit de nouveau devant la grotte et fut témoin du même prodige. Le jeudi, 18 février, dans une troisième apparition, la Dame lui demanda de revenir pendant quinze jours. Bernette fut fidèle au rendez-vous. Une foule nombreuse venait assister à son extase. L'enfant était ordinairement à genoux pendant le ravissement, sur une pierre plate enfoncée dans le sable.

« Trois jours s'écoulèrent. La Mère de Dieu (car c'était Elle) allait enfin révéler quels desseins mystérieux la faisaient descendre à la grotte. Le premier dimanche de carême, 21 février, laissant tomber une larme, elle dit à Bernadette : « Vous prierez, vous baiserez la terre pour la conversion des pécheurs. » Le mardi, 23 février, fut un jour extraordinaire. Bernadette reçut la confidence d'un secret qui ne concernait qu'elle seule, et elle entendit cette parole : « Allez dire aux prêtres qu'il doit se bâtir ici une chapelle, et qu'on doit y venir en procession. » Jamais reine ne fut mieux obéie. La chapelle est bâtie ; mais au lieu d'un modeste sanctuaire, c'est une grande église, une basilique dont la flèche domine toute la vallée.

« Le mercredi 24, Bernadette priant, baisant la terre et gravissant à genoux la pente de la grotte, disait : « Pénitence ! pénitence ! pénitence ! »

Cette parole, qu'elle redit plusieurs fois en ce jour et les jours suivants, elle l'avait entendue de la bouche de Marie !

« Le jeudi 25, l'Apparition dit à Bernadette : « Allez boire et vous laver à la fontaine. » Soudain une onde mystérieuse se montre. D'abord ce n'est qu'un simple filet d'eau ; au bout de quelques jours le courant avait la grosseur du bras de l'enfant. Elle fournit aujourd'hui, comme chacun peut le vérifier, 85 litres par minute, c'est-à-dire 122 400 litres par jour.

Bains de Saint-Sauveur, commune de Luz, sur le gave de Pau.

La fontaine n'a cessé de couler depuis, source intarissable de guérisons et de faveurs spirituelles et corporelles.

« Marie n'avait pas encore dit son nom. Le jeudi 25 mars, fête de l'Annonciation, la Vierge, élevant vers le ciel ses mains et son regard, prononça cette parole : « JE SUIS L'IMMACULÉE CONCEPTION. » Le but des apparitions et le titre sous lequel la divine Mère voulait être honorée à Lourdes étaient connus. Il n'y eut plus dès lors que deux apparitions, le 5 avril et le 16 juillet.

« Voilà le fait dans toute sa simplicité ; voici la conséquence. Depuis quarante ans, les populations se portent avec un élan sublime sous les roches Massabielle, en face de la grotte où la Reine du ciel apparut dix-huit fois. Que de malades guéris ! Que de mourants rappelés à la vie !

Que de conversions inespérées ! Que de grâces et de bénédictions ! Et dans ce concours extraordinaire des fidèles, quel réveil de la foi !

« Notre-Dame de Lourdes a vu et voit chaque jour les peuples répondre davantage à ses bontés. L'Europe entière s'est agenouillée sur les bords du Gave. L'Asie, l'Afrique et les deux Amériques ont entendu les récits enthousiastes des nombreux pèlerins qui ont traversé les mers pour venir prier à Lourdes. Chaque année les caravanes deviennent plus nombreuses, les grâces plus éclatantes ; la confiance grandit, on ose tout. Quel audacieux et victorieux acte de foi que ce TRAIN DES MALADES qui traverse la

Vallée de Barèges ; le village d'autrefois.

France, escorté des prières de tous, et qui toujours revient chargé des bienfaits de Marie !

« Allez à Lourdes, vous tous qui pleurez et souffrez ! *Allez boire et vous laver à cette fontaine !* Que la mesure de votre confiance en Marie soit d'être sans mesure. »

(*Les Pèlerinages célèbres aux sanctuaires de Notre-Dame.*)

Luz est situé dans un beau bassin de prairies, arrosé par le gave de Pau et dominé par les ruines du château féodal de Sainte-Marie. Il possède une intéressante église des Templiers, avec donjon et enceinte crénelée, ainsi qu'un établissement d'eaux sulfureuses, moins connues toutefois que celles du hameau de *Saint-Sauveur*. C'était jadis le chef-lieu de la Vallée de Barèges, qui formait une petite république de dix-sept communes, aujourd'hui encore représentées par un syndicat. Fabrication d'étoffes dites « barèges ». — *Barèges*, commune de *Betpouey*, est un village enfoui dans une profonde gorge et habité seulement pendant la belle saison ; ses eaux sulfurées sodiques, très efficaces contre les rhumatismes et les blessures, y sont employées dans un hôpital militaire et un hôpital civil.

Gavarnie, au sud du département, est célèbre par son cirque de montagnes, le plus visité des Pyrénées, qui offrent encore à l'est les cirques d'Estaubé et de Troumouse.

Saint-Pé, sur le gave de Pau, exploite des carrières de marbre et d'ardoises, et possède un petit séminaire. Un monastère de Bénédictins dédié à saint Pierre y ayant été fondé en 1020, la ville, appelée jusqu'alors Saint-Hilaire-de-Lassun, prit le nom de Saint-Pierre, d'où dérive son nom actuel.

Le cirque de Gavarnie. — « Une muraille de granit, couronnée de neige, se creuse devant nous en cirque gigantesque. Ce cirque a 400 mètres de haut, près d'une lieue de tour, trois étages de murs perpendiculaires, et sur chaque étage des milliers de gradins; la vallée finit là. Le mur est d'un seul bloc, inexpugnable; les autres sommets crouleraient, que ses assises massives ne remueraient pas. L'esprit est accablé par l'idée d'une stabilité inébranlable et d'une éternité assurée. Là est la borne de deux contrées et de deux races : c'est elle que Roland voulut rompre, lorsque d'un coup d'épée il ouvrit une brèche à la cime; mais la blessure disparaît dans l'énormité du mur invaincu. Trois nappes de neige s'étalent sur les trois étages d'assises. Le soleil tombe de toute sa force sur cette robe virginale sans pouvoir la faire resplendir; elle garde sa blancheur mate. Tout ce grandiose est austère: l'air est glacé sous les rayons du Midi; de grandes ombres humides rampent au pied des murailles. Les seuls habitants sont les cascades assemblées pour former le Gave. Les filets d'eau arrivent par milliers de la plus haute assise, bondissant de gradin en gradin, croisent leurs raies d'écume, serpentent, s'unissent, et tombent par douze ruisseaux qui glissent de la dernière assise en traînées floconneuses pour se perdre dans les glaciers du sol. La treizième cascade, sur la gauche, a 2260 pieds de haut. Elle tombe lentement, comme un nuage qui descend ou comme un voile de mousseline qu'on déploie ; l'air adoucit sa chute. L'œil suit avec complaisance la gracieuse ondulation du beau voile aérien ; elle glisse le long du rocher, et semble plutôt flotter que couler. Le soleil luit à travers son panache de l'éclat le plus doux, le plus aimable; elle arrive en bas comme un bouquet de plumes fines et ondoyantes, et rejaillit en poussière d'argent. La fraîche et transparente vapeur se balance autour de la pierre trempée, et sa traînée, qui rebondit, monte légèrement le long des assises. L'air est immobile; nul bruit, nul être vivant dans cette solitude. On n'entend que le murmure monotone des cascades, semblable au bruissement des feuilles que le vent froisse dans une forêt. »

(H. Taine, *Voyage aux Pyrénées*.)

Le chaos de Gavarnie. — « Il y a dans les Pyrénées des tableaux redoutables; il n'y en a pas de si sauvage et de si fantastique. Voici un espace de 2 à 3 kilomètres qui n'est qu'un champ de ruines, dont l'énormité dépasse tout ce que peut suggérer l'imagination. Plusieurs de ces blocs déchirés mesurent 100 000 mètres cubes. L'antiquité, si elle avait connu la Peyrade, y aurait voulu voir l'écroulement du palais des Titans, ces roches affectant des formes de constructions élevées par des mains surhumaines. Ici c'est la montagne de Coumélie qui s'est effondrée; ses flancs

Le cirque de Gavarnie et le gave de Pau.

crevassés n'ont pas achevé de rendre les débris dont ils sont pleins. Il n'est pas rare que de nouveaux rochers roulent vers l'entassement; d'autres glissent au fond de la gorge. Le Gave les heurte, bondit et passe avec des hurlements furieux.

« L'aspect général de la Peyrade est bien celui d'une ville colossale en ruines. On voit de longues avenues de monstres, rappelant celles qui conduisaient aux cités égyptiennes, les bêtes prodigieuses de l'Apocalypse, les animaux géants des périodes antédiluviennes. Ailleurs, ce sont des dolmens, des pierres branlantes. Des blocs s'appuient l'un à l'autre, s'arcboutant en haut, s'écartant à leur base, formant des ogives sous lesquelles passerait un troupeau d'éléphants. Et dans ce tumulte, dans cette formidable solitude, pas une trace de végétation, pas un brin d'herbe. Le sol n'est formé que des lambeaux de ces *grands débris*.

« Un des géants qui bordaient l'ancien chemin a disparu : c'était le rocher qui portait l'empreinte du pas de Bayard, le cheval de Roland, qui sauta d'un seul bond d'Espagne en France. » (PAUL PERRET.)

BÉARN

1 DÉPARTEMENT

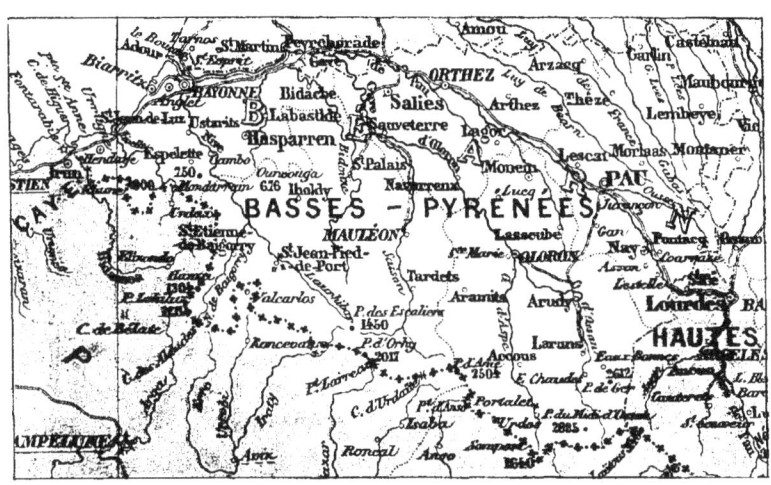

BASSES-PYRÉNÉES

5 ARRONDISSEMENTS, 41 CANTONS, 559 COMMUNES, 423600 HABITANTS

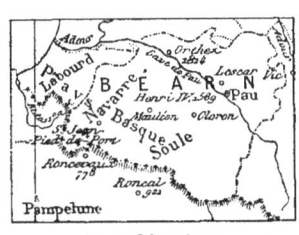

Carte historique.

Historique. — L'ancien gouvernement de Béarn, créé par Henri IV en 1607, comprenait le *Béarn propre,* capitale Pau, et la *Basse-Navarre,* capitale Saint-Jean-Pied-de-Port, auxquels furent réunis en 1790 le *Labourd,* capitale Bayonne, et la *Soule,* capitale Mauléon, pour former le département des Basses-Pyrénées.

A l'époque romaine, cette région, qui fit d'abord partie de l'Aquitaine, puis de la Novempopulanie, était habitée par les *Beneharnenses* ou *Venarni* et par les *Iluronenses.* Ces peuplades celtibériennes avaient pour cités *Beneharnum* et *Iluro,* qui devinrent les évêchés de Lescar et d'Oloron. Après les Vandales, les Alains, les Suèves, qui ravagèrent tout, elles furent successivement soumises : en 417 par les Westgoths, en 507 par les Francs et en 586 par les Vascons d'Espagne. Ces derniers, battus à leur tour, se cantonnèrent dans les vallées désignées plus tard sous les noms de Soule, Basse-Navarre et Labourd, qui forment encore aujourd'hui notre pays basque. Au VIIIe siècle les Sarrasins, puis au IXe et Xe les Normands dévastent toute la contrée. En 819, il est fait mention pour la première fois d'une vicomté de Béarn relevant des ducs de Gascogne. Devenus héréditaires en 940, ces vicomtes deviennent complètement indépendants en 1070 sous Centulle IV, si bien qu'ils battent monnaie dans la *fourquie* de Morlaàs, leur capitale. En 1173, cette première dynastie est remplacée par celle des Moncalde, d'origine catalane ; puis en 1290 la vicomté entre dans la maison de Foix, gouvernée de 1355 à 1391 par le célèbre Gaston Phœbus, et qui réunit également le Bigorre et le royaume de Navarre.

Mais Jean d'Albret, qui épouse en 1484 l'héritière des comtes de Foix, perd la Navarre espagnole, conquise par Ferdinand le Catholique, et ne conserve que la Basse-Navarre ou Navarre française. Henri d'Albret, son fils, fut l'ami et le compagnon d'armes de François Ier, dont il épousa la sœur, Marguerite de Valois, dite aussi de Navarre, et sous l'influence de laquelle le protestantisme pénétra dans le Béarn. Ils laissèrent une fille unique, Jeanne d'Albret, qui, mariée à Antoine de Bourbon-Vendôme, fut la mère d'Henri *le Béarnais*, notre Henri IV. Ce prince réunit en 1607 ses domaines à la couronne, mais en conservant l'indépendance des souverainetés de Béarn et de Navarre, qui furent rattachées définitivement par Louis XIII en 1620, en même temps que fut créé le parlement de Pau. Jusqu'en 1789 ces pays conservèrent leurs « fors » ou coutumes, le droit de voter les impôts, etc. : c'étaient des *pays d'États*.

Par le fait de leur réunion, nos rois de la famille des Bourbons ajoutèrent à leur titre de roi de France celui de roi de Navarre, et cela jusqu'à Louis-Philippe, qui s'appela démocratiquement « roi des Français ». Depuis la formation, en 1790, du département des Basses-Pyrénées, le seul événement local à signaler est l'invasion anglo-espagnole de 1814, qui eut notamment pour résultat la déchéance de Joseph Bonaparte comme roi d'Espagne.

Géographie. — Le département des *Basses-Pyrénées*, situé tout à fait à l'angle sud-ouest de la France, doit son nom à la chaîne des Pyrénées qui le limite au sud et va en s'abaissant à mesure qu'elle s'approche de la mer. De forme à peu près triangulaire, il se compose de la presque totalité de l'ancien *Béarn* et du *Pays basque* (Basse-Navarre, Soule et Labourd). Sa superficie est de 7 712 kilomètres carrés, ce qui le place au 11e rang sous ce rapport.

Ce territoire est essentiellement montagneux dans sa partie méridionale, couverte par la chaîne pyrénéenne et les ramifications qui s'en détachent. Des bords peu accidentés de l'Océan, qui laissent passer le chemin de fer de Bayonne à Saint-Sébastien, la chaîne est d'abord désignée sous le nom de *montagnes Basques* et ne présente qu'une élévation d'environ 1 000 mètres ; on y remarque la montagne de la Rhune, au-dessus de Saint-Jean-de-Luz, le pic de Hanza et celui de Lohiluz, situé au sud du col des Aldudes, qui mène de Saint-Étienne-de-Baïgorry à Pampelune. C'est près de là que se trouve, mais en Espagne, le fameux col de Roncevaux, traversé par la route de Pampelune à Saint-Jean-Pied-de-Port. On rencontre ensuite en allant vers l'est les pics des Escaliers et d'Orhy, 2017 mètres, au milieu de régions boisées; les ports de Larrau et d'Urdaïté, simples sentiers de mulets; le pic d'Anié, 2504 mètres, suivi du port d'Anso et du col de Somport, 1640 mètres, qui laisse passer la route d'Oloron à Saragosse. Le pic du Midi d'Ossau, 2885 mètres, et le mont de Ger, 2612 mètres, dominent les bains des Eaux-Bonnes et des Eaux-Chaudes, et sont eux-mêmes dominés par le pic de Cuje-la-Palas, 2976 mètres, point culminant situé au sud-est de Laruns, sur la frontière des Hautes-Pyrénées. La partie du département qui s'étend au nord du massif pyrénéen est formée de collines et s'arrête à peu près au gave de Pau, au delà duquel commence la plaine des Landes. Oloron-Sainte-Marie est située par environ 250 mètres d'altitude, Pau à 190 mètres, Mauléon à 215 mètres; l'altitude moyenne est de 500 mètres.

Le littoral bas-pyrénéen, baigné par le golfe de Gascogne, s'étend entre l'embouchure de l'Adour et celle de la Bidassoa, sur une longueur de 35 kilomètres. L'embouchure de l'Adour, fermée par une barre très dangereuse, forme le port de Bayonne. A 4 kilomètres sud finit la longue chaîne des dunes gasconnes et commence une côte rocheuse, hérissée de pointes aiguës, que la mer, plus furieuse peut-être qu'en nul autre lieu de France, harcèle et déchire sans cesse. Là se trouvent les petits ports de *Biarritz*, de *Saint-Jean-de-Luz*, sur la Nivelle, et de *Hendaye*, sur la Bidassoa, qui s'achève entre la pointe française de Sainte-Anne et le cap espagnol de Higuer ou du Figuier.

Hydrographie. — Ce département appartient au bassin de l'*Adour* par le cours inférieur de ce fleuve et par ses affluents, qui sont généralement des torrents appelés « gaves », savoir : le Larcis, grossi des deux Lées ; le Gabas, le *Luy*, formé du Luy de France et du Luy de Béarn ; le *gave de Pau*, qui est de beaucoup le plus considérable, baigne Pau et Orthez et s'augmente du *gave d'Oloron*, formé des gaves d'Ossau et d'Aspe, puis grossi du Saison ou gave de Mauléon ; l'Adour reçoit ensuite la *Bidouze* et la *Nive*, formée des Nives de Laurhibar et de Baïgorry. A citer en outre la *Nivelle* et la *Bidassoa* inférieure, petits fleuves côtiers, et les sources de l'Iraty, sous-affluent de l'Èbre espagnol. — L'Adour, le gave de Pau, la Bidouze, la Nive et la Bidassoa, sont censés navigables.

Climat et Productions. — Le climat est doux comme tout *climat girondin*, mais il est surtout très salubre. Toutefois il fait assez froid dans les montagnes, où il pleut également beaucoup. Bayonne reçoit 1 mètre 45 et Pau 35 centimètres de pluie par an.

Les terrains sont granitiques et schisteux dans la région montagneuse, crayeux et tertiaires au sud et au nord du Gave, dont la vallée est alluviale. Ils produisent principalement du maïs, dont les habitants fabriquent une sorte de pain appelé *méture*. La vigne est surtout cultivée sur les coteaux du nord-est, mais le phylloxéra en diminue la production d'année en année. De grandes étendues de landes et de touyas, ou terrains incultes, et de belles prairies naturelles permettent d'élever plus de 400 000 moutons, 200 000 bêtes à cornes, des ânes et mulets relativement nombreux, ainsi que des chevaux navarrais, renommés pour leur agilité et leur vigueur. On élève aussi une grande quantité de porcs et de volailles. Les bois et forêts couvrent 160 000 hectares.

Les minéraux exploités sont: le fer, le feldspath et le kaolin, l'albâtre vrai des grottes pyrénéennes, le sel des mines et des sources, les ardoises,

Le pic du Midi d'Ossau.

les pierres à bâtir, le plâtre et le marbre. Parmi les nombreuses sources minérales, les plus fréquentées sont celles des Eaux-Bonnes et des Eaux-Chaudes; célèbres sont les bains de mer de Biarritz. — L'industrie proprement dite, peu importante, produit les tissus, bérets et couvertures de Nay; les ceintures rouges d'Oloron, à l'usage des Basques et des Béarnais; les jambons dits de Bayonne, préparés surtout à Orthez; le chocolat de Bayonne, les cuirs d'Orthez et de Pau, les papiers d'Orthez et de Montaut, les farines de Nay, Bayonne, Oloron, etc.; les espadrilles ou sandales, fabriquées un peu partout.

Le commerce intérieur consiste dans les échanges de produits entre la plaine et la montagne; Orthez, Pau et Oloron en sont les principaux marchés, tandis que par le port de Bayonne s'opère presque tout le commerce extérieur.

Les habitants. — En 1896, le département en comptait 423 600, dont 16 000 Espagnols, ce qui le place au 31e rang pour la population absolue et au 54e pour la densité, avec 55 habitants par kilomètre carré. Depuis 1801 il a augmenté de 70 000 âmes, y compris la ville et banlieue annexées du Saint-Esprit, mais aussi malgré une forte émigration vers les deux Amériques.

Les Béarnais et les Basques qui le peuplent sont bien différents de caractère. Les premiers, trois fois plus nombreux, sont connus par leur spirituelle finesse et leur bravoure; ils parlent le béarnais concurremment avec le français. Les seconds se distinguent par leur amour de l'indépendance, qui, joint à leur parler presque exclusif du basque, fait qu'ils fusionnent très lentement avec le monde moderne.

Les **Basques** ou **Vascons** occupaient primitivement le cours supérieur de l'Èbre (la Navarre actuelle). Ils s'établirent en France vers 587 après Jésus-Christ, chassés probablement par les Westgoths. C'étaient des Ibères. Mais d'où venaient les Ibères? Les rapports anthropologiques des

Types et costumes basques.

Basques et des Égyptiens les rattacheraient aux races nord-africaines (Chamites blancs).

« Quel est cet ancien peuple, dont les traditions célèbrent le courage indomptable et qui de nos jours a maintes fois donné des preuves de son héroïsme? Quelle est son origine première? Quelle est sa parenté parmi les populations de l'Europe et du monde? Toutes questions auxquelles il est impossible de répondre. Les Basques sont la race par excellence. Ils restent seuls au milieu de la foule des autres hommes. On ne leur connaît point de frères. Il n'est même pas certain que tous les Euskariens ou Basques appartiennent à une souche commune, car ils ne se ressemblent nullement entre eux. Il n'y a point de type basque. Toutefois, si l'on ne tient pas compte des différences et même des contrastes que présentent entre eux les Basques des provinces espagnoles et de la Navarre française, on peut dire que, dans l'ensemble, la plupart des Basques ont le front large, le nez droit et ferme, la bouche et le menton très nettement dessinés, une taille bien proportionnée, des attaches d'une grande finesse.

« Leur physionomie est d'une extrême mobilité. Les moindres sentiments se révèlent sur leur visage par l'éclair du regard, le jeu des sourcils, le frémissement des lèvres. Mais les Basques n'ont pas seulement la beauté de la forme, ils ont aussi la dignité du maintien. On aime à les voir marcher fièrement la veste jetée sur l'épaule gauche, la taille serrée par une large ceinture rouge, le béret légèrement incliné sur l'oreille. Quand ils passent à côté du voyageur, ils le saluent avec grâce, mais comme des égaux, sans baisser le regard. Les femmes ne sont pas moins nobles dans leur attitude. L'habitude qu'elles ont de placer leurs fardeaux sur la tête contribue à leur donner cette fière tournure qui les distingue. »

(ÉLISÉE RECLUS.)

Personnages. — Henri IV, roi de France, né au château de Pau, mort en 1610. Le janséniste de Saint-Cyran, né à Bayonne, mort en 1642. Le maréchal de Gassion, né à Pau, mort en 1647. Pierre de Marca, savant prélat et historien, né à Gan, mort en 1662. Le poète béarnais Despourrins, né à Accous, mort en 1759. Le général Barbanègre, né à Pontacq, mort en 1830. Le comte Garat, homme de lettres, et le banquier Laffite, nés à Bayonne, morts en 1833, 1844. Le maréchal Bernadotte, qui devint roi de Suède en 1818, né à Pau, mort en 1844. Le maréchal Harispe, né à Saint-Étienne-de-Baïgorry, mort en 1855. Le Père de Ravignan, célèbre prédicateur, et le cardinal Lavigerie, archevêque d'Alger, nés à Bayonne, morts en 1858, 1892.

Administrations. — Ce département forme l'évêché de Bayonne, ressortit à l'académie de Bordeaux, à la cour d'appel de Pau, à la 18e région militaire (Bordeaux), à la 4e préfecture maritime (Rochefort), à la région agricole du Sud-Ouest et à la 22e conservation forestière (Bordeaux). — Il comprend 5 arrondissements : *Pau, Oloron-Sainte-Marie, Mauléon, Bayonne, Orthez,* avec 41 cantons et 559 communes.

I. **PAU**, chef-lieu du département [1], est une jolie ville de 33000 âmes, qui s'élève pittoresquement, par 175-200 mètres d'altitude au bord et sur le penchant d'un plateau dominant le Grand-Gave. Parmi ses monuments, un seul est historique, le château des vicomtes du Béarn, dit aussi d'Henri IV, parce que ce prince y naquit en 1553 : situé sur une masse rocheuse, il renferme un musée composé d'objets rappelant surtout le Béarnais. Les édifices modernes sont principalement des hôtels et deux églises d'un beau style gothique. Pau fabrique du linge damassé, des cuirs, du chocolat; il prépare des jambons dits de Bayonne et tient de célèbres foires et marchés aux mulets et aux moutons. Mais ce qui fait surtout sa renommée, et par là même sa fortune, c'est la salubrité et la

---

[1] Arrondissement de PAU : 11 *cantons*, 185 *communes*, 127700 habitants.
Cantons et communes principales : 1.-2. *Pau*, 33010 habitants; Bizanos, 1800; Bosdarros, 1060; Gan, 2700; Gelos, 1640; Jurançon, 2800. — 3. *Garlin*, 1300. — 4. *Lembeye*, 1060. — 5. *Lescar*, 1630; Billère, 1130. — 6. *Montaner*, 680. — 7. *Morlaàs*, 1440. — 8-9. *Nay*, 3640; Arthez, 1150; Asson, 2520; Bénéjacq, 1660; Bruges, 1680; Coarraze, 1660; Lestelle (Bétharram), 1510; Montaut, 1250. — 10. *Pontacq*, 2740; Ger, 1470. — 11. *Thèze*, 500.

douceur exceptionnelles de son climat, qui y attirent en hiver un grand nombre de convalescents et de familles anglaises.

Pau se forma autour d'un château fort, construit au xe siècle par un seigneur du Béarn. Trois pieux (*paüs*, en basque), qui auraient servi à limiter le terrain, donnèrent leur nom à la ville et se retrouvent encore dans ses armes. Le château actuel, dû à Gaston Phœbus, devint au milieu du xve siècle la résidence officielle des vicomtes de Béarn. Il fut plus tard le séjour ordinaire de Marguerite de Valois et de Jeanne d'Albret; aussi la ville fut-elle au xve siècle un foyer ardent de calvinisme. Louis XIII y établit un parlement en 1620, et Louis XIV une université en 1712. Quant à Henri IV, leur père et aïeul, il tint toujours en grande faveur et amitié sa ville natale, qui lui a élevé une statue.

Le château de Pau. — « J'avais fait plusieurs fois le tour du promontoire sur lequel est planté le château d'Henri IV; j'ai mesuré d'en bas, des bords du canal du Moulin, la hauteur des contreforts de la terrasse, plongeant dans l'eau, et la ruine de la tour de la Monnaie, qui, séparée du château, placée en sentinelle avancée, devait en défendre les approches. Enfin je me présente à l'entrée principale du côté de l'est, principale seulement depuis le dernier siècle, car elle était particulière autrefois, quand le pont construit sous le règne de Louis XV n'avait pas encore remplacé le pont-levis. Des deux côtés de ce pont, les fossés ont été convertis en allées couvertes et en parterres. La porte moderne, flanquée de deux bâtiments neufs, est placée en arrière de la chapelle construite en 1840. Deux grandes ombres la couvrent : à gauche, le donjon de Phœbus, énorme tour carrée en briques, haute de plus de cent pieds; à droite, la tour Montauzet, qui regarde le nord-est. C'est son nom béarnais; le nom français est plus poétique : la tour Monte-Oiseau; on l'appelait ainsi parce qu'elle n'avait point d'escalier; les oiseaux seuls y pouvaient monter sans le secours de l'échelle qui servait aux vigies.

« Un portique moderne à trois arcades, avec terrasse à balustres, succède au pont. Voici la cour intérieure, présentant une forme singulière, celle d'un triangle coupé à sa pointe. Cette cour d'honneur, tout entière de la Renaissance, est l'œuvre de la reine Marguerite. A droite, au rez-de-chaussée, est une salle entièrement voûtée, dont la construction remonte aux premiers âges du château, et qui fut la salle des gardes. C'est là que se tenaient les nombreux soldats et valets qui peuplaient sans cesse les châteaux de Gaston Phœbus. A côté, c'est la salle à manger des officiers et écuyers, du même temps, également voûtée. Elle s'ouvre sur un escalier monumental. Dans la salle des États, on a placé les somptueuses tapisseries de Flandre exécutées par ordre de François Ier pour décorer son château de Madrid. On a eu l'heureuse pensée d'y transporter la statue de Henri IV, par M. de Francheville, qui figura longtemps dans la cour d'honneur. La belle tournure de la statue, une fidélité unique de

Le château de Pau, où naquit Henri IV, et le pont du Gave.

ressemblance avec le modèle, méritaient qu'on ne la laissât pas exposée aux rudes caresses des saisons.

« Nous touchons à la chambre où naquit Henri IV. C'est ici que, sur un faisceau de lances, repose l'écaille de tortue, entourée de drapeaux aux armes de France et de Navarre, qui lui servait de berceau. Auparavant, il n'y avait que l'écaille, longue de près de quatre pieds.

« On voit aussi dans le château des tables et des vases de porphyre de Suède, envoyés par le soldat devenu roi, Bernadotte, natif lui-même de Pau. La maison de sa famille, qui était de robe, se voit encore dans la rue qui porte son nom. C'est une vieille demeure à toit pointu et à galeries ouvertes, reposant sur deux énormes piliers de pierre. Le futur roi fut nourri à Gan, où l'on conserve aussi la maison de Pierre de Marca, l'historien du Béarn. »

Le panorama des Pyrénées, vu du château de Pau, est superbe, inoubliable : « Au jour naissant, les yeux éblouis courent à l'horizon; la chaîne leur apparaît d'abord comme une masse confuse de nuées blanches et noires, aux bords dentelés et lumineux; mais une lueur plus vive les attire en bas : c'est le ruban étincelant du Gave sous les feux du soleil levant. Les premiers plans de ce paysage grandiose sont pleinement éclairés; la vallée, la double ceinture de collines, couverte de parcs et de villas. Peu à peu le voile qui couvre les monts se déchire; une première masse se dessine nettement; c'est aussi la plus rapprochée; c'est le pic du *Midi d'Ossau;* je reconnais les deux pointes de la célèbre fourche. Encore un moment, et plus à l'est, je distingue l'autre sentinelle avancée de la troupe formidable, le pic du *Midi de Bigorre;* entre les deux, des neiges, la forêt des pics; par-dessus tout cela, le *Vignemale* et ses glaciers; puis tout à coup le rideau baisse sur cette scène magique, une nouvelle brume se lève, une énorme coulée de vapeurs glisse lentement entre les monts. Il faut attendre qu'elles se dissipent...

« La chaîne étant dégagée de toute brume, les pics montent dans le bleu. J'admire à mon aise la légèreté de ces lignes et la mollesse de ces grands profils. Les montagnes, quand on y pénètre pour la première fois, causent un sentiment très complexe, beaucoup de surprise mêlée à un certain désarroi des idées préconçues; si on ne les connaît pas, c'est telles qu'on les voit de Pau, c'est sous cet aspect grandiose, vaporeux, qu'on les imagine. » (P. Perret, *les Pyrénées.*)

Aux environs de Pau se trouvent un vaste hippodrome, près de la lande du Pont-Long; — le joli château moderne de *Bizanos,* — et le bourg de *Jurançon,* célèbre par son vin, devenu historique depuis que Henri d'Albret en humecta les lèvres de son petit-fils, le futur Henri IV, qui venait de naître. — *Gan,* autrefois place forte, possède des carrières de pierres de taille et des scieries de marbre.

Garlin est une ancienne bastide ou « ville neuve », fondée vers 1305 par Marguerite, vicomtesse de Béarn. — LEMBEYE, dont le nom gascon vient du latin *invidia* (dans le sens d'envie, désir), a une église du xve siècle, dont la tour était jadis fortifiée.

LESCAR, sur une colline dominant la plaine du Gave, est une ancienne ville épiscopale fondée en 980 sur l'emplacement de la cité gallo-romaine de *Beneharnum*, détruite par les Sarrasins. Cruellement éprouvée durant les guerres de Religion, elle a perdu son importance depuis la suppression de son évêché en 1790. Jeanne d'Albret et Marguerite de Valois furent inhumées dans la cathédrale, qui, élevée au xiie siècle, fut en partie

Sanctuaire de Notre-Dame de Bétharram. — Pont sur le gave de Pau.

remaniée au xviie, comme le témoigne l'inscription de la façade : *Phœbus me refecit, anno 1635*. L'ancien collège des Barnabites est occupé par une école normale d'instituteurs. — MONTANER conserve un donjon de 42 mètres de haut et une enceinte polygonale, restes d'un château construit par Gaston Phœbus en 1380.

MORLAAS (*Morlanum*), près du Luy de France, fut jusqu'au xiiie siècle la capitale de la vicomté de Béarn et posséda jusqu'au xve un important atelier monétaire. La monnaie morlane avait alors cours dans tout le midi de la France ; elle portait la figure et les armes des vicomtes, leur nom et la devise : *Deo gratias, sum id quod sum* (Par la grâce de Dieu, je suis ce que je suis). C'est aussi à Morlaas que furent rédigés les célèbres « fors » ou coutumes du Béarn. On y remarque l'église Sainte-Foy et des restes de fortifications.

NAY, sur le gave de Pau, que traverse un joli pont, est une petite ville très industrieuse ayant des minoteries, de nombreuses tanneries, des fabriques de capes, de ceintures de laine, de bérets, de fez et aussi de chapelets ; elle fait un grand commerce de jambons de Bayonne et de chevaux de races tarbesane et navarraise. — *Coarraze*, près du Grand-Gave, ne conserve qu'une tour et un portail du château où fut élevé Henri IV, et qui était le siège d'une des quatre baronnies du Béarn.

Bétharram, commune de *Lestelle*, est ainsi nommé des deux mots basques *belt aram,* beau rameau, parce que, suivant la tradition, une petite fille qu'entraînaient les eaux du Gave, ayant invoqué la Vierge, échappa à la mort au moyen d'une branche qui lui apparut soudain et qu'elle saisit. Le pèlerinage de Notre-Dame, dite depuis de Bétharram, ainsi que le célèbre calvaire voisin, existait d'ailleurs longtemps avant cet événement, qui dut se passer au xviie siècle. Il est donc bien juste de dire :

> Courez à Bétharram, enfants de la Navarre,
> Peuples de la Gascogne et des bords de l'Adour :
> A Bétharram jamais la Vierge n'est avare
> Des trésors du divin amour.

Du reste, le pays est pittoresque ; on y remarque notamment un pont d'une arche très hardie couverte de lierre et une curieuse grotte à stalactites. — *Bruges* est une bastide du xive siècle, dont les premiers colons semblent avoir été des Flamands, qui lui auraient donné le nom d'une de leurs principales villes.

II. **ORTHEZ,** sous-préfecture de 6300 habitants [2], s'élève agréablement à 85 mètres d'altitude sur le penchant d'une colline baignée par le gave de Pau. C'est une ville bien bâtie et qui offre plusieurs curiosités : une belle cascade à la retenue rocheuse du bief du Gave, qui met en mouvement les usines ; un vieux pont fortifié portant la tour d'où les calvinistes, sur l'ordre de Montgomery, précipitèrent des prêtres et des religieux dans la rivière ; sur une hauteur, la jolie tour de Moncade, à peu près seul débris du palais des vicomtes de Béarn, où Gaston Phœbus tint sa cour, célébrée par Froissart. — Orthez appartint d'abord aux vicomtes de Dax et fut, sous les Moncalde, la capitale du Béarn. Il devint au xvie siècle un foyer de protestantisme, et Jeanne d'Albret y établit une université que Louis XIII supprima. Le 27 février 1814, Soult, à la tête de 20 000 hommes, y fut battu par Wellington, commandant l'armée anglo-hispano-portugaise, qui en comptait 50 000 ; à deux kilomètres de la ville, un monument marque l'endroit où le général Foy, le « héros citoyen », reçut ce jour-là sa quatorzième blessure. — Orthez exploite des carrières, fabrique du chocolat et prépare en grand pour l'exportation des jambons dits de Bayonne.

Arthez et Lagor offrent du haut de leurs collines, baignées par le gave de Pau, d'admirables points de vue sur la vallée dudit Gave et sur les Pyrénées.

---

[1] Arrondissement d'Orthez : 7 *cantons,* 135 communes, 60 660 habitants.
Cantons et communes principales : 1. *Orthez,* 6310 habitants; Bonnut, 1 040. — 2. *Arthez,* 1 210. — 3. *Arzacq,* 1 080. — 4. *Lagor,* 930. — 5. *Navarrenx,* 1 270. — 6. *Salies,* 6140 ; Labastide. — 7. *Sauveterre,* 1 560 ; Hôpital-d'Orion (l'), Oraàs.

Navarrenx, sur le gave d'Oleron, fait le commerce de chevaux estimés pour la cavalerie. C'était jadis une place forte, que Louis XIII prit en 1620, et dont les fortifications, renouvelées par Vauban, ont subsisté jusqu'à nos jours. Tour Herrère, du xve siècle, sur l'emplacement primitif de la ville.

Salies-de-Béarn, entre les gaves de Pau et d'Oloron, possède deux sources minérales, qui sont des plus riches en chlorure de sodium. Elles sont utilisées dans un bel établissement de bains, et l'on en extrait annuellement de 4 à 5 000 tonnes de sel, employé principalement dans la préparation des jambons de Bayonne, qui lui doivent en partie leur réputation. — *Labastide* a un beau donjon du xve siècle.

Sauveterre, dans une situation pittoresque près du gave d'Oloron, conserve du moyen âge une intéressante église romano-gothique, le château en ruines de Montréal et un pont pareillement ruiné, ainsi que la tour qui le surmontait. — *Orads* exploite des bancs de sel gemme et des sources salines. — *L'Hôpital-d'Orion* possède l'église d'un couvent de religieux hospitaliers, dans lequel mourut Gaston Phœbus en 1391.

III. **OLORON-SAINTE-MARIE** est une sous-préfecture de 9 000 âmes [1], très pittoresquement située par 210-272 mètres d'altitude, au confluent des gaves d'Aspe et d'Ossau formant le gave d'Oloron. Cette ville est divisée, par les deux cours d'eau qui s'y réunissent, en trois parties bien distinctes et d'origines différentes, ayant chacune leur église romane. Oloron proprement dit, sur un coteau, est l'ancienne ville féodale conservant de vieilles maisons, des restes de remparts et du château, ainsi que la belle église Sainte-Croix du xie siècle. A Sainte-Marie, l'ancienne ville ecclésiastique, bâtie dans la vallée du gave d'Aspe, on remarque principalement la cathédrale, datant des xie-xive siècles; enfin, sur la rive droite du gave d'Ossau, s'étendent les quartiers neufs, qui possèdent la belle église moderne dite Notre-Dame. — On croit qu'Oloron existait d'abord uniquement sur sa colline; il descendit dans la plaine vers le temps d'Auguste et continua d'être, sous le nom d'*Ilurro*, la capitale des *Iluronenses*, laquelle reçut de saint Grat un évêché au ive siècle. Ruinée par les invasions des Vascons et des Sarrasins, la cité fut rebâtie par ses évêques au xie siècle. C'est à cette même époque que Centulle IV, vicomte de Béarn, éleva en face une seconde ville occupant sur la colline l'emplacement primitif d'Iluro. Sous le même nom, les deux agglomérations conservèrent une existence distincte jusqu'à la réunion du Béarn à la couronne par Louis XIII. En 1790, Oloron vit supprimer son évêché. Aujourd'hui il est, après Bayonne, le second centre du dépar-

---

[1] Arrondissement d'Oloron-Sainte-Marie : 8 *cantons*, 79 communes, 60 600 habitants.
Cantons et communes principales : 1-2. *Oloron-Sainte-Marie*, 8 960 habitants; Esquiule, 1 030; Ogeu, 1 210. — 3. *Accous*, 1 070; Bedous, Lescun. — 4. *Aramits*, 990; Arette, 1 850. — 5. *Arudy*, 1 730; Buzy, 1 170; Izeste, Louvie, 1 680; Rebénacq. — 6. *Laruns*, 2 060 (Eaux-Chaudes); Eaux-Bonnes. — 7. *Lasseube*, 2 040. — 8. *Monein*, 4 240; Lucq, 1 870.

tement pour son commerce des salés, des laines, des peaux de mouton, des chevaux et des mulets, trafic qui se fait surtout avec l'Espagne par les cols de Somport et d'Anso. Il y a aussi des fabriques de bonneterie, d'espadrilles, de lainages et de chocolat.

Au canton d'Accous, *Bedous* possède un établissement thermal et des ardoisières; — *Lescun,* des carrières de marbre, produit qui est aussi fourni par Aramits, sur le gave d'Aspe, et par Arudy, sur le gave d'Ossau. Dans ce dernier canton se trouvent la belle grotte d'*Izeste,* le dolmen de *Buzy* (mon. hist.) et, près de *Rebénacq,* la très abondante source dite Œil-des-Nées, qui alimente Pau.

Laruns, près du gave d'Ossau, possède de nombreuses scieries mécaniques et des carrières de marbre et de kaolin. — De cette commune dépend le village des *Eaux-Chaudes,* station thermale située, ainsi que sa voisine les **Eaux-Bonnes**, au fond de gorges étroites et sauvages. Leurs eaux sulfurées sodiques, très excitantes et diurétiques, sont recommandées pour les maladies de poitrine, de la peau et des voies respiratoires; elles s'utilisent en bains, boisson, et s'exportent en grande quantité.

Dans la gracieuse et pittoresque vallée d'Ossau, qui renferme cette ressource en eaux minérales, a lieu une fort intéressante exploitation du *buis,* devenue régulière depuis quelques années. Le buis de la vallée ne ressemble pas aux petits cordons de buis qui serpentent dans les jardins, autour des parterres bien entretenus à la façon poncive et classique. Sans acquérir jamais de fortes dimensions dans sa croissance très lente, il est cependant susceptible de produire des perches de 2, 4 et 5 mètres de haut, sur une circonférence de 15 à 40 centimètres. — Le prix moyen d'achat en forêt varie entre 35 et 40 centimes, et l'exploitation revient à environ 75 centimes par quintal.

A quoi sert tout ce bois de buis? Principalement, dans la vallée même, à la fabrication des grains de chapelet. Plusieurs usines, employant de nombreuses ouvrières, égrènent ainsi le buis de la montagne. Les 100 kg. de grains de chapelet ont une valeur marchande de 3 fr. 50 à 4 fr., laissant à l'industriel le petit bénéfice de 45 à 50 centimes par quintal.

IV. **Mauléon**, officiellement Mauléon-Licharre, est une sous-préfecture de 2 700 âmes [1], bâtie en amphithéâtre par 135-215 mètres d'altitude sur la rive droite du Saison, qui la sépare de son faubourg de Licharre. Autrefois capitale du pays de Soule, cette petite ville conserve du moyen âge le château féodal de Mauléon ou Mauvais-Lion, flanqué de grosses tours rondes, des restes de remparts, un grand pont et une église au curieux clocher. Elle a aussi des maisons de la Renaissance, un

---

[1] Arrondissement de Mauléon : 6 *cantons,* 107 communes, 59 070 habitants. *Cantons* et communes principales : 1. *Mauléon-Licharre,* 2 650 habitants; Barcus, 1 610; Chéraute, 1 120. — 2. Iholdy, 820; Irissarry, 1 120. — 3. *Saint-Étienne-de-Baïgorry,* 2 280; Aldudes, 1 150; Bidarray, 1 180; Ossés, 1 850. — 4. *Saint-Jean-Pied-de-Port,* 1 600. — 5. *Saint-Palais,* 1 950; Garris. — 6. *Tardets-Sorholus,* 1 100.

petit établissement thermal et un très pittoresque moulin. On y fabrique des draps et des couvertures de laine. — *Irissarry*, au canton d'IHOLDY, possède une ancienne maison des chevaliers de Malte.

SAINT-ÉTIENNE-DE-BAÏGORRY, sur une branche de la Nive, exploite des mines de fer. Le hameau de Baïgorry a donné son nom à la vallée dont il fut le chef-lieu au moyen âge. Près de là, le château d'Etchaux vit naître le maréchal Harispe. — En aval, *Bidarray* a une grotte curieuse, tandis qu'en amont la bourgade des *Aldudes* fait un commerce actif avec l'Espagne,

Derniers instants de Roland à Roncevaux. (Légende.)

grâce aux deux sentiers de mulets passant aux cols des Aldudes et de Lindux, pour rejoindre vers Burguete la route de Pampelune.

SAINT-JEAN-PIED-DE-PORT, au confluent des deux Nives et du Laurhibar, est une petite place forte avec citadelle, qui défend principalement le débouché du col des Aldudes et celui du célèbre « port » ou *col de Roncevaux*, situé en Espagne.

« Après une pointe poussée vers l'Arradoy, dit P. Perret, nous consacrons l'après-midi à une excursion obligatoire pour quiconque a le respect des légendes. Il faut que nous saluions cette glorieuse vallée de Roncevaux, qui a entendu les cris de mort de l'arrière-garde de Charlemagne dominée par les rugissements de Roland le Lion.

« Nous gravissons les parois des rochers ; devant nos yeux s'ouvre un grand cirque tapissé de forêts. Un tout petit supplément d'ascension, six cents pieds peut-être, nous conduirait au col de Roncevaux. Oui, Roncevaux! Là est encore un couvent gothique qui contient des tombes royales. L'abbé était autrefois seigneur ou gardien des châteaux qui défendaient la frontière et qui ne sont plus que des ruines; pour soldats et pour sentinelles, il avait ses moines. Le chapelet dans une main, l'épée dans l'autre, ils frappaient rudement, ces champions en froc. L'abbé ne relevait que du pape. L'ombre de la grandeur de Charlemagne abritait la réalité de la sienne; il s'en trouvait bien. »

Quant à la ville de Saint-Jean-Pied-de-Port, qui appartint longtemps à l'Espagne, elle nous revint définitivement par le traité des Pyrénées, pour être jusqu'en 1789 la capitale de la Navarre française. Il y a des fabriques de draps et de couvertures.

Saint-Palais, dans une fertile vallée sur la Bidouze, possède le tribunal de première instance de l'arrondissement, sans doute en souvenir de la chancellerie ou cour souveraine de la Navarre, dont cette localité était le siège avant 1620. Il y eut un combat entre Soult et les Espagnols en 1814.

— A *Garris,* la mairie est un ancien château des rois de Navarre.

V. **BAYONNE,** sous-préfecture de 27 000 âmes[1], est une jolie ville située par 10 mètres d'altitude au confluent de l'Adour et de la Nive, à 6 kilomètres de l'Océan. Le fleuve la sépare du faubourg de Saint-Esprit, qui lui a été annexé en 1857. Bien qu'entourée de fortifications et dominée par une citadelle, s'élevant également de l'autre côté de l'Adour, elle semble une ville ouverte, à cause du grand espace laissé à jour par ses cours d'eau. Sa principale église est la belle cathédrale ogivale de Sainte-Marie; commencée en 1213, elle est surmontée de deux clochers de 85 mètres de haut, et renferme la châsse de saint Léon, patron de Bayonne. Un beau cloître de 1240 est attenant au sud. A citer encore les restes de l'enceinte romaine, le Château-Vieux et le Château-Neuf, l'hôpital militaire, les allées Marines et Paulmy.

Cathédrale de Bayonne.

[1] Arrondissement de Bayonne: 9 *cantons,* 53 communes, 109 560 habitants.
Cantons et communes principales : 1-2. *Bayonne,* 26 920 habitants; Anglet, 5 380; Arcangues, 1 050; le Boucau, 3 990; Mouguerre, 1 220. — 3. *Biarritz,* 11 870. — 4. *Bidache,* 2 540; Bardos, 1 720; Came, 1 380; Guiche, 1 300. — 5. *Espelette,* 1 320; Cambo, 2 010; Itsatsou, 1 440; Sare, 1 920. — 6. *Hasparren,* 5 590; Mendionde, 1 040. — 7. *Labastide-Clairence,* 1 360; Ayherre, 1 150; Briscous, 1 400; Urt, 1 640. — 8. *Saint-Jean-de-Luz,* 3 950; Ascain, 1 130; Bidart, 1 470; Ciboure, 2 170; Hendaye, 2 040; Urrugne, 3 670. — 9. *Ustaritz,* 2 510; Saint-Pée, 2 380; Villefranque, 1 380.

Le port de Bayonne, coupé à l'embouchure de l'Adour par une barre mobile, fait cependant un commerce actif, surtout avec l'Angleterre et l'Espagne. Le mouvement des marchandises est de 450 000 tonnes, dont plus des deux tiers à l'importation, qui comprend des grains, vins, poissons, houilles, fers et aciers; l'exportation a pour objet les bois communs, les résines, les métaux ouvrés, les tissus de laine et de coton. L'industrie bayonnaise s'occupe particulièrement de la préparation de jambons renommés, de la fabrication du chocolat, des savons et des cuirs, de la distillerie des eaux-de-vie et de la construction des bateaux.

Bayonne, dont le nom vient du basque *baia ona*, bonne baie, fut con-

Bayonne, au confluent de l'Adour et de la Nive. Au fond, les basses Pyrénées.

struite vers 950 sur les ruines de l'antique *Lapurdum*, qui eut un évêché dès le IVe siècle et a laissé son nom au pays de Labourd. Elle fit longtemps partie du duché d'Aquitaine, et comme telle passa sous la domination des Anglais, auxquels Dunois l'enleva en 1451. Souvent assiégée depuis, la fière cité fut si rarement prise, qu'on pourrait presque dire qu'elle conserve à juste titre sa devise : *Nunquam polluta*, « jamais violée. » Lors de la Saint-Barthélemy, il n'y eut pas de victimes, grâce à la courageuse résistance de son gouverneur, le vicomte d'Orthez. Au XVIIe siècle, Vauban la fortifia. En 1808, Napoléon y reçut, dans le château de Marrac, aujourd'hui en ruines, Charles IV et son fils Ferdinand, auxquels il arracha la renonciation à tous leurs droits sur la couronne d'Espagne. Ce fut à Bayonne même que Joseph ceignit la couronne royale en leur place, et là aussi que six ans plus tard, par un juste retour de la fortune mal acquise, il perdit ses dernières espérances ; car la ville dut alors ouvrir ses portes aux Anglais. Quant à l'invention de la baïonnette, il est à peu près admis aujourd'hui qu'elle n'eut pas lieu à Bayonne.

Le Boucau, petit port à l'entrée de l'Adour, possède des forges occupant 800 ouvriers. — *Anglet* et les communes voisines ont des mines de sel gemme.

Biarrits, à 8 kilomètres ouest de Bayonne, s'élève sur une falaise dominant une fort belle plage. Aussi ses bains de mer sont-ils très suivis, d'autant plus que la douceur de son climat en fait un lieu de villégiature agréable en tout temps. Jadis les fréquents séjours de Napoléon III et de l'impératrice Eugénie en firent le rendez-vous de la haute société européenne, et lui valurent en grande partie ses embellissements de tous genres, surtout un grand nombre de somptueux hôtels et de villas. L'ancienne résidence impériale renferme les Thermes salins, qu'alimentent les sources salées de Briscous. Parmi les curiosités naturelles, citons les grottes de la falaise ; le pont du Diable, sur une crevasse où la mer s'engouffre avec fracas ; le promontoire d'Atalaye, percé d'un tunnel conduisant au rocher insulaire de la Vierge ; en outre, un phare de premier ordre éclairant le petit port biarrot.

« Biarrits a deux saisons : une d'hiver, qui commence en novembre ; une d'été, qui s'ouvre en août. La première est aux Anglais, ils y règnent sans partage ; il aime cela, ce peuple insulaire. La seconde appartient à l'aristocratie madrilène. Appartenir est le verbe qui convient ; mais les Espagnols sont moins exclusifs, n'étant que péninsulaires. Ils tiennent à Biarrits le haut du pavé, et seraient désolés que la société française et parisienne ne vînt point en tenir le bas. Ils la souhaitent, la recherchent et l'aiment. Il leur plaît qu'elle soit représentée par ses diverses catégories et surtout l'aristocratie.

« L'hiver est la saison muette : plaisirs rares. Mais après avoir médit de l'Anglais, on peut lui rendre justice : ce qu'il aime, c'est le changement de lieu. Il ne vient pas chercher les agitations de la vie extérieure et mondaine. Voyageur à outrance et avant tout, il satisfait volontiers son goût en la compagnie des siens, qui lui suffit. Il va par le monde avec sa fidèle épouse et ses enfants, même à la montagne, où l'électricité est abondante et soudaine. L'image de cette existence pourrait être une locomobile traînant un omnibus de famille. A la bonne heure ! »

BIDACHE, sur la Bidouze, exploite des carrières de pierre de taille et montre le château en ruines des ducs de Grammont. — En aval, *Guiche* fut jusqu'au XVIIIe siècle le siège d'un comté appartenant à la même famille.

ESPELETTE fabrique du chocolat, ainsi que plusieurs communes de son canton. — *Cambo*, délicieusement situé sur une colline baignée par la Nive, possède un établissement thermal où s'utilisent des sources sulfureuses et ferrugineuses. — Au territoire d'*Itsatsou* se trouve le défilé célèbre du Pas-de-Roland, traversé par la Nive. — *Sare* a de curieuses grottes, des carrières de plâtre, de marbre et de schiste.

HASPARREN, dans une vallée très riche, compte de nombreuses fabriques de cordonnerie, de cuir et de chocolat. C'est l'un des plus importants marchés aux bestiaux du pays basque. Cette ville existait du temps d'Auguste; on y a trouvé en 1660, sous le maître-autel de l'église, une inscription romaine rapportant que les peuples de la Novempopulanie avaient obtenu de l'empereur leur séparation du reste de la Gaule.

LABASTIDE-CLAIRENCE, sur la Joyeuse, est une « ville neuve » fondée en 1314 au nom du roi de France, et possédant une jolie église avec portail roman. — *Briscous* est le centre d'exploitation de sources salées, produisant annuellement plus de 20 000 tonnes de sel. — *Urt*, sur l'Adour, a d'importants chantiers de construction de barques.

SAINT-JEAN-DE-LUZ, au fond d'une belle rade où se jette la Nivelle, est une station de bains de mer et un petit port de pêche défendu par le fort du Socoa. C'est une de nos villes les mieux bâties et les mieux situées sur l'Atlantique; on y jouit surtout d'un beau panorama sur l'Océan et les Pyrénées. Ses intrépides marins faisaient jadis en grand la pêche de la baleine et de la morue. Sous François Ier et Henri II, ils pourchassèrent activement les Espagnols, qui finirent par incendier la ville en 1558. Néanmoins ce fut à Saint-Jean-de-Luz que se célébra, en 1660, le mariage de Louis XIV et de l'infante Marie-Thérèse; on y comptait alors 15 000 habitants. Les guerres maritimes, la pêche de Terre-Neuve et l'obstruction du port, causèrent sa décadence. — *Ciboure*, en face de Saint-Jean, est aussi une station balnéaire et un port de pêche.

Hendaye, à l'embouchure de la Bidassoa, est renommée par sa liqueur, dite eau-de-vie d'Hendaye, et par sa plage, l'une des plus commodes et des moins dangereuses qui se puissent voir. Hendaye et la ville espagnole de Fontarabie, située sur la rive opposée, se sont querellées à diverses reprises.

Mais visitons l'église du lieu, pour y rendre nos devoirs de reconnaissance et d'amour à l'hôte divin du tabernacle. Elle a pour entrée un large porche, que surmonte une tour carrée. Le pavé est formé de pierres tombales, sur lesquelles se lisent des noms basques. Le monument est du XVe siècle. Il présente encore un parfait modèle de la disposition nationale : trois étages de galeries; elles sont de bois, ciré avec un luxe de propreté inouïe, et certes, il faut que les servants du sanctuaire y prennent de la peine. La chaire est à gauche, regardant l'autel; en face, un grand crucifix de bois. La voûte est peinte de couleurs voyantes, que les Basques ne dédaignent point. Sur les dalles de la nef traînent les carreaux de laine noire destinés aux femmes. Les ornements, avec la croix au centre et des cœurs aux quatre coins, sont brodés en jaune. Une des chapelles latérales du chœur contient de belles tapisseries anciennes.

Ustarits, sur la Nive, fabrique du chocolat. C'était, avant 1789, le siège des états de Labourd, appelés le « Bilçaar », ou conseil des Anciens.
— *Urrugne*, où le maréchal Soult fut défait en 1813, montre le vieux château restauré d'Urtubie et la célèbre île des Faisans.

La Bidassoa et l'île des Faisans. — « Entre Hendaye et Fontarabie, la Bidassoa, cette rivière « sèche », n'a pas une largeur de moins de 4 kilomètres. A la marée pleine, ce vaste estuaire aux bords romantiques porterait des frégates. Il est vrai qu'un immense amas de sable, qu'on appelle la Barre, le ferme presque tout entier du côté de la mer, qui monte par un étroit canal le long de la rive espagnole. Ces grands vallonnements s'élèvent de 10 à 15 mètres à marée basse, et c'est là que

La Bidassoa et l'île des Faisans.

les quelques baigneurs de l'été en résidence à Hendaye vont prendre leurs bains; il n'y a point de plage plus douce et plus sûre.

« L'établissement de bains est placé au-dessous de la pointe de Sainte-Anne, qui borne la rive française, et que font reconnaître de loin deux belles roches, semblables à de gigantesques menhirs celtiques. En face s'allonge la pointe du Figuier, portant un phare à feu rouge, et toute hérissée d'écueils, et qui a l'honneur géographique d'être classée parmi les caps. — Au milieu de la barre, à distance égale des vieux débris du donjon d'Hendaye et du royal château de Fontarabie, est campée une colonne frontière. Nous remontons la rivière en barque, en passant sous le pont du chemin de fer qui relie la France à l'Espagne et repose sur cinq arches. Un petit garde-côte français est amarré à notre bord. Devant nous, au fond de l'estuaire, une île sépare la Bidassoa en deux bras, dont l'un coule vers Irun, première ville espagnole. Je distingue de vieilles maisons à galeries, tout un bas quartier qui se serre autour de l'église, dont le clocher rappelle celui de Fontarabie.

« Là s'élève une île d'une longueur de 120 pas environ et d'une largeur de 50 à 60. Comment se peut-il faire qu'une rivière, *large à peine de quelques mètres,* comme on l'a dit, porte une île qui en a cinquante, sans compter qu'en 1659 on a pu y aborder en barques de gala des deux côtés?

« Le 13 août 1659, le cardinal de Mazarin partit de Saint-Jean-de-Luz à dix heures du matin, avec sa suite en trente carrosses et deux cents gentilshommes qui lui faisaient escorte. Il arriva le premier au rendez-vous; et comme il s'engageait sur le pont de bateaux qu'on avait construit pour accéder à l'île du côté de France, il vit venir vers l'autre pont, accédant du côté d'Espagne, don Luis avec un cortège aussi fastueux que le sien. C'était la paix qui s'avançait avec une pompe imposante. L'arrangement du théâtre qui allait servir à discuter le traité des Pyrénées est peut-être la machine la plus diplomatique qu'on ait imaginée. Les deux impresarios de cette grande représentation étaient : pour l'Espagne, le baron de Watteville, gentilhomme franc-comtois, et pour la France le marquis de Chouppes. Ces deux seigneurs procédèrent au partage de l'île et à son aménagement. Ils y firent *bâtir des logements égaux* pour les deux ministres et une chambre, la chambre des conférences, à une distance égale des deux logements. Elle avait deux portes, l'une du côté de la frontière espagnole pour don Luis, l'autre du côté de la frontière française pour le cardinal. Les ponts de bateaux qui permettaient aux deux hauts plénipotentiaires d'arriver, le premier par le côté sud, le second par le côté nord, étaient comme des dépendances de leurs appartements respectifs. Jamais on ne vit cérémonie si bien réglée.

« L'histoire du grand traité qui sortit des délibérations ouvertes entre ces puissants ministres est racontée par un monument qu'élevèrent à frais communs, sur l'île, les gouvernements français et espagnol en 1861. Sur l'une de ses faces, il porte une inscription française : *En mémoire des conférences de* 1659, *dans lesquelles Louis XIV et Philippe IV, par une heureuse alliance, mirent fin à une longue guerre entre les deux nations.* — *Napoléon III, empereur des Français, et Isabelle, reine des Espagnes, ont rétabli cette île en* 1861.

« Sur l'autre face, la même inscription est répétée en espagnol.

« Elle ne dit rien de trop sur aucun point, et par exemple il est bien vrai que les souverains rétablirent l'île, qui s'en allait en morceaux. Chaque crue de la rivière, chaque haute marée emportait un peu de ce sol consacré. Une sorte de digue, qui n'est plutôt qu'un grand perré solidement construit, la défend à présent contre l'envahissement des eaux. Les beaux arbres qui la couronnent ne sont plus en danger d'être abattus par quelque courant aveugle. »

(P. PERRET.)

FOIX

1 DÉPARTEMENT

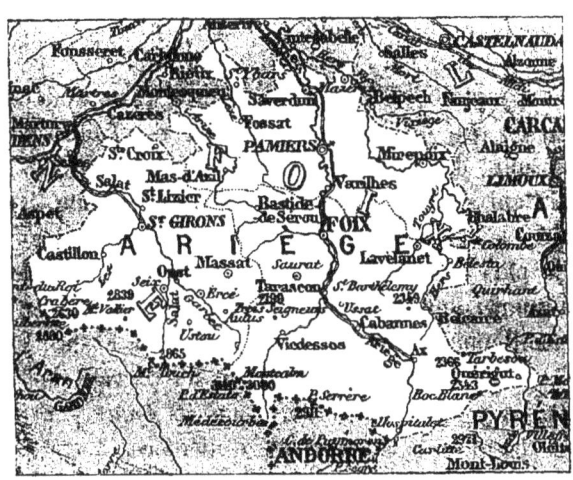

ARIÈGE

3 ARRONDISSEMENTS, 20 CANTONS, 338 COMMUNES, 219600 HABITANTS

Carte historique.

Historique. — Le comté ou pays de Foix est un ancien gouvernement militaire qui avait pour bornes le Languedoc, le Roussillon, l'Andorre, l'Espagne et la Gascogne. Il tirait son nom de Foix, sa capitale, et se divisait en *Haut-Comté* et *Bas-Comté*, répondant aux arrondissements actuels de Foix et de Pamiers.

Primitivement habitée par les *Volces Tectosages*, cette contrée fut difficilement soumise par les Romains, qui la rangèrent dans la Narbonnaise. Les Westgoths, les Francs et les Sarrasins la subjuguèrent ensuite tour à tour. Charlemagne ou son fils Louis le Débonnaire chassa ces derniers avec l'appui des habitants de la vallée d'*Andorre*, qui reçurent pour récompense une autonomie et des privilèges dont ils n'ont cessé de jouir depuis. — C'est au xe siècle que se forma la seigneurie du *Pagus Fuxensis*; peuplée de fiers montagnards et protégée par des postes stratégiques nombreux, que la configuration du pays permettait d'établir, elle ne pouvait manquer de devenir puissante. Elle releva des comtes de Carcassonne jusqu'à Roger Ier, qui l'érigea en comté, en 1035, pour son second fils Bernard.

Le comté de Foix renfermait alors le *Couserans*, patrie des *Consorani*, dont la capitale s'appelait Saint-Lizier, du nom de son évêque le plus célèbre et le plus vénéré. Le Couserans, qui forma une vicomté, passa bientôt sous la suzeraineté des comtes de Comminges et plus tard des rois de Navarre, qui le réunirent à la couronne de France : c'est aujourd'hui l'arrondissement ariégeois de Saint-Girons.

Les comtes de Foix se rendirent célèbres par leurs exploits et leurs alliances, notamment Gaston Phœbus, prince aussi magnifique que chevaleresque, dont l'administration éclairée valut au pays une grande prospérité. Alors le comté de Foix était uni à la vicomté de Béarn. Il le fut plus tard également aux maisons de Grailly, de Navarre, d'Albret et de Bourbon-Vendôme. Les héritiers de ces deux dernières, Jeanne d'Albert et Antoine de Bourbon, eurent pour fils Henri IV, qui réunit en 1607 le comté de Foix au domaine de la couronne. — Les comtes de Foix étaient, avec les évêques d'Urgel, suzerains de la vallée d'Andorre, et c'est pourquoi le chef du gouvernement français continue d'exercer cette cosuzeraineté.

Au point de vue religieux, le pays de Foix avait reçu vers le IVe siècle la bonne nouvelle du salut par les disciples de saint Saturnin, tandis que le Couserans l'apprenait de saint Valère ou Vallier. Durant presque tout le moyen âge, il n'y eut dans la région qu'un seul évêque, celui de Saint-Lizier. A la fin du XIIIe siècle seulement, après que l'hérésie antisociale des Albigeois eut été combattue par les armes, furent créés les évêchés de Pamiers et de Mirepoix, dans le but d'achever l'extirpation de la détestable doctrine, qui malheureusement devait être remplacée au XVIe siècle par le protestantisme. Aussi les guerres de religion furent-elles ici des plus terribles, surtout sous le règne de Jeanne d'Albret, qui avait interdit l'exercice du culte catholique dans ses États.

Géographie. — Le département de l'*Ariège*, situé dans la région pyrénéenne, est ainsi nommé de sa principale rivière, qui le traverse du sud au nord. Il a été formé du *comté de Foix*, capitale Foix; du *Donézan*, capitale Quérigut; du *Couserans*, capitale Saint-Girons (Gascogne), et d'une portion des anciens diocèses de Rieux et de Mirepoix (Languedoc). Son étendue étant de 4903 kilomètres carrés, il occupe sous ce rapport le 77e rang.

Sauf la partie septentrionale, formée de plaines ou de coteaux, le territoire ariégeois est couvert par trois chaînes pyrénéennes, qui se dirigent parallèlement de l'est à l'ouest en projetant de nombreuses ramifications. La plus élevée, celle du sud, est surtout granitique et court généralement sur la frontière hispano-andorrane; elle renferme entre autres sommets : le superbe Montvallier, 2839 mètres; le Montcalm, 3080 mètres; la *Pique d'Estats*, 3140 mètres, point culminant; le pic Serrère, 2911 mètres. Ses deux cols principaux sont : le port de Salau, 2052 mètres, par lequel doit passer le chemin de fer de Saint-Girons à Lérida, et le col de Puymorens, 1 931 mètres, qui donne passage à la route d'Ax à Puycerda. La moyenne chaîne, qui appartient aux terrains de transition, est la montagne de Tabe, dominée par le pic Saint-Barthélemy, 2 349 mètres ; la troisième est la chaîne calcaire du Plantaurel, qui atteint seulement 973 mètres. Comme toutes les régions montagneuses, celle-ci est riche en curiosités naturelles, particulièrement en grottes préhistoriques et en gisements minéraux, malheureusement inexploités pour la plupart. La sortie de la Lèze, par 195 mètres, marque le point le plus bas. Foix est à 390 mètres d'altitude, Pamiers à 274. L'altitude moyenne est d'environ 800 mètres.

Hydrographie. — A part la pointe sud-est, arrosée par l'*Aude* supérieure, le département fait partie du bassin de la Garonne par le *Salat*, grossi du *Lez*; par l'*Arize*, qui traverse la grotte du Mas-d'Azil, et par l'*Ariège*.

L'**Ariège**, ou plutôt la *Riège*, prend sa source à plus de 2000 mètres d'altitude à la base du puy Nègre, dans le val d'Andorre, qu'elle sépare de la France l'espace de dix kilomètres. Entrée sur notre territoire par la vallée de l'Hospitalet, elle descend rapidement dans d'étroites gorges par Ax et Ussat, villes thermales; Tarascon, où tombe le Vicdessos, et Foix, ancien chef-lieu comtal, au nord duquel la rivière franchit le Pas de la Barre, qui séparait le Haut et le Bas-Comté. Alors, débouchant dans une riche vallée d'alluvion, elle arrose Pamiers, Saverdun, et, à peine sortie du département, se grossit de l'*Hers* en amont de Cintegabelle, où commence officiellement sa navigation, nulle en réalité; elle reçoit encore la Lèze, puis se jette dans la Garonne par 140 mètres, après un parcours de 155 kilomètres.

D'après M. Adolphe d'Assier, l'étymologie du nom de l'Ariège par le mot latin d'*Aurigera*, « qui charrie de l'or, » est erronée. Il en donne trois sortes de preuves. 1° *Preuve géographique:* Non seulement cette rivière, mais tous les affluents de la Garonne supérieure charrient dans leurs sables des paillettes d'or, ce qui s'explique par la nature des terrains quartzeux ou granitiques de la crête pyrénéenne. L'Ariège en charrie moins que d'autres, moins que le Salat et la Garonne supérieure, par exemple, exploités encore par quelques rares « orpailleurs », tandis qu'on ne parle plus de l'Ariège à ce sujet. — 2° *Preuve historique:* Les plus anciens manuscrits nomment cette rivière Areia, Riège, Auriège, Lauriègue; ce n'est qu'au XVIe siècle qu'on voit apparaître la forme latinisée d'*Aurigera*, qui n'a rien de latin dans son origine. — 3° *Preuve philologique:* Les habitants des vallées de la haute Ariège donnent le nom languedocien de *la Riéjo* ou *lou Riéjo* (latin *rivus*) à toutes les rivières du pays, d'où la corruption en français a produit les noms d'*Ariège* et d'*Auriège*. Il en est ainsi notamment de l'*Arize*, pour *la Rize*.

Climat et productions. — Très variable selon les altitudes, le *climat* de l'Ariège est en général celui de la montagne, qui a de longs et rigoureux hivers, et un peu celui de la plaine ou le *girondin*, qui a des étés très chauds et orageux. La hauteur des pluies annuelles oscille entre 60 centimètres au nord et 1m20 au sud.

Malgré 170 000 hectares de bois et 120 000 hectares de landes et hauts pâturages, l'Ariège récolte des céréales plus que suffisantes, grâce à la fertilité de ses plaines, vallées et coteaux, où se cultivent aussi avec succès la vigne, les arbres fruitiers et les légumes. Les forêts, inexploitées pour la plupart, couvrent surtout la moyenne chaîne pyrénéenne : forêts de Lavelanet, de Rivèrenert, du Bosc, etc. ; elles abritent quelques ours, des loups, renards, chamois, chevreuils et blaireaux. Après les moutons, qui atteignent le chiffre de 400 000, les animaux domestiques les plus nombreux sont ceux des races bovine, caprine et asine. Une ferme-école fonctionne à Royat, près Montaut.

Les Ariégeois extraient des marbres, du gypse ou pierre à plâtre, des ardoises, des pierres à aiguiser, surtout de l'excellent minerai de fer, dont le plus riche gisement est celui du mont Rancié, près Vicdessos. Aussi l'industrie métallurgique est-elle ici la plus importante par ses hauts fourneaux, forges et aciéries. Les autres établissements industriels sont les filatures, les fabriques de drap, les papeteries, minoteries et tanneries, sans parler des fruiteries pour la fabrication du beurre et du fromage. Parmi les nombreuses sources minérales, les plus fréquentées sont celles d'Aulus, d'Ax, d'Ussat et de Carcanières.

« La *forge à la catalane*, longtemps usitée par les métallurgistes de l'Ariège, se composait d'une espèce de halle de médiocre hauteur. On y établissait un creuset ou foyer sans cheminée. La toiture manquait au-dessus, et la fumée se répandait librement dans l'atmosphère. A ce creuset aboutissait une trompe ou tuyau soufflant, communiquant avec une chute d'eau convenablement disposée. Près du creuset on fixait solidement, entre deux blocs de pierre et au ras du sol, un gros marteau ou mail mis en mouvement par la chute d'eau. Sous le mail, à fleur de terre, on enfonçait une forte enclume. — Le minerai était concassé par un ouvrier dit *pique-mine*, versé dans le creuset et couvert de charbon. Immédiatement la machine soufflante activait le feu, et le minerai lentement entrait en fusion sous la surveillance d'un ouvrier nommé *foyé*. Quand la masse ou *masset* était à point, tous les ouvriers de la forge se réunissaient pour la retirer du creuset à force de crocs et de pinces et pour la traîner sur l'enclume. Alors les coups répétés du mail transformaient le masset en barres de fer sous la direction du forgeur ou *maillet*. — Le personnel de la forge s'appelait une *fargade*. Il se composait de huit personnes. Les fers de l'Ariège étaient et sont encore justement renommés. L'argent affluait alors dans toutes les hautes vallées de notre pays. »

(P.-D. MERLIN, *l'Ariège*.)

Les habitants. — Le département, qui avait gagné 50000 âmes de 1801 à 1871, en a perdu 26700 durant les vingt-cinq années suivantes, par suite de l'émigration des montagnards. Il renferme 219 600 habitants au total, ou 45 au kilomètre carré; ce qui, à ce double point de vue, le place respectivement au 80e et au 73e rang. On y compte environ 6000 protestants autour de Pamiers, et à peine 600 étrangers espagnols. La langue usuelle des paysans est le gascon dans le Saint-Gironnais, le catalan dans le canton excentrique de Quérigut, et le languedocien ailleurs.

Château de Foix.

Personnages. — Saint Raymond, évêque de Balbastro (Espagne), né à Durban, mort en 1126. Le pape Benoît XII, né à Saverdun, mort en 1342. Gaston de Foix, le « foudre de l'Italie », né à Mazères, tué à Ravenne en 1512. Bayle, critique protestant et sceptique, né au Carla, mort en 1706. Le maréchal Clausel, gouverneur de l'Algérie, né à Mirepoix, mort en 1842. Le romancier et auteur dramatique Frédéric Soulié, né à Foix, mort en 1847.

Administrations. — L'Ariège forme le diocèse de Pamiers, ressortit à la cour d'appel et à l'académie de Toulouse, à la 17e division militaire (Toulouse), à la région agricole du Sud-Ouest, à l'arrondissement minéralogique de Toulouse et à la 18e conservation forestière (Toulouse).

Il comprend trois arrondissements: *Foix, Saint-Girons, Pamiers*, avec 20 cantons et 338 communes.

I. **FOIX,** chef-lieu du département[1], peuplé d'environ 6 700 habitants, s'élève pittoresquement par 390 mètres d'altitude au confluent de l'Ariège et du Larget. Cette ville, mal bâtie sur un sol inégal, n'a de remarquable que les trois tours de son antique château couronnant l'imposant « roc de Fouch ». L'ancien palais des gouverneurs, adossé au rocher, sert de palais de justice et renferme un musée d'objets préhistoriques trouvés dans les nombreuses grottes du département. De même l'abbaye de Saint-Volusien, reconstruite après l'incendie de 1804, a été transformée en hôtel préfectoral, et la chapelle gothique qui en dépendait est devenue l'église paroissiale. La ville possède d'importantes usines métallurgiques : fabriques d'acier, de martinets et de laminoirs, de limes et de faux. A Berdoulet, il y a des hauts fourneaux et un marteau-pilon. — Foix, en latin *Fuxum*, Fouch dans l'ancien idiome, se forma autour d'un oratoire bâti par Charlemagne et qui devint l'abbaye de Saint-Volusien au xe siècle, après qu'on y eut transporté les reliques de saint Volusien, évêque de Tours, martyrisé en 497 près de Varilhes. Dès le xie siècle, la ville fut importante comme place forte et comme capitale du comté de Foix. Elle embrassa le parti albigeois et fut prise en 1209 par Simon de Montfort, qui ne put toutefois s'emparer du château. En 1272, Philippe le Hardi n'entra lui-même dans cette forteresse qu'en sapant le rocher qui lui sert d'assise, obligeant ainsi à la reddition Roger-Bernard III, son vassal révolté.

Saint-Paul possède l'important établissement métallurgique dit de Saint-Antoine ; — *Saint-Jean,* les ruines d'un temple païen et une église du xiie siècle, dans laquelle le comte Roger-Bernard II abjura l'hérésie albigeoise et fit sa soumission publique au roi de France, en 1229 ; — *l'Herm,* une grotte remarquable où l'on a trouvé de nombreux débris préhistoriques.

Ax, dans un joli bassin où débouchent quatre vallées, notamment celle de l'Ariège, est une station thermale d'eau sulfureuse connue depuis fort longtemps, comme l'attestent le bassin des *ladres* ou lépreux et l'hôpital Saint-Louis, du xiiie siècle. Soixante-dix sources, d'une température de 17° à 78°, y alimentent quatre établissements thermaux ou servent aux usages domestiques. La ville a été jadis une place importante, comme le prouvent les débris de son enceinte flanquée de tours, de son château du Maou et de sa citadelle ou Karalp, aujourd'hui surmontée d'une belle statue de la sainte Vierge. Les environs offrent d'intéressants buts d'excursion : monts, cascades, lacs, gorges, ruines et dolmens.

[1] Arrondissement de Foix : 8 *cantons*, 140 communes, 73 740 habitants.
Cantons et communes principales : 1. *Foix,* 6 720 habitants ; Bosc (Le), 1 040 ; Brassac, 1 170 ; Ganac, 1 020 ; Herm (L'), Saint-Jean, Saint-Paul, 1 130 ; Serres, 1 560. — 2. *Ax-les-Thermes,* 1 550. — 3. *Bastide-de-Sérou* (La), 2 510 ; Alzen, Durban. — 4. *Cabannes* (Les), 480 ; Lordat. — 5. *Lavelanet,* 3 180 ; Bélesta, 2 130 ; Fougax, 1 510 ; Montferrier, 1 510 ; Montségur. — 6. *Quérigut,* 620 ; Carcanières. — 7. *Tarascon,* 1 430 ; Arignac, Arnave, Bédeilhac, Miglos, Niaux, Ornolac, Quié, Rabat, 1 130 ; Saurat, 3 020 ; Surba. — 8. *Vicdessos,* 690 ; Auzat, 1 060 ; Siguer, Suc, 1 050.

La Bastide-de-Sérou, en amphithéâtre sur la rive droite de l'Arize, était d'abord un village du nom de Montesquieu, qui fut rebâti sur plan régulier et fortifié en 1254. On visite dans le voisinage les restes des châteaux de la Tour-de-Loup et de *Durban*, la Fount-Madamo, les grottes de la Garosse et d'*Alzen*, etc.

Au canton des Cabannes se voient le château de *Gudanes*, dont le seigneur était appelé le roi des Pyrénées, et les imposantes ruines de la forteresse de *Lordat*, sur un rocher à pic. Avant la Révolution, le chef ou syndic du Lordadais avait le droit d'entrée aux états de Foix, où il pouvait se présenter « avec une cape grise, un bonnet sur la tête et une dague au côté ».

Lavelanet (ou l'Aveillanet : pays des noisetiers), agréablement situé sur le Touyre, est important par ses filatures de laine et ses manufactures de drap. — Au sud, *Montferrier* et *Montségur* (montagne sûre, inexpugnable), « caché comme un nid d'aigle au milieu des rochers, » sont d'anciens repaires des Albigeois ; le château de ce dernier fut pris par le sénéchal de Carcassonne, en 1244. — *Bélesta*, sur l'Hers, à la lisière d'une superbe forêt de sapins, exploite et scie le marbre et le bois ; sa chapelle Notre-Dame du Val-d'Amour est un but de pèlerinage ; la grotte de Rieu-Fourcant et la **fontaine intermittente de Fontestorbe**, des curiosités intéressantes.

« L'Hers n'est rien ou presque rien, dit O. Reclus, quand, dans un vallon verdoyant, il passe à 30 mètres de l'antre de *Fontestorbe*, ombragé par cinq platanes. Cette caverne, voisine du bourg de Bélesta, s'ouvre au pied d'un roc à pic où s'accrochent des pousses d'ormeau, des touffes de buis, des herbes et des ronces. Claire-obscure à l'entrée, elle serait noire au fond sans un beau puits de lumière qui vient de haut, du sommet de la roche, à travers la roche entière ; on pénètre dans un couloir, puis, à la lueur des bougies, on se trouve en face d'une onde immobile et noire. Là on admire comment la source naît et meurt ; rien n'annonce qu'elle va jaillir : ni souffle d'air, ni secousse, ni rumeurs souterraines. L'instant venu, d'entre les cailloux il monte un peu d'eau, et lentement, sans efforts, sans saccades, sans fracas, presque sans murmures, l'eau monte en même temps que monte aussi l'onde auparavant immobile qui est le réservoir de la fontaine. Bientôt cette onde sort en torrent de son noir couloir, elle se mêle aux flots nés entre les pierres de l'antre, et dès lors Fontestorbe est une rivière qui descend à l'Hers. » Après avoir monté pendant 36 minutes, l'eau baisse et disparaît, pour reparaître encore au bout de 32 minutes. Par les grandes pluies, l'écoulement est continu.

Quérigut est l'ancienne capitale de la « terre souveraine » du Donézan, à l'extrémité sud-est du département ; il s'élève, par 1 240 mètres d'altitude, au pied de roches aiguës qui portent encore les ruines de tours menaçantes. Ces tours gardaient l'entrée sud de ce pays tout montagneux, comme le château d'*Usson* en gardait l'entrée nord, du haut de son pic escarpé dominant le confluent de l'Aude et de la Bruyante. Au fond des profondes gorges de l'Aude sont établis les thermes d'Usson et de *Carcanières*, renommés par l'efficacité de leurs eaux sulfureuses, iodurées et arsenicales. On y a récemment fait passer la route d'Albi en Espagne, tantôt en empiétant sur le lit même de la rivière, tantôt en entamant la roche qui surplombe.

Tarascon, entouré de collines au confluent de l'Ariège et du Vicdessos, possède un haut fourneau alimenté par les mines de Rancié; ses foires, comme celles d'Ax, sont très fréquentées pour le commerce du bétail, surtout en mai et en septembre, lorsque les troupeaux gagnent les hauts pâturages ou qu'ils en reviennent. Au faubourg de Sabart, ancien chef-lieu du Sabarthès, s'élève un célèbre sanctuaire de Notre-Dame, fondé par Charlemagne après sa victoire sur les Sarrasins. — Tarascon fut autrefois une place forte, l'une des « maîtresses villes du comté de Foix ». Les défilés qui y aboutissent étaient défendus par les châteaux d'*Ornolac*, de *Miglos*, de *Quié*, de *Rabat*, etc.

D'Ornolac dépendent la station thermale d'*Ussat* et la magnifique **grotte de Lombrive**. « Si nous pénétrons dans cet immense palais, où, d'après la légende, trônait la confiante Pyrène, on voit bientôt la grotte se diviser en deux couloirs, dont la longueur totale est de 1 500 mètres. Celui de droite vient s'ouvrir en vue de Tarascon, et se termine par une plate-forme que l'on atteint en quelques minutes. Elle se termine à pic au sommet de précipices profonds. Dans ce couloir, la nature a prodigué les stalactites les plus bizarres. Ici ce sont les *femmes pendues*, là les *oies grasses*, plus loin un *lustre de cathédrale*. Celui de gauche, le plus grand, se poursuit environ pendant l'espace de 400 mètres, et se termine brusquement par un étroit passage qu'autrefois on ne franchissait qu'en rampant. Tout à coup on débouche dans une salle immense; là, plus de stalactites, la lumière des torches éclaire vaguement la voûte, qui s'élève comme celle d'une cathédrale. Un lac, d'étendue variable, occupe souvent toute la largeur de la salle. Comme presque toutes les cavernes, celle de Lombrive a offert dans les temps préhistoriques un refuge naturel aux populations primitives qui vivaient dans ce point des Pyrénées nommé aujourd'hui vallée de Tarascon. »   (J. Garrigou.)

Bédeilhac montre deux belles grottes superposées, l'une offrant des voûtes à stalactites de 70 à 80 mètres de hauteur, l'autre où l'on a découvert des ossements, objets et outils de l'âge de la pierre polie. — *Niaux*, également gratifié d'une grotte remarquable, s'occupe de métallurgie, ainsi que *Surba*. — *Arignac* et *Arnave* fabriquent du plâtre. — *Saurat* compte de nombreuses scieries hydrauliques.

Vicdessos, sur la rivière du même nom, est l'ancienne capitale du petit pays de *Sos*, que des érudits modernes ont cherché à identifier, mais sans preuves bien concluantes, avec la patrie des antiques *Sotiates*, soumis par Crassus, lieutenant de César. A l'est de la ville s'ouvrent les galeries de la riche mine de fer de *Rancié*, qui s'étend principalement sur la commune de *Sem*. Les habitants, à qui appartient cette mine, l'exploitent depuis le XIIIe siècle, en formant une corporation régie encore aujourd'hui d'après les coutumes octroyées par les comtes de Foix. L'extraction produit annuellement près de 30 000 tonnes de minerai, contenant de 60 à 70 pour 100 d'un fer qui donne d'excellent acier. — *Siguer* est connu dans la région par ses ardoises; — *Auzat* par ses fromages, ses draps et ses grottes.

Le Val d'Andorre. — Au sud du canton de Vicdessos se trouve la petite *république du Val d'Andorre*, dont la superficie est de 850 kilomètres carrés et la population de 6 à 7 000 individus de langue catalane. Son indépendance remonterait à une charte octroyée par Charlemagne ou Louis le Débonnaire, en récompense du secours qu'ils lui auraient prêté contre les Sarrasins vers l'an 805. On ne sait au juste par suite de quelles circonstances elle est depuis des siècles sous la suzeraineté des évêques d'Urgel d'une part, des comtes de Foix, puis de la France, d'autre part. La double suzeraineté s'exprime par la nomination de deux *viguiers* ou magistrats chargés de rendre la justice criminelle dans la vallée : l'évêque choisit le sien parmi les Andorrans et nommé pour trois années ; le chef de la France, parmi les Français et nommé à vie. Ils élisent en outre alternativement le *battle* ou juge de première instance et aussi le juge d'appel, dont les attributions consistent dans la revision des procès civils. Quant à la vassalité de la vallée, elle est indiquée par une double redevance appelée la *quistia*, l'une de 425 francs payée chaque année à l'évêque, l'autre de 960 payée à la France. Les attributions administratives et politiques, s'il est permis de donner ces noms à une organisation aussi rudimentaire, appartiennent exclusivement au conseil général de la vallée, dont les délibérations sont dirigées par le *syndic* ou procureur général de la république andorrane. Cette intéressante société, qui a conservé l'intégrité des sentiments religieux d'autrefois, vit heureuse et paisible de la vie pastorale au fond de ses montagnes, sans législation écrite, étrangère à la plupart des progrès, d'ailleurs trop souvent à rebours, de notre siècle.

II. **SAINT-GIRONS**, sous-préfecture de 6 000 âmes[1], est fort bien située, par 390 mètres d'altitude, au pied septentrional des Pyrénées et

---

[1] Arrondissement de SAINT-GIRONS : 6 *cantons*, 84 communes, 75 790 habitants.
Cantons et communes principales : 1. *Saint-Girons*, 5 920 habitants; Alos, 1 060; Castelnau, 1 520; Encourtiech, Esplas, 1 590; Lacourt, 1 080; Lescure, 1 210; Moulis, 1 940; Rimont, 1 670; Rivèrenert, 1 600. — 2. *Castillon*, 830; Antras, Bethmale, 1 690; Saint-Lary, 1 100; Sentein, 1 200. — 3. *Massat*, 3 540; Aleu, 1 030; Biert, 2 170; Boussenac, 2 300; Port (Le), 2 200; Soulan, 1 730. — 4. *Oust*, 1 520; Aulus, Ercé, 2 670; Seix, 3 000; Ustou, 2 280. — 5. *Sainte-Croix*, 1 580; Tourtouse. — 6. *Saint-Lizier*, 1 380; Betchat, 1 220; Cazavet, Gajan, Montjoie, 1 540; Prat, 1 130.

à la rencontre de trois rivières : le Salat et ses deux affluents, le Lez et le Baup. La ville est divisée en deux par le Salat : sur la rive droite est l'ancien *Bourg-sous-Vic*, qui se développa par suite de la décadence de Saint-Lizier, et prit plus tard le nom de l'apôtre local, saint Girons, martyrisé au ve siècle; sur la rive gauche est *Villefranche*, bastide créée sur un plan régulier au xiiie siècle, et communiquant par des ponts en marbre avec Bourg, où se trouvent les deux églises paroissiales, ainsi que le palais de justice, installé dans l'ancien château. Saint-Girons, qui possède des filatures, des papeteries, des scieries de marbre et de bois, se distingue surtout par le commerce des laines, porcs et mulets, qu'elle fait avec l'Espagne par le port de Salau, où passera sans doute bientôt une voie ferrée.

Dans les environs se voient les ruines du château d'*Encourtiech*, l'une des principales résidences des vicomtes du Couserans, — et, près de *Rimont*, celles de l'abbaye de Courmelongue, dont les religieux Prémontrés fondèrent le bourg, en paréage avec Philippe le Hardi. — *Castelnau* et *Moulis* extrayaient de beaux marbres; *Rivèrenert*, du minerai de fer, qui s'expédie vers le centre de la France.

Castillon, en amphithéâtre sur le Lez, est une ancienne châtellenie. — En amont, *Sentein*, entouré de belles montagnes, possède une église fortifiée du xve siècle, un établissement thermal et des mines de plomb et de zinc argentifères. — Près d'*Antras*, les pèlerins visitent, sur le mont Izard, la chapelle Notre-Dame-des-Neiges, dont la fête tombe le 5 août.

Massat, sur l'Arac, dans un bassin fertile et verdoyant, fut du xiie au xviiie siècle la résidence favorite des vicomtes du Couserans.

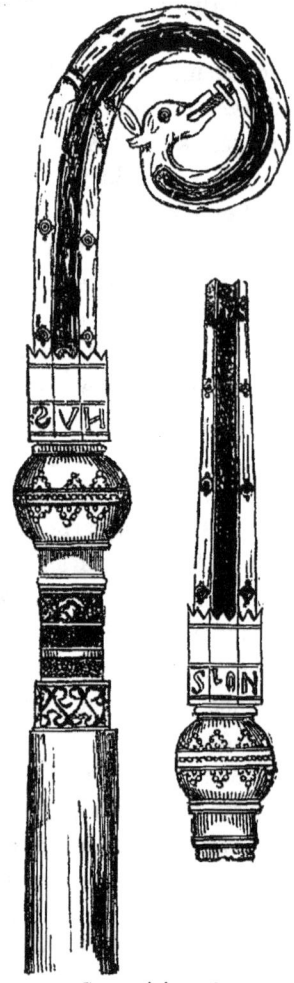

Crosse épiscopale de saint Lizier.

Il conserve du moyen âge les ruines de son château et une église avec clocher très élevé. On y visite les grottes préhistoriques du Keire.

Oust, au confluent du Salat et du Garbet, paraît occuper l'emplacement d'une ville gallo-romaine du nom d'*Augustum*. Il y a des restes de fortifications. — *Aulus*, sur le Garbet, est fréquenté en été pour ses eaux dépuratives, connues depuis 1823. — *Ercé*, en aval, et *Ustou*, sur l'Aleth, comptent encore quelques familles qui élèvent des ours pour les montrer aux foires. — *Seix*, sur le Salat, exploite le marbre du Pont-de-Taule.

Sainte-Croix, sur le Volp, possède l'église d'un ancien couvent de Fontevrault et une grotte très curieuse; — *Tourtouse*, les restes de son château fort.

Saint-Lizier, à 2 kilomètres nord de Saint-Girons, sur le penchant d'une colline baignée par le Salat, est l'antique *Lugdunum Consoranorum*, capitale des *Consorani*, qui laissèrent leur nom au Conserans ou Couserans. Sous la domination romaine, la cité reçut un évêché, et l'on

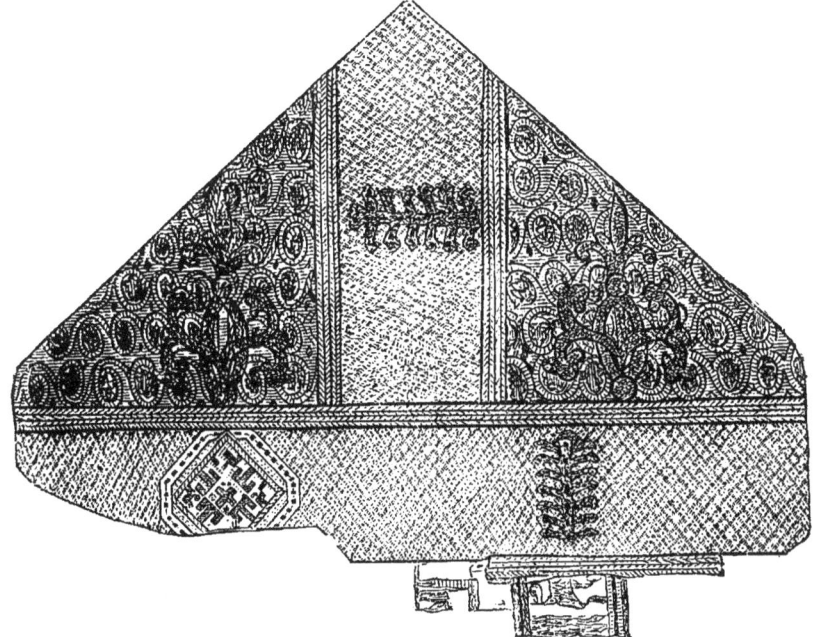

Mitre du moyen âge conservée à Saint-Lizier.

appela aussi *Austria* la partie haute ou acropole. Le nom actuel vient de Lycerius, ou Lizier, le plus célèbre et le plus vénéré de ses évêques, qui la préserva, vers 650, d'une attaque des Westgoths. Moins heureuse en 736, lors de l'invasion sarrasine, la ville le fut moins encore l'an 1130, qui vit sa destruction par Bernard III, comte de Comminges, et la désertion de presque tous ses habitants. Elle ne s'est jamais relevée entièrement de ce désastre, dont profita au contraire Saint-Girons, jusqu'alors simple bourg. Toutefois les évêques, continuant d'y résider, travaillèrent à l'embellir et à la doter d'édifices religieux et civils. Leur siège fut supprimé à la Révolution.

« Saint-Lizier, dit Vivien de Saint-Martin, est, avec Saint-Bertrand-de-Comminges, le site archéologique le plus curieux de la région française des Pyrénées. Son enceinte gallo-romaine est la mieux conservée qui existe : longue de 264 mètres sur 150, bâtie en petit appareil d'une cohésion extraordinaire et flanquée de douze tours rondes ou carrées, elle n'a contenu qu'une partie de la ville, dont elle constituait l'acropole. Le donjon rectangulaire qui la domine, bâti au XIIe siècle, a pour base une treizième tour romaine. Trois des tours rondes et les courtines qui les unissent supportent la façade extérieure de l'ancien palais épiscopal, attenant à la cathédrale Sainte-Marie, édifice gothique du XIVe siècle, à moitié roman encore dans plusieurs de ses détails, et renfermant de belles boiseries du XVIIIe siècle. L'église touche elle-même à la salle capitulaire des chanoines, qui est d'un beau style roman tout à fait pur. Ces diverses constructions et la plus grande partie de l'antique enceinte sont affectées aujourd'hui à l'asile départemental d'aliénés. » L'église romane de Saint-Lizier, des Xe-XIIe siècles, est surmontée d'une tour crénelée de style toulousain; avec Sainte-Marie, elle jouit du titre de cathédrale jusqu'au XVIIe siècle et, comme son émule, s'accompagnait d'un cloître encore intact de nos jours. Enfin le pont sur le Salat, du XIIe siècle, montre dans l'un des avant-becs une inscription romaine portant le nom de la déesse *Belisama,* identifiée avec Minerve.

Montjoie possède une église surmontée d'un clocher-arcade très curieux et entourée d'une enceinte fortifiée flanquée de tours. Cette enceinte occupe l'emplacement d'un temple de Jupiter, d'où le nom de la localité (*Mons Jovis*). Près de là est la charmante station thermale d'Audinac. — *Gajan* et *Gazavet* offrent de profondes grottes; — *Prat,* le beau château de Noaillan, du XVe siècle, — et *Betchat,* celui de Castelbon, importante forteresse restaurée du XIVe siècle.

Cathédrale de Pamiers.

III. **PAMIERS**, sous-préfecture de 11 000 âmes[1], s'élève par 285 mètres d'altitude, au pied d'une colline sur la rive droite de l'Ariège. Cette ville, la plus peuplée du département, en est aussi la plus industrieuse. Sans parler des vins, fruits et légumes de sa riche plaine, elle possède des filatures, des fabriques de serge, d'importantes minoteries, et surtout un établissement métallurgique considérable (1 000 ouvriers),

---

[1] Arrondissement de PAMIERS : 6 *cantons,* 114 communes, 70 110 habitants.
Cantons et communes principales : 1. *Pamiers,* 10 660 habitants. — 2. *Fossat* (Le), 920; Artigat, 1 010; Carla, 1 420; Lézat, 2 520; Pailhès, Saint-Ybars, 1 770. — 3. *Mas-d'Azil* (Le), 2 140; Bordes (Les), 1 060; Camarade. — 4. *Mirepoix,* 3 560; Bastide-sur-l'Hers (La), Camon, Lagarde, Laroque, 1 210; Léran, 1 090; Vals. — 5. *Saverdun,* 3 290; Mazères, 3 220; Montaut, 1 210. — 6. *Varilhes,* 1 590; Verniolle, 1 060.

qui donne d'excellents fers et aciers, et travaille pour les chemins de fer, la marine et l'artillerie. Pamiers est aussi le siège d'un évêché, créé en 1296 dans le but d'aider à l'extirpation de l'hérésie albigeoise. On y remarque la cathédrale, reconstruite au XVIIe siècle dans le style renaissance et précédée d'une tour élégante de style toulousain; l'église Notre-Dame-du-Camp, qui rappelle par sa façade les constructions à la fois religieuses et militaires du Midi au XIVe siècle; la promenade du Castella, occupant au-dessus de la cité l'emplacement du château construit vers 1104 par le comte Roger II; aux environs, les ruines du Mas-Saint-Antonin et de l'abbaye de Frédélas. La ville eut précisément pour origine cette abbaye, qui remplaça vers le IXe siècle l'oratoire desservi primitivement par l'apôtre-martyr saint Antonin. Elle prospéra comme place forte entre les mains des comtes de Foix, et néanmoins ouvrit presque sans résistance ses portes aux troupes de Simon de Montfort en 1209. Elle fut prise en 1561 et 1586 par les protestants, qui la saccagèrent, démolirent sa cathédrale, anéantirent les reliques de saint Antonin et ruinèrent l'abbaye. Ils s'en emparèrent et la pillèrent de nouveau en 1628, sous les ordres de Condé.

Le long canton du Fossat, parcouru par la Lèze, renferme : *Carla-Bayle*, naguère Carla-le-Comte, qui reçut son surnom actuel pour avoir donné le jour au philosophe sceptique et protestant, Pierre Bayle (1647-1706); — *Pailhès* et *Saint-Ybars*, dominés, le premier par un ancien château baronial, l'autre par la tour d'une forteresse détruite par les Albigeois; — *Lézat*, qui eut une puissante abbaye de bénédictins fondée en 840, et qui à son tour donna naissance à plusieurs bourgs ou villes de la région; il en reste une église des XIIe, XIVe et XVIe siècles.

Le Mas-d'Azil, sur l'Arize, doit son origine aux bénédictins de son abbaye, qui le créèrent en 1286, en paréage avec Philippe le Bel. Les protestants détruisirent l'abbaye et firent de la ville une de leurs places fortes, où ils résistèrent victorieusement en 1625 à l'armée du maréchal de Thémines. Le Mas-d'Azil est connu pour sa vaste grotte, creusée ou agrandie par l'Arize et qui, après avoir été habitée aux temps préhistoriques, servit de refuge pendant les guerres de religion. Sur les collines voisines se trouvent des monuments mégalithiques, — et à *Camarade* un puits d'eau salée.

Mirepoix, sur l'Hers, est une antique bastide dont les rues se coupent à angles droits et sont comprises dans un périmètre rectangulaire. Au centre, la grande « place des Couverts » a conservé son cachet du moyen âge par ses maisons en bois sculpté. L'église qui la borde est l'ancienne cathédrale Saint-Maurice, que signale au loin sa flèche gothique dentelée, haute de 60 mètres. On remarque encore le palais épiscopal, un joli pont de sept arches et, sur un rocher, les belles ruines du château de Terride. C'est au pied de cette forteresse, sur la rive droite de l'Hers, qu'était bâtie la ville primitive, appelée *Mirapiscis*. Simon de Montfort s'empara de la place en 1209 et la donna à l'un de ses capitaines, Gui de Lévis, surnommé le « maréchal de la Foi ». Détruite en 1279 par une inondation, la ville fut reconstruite sur son emplacement actuel et s'accrut si rapidement, grâce aux franchises à elle concédées, qu'en 1317 le pape Jean XXII y établit un évêché, lequel subsista jusqu'à la Révolution. Le château des Lévis-Mirepoix devint le centre d'un fief spécial, qui appartint aux XVIe et XVIIe siècles à la famille de Terride et en a depuis conservé le nom; Richelieu le fit démanteler, à la requête des habitants. Mirepoix fabrique de la vannerie et tient d'importants marchés aux bestiaux.

A l'ouest, *Vals* conserve, des XIIe et XIIIe siècles, une curieuse église à deux étages, dont l'inférieur est taillé dans le roc de la colline, et ainsi souterrain de deux côtés. — Au sud-est, l'abbaye de *Camon*, fondée au VIIIe siècle, et le château de *Lagarde*, pris par Simon de Montfort et pendant les guerres de religion, ne nous offrent que des ruines; — tandis que *Léran* nous donne le spécimen d'une forteresse du XIIIe siècle complètement restaurée. Cette dernière localité s'occupe de la tannerie; — *Laroque-d'Olmes*, de la filature et du tissage des laines; — *la Bastide-sur-l'Hers*, de la fabrication d'objets en buis, os et jais. Aux environs s'élève l'établissement thermal de Fontcirgue, et le Touyre s'engouffre pour reparaître 8 kilomètres plus loin.

SAVERDUN, sur une colline baignée par l'Ariège, serait la bourgade gauloise de *Sabardunum*. Ce fut au moyen âge l'une des quatre villes maîtresses du comté de Foix. Simon de Montfort l'enleva aux Albigeois, et Richelieu aux Réformés. Ceux-ci sont encore les plus nombreux dans la ville, qui conserve des débris de ses fortifications, un hôpital fondé en 1289, et la maison où naquit, fils d'un simple meunier, celui qui devait être le pape Benoît XII (1334-1342).

MAZÈRES, dans une vaste plaine sur l'Hers, est une ville neuve du XIIIe siècle, fondée par les religieux de Boulbonne, en paréage avec les comtes de Foix. Ces derniers s'y firent bâtir un château qu'ils habitèrent souvent et dans lequel, en 1389, Gaston-Phœbus reçut Charles VI avec la plus grande magnificence. Ce château, qui vit aussi naître Gaston de Foix, le vainqueur de Ravenne (1512), fut démoli avec les murs de la ville en 1634. C'est à 3 kilomètres sud-est que s'élevait la célèbre abbaye de Boulbonne, nécropole des comtes de Foix; Simon de Montfort y consacra son épée à Dieu avant la bataille de Muret; elle fut ruinée par les protestants en 1567. — *Montaut*, jadis fortifié, possède la ferme-école de Royat.

VARILHES, sur l'Ariège, qui vient de franchir le défilé du Pas-de-la-Barre, fut aussi une place de guerre et, comme telle, prise par Simon de Montfort, puis disputée entre catholiques et protestants. Il s'y tient des foires très fréquentées. Saint Volusien, archevêque de Tours, exilé par Alaric II, fut massacré dans les environs en 497; ses reliques ont été transportées à Foix, au Xe siècle, dans l'abbaye qui depuis porta son nom.

ROUSSILLON

1 DÉPARTEMENT

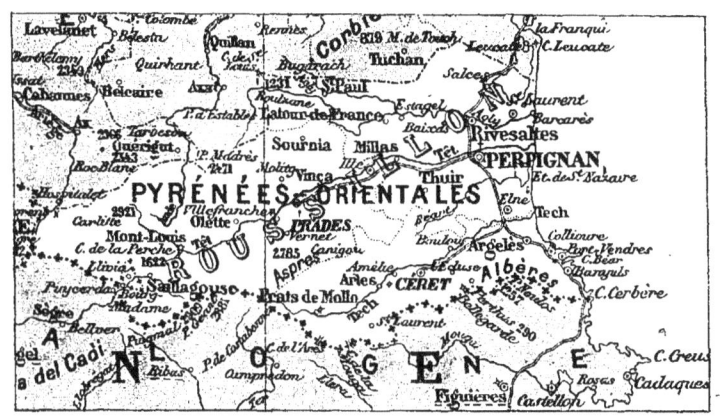

PYRÉNÉES-ORIENTALES

3 ARRONDISSEMENTS, 17 CANTONS, 232 COMMUNES, 208 400 HABITANTS

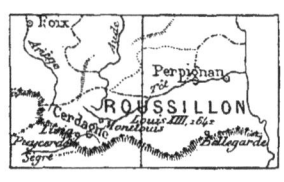

Carte historique.

Historique. — Sous la domination romaine, le territoire de l'ancienne province du Roussillon était occupé par deux peuplades celtibériennes : les *Sardones* et les *Ceretani*. Les Sardones habitaient le Roussillon proprement dit, et avaient pour capitale *Ruscino* (Castell-Rossello), d'où est venu le nom de Roussillon, et *Illiberis* (Elne), qui devint le siège d'un évêché dès le IVe siècle. Ce fut avec leur consentement exprès qu'Annibal franchit les Pyrénées, l'an 218 avant Jésus-Christ, pour se rendre en Italie. Les Ceretani occupaient le territoire de la Cerdagne, qui a hérité de leur nom, et eut successivement pour capitales *Julia Libyca* (Llivia), Hix et Puycerda. Incorporée par les Romains dans la Narbonnaise, la contrée fut ensuite envahie par les Barbares, notamment les Westgoths en 432, puis par les Arabes en 720, et délivrée de ceux-ci par Pépin le Bref en 759. A l'époque féodale, on y trouve les comtés héréditaires de Roussillon et de Cerdagne, qui deviennent possessions des rois d'Aragon au XIIe siècle, tout en demeurant sous la suzeraineté des rois de France. Par le traité de Corbeil, en 1258, saint Louis renonce à cette suzeraineté moyennant des compensations en Languedoc, et quatre ans après la contrée passe aux rois de Majorque, qui font de Perpignan leur capitale. C'est pour défendre ce souverain, son vassal à cause de la seigneurie de Montpellier, que Philippe le Hardi entreprend la première expédition française en Roussillon, où il meurt de la peste. En 1344, le pays retourne au roi d'Aragon, et en 1462 Louis XI l'achète à Jean II pour 300 000 écus d'or; mais il est obligé de le conquérir, parce que les habitants ne veulent pas ratifier ce contrat. Aussi, pour se sentir plus libre d'envahir l'Italie, Charles VIII abandonne-t-il, en 1493, cette conquête à Ferdinand le Catholique. En 1640, les Roussillonnais et les Cerdagnols, révoltés contre Philippe IV d'Espagne, se donnent à Louis XIII, et ce prince envoie une armée dans leur pays, où elle n'a guère qu'à chasser les Espagnols de Perpignan. Le traité des Pyrénées, en 1659, nous assure la paisible possession du Roussillon et de la Cerdagne française, qui forment dès lors une même province et l'un de nos 33 gouvernements militaires, avec Perpignan pour capitale et siège d'un évêché. Devenu le département des Pyrénées-Orientales en 1790, le territoire est trois ans après le théâtre de la guerre que la France soutient contre l'Espagne, armée pour venger Louis XVI et ressaisir les villes qu'elle avait dû nous céder. D'abord le général Ricardos obtient de nombreux succès; mais le représentant Cassanyes, par sa victoire de Peyrestortes, dégage Perpignan assiégé, et le général Dugommier, qui avait remplacé le général Dagobert, s'empare du camp du Boulou, ainsi que des autres places tombées au pouvoir des Espagnols.

Géographie. — Le département des *Pyrénées-Orientales,* le plus méridional de la France continentale, doit son nom à sa situation à l'extrémité *est* des Pyrénées, qui le séparent de l'Espagne et s'affaissent ici dans la Méditerranée. Il a presque la forme d'un triangle isocèle, et se compose principalement de l'ancienne province de Roussillon, qui comprenait : le *Roussillon* proprement dit, capitale Perpignan; la *Cerdagne française,* capitale Mont-Louis; le *Capsir,* chef-lieu Formiguères; le *Vallespir,* chef-lieu Collioure; le *Conflent,* chef-lieu Villefranche, et le *Val-de-Carol.* On y a joint une trentaine de communes du pays languedocien appelé *Razès,* ce qui lui fait une superficie de 4141 kilomètres carrés et le place au 81e rang sous ce rapport.

« Peu de contrées en France, dit M. Charles Raymond, présentent un ensemble de beautés pittoresques et de contrastes aussi frappants que les Pyrénées-Orientales. En allant de Narbonne à Perpignan, on aperçoit tout à coup, après avoir dépassé les arides collines des Corbières, une large plaine légèrement ondulée, que couronne dans le lointain un vaste amphithéâtre de montagnes. Le Canigou attire surtout l'attention par sa masse imposante et par la beauté grandiose de ses escarpements; ses sommets sont encore couverts de neige au mois de juin et quelquefois en juillet, alors que les grenadiers, les aloès et autres plantes de la côte d'Afrique fleurissent jusqu'au pied de ses premiers contreforts. De Leucate à Perpignan se déroule une longue bande de vignobles. A 2 kilomètres de Perpignan, des canaux d'arrosage, soigneusement aménagés, ont transformé toute la contrée en un jardin fertile, où se récoltent les meilleures pêches du Midi. Si l'on se dirige vers les sommets, du côté de Mont-Louis et du Capsir, on passe de la zone africaine des plaines dans une région froide, où les forêts de conifères alternent avec les pâturages et rappellent certains cantons de la Suisse. »

Ainsi, excepté à l'est, où s'étend la plaine alluviale du Roussillon, le territoire est couvert de montagnes qui vont généralement en s'abaissant vers la mer. Ce sont : au sud, à l'ouest et au centre, la chaîne granitique des *Pyrénées;* au nord, la chaîne calcaire ou schisteuse des *Corbières*, qui, se détachant de la précédente au pic Madrès, 2470 mètres, va se terminer sur les bords de l'étang de Salses ou de Leucate. Venant de l'occident, la chaîne pyrénéenne offre le col de Puymorens et le pic Nègre, 2852 mètres, sur la frontière andorrane, puis le massif du pic de Carlitte, 2921 mètres, point culminant du département; celui-ci se dresse au nord-ouest de Mont-Louis, qui défend le col de la Perche, 1622 mètres, conduisant à Seo d'Urgel, forteresse espagnole. Sur la limite internationale s'élèvent les crêtes neigeuses du Puigmal, 2909 mètres, et du Géant, 2881 mètres, tandis que le *Canigou,* sommet de la chaîne des Aspres, avance fièrement dans l'intérieur sa cime granitique en forme de croix, haute de 2785 mètres. Du pic de Costabonne, 2464 mètres, la chaîne se dirigeant vers l'est baisse rapidement de niveau; au sud du fort de Prats-de-Mollo, elle n'a plus que 1550 mètres à la Bague-de-Bordeillat, commune de Lamanère, la plus méridionale de France, et située entre les cols de l'Arès et de la Mouga, simples sentiers de mulets. Par contre, le col de *Perthus,* défendu par le fort de Bellegarde, donne passage, par 290 mètres d'altitude, à la voie carrossable de Perpignan à Gérone; tandis que la chaîne rocheuse des Albères, atteignant 1257 mètres au pic Noulos, est franchie à son extrémité par le chemin de fer de Perpignan à Barcelone; cependant ses contreforts vont former sur la mer les caps Béar, Cerbère et Creus. Une route qui contournerait de haut tous ces promontoires vaudrait en beauté la Corniche niçoise.

Depuis le cap Cerbère, élevé de 208 mètres, jusqu'à l'étang de Leucate, le département des Pyrénées-Orientales est baigné par la Méditerranée sur une longueur de 65 kilomètres. Au nord du Cerbère, le cap Béar, plus saillant, porte un phare qui éclaire à la fois les ports de Banyuls, Port-Vendres et Collioure. Près de celui-ci, les derniers ressauts pyrénéens font place à la côte basse du golfe du Lion, généralement bordée d'un cordon sablonneux et d'étangs. Cette côte est ici percée par les embouchures de trois petits fleuves parallèles et torrentueux : le *Tech,* venant de Céret;

le *Têt,* baignant Mont-Louis, Prades, Perpignan, et l'*Agly.* A l'ouest, le département renferme les sources de l'Ariège, tributaire de la Garonne; celles de l'Aude et de la Sègre, affluent de l'Èbre. L'étang littoral de *Saint-Nazaire* reçoit le Réart; celui de *Salces* ou de Leucate, beaucoup plus étendu, se prolonge dans le Bas-Languedoc. Parmi les étangs qui parsèment le flanc nord du Carlitte, celui de *Lanoux* est le plus considérable des Pyrénées françaises (110 hectares).

Le **climat** *méditerranéen* règne dans la plaine, qui est très chaude en été quand ne souffle ni la *marinade,* ou vent de mer, ni la *tramontane,*

Roussillon. — Ruines du monastère de Saint-Martin du Canigou.

ou bise de montagne, venue du nord-ouest; sa température moyenne est de 15°, tandis que celle des cantons élevés de l'ouest est à peine de 5 à 6°. La hauteur des pluies tombées annuellement varie de 70 centimètres sur la côte à 1 mètre aux sources de la Têt et de la Sègre.

Productions. — Les landes et les terrains incultes (185 000 hectares) occupent avec les forêts (50 000 hectares) plus de la moitié du territoire; on récolte cependant des céréales presque suffisantes, grâce à la fertilité du sol dans les régions sillonnées de canaux d'arrosage. Dans le haut pays principalement s'élèvent les animaux domestiques, surtout les moutons et les mulets. Mais le produit agricole le plus important est celui de la *vigne,* qui occupe 50 000 hectares dans la plaine et sur les coteaux. Banyuls, Collioure, Rivesaltes et Salces, possèdent les meilleurs crus, plus ou moins reconstitués depuis les ravages du phylloxéra. La culture maraîchère et celle du mûrier, pour la reproduction des vers à soie, prospèrent notamment dans les environs de Perpignan. Les principaux arbres fruitiers sont : le figuier, l'olivier, l'oranger, l'abricotier et le pêcher dans les parties basses; le pommier, le châtaignier, le noyer et le cerisier, dans les parties hautes. Des forêts de pins, de hêtres et de chênes-liège, couvrent les pentes des Aspres et des Albères.

Riche en minéraux, ce département exploite des mines de fer et des carrières de marbre. Parmi ses nombreuses sources thermales, les plus connues sont celles d'Amélie-les-Bains, du Boulou, du Vernet, de Moligt et de la Preste. Quelques forges et fonderies, des filatures de laine et des fabriques de drap, de nombreuses tanneries, tonnelleries et distilleries, des fabriques de bouchons de liège et de manches de fouet, dits *perpignans*, en bois de micocoulier; quelques papeteries et, près de Port-Vendres, une manufacture de dynamite : tels sont les principaux établissements industriels. On pêche une grande quantité de sardines et d'anchois.

Les habitants. — Le recensement de 1896 accusait dans le département une population de 208400 habitants, soit un gain de 108000 sur 1801 et de 16600 sur 1871. Il occupe ainsi le 82e rang pour la population absolue et le 61e pour la densité, avec 50 habitants par kilomètre carré. Les étrangers, au nombre de 10000, sont en général des Espagnols, sans compter les gitanos ou bohémiens. La religion catholique est exclusivement professée. On parle le catalan dans l'ancien Roussillon et le patois languedocien dans l'ancien pays de Razès.

Montagnard et contrebandier. — « Le *montagnard* des Pyrénées, dit Ramond, est une race d'hommes spirituelle, entreprenante et fière. Je leur ai trouvé cette fermeté de ton qui, chez les hommes vifs et prompts, annonce l'expérience des situations difficiles, un choix d'idées qui n'appartient qu'à un esprit cultivé, la politesse naturelle que donne une sensibilité exercée autant que délicate. Je conviens cependant que le caractère que ces dehors font présumer doit être fort irritable. Si l'on y joint le goût des aventures périlleuses, un penchant à faire la guerre des frontières, un sentiment de liberté favorisé par des boulevards inexpugnables et aiguisé par le mépris des lois prohibitives, de pareilles gens doivent être difficiles à manier pour quiconque est divisé d'intérêt avec eux.

« *Le contrebandier.* — Si vous alliez prendre des informations au ministère du commerce ou à l'administration des douanes, on vous dirait qu'au pied des Pyrénées, aussi bien que dans toute la France, la contrebande est morte. Cependant si vous voyagez ici dans la montagne, vous rencontrerez un soir dans quelque défilé un grand gaillard, vêtu d'une manière de carmagnole en gros drap, d'un pantalon de velours brun serré au-dessus des hanches par une ceinture rouge, coiffé d'un béret bleu, chaussé de sandales en cordes tressées. Dans la main droite il a son bâton, sur les épaules son ballot, et son couteau planté à sa ceinture. Si la contrebande est morte, voilà un revenant; car c'est un contrebandier. S'il fait froid, il a par-dessus sa veste une peau de mouton noire, ajustée en forme de casaque, ce qui lui donne un air superbe de barbare. L'homme est fort, car le ballot est lourd. Pourtant n'ayez peur, si vous n'êtes douanier.

« Toute la rive espagnole est garnie de douaniers, fusil au bras. Les contrebandiers n'en passent pas moins la nuit, souvent par longue file de cinquante à soixante hommes. Ils subissent bien deci, delà, quelques mésaventures. Si, par exemple, un nouveau chef est arrivé parmi les *habits verts*, il voudra faire du zèle, et il commandera une expédition sérieuse. Autrefois de véritables batailles s'ensuivaient, avec des blessés et des morts; mais à cette heure on n'aime plus le carnage. Les contrebandiers

Port-Vendres et le cap Bear, à l'extrémité des Pyrénées (p. 128).

savent très bien que les douaniers en veulent à leurs marchandises et non à leur vie. Un homme tué, cela engendre des représailles : l'*habit vert* ne s'en soucie point; aussi les *ceintures rouges* laissent à la dernière extrémité tomber leur ballot et filent. Quand les délinquants n'ont plus rien sur les épaules, les douaniers ne les voient plus se glisser à travers les roches, et le chef se moque d'eux en criant qu'ils sont aveugles. »

Les *Gitanos*, ou bohémiens français, fréquentent les départements voisins des Pyrénées et de la Méditerranée, surtout les Pyrénées-Orientales. « Les gitanos venus d'Espagne forment une peuplade distincte. Quoique sans domicile fixe dans le département, ils y circulent, s'y multiplient et ne s'allient jamais avec les autres habitants. Leur vie est vagabonde; ils parcourent les fermes et les villages écartés, volant les fruits, les volailles, les bestiaux mêmes, et tout ce qu'ils peuvent emporter. Les gitanos affectent un grand attachement à la religion catholique; ils sont couverts de reliques, mais tout cela n'est qu'hypocrisie. Leurs femmes n'ont pas de scrupule de faire baptiser leurs enfants plusieurs fois, en des lieux différents, afin d'obtenir quelques libéralités des gens aisés qu'elles choisissent pour parrains. — Tout annonce chez eux la dégradation morale. Très malpropres, ils mangent et s'asseoient par terre; ils couchent sur la paille pêle-mêle, entassés dans des taudis. — Ils parlent l'idiome catalan; mais ils ont en outre une langue particulière, intelligible pour eux seuls. Leur teint est verdâtre ou basané, mais d'une couleur uniforme; leur taille est bien prise. Ils sont lestes, robustes, aptes à supporter les intempéries du climat. Leurs traits, quoique irréguliers, annoncent de l'intelligence, de la finesse et de la ruse. Leurs regards sont vifs et expressifs. Ils ont la bouche fort grande, les lèvres grosses et les pommettes des joues saillantes, rappelant leur origine asiatique et leur parenté mongolique. » (RAMOND.)

Personnages. — Rigaud, peintre de portraits, surnommé le Van Dyck français, et le bénédictin dom Brial, érudit, nés à Perpignan, morts en 1743, 1828. Le conventionnel-patriote Cassanyes, né à Canet, mort en 1843. François Arago, physicien et astronome, né à Estagel, mort en 1853. Le naturaliste Companyo, né à Céret, mort en 1871. Le sculpteur Oliva, né à Saillagouse, mort en 1890.

Administrations. — Le département forme le diocèse de Perpignan, ressortit à la cour d'appel et à l'académie de Montpellier, à la 16e division militaire (Montpellier), à l'arrondissement maritime de Toulon, à la région agricole du Sud, à la 25e conservation forestière (Carcassonne) et à l'arrondissement minéralogique de Toulouse.

Il comprend 3 arrondissements: *Perpignan, Céret, Prades,* avec 17 cantons et 232 communes.

I. **PERPIGNAN**, chef-lieu du département[1], peuplé de 35 000 âmes, s'élève par 25-50 mètres d'altitude sur la rive droite de la Têt, à 11 kilomètres de la Méditerranée. C'est une place de guerre avec enceinte fortifiée et citadelle, dont l'importance stratégique est considérable, attendu que tous les passages des Pyrénées-Orientales y aboutissent. Bien qu'irrégulièrement bâtie, cette ville offre néanmoins quelques monuments remarquables. Le principal est la citadelle, qui se compose de fortifications successivement groupées autour du palais des rois de Majorque; puis

---

[1] Arrondissement de PERPIGNAN: 7 *cantons*, 86 communes, 118 000 habitants.
Cantons et communes principales: 1-2. *Perpignan,* 35 090 habitants; Bompas, 1 310; Cabestany, 1 270; Canet, 1 010; Elne, 3 300; Pia, 1 850; Saint-Estève, 1 410; Toulouges, 1 350; Villelongue, 1 190. — 3. *Latour-de-France,* 1 350; Estagel, 2 840; Tautavel, 1 140. — 4. *Millas,* 2 210; Corbère, Corneilla, 1 260; Néflach, 1 090; Pézilla, 1 810; Soler (Le), 1 520; Saint-Féliu-d'Avall, 1 410. — 5. *Rivesaltes,* 6 010; Baixas, 2 510; Claira, 1 760; Espira, 1 690; Peyrestortes, Saint-Hippolyte, 1 280; Saint-Laurent-de-la-Salanque, 4 430; Salces, 2 050; Torreilles, 1 730. — 6. *Saint-Paul,* 2 000; Caudiès, 1 000; Maury, 1 690. — 7. *Thuir,* 3 060; Bages, 2 010; Trouillas, 1 170.

viennent la cathédrale Saint-Jean-Baptiste, large vaisseau des XIVe, XVe et XVIe siècles; l'église de la Réal, ancienne chapelle Sainte-Marie, dépendante du palais, d'où son surnom de « la Royale »; le Castillet, ou Châtelet, de style mauresque, élevé en 1319 pour protéger une porte de la ville; la Loge, ancienne Bourse, commencée en 1396, d'un curieux style ogivalo-arabe. Il faut y ajouter les jolies promenades de la Pépinière et des Platanes, les statues de l'astronome Arago et du peintre Rigaud; le musée, disposé dans les bâtiments de l'ancienne université. Perpignan possède aussi des fonderies de fer et de cuivre, des tanneries, des fabriques de foudres, de papier à cigarettes et de chocolat, ainsi qu'un important haras national. Il fait un grand commerce de vins du Roussillon et des excellents fruits de ses nombreux jardins.

Fondé vers le IXe siècle, Perpignan a remplacé au XIIIe, comme capitale du Roussillon, l'antique *Ruscino*, détruite par les pirates sarrasins et dont il ne reste, à 5 kilomètres à l'est, que la chapelle

Cathédrale de Perpignan.

et le donjon roman dits de Castell-Rossello. Des comtes roussillonnais la cité passa aux rois d'Aragon, puis à ceux de Majorque, à l'occasion desquels Philippe le Hardi vint guerroyer dans le pays et mourut à Perpignan en 1285. La ville retourna en 1344 aux souverains aragonais, qui l'habitèrent souvent et la dotèrent d'une université et d'importantes manufactures de drap. Aussi opposa-t-elle à Louis XI en 1475 une résistance héroïque, dont put seule triompher la famine; ce qui lui valut le titre de *très fidèle* de la part des rois d'Aragon, auxquels Charles VIII la rendit en 1493. Néanmoins elle finit par se donner à Louis XIII, qui s'en empara sur les Espagnols après huit mois de siège. Ceux-ci essayèrent de la reprendre en 1793, mais ils durent y renoncer après la défaite de Peyrestortes.

A l'est se trouve la station balnéaire de *Canet*, ancienne place qui soutint plusieurs sièges, — et, à l'ouest, *Toulouges*, où se tint en 1040 le concile qui régla les conditions de la Trêve de Dieu.

Elne, sur une colline dominant la plaine du Tech, est l'*Illiberris*, ou « Ville Neuve » des Celtibères, qui fut très importante dans l'antiquité. En l'an 218 avant Jésus-Christ, Annibal, marchant vers l'Italie, campa sous ses murs et y eut une entrevue avec les chefs des Volces Tectosages, qui lui accordèrent le libre passage sur le littoral méditerranéen. Sous Trajan, elle était déjà presque anéantie. L'empereur Constantin la releva et lui donna le nom de sa mère, sainte Hélène, qu'elle a toujours conservé. De cette époque aussi date la création de l'évêché qu'elle devait posséder pendant douze siècles. Elne eut beaucoup à souffrir des incursions sarrasines et des sièges qu'elle subit, notamment de la part de Philippe le Hardi en 1285, de Louis XI en 1475 et du prince de Condé en 1641. La fondation et la prospérité croissante de Perpignan, qui hérita de son évêché en 1602, lui fit perdre peu à peu son importance, qu'attestent encore une belle cathédrale du XIIe siècle, bâtie sur le modèle du Saint-Sépulcre ; un magnifique cloître roman, entouré d'arcades en marbre blanc, et les débris de ses fortifications. — A 3 kilomètres de *Pia*, la belle chapelle Notre-Dame de Salut est un but de pèlerinage.

Latour-de-France, sur l'Agly, doit son surnom à sa situation près de l'ancienne frontière espagnole ; son château, aujourd'hui démantelé, était alors l'antagoniste de celui d'Estagel : Latour parle encore le languedocien, tandis que sa voisine emploie le catalan. — Située sur l'Agly, dans une contrée pittoresque et fertile, *Estagel* est une des localités les plus agréables et les plus prospères du département. Outre la sériciculture en grand et l'extraction des marbres, elle produit d'excellents vins, surtout les vins de dessert dits macabeo et malvoisie, ainsi que de l'huile d'olive renommée. On y a élevé une statue à François Arago, vis-à-vis de la maison où naquit cet illustre physicien.

Millas, sur la Têt, et *Pezilia* pratiquent également la sériciculture et produisent des vins et des huiles. Ce sont aussi d'anciennes places conservant des murs flanqués de tours. Au nord de Millas se dresse la montagne de Força-Réal, ainsi nommée du château royal qui la couronnait jadis ; près de ses ruines est un ermitage très fréquenté comme lieu de pèlerinage. En 1793, 4000 Français, postés au pied de la colline, tinrent en échec pendant deux mois les 25000 hommes du général Ricardos, campés sur la rive droite de la Têt. — Près de *Corbère,* une belle grotte à stalactites est parcourue par un bruyant torrent qui se précipite dans un abîme.

Rivesaltes, sur l'Agly, est la principale ville de la plaine vinicole de la Salanque ; aussi est-elle toujours, malgré les ravages du phylloxéra, le centre de la fabrication et du commerce des vins et eaux-de-vie du Roussillon ; son vin muscat est renommé. Rivesaltes, qui existait déjà sous les Romains, joua comme place forte un certain rôle dans les guerres du pays. Au nord, on remarque les ruines du château d'Opoul, couronnant un haut massif d'où la vue est splendide. — Au sud-est, *Peyrestortes* rappelle la victoire du 17 septembre 1793, remportée par Cassanyes sur les Espagnols. — *Salces*, près de l'étang de ce nom, est une ancienne place dominée par une citadelle construite en 1497 ; les Français la prirent en 1639 et 1642. Cette ville, qui doit son nom à ses sources salées, produit le vin blanc parfumé dit macabeo. — Parmi les autres localités de la Salanque vinicole, citons : *Claira*, jadis fortifiée ; — *Saint-Hippolyte*, *Saint-Laurent*, dont dépend le petit port de Barcarès ; — *Torreilles*, qui possède l'ermitage de Notre-Dame de Juègues.

Saint-Paul-de-Fenouillet, sur l'Agly, est l'ancien chef-lieu du pays languedocien de Fenouillèdes. Aux environs se trouvent l'ermitage de Saint-Antoine de Galamus, visité par les pèlerins, et la gorge de la Fou, que les eaux de l'Agly ont pour ainsi dire taillée à pic dans les immenses rochers calcaires de Lesquerde. — A l'est, *Maury* récolte des vins estimés

Le port de Collioure, au pied des Albères.

et montre, sur un roc des Corbières, les ruines de l'importante forteresse de Quéribus. — A l'ouest, *Caudiès* possède l'ermitage de Notre-Dame de la Vall.

Thuir, dans une plaine fertile, est une petite ville qui extrait du marbre et des pierres de taille, fabrique du byrrh, du vin et des huiles, du papier et des bouchons de liège. Ses fortifications servirent encore dans les guerres de la première République. — Près de *Trouillas*, le domaine du Mas-Dieu, aujourd'hui vignoble renommé, était autrefois la maison principale des Templiers dans le Roussillon.

CÉRET, sous-préfecture de 3 800 âmes [1], s'élève par 130 mètres d'altitude sur les dernières pentes des Albères, qui dominent la vallée du Tech. Cette petite ville, encore ceinte de ses murailles flanquées de tours,

---

[1] Arrondissement de Céret : 4 *cantons*, 44 communes, 46 660 habitants.
Cantons et communes principales : 1. *Céret*, 3 770 habitants ; Boulou (Le), 1 890 ; Maureillas, 1 390 ; Perthus (Le). — 2. *Argelès-sur-Mer*, 3 310 ; Banyuls, 3 220 ; Cerbère, 1 320 ; Collioure, 3 320 ; Laroque, 1 210 ; Palau, 1 140 ; Port-Vendres, 2 840 ; Sorède, 1 500. — 3. *Arles-sur-Tech*, 2 280 ; Amélie-les-Bains, 1 380. — 4. *Prats-de-Mollo*, 2 480 ; Lamanère, Saint-Laurent-de-Cerdans, 2 800.

a pour industrie la fabrication des cuirs, des bouchons de liège et des manches de fouets en bois de micocoulier; elle fait aussi le commerce des huiles et des excellents fruits de son territoire. A 2 kilomètres nord, son pont sur le Tech, classé parmi les monuments historiques, est à une seule arche de 46 mètres d'ouverture et de 29 mètres d'élévation; plus au nord, l'ermitage de Saint-Ferréol est fréquenté comme lieu de dévotion. — Céret, la *Ceredisum* du IXe siècle, vit se réunir en 1660 les plénipotentiaires de France et d'Espagne, chargés de délimiter les deux royaumes d'après les clauses du traité des Pyrénées. Pendant la Révolution, il se livra plusieurs combats aux alentours, ainsi qu'au *Boulou*, bourg d'aval, où les Espagnols avaient établi un fameux camp retranché. La prise de ce camp par Dugommier, le 5 mai 1794, entraîna celle de la plupart des autres villes roussillonnaises tombées au pouvoir de l'ennemi. Le Boulou fabrique des bouchons de liège, des pipes de bruyère, et possède un établissement thermal très fréquenté, où s'utilisent les sources bicarbonatées sodiques et ferrugineuses.

Le Perthus est un village qui a donné son nom au célèbre col par lequel passe, à 200 mètres d'altitude, la grande route franco-espagnole des Albères, route si souvent pratiquée par les armées et sur laquelle ont été élevées tant de fortifications, depuis les trophées de Pompée et les cluses westgothes, dites Portes d'Espagne, jusqu'au fort de Bellegarde qui la défend actuellement. Cette position, enlevée par les Espagnols en 1793, fut la dernière reprise par Dugommier le 18 septembre 1794.

Argelès-sur-mer, à 3 kilomètres de la Méditerranée, où elle possède une plage très fréquentée, fut au moyen âge l'une des principales places du Roussillon et eut plusieurs sièges à soutenir. On visite aux environs la chapelle Notre-Dame de Vie et les ruines de l'abbaye cistercienne de Valbonne. — *Collioure,* au pied des Albères, sur une baie demi-circulaire de la Méditerranée, est un petit port de pêche et de cabotage défendu par plusieurs forts. Il exporte une grande quantité de vins, particulièrement ceux de son territoire, qui sont très appréciés, ainsi que des sardines et anchois renommés. Ancien port celtibère de *Cauco-Illiberis,* Collioure resta pendant tout le moyen âge la première cité maritime du Roussillon. Louis XIII s'en empara en 1642, et les Espagnols en 1793. Ermitage Notre-Dame de Consolation, but de pèlerinage, et petite île côtière de Saint-Vincent, où l'on se rend processionnellement le 15 août pour en rapporter les reliques du saint patron.

Port-Vendres est une ville maritime bâtie au fond d'une rade assez étroite, mais sûre, défendue par trois forts et éclairée par quatre phares. Le port, accessible aux navires du plus fort tonnage, se divise en deux parties très distinctes : au sud, le port militaire, commencé en 1851 et à peine terminé; au nord, le port marchand, le plus ancien, très prospère surtout depuis une vingtaine d'années. Des services réguliers sont établis entre Port-Vendres et Marseille, Cette, Barcelone, Alger, Oran et le Havre. L'exportation a principalement pour objet les vins du Roussillon, et l'importation des bois de Norvège et d'Amérique, du liège d'Algérie et des bouchons fabriqués en Espagne. — Après avoir été un poste carthaginois, Port-Vendres fut un port des Romains, qui l'appelèrent *Portus Veneris*, port de Vénus : d'où son nom actuel. A peu près délaissé dans la suite, Port-Vendres était tombé en pleine décadence lorsque Vauban obtint de

Amélie-les-Bains. — La cascade et le mur romain.

le fortifier et de l'améliorer. Les travaux ne furent terminés qu'un siècle après, sous Louis XVI, en l'honneur de qui on éleva un obélisque en marbre, haut de 26 mètres, qui est l'un des plus beaux monuments de ce genre. A Paulilles est une importante fabrique de dynamite.

Banyuls, dont le nom rappelle ses bains de mer, est notre dernier port sur la Méditerranée du côté de l'Espagne; son climat est délicieux et sa plage magnifique. On y a construit un vaste sanatorium pour enfants scrofuleux et rachitiques, ainsi que le laboratoire Arago, annexe de la Sorbonne, et un laboratoire zoologique maritime, renfermant huit aquariums (mollusques, zoophytes, poissons, etc.). Ses vignobles, malheureusement détruits en grande partie, donnent les vins de liqueurs dits *rancio* et *grenache,* les meilleurs du Roussillon. — Au sud de *Sorède,* les monts Albères renferment l'ermitage de Notre-Dame del Castell, dominé par les ruines du château d'Ultreria, qui avait remplacé un poste romain et westgoth.

Arles-sur-Tech, entouré de montagnes qui offrent des sites délicieux, est le centre commercial du haut Vallespir et possède d'importantes forges, des taillanderies et des chocolateries. Cette ville, l'une de celles où les Catalans français ont le mieux conservé leurs antiques coutumes, se forma autour d'une célèbre abbaye de bénédictins, dont il reste un cloître et une église du xiie siècle; celle-ci, très belle, renferme les reliques des saints Abdon et Sennen, martyrs persans. — A 5 kilomètres en aval, *Amélie-les-Bains* est une station d'eaux thermales sulfureuses très fréquentée, surtout en hiver, à cause de sa situation climatérique avantageuse. Ses nombreuses sources alimentent deux établissements civils et un hôpital militaire, qui peut être regardé comme un modèle du genre. Cette petite ville, que domine un fort construit sous Louis XIV, était déjà connue des Romains pour ses eaux. Elle dépendit longtemps d'Arles-sur-Tech et porta jusqu'en 1840 le nom d'Arles-les-Bains, qu'elle échangea contre son nom actuel après un séjour de la reine Marie-Amélie.

Prats-de-Mollo, dans la vallée du haut Tech, est une petite place dont les fortifications, datant de 1684, sont complétées par le fort Lagarde, qu'un souterrain relie à l'église. Vainement assiégée par les Espagnols en 1691, elle fut prise par eux en 1793. On y fabrique du drap et des bérets. — A l'ouest, l'établissement thermal de la Preste utilise des eaux très efficaces contre la gravelle, et au sud l'ermitage Notre-Dame del Coral attire de nombreux pèlerins. — *Saint-Laurent,* dans un charmant bassin de montagnes, exploite les châtaigneraies pour la tonnellerie, fabrique des espadrilles et possède des clouteries. — *Lamanère,* à 42°20' de latitude, est la commune la plus méridionale de la France continentale.

PRADES est une sous-préfecture de 3700 âmes[1], bâtie par 350 mètres d'altitude dans la fertile vallée de la Têt, que sillonnent de nombreux canaux d'irrigation. Cette petite ville, dont le nom vient de ses prairies, paraît avoir été fondée sous Charles le Chauve. On remarque sa grande et belle église, au milieu d'une jolie place circulaire bordée d'arbres. Son industrie consiste dans la tannerie et le commerce des vins et des fruits. — Dans les environs, qui sont charmants et pittoresques, se trouvent les curieux restes des abbayes de Saint-Michel de Cuxa (*Codalet*) et de Saint-Martin du Canigou (*Casteil*), celle-ci fondée en 1007 par le comte de Roussillon, Guiffred, qui s'y fit moine bénédictin; les stations thermales de *Vernet* et de *Molitg,* très fréquentées pour la vertu curative de leurs eaux sulfureuses; les hauts fourneaux et les aciéries de *Ria,* alimentés par

---

[1] Arrondissement de Prades : 6 *cantons*, 102 communes, 43730 habitants.
Cantons et communes principales : 1. *Prades,* 3670 habitants; Casteil, Codalet, Fillols, Molitg, Ria, Taurinya, Vernet, 1110; Villefranche. — 2. *Mont-Louis,* 580; Formiguères. — 3. *Olette,* 940; Canaveilles, Escaro, Sahorre, Thuès. — 4. *Saillagouse,* 520; Bourg-Madame, Latour, Odeillo, Villeneuve. — 5. *Sournia,* 630. — 6. *Vinça,* 1570; Ille, 3300.

les mines de *Fillols* et de *Taurinya*; enfin la petite place de *Villefranche-de-Conflent*, presque entièrement construite avec les marbres rouge et griotte de ses carrières. Située dans l'étroite vallée de la Têt, Villefranche fut fondée en 1095 par Guilhem Raymond, comte de Cerdagne, qui lui octroya une charte de privilèges. Elle a une remarquable église romane du XIIe siècle; ses pittoresques fortifications, dues en grande partie à Vauban, se rattachent à des souterrains artificiels et à de véritables grottes naturelles qui servent de casemates. Les Espagnols et les Français s'en emparèrent à diverses reprises; elle était la capitale du Conflent à la Révolution.

Plus haut, Mont-Louis, qui compte à peine un demi-millier d'habitants,

Ruines du monastère de Saint-Martin du Canigou.

est une place forte de première classe, avec citadelle et ouvrages détachés, chargée de défendre le col de la Perche; distant de 4 kilomètres. Située à 1 600 mètres d'altitude sur le plateau d'un rocher escarpé dominant la Têt, cette ville de garnison aux huit rues rectilignes est la plus élevée et la plus froide de France. Elle fut construite en 1681 par Vauban pour affermir la conquête, alors encore récente, de la Cerdagne française, petit pays dont elle devint bientôt après la capitale. Son nom, qu'on lui donna en l'honneur de Louis XIV, fut changé en celui de Mont-Libre pendant la Révolution. Sur l'une de ses places se dresse une pyramide commémorative du général Dagobert, tué non loin de là en 1793. — Au nord, *Formiguères* était jadis le chef-lieu du Capsir.

Olette, dans une gorge de la Têt, rappelle une victoire que Dagobert remporta sur les Espagnols. Son ancien château était, avec les châteaux voisins d'Évol et de Bastida, aujourd'hui en ruines, l'une des résidences des barons d'*Évol*, les plus puissants de la Cerdagne. En amont, se trouvent les établissements d'eaux sulfureuses des *graus*, ou défilés, de *Canaveilles* et de *Thuès*, qui sont très fréquentés. Canaveilles exploite aussi des mines de cuivre; — *Escaro* et *Sahorre*, des mines de fer.

Saillagouse est un chef-lieu de canton situé à 1310 mètres d'altitude sur la Sègre naissante. « En allant de Mont-Louis à Saillagouse, on passe au col de la Perche et au col Rigat. De ce dernier col, on jouit en été d'un splendide coup d'œil. A droite, on aperçoit la masse granitique du Carlitte, dont les sommets grisâtres et dénudés laissent entrevoir de loin en loin les eaux sombres des nombreux lacs qui se trouvent sur ses flancs; à gauche s'élève l'imposant groupe du Puigmal, dont une des branches porte de belles forêts. Devant soi on embrasse d'un seul coup d'œil la ravissante plaine de la Cerdagne, avec ses nombreux villages dont les maisons aux murs blancs et aux toits ardoisés reluisent au soleil. De nombreux troupeaux de vaches et de chevaux paissent tranquillement dans des prairies sillonnées par des cours d'eau ou des canaux, dont les rubans argentés produisent sur ce tapis de verdure un effet éblouissant. Le fond du tableau est formé par des montagnes aux perspectives fantastiques et grandioses : ces montagnes limitent la Cerdagne espagnole. » (Em. Coste.)

Au territoire d'*Odeillo*, l'ermitage de Font-Romeu est bien connu dans la région par son pèlerinage à la sainte Vierge. — Près de *Villeneuve*, l'établissement thermal des Escaldes devient aussi très fréquenté.

Bourg-Madame, sur la Sègre, qui franchit ici la frontière, est une commune composée de deux villages : celui de Bourg-Madame, ainsi nommé en 1816 en l'honneur de la duchesse d'Angoulême, et celui de Hix, qui fut la capitale du comté de Cerdagne depuis le xe siècle jusqu'à la fondation, en 1177, de Puycerda, ville espagnole toute voisine. — A l'est, *Latour-de-Carol* doit son nom au château qui défendait le val de Carol, réuni à la France en 1659. Carol ou Quérol est un mot d'origine celtique, dont le radical Kar ou Ker signifie roche, pierraille. Cette pittoresque vallée conserve, en effet, de nombreuses traces des moraines issues du Carlitte à l'époque glaciaire.

C'est dans le canton de Saillagouse que se trouve l'enclave espagnole de *Llivia*, très petite ville, plus importante au temps d'Auguste, alors que sous le nom de *Julia Libyca* elle était la capitale du pays des *Ceredani;* et il en fut ainsi jusqu'au xe siècle. Cette enclave, de 1150 hectares et de 1100 habitants, remonte au traité des Pyrénées. En effet, ce traité cédait 33 villages cerdagnols à la France; mais, comme Llivia avait titre de ville, les commissaires espagnols refusèrent de la comprendre au nombre des villages cédés.

Sournia est le chef-lieu d'un canton montueux et aride de l'ancien Languedoc, dont les troupeaux de chèvres et de moutons font la principale ressource.

Vinça, sur la Têt, est une ancienne place forte qui conserve quelques débris de ses fortifications, de même que *Ille*, située en aval dans la riche plaine du Rivéral, aux pêches renommées.

LANGUEDOC

8 DÉPARTEMENTS

HAUTE-GARONNE, TARN, AUDE, HÉRAULT, GARD, ARDÈCHE
LOZÈRE, HAUTE-LOIRE

Sommaire géographique. — Le *Languedoc*, la plus vaste de nos anciennes provinces (41530 kilomètres carrés), se composait de deux masses compactes, l'une au nord-est, l'autre au sud-ouest, réunies par une sorte d'isthme. Il se partage entre les plaines à l'est et à l'ouest, les collines et les montagnes qui le parcourraient sans interruption dans toute sa longueur, n'était la dépression de Naurouze, s'abaissant à 190 mètres d'altitude.

En y joignant la partie gasconne de la Haute-Garonne, les monts s'appellent Pyrénées et Corbières au sud, Montagne-Noire, Espinouse et Garrigues au centre, Cévennes et Massif Central au nord. Leurs points culminants sont le pic pyrénéen de Perdighère, 3220 mètres, et le Mézenc, 1754 mètres, dans le Massif Central. L'altitude moyenne est de 500 à 600 mètres; le point le plus bas, 0 mètre, sur la Méditerranée.

Les cours d'eau du Languedoc relèvent de trois bassins principaux : la *Loire* et l'Allier supérieurs le traversent au nord; vers le *Rhône*, qui le borne à l'est, se dirigent l'Ardèche et le Gard; la *Garonne*, qui le baigne au sud-ouest, en reçoit l'Ariège, le Tarn et le Lot. Il faut y ajouter l'Hérault et l'Aude, fleuves côtiers; de vastes étangs littoraux, les canaux du Midi, des Étangs et de Beaucaire.

Le climat froid du *Massif Central* règne sur les hauteurs du septentrion; le climat chaud, dit *méditerranéen,* dans la plaine orientale; le climat *girondin,* plus tempéré, au sud-ouest.

Les productions agricoles sont très variées, comme l'altitude du sol et la nature des terrains, qui sont volcaniques, granitiques, primaires et jurassiques au nord; crétacés, tertiaires et quaternaires au sud. La vigne, malgré les ravages du phylloxéra, tient toujours le premier rang : le Bas-Languedoc est le pays de France qui donne le plus de vin, lequel est généralement employé pour les coupages et la fabrication des eaux-de-vie de Montpellier et de Béziers. Viennent ensuite les céréales, la culture du tabac, celle du mûrier, et conséquemment l'élevage des vers à soie; la culture de l'olivier, de l'amandier et du figuier dans la plaine, du châtaignier dans le Massif Central, dont les pâturages nourrissent de nombreux moutons; le miel de Narbonne.

Riche en minéraux, le sol fournit de la houille, des marbres et des pierres de taille, des minerais de fer et de zinc, des eaux minérales; les eaux marines donnent beaucoup de sel. L'industrie manufacturière produit des fontes, fers et aciers, des lainages, des soieries, des dentelles et du papier. Le commerce est surtout actif à Toulouse, Cette, Montpellier et Béziers.

La langue d'oc. — On sait que le mot *oc* était la prononciation par les Méridionaux du mot *oui,* que les Septentrionaux disaient ou disent encore *oïl :* de là les noms de *langue d'oc* et de *langue d'oïl.*

« Le nom de Languedoc s'est étendu à l'origine à toute la région méridionale de la France. Il est impossible, même à une époque déterminée, d'établir la limite exacte de séparation des deux langues, qui furent l'expression de deux nationalités distinctes; c'était comme une zone de terrain neutre, soumis à des empiètements alternatifs du côté nord et du côté du Midi, et qui a fini par céder presque entièrement à l'ascendant septentrional. Saintonge, Augoumois, Limousin et Marche, Auvergne méridionale, Dauphiné méridional, pourraient, considérés dans leur ensemble et par rapport au Midi proprement dit, porter ce nom significatif de « marche » ou frontière, qui était seulement celui du département actuel de la Creuse.

« La langue d'oc n'a jamais été une langue unique, pas plus que les populations qui la parlaient ou qui la parlent encore n'ont constitué une seule nation. Les patois disparaissent peu à peu dans la France du Nord, soit qu'ils s'effacent devant le français, soit qu'ils se fondent avec lui, soit enfin qu'ils se fondent entre eux. Les patois méridionaux maintiennent au contraire leurs distinctions : gascon, languedocien, provençal, et, dans chacune de ces grandes divisions, une variété surprenante de subdivisions. Le langage populaire de Nîmes n'est ni celui d'Anduze, ni celui de Montpellier... Le Midi tient à ses divisions; il est resté ce que Rome et peut-être encore plus la nature l'ont fait : municipal.

« Quoi qu'on en dise, la réunion du Midi au Nord de la France n'a pas été le moins du monde un de ces événements naturels dont le seul aspect de la carte eût pu donner la divination, mais, au contraire, le résultat d'une conquête violente et d'une patiente et énergique administration. Le Midi ne cherchait point Paris; mais Paris, qu'il s'appelât Simon de Montfort ou saint Louis, voulut, prit et garda le Midi... « A mesure que s'étendit la domination et le nom de la France, le nom de Languedoc, qui s'était d'abord entendu d'une nationalité, se réduisit peu à peu à n'être plus qu'une « expression géographique », désignant une province, la plus grande, il est vrai, de l'ancienne monarchie, la plus originale et aussi la plus personnelle par son esprit, par son histoire, par ses traditions et par ses institutions particulières. » (*Revue de Géographie*.)

Historique. — Le Languedoc était borné au nord par l'Auvergne et le Lyonnais; à l'est, par le Rhône qui le séparait du Dauphiné, du Comtat et de la Provence; au sud, par la Méditerranée, le Roussillon et le comté de Foix; à l'ouest, par la Gascogne et la Guyenne. Il avait pour capitale Toulouse et se divisait en *haut* et *bas Languedoc,* subdivisés en vingt-deux diocèses. Comme pays on y distinguait principalement le Toulousain, l'Albigeois, le Lauraguais, le Carcassès, le Razès, le Gévaudan, le Velay et le Vivarais.

Les Phéniciens possédèrent la côte du Languedoc dès les temps les plus reculés. Dans l'intérieur dominèrent successivement les Ibères, les Ombriens, les Ligures, puis les Celtes au nord et les Kymris au sud. Ces Kymris étaient les *Volskes Arécomiques,* autour de Nîmes, et les *Volskes Tectosages,* divisés en *Tolosates* autour de Toulouse et en *Atacins* sur les rives de l'Aude. Les Volskes furent incorporés dans la Narbonnaise par Domitius, l'an 121 avant Jésus-Christ, tandis que les Celtes Vellaves, Helviens, Gabales et Albigeois, ne furent soumis que par César et restèrent compris dans la Gaule celtique.

Dès les premiers siècles de l'ère chrétienne, ces peuplades furent initiées aux mystères de la Rédemption, opérée par les souffrances et la mort de l'Homme-Dieu. C'est ainsi que saint Baudile vint apporter l'Évangile à Nîmes, saint Paul Serge à Narbonne, saint Clair à Albi, saint Saturnin à Toulouse, saint Janvier dans l'Helvie, connue depuis sous le nom de Vivarais. Saint Georges, l'un des soixante-douze disciples de Notre-Seigneur, l'aurait prêché dans le Velay, qui devint si célèbre au moyen âge par le sanctuaire de Notre-Dame du Puy. Enfin, le Gévaudan fut évangélisé notamment par l'évêque-martyr saint Privat.

Vers la fin du IIIe siècle, la *Narbonnaise* ayant été divisée en deux, le sud du Languedoc se trouva dans la Narbonnaise Ire, tandis que le nord était dans l'Aquitaine Ire. Vinrent ensuite les invasions des Barbares, qui ravagèrent le pays. Dès 419, les ariens *Westgoths* étaient les maîtres incontestés de la Narbonnaise Ire; mais Clovis par sa victoire de Vouillé ne leur en laissa que la partie appelée Gothie, ou mieux *Septimanie*, à cause des sept diocèses qui la composaient. Vers 720, les *Maures* occupèrent cette province : Charles Martel les y poursuivit après leur défaite de Poitiers, et Pépin le Bref les en chassa définitivement en 759. Charlemagne réunit au duché d'Aquitaine la Marche de Septimanie, que Louis le Débonnaire érigea en duché de Narbonne. En 918, ce fief passa aux mains des *comtes de Toulouse*, qui y ajoutèrent l'Albigeois. Les autres territoires du futur Languedoc appartenaient, soit à leurs évêques respectifs, soit à des comtes ou vicomtes, dont l'autorité, émanée d'abord de celle des prélats, tendit à supplanter cette dernière et occasionna ainsi d'interminables querelles jusqu'au XIIIe siècle.

Toutefois un mal plus déplorable rongeait les populations, qui, formées des descendants des Gaulois, des Romains et des diverses races de Barbares, avaient conservé, malgré les influences du christianisme, de notables restes des doctrines subversives et des mœurs païennes de leurs ancêtres. Légères et inconstantes, amies du luxe et du plaisir, aussi bien que des arts et de la poésie, elles cachaient sous un dehors brillant de civilisation une ignorance réelle des vérités religieuses. Tel était l'état des esprits quand éclata, sur la fin du XIIe siècle, l'hérésie des *Albigeois*, ainsi appelée parce que le diocèse d'Albi en était le centre le plus actif.

Les **Albigeois** étaient des hérétiques révolutionnaires, des anarchistes de l'époque. « Ce n'étaient pas des sectaires isolés, écrit Michelet lui-même, mais une Église qui s'était formée contre une Église (contre l'Église catholique reconnue par l'État). Les biens du clergé étaient partout envahis. Le nom même de prêtre était une injure. Dès qu'un missionnaire catholique se hasardait à prêcher, il s'élevait des cris de dérision. La sainteté, l'éloquence, ne leur imposaient point. Ils avaient hué saint Bernard. » Ne se contentant pas du rôle de doctrinaires, ils employaient la propagande par la force, « maltraitaient les prêtres comme des paysans, habillaient leurs femmes de vêtements sacrés, brisaient les images du Christ, etc. »

Pour arrêter la propagation des erreurs funestes des Albigeois, le pape Innocent III envoya dans le Languedoc des hommes éminents par leur vertu et leur savoir, parmi lesquels était le fondateur des Frères Prêcheurs, l'illustre saint Dominique. Ceux-ci essayèrent de ramener dans la bonne voie ces populations égarées, mais les moyens évangéliques obtinrent d'abord peu de succès. Les hérétiques, soutenus par Raymond VI, comte de Toulouse, Roger, vicomte de Béziers, et par plusieurs autres seigneurs, n'en devinrent que plus furieux. Ils allèrent même jusqu'à persécuter les envoyés du pape, dont l'un, Pierre de Castelnau, fut tué d'un coup de lance par un des officiers du comte de Toulouse.

Ce meurtre fut le signal d'une guerre d'extermination, la croisade du Nord contre le Midi. Après la prise et le sac de Béziers (1209), ainsi que de plusieurs autres villes, Simon de Montfort, chef de la croisade, remporta la sanglante victoire de Muret (1213), qui donna le coup de mort à l'hérésie albigeoise en même temps qu'à l'indépendance du Midi. Tou-

Clémence Isaure et les Jeux Floraux.

tefois, quand Simon eut été tué devant Toulouse, son fils Amaury ne put maintenir ses conquêtes, et Raymond rentra en possession de presque tous ses États. Le roi Louis VIII, à qui Amaury avait cédé tous ses droits, entreprit une nouvelle croisade dans laquelle il s'empara d'Avignon, mais ne put prendre Toulouse, par suite de l'épidémie qui le força à rétrograder et même lui enleva la vie (1226). Le traité de Meaux, ratifié à Paris en 1229, donna plusieurs fiefs languedociens à saint Louis et laissa à Raymond VII la jouissance de son comté, dont l'héritière devait, en retour, épouser Alphonse de Poitiers, frère du roi. Alphonse s'appliqua à guérir les maux de la guerre par la création de nouveaux monastères, de villes neuves ou bastides, la fondation de l'université de Toulouse, le développement accordé aux franchises communales et par l'établissement de l'*Inquisition,* tribunal ecclésiastique confié aux Dominicains dès 1232.

Ce tribunal, auquel les ennemis de l'Église ont attribué faussement des cruautés commises seulement par le pouvoir séculier, avait pour mission de faire une *enquête* (c'est le sens même du mot inquisition) sur les doctrines erronées, anticatholiques et subversives pour la société comme pour la religion; puis de signaler les incorrigibles aux juges civils, qui seuls, alors comme aujourd'hui, avaient le devoir de châtier les malfaiteurs et de maintenir la paix publique. S'il y a eu des abus, l'autorité de l'Église n'en est aucunement responsable, et nulle part plus qu'à Rome on n'a usé d'autant de tolérance envers des révolutionnaires.

Alphonse de Poitiers, dernier comte de Toulouse, mourut en 1271, et, comme il ne laissait pas d'enfants, ses États furent réunis à la couronne. Sauf le haut Vivarais, acquis en 1308, et la baronnie de Montpellier, achetée au roi d'Aragon en 1349, la province languedocienne faisait dès lors entièrement partie du domaine royal, et, bien qu'elle ne fût définitivement constituée que sous Louis XI, elle recevait officiellement le nom de Languedoc (*Occitania*). Le commencement du xive siècle fut marqué par plusieurs innovations importantes, savoir: la création du parlement de Toulouse en 1302, de plusieurs évêchés en 1317 et 1318, du collège de la Gaie Science en 1323. Cette dernière institution, appelée plus tard les Jeux Floraux, remplaça les troubadours et fut renouvelée vers 1500 par Clémence Isaure.

Toutefois le Languedoc eut encore beaucoup à souffrir des incursions anglaises et des Grandes Compagnies durant la guerre de Cent ans, comme aussi de l'administration vexatoire de ses gouverneurs et surtout des luttes occasionnées par la prétendue Réforme au xvie siècle. Nulle part ailleurs les passions religieuses ne furent ni plus vives ni plus durables. Elles n'étaient pas encore assoupies sous Louis XIII, lorsque le duc de Rohan chercha à les mettre à profit pour se créer une souveraineté protestante dans le Midi. Vaines espérances que dissipèrent peu à peu le traité de Montpellier en 1622, la prise de la Rochelle, de Montauban, de Privas, d'Alais, et la paix qu'il fut obligé de signer lui-même dans cette dernière ville en 1629. A peine pacifiée, la province fut encore troublée par la révolte de son gouverneur, le maréchal de Montmorency, qui fut battu et fait prisonnier à Castelnaudary, puis décapité à Toulouse en 1632. Sous Louis XIV, le Languedoc redevint prospère par le commerce, grâce au canal des Deux-Mers et au port de Cette, remplaçant celui d'Aigues-Mortes, comblé par les alluvions.

On appelle *dragonnades*, ou *missions bottées*, les mesures militaires prises par Louvois et les intendants pour l'abjuration des protestants. Il se produisit sans doute des abus dans ces moyens mis en œuvre par les dragons, mais ils ont été singulièrement exagérés, et ils sont loin d'égaler les violences des Camisards, protestants révoltés des Cévennes, dont Villars lui-même ne put triompher qu'en détachant de leur parti Jean Cavalier, un de leurs chefs les plus ardents. Quoi qu'il en soit, la pacification était terminée en 1709, et pendant presque tout le reste du siècle le Languedoc put respirer sous l'administration généralement éclairée de ses gouverneurs. Ceux-ci résidaient moins à Toulouse, la capitale, qu'à Montpellier, où chaque année se tenaient les états provinciaux, et qui était, comme Toulouse, le chef-lieu d'une généralité. La Révolution partagea le Languedoc en *huit départements* et fit de chacun d'eux un diocèse en supprimant quatorze anciens évêchés. Un dernier fait historique important, c'est la bataille indécise de Toulouse, livrée en 1814 entre l'armée anglo-espagnole de Wellington et les troupes du maréchal Soult.

Caractère languedocien. — Les vrais Languedociens, — ceux de la plaine, où règne le chaud climat du Midi, où se sont mêlés tant de peuples divers, — se distinguent par leur caractère expansif, loquace, bruyant, leurs violentes passions politiques ou religieuses, leur passion aussi pour la chasse et les jeux tels que danses, farandoles, courses de taureaux ; mais, ce qui vaut mieux, par leur vitalité active et laborieuse, comme l'a prouvé l'immense effort tenté en ces vingt-cinq dernières années pour la reconstitution des vignes phylloxérées.

Le canal des Deux-Mers. — Depuis des années, on s'occupe en France de la création d'un canal maritime entre l'Atlantique et la Méditerranée. Une commission, instituée par un décret du 21 septembre 1894, devait se prononcer sur le degré d'utilité du canal des Deux-Mers, au point de vue de la marine militaire, du commerce, de l'industrie et de l'agriculture. Elle aboutit, le 19 mars 1896, aux conclusions suivantes :

1º L'établissement d'un canal purement commercial à voie unique, de 8^m50 de profondeur, avec écluses de 25 mètres de large, coûterait de 1 992 à 2 012 millions de francs, ce qui fait ressortir le prix du kilomètre à 4 065 000 francs, au lieu de 2 millions pour le canal de la Baltique et de 3 600 000 francs pour le canal de Suez.

2º L'établissement d'un canal à la fois commercial et militaire, avec écluses de 27 mètres de large et profondeur de 9^m50, reviendrait à 2 512 millions s'il est exécuté directement, ou à 2 717 millions s'il est exécuté par approfondissement. L'exécution des travaux durerait vingt-cinq ans.

3º Le séjour des navires dans le canal est évalué à 86 heures. Le trafic probable serait de 3 millions de tonneaux ; soit, à raison de 5 francs par tonneau, un droit de transit de 15 millions. En joignant à ce produit les recettes provenant des irrigations, de la force motrice, etc., on obtient comme chiffre total des recettes probables 18 millions.

4º Par contre, les frais d'entretien, d'exploitation et de remorquage, s'élèveraient à 23 220 000 francs. Ainsi, non seulement le capital de premier établissement ne recevrait aucune rémunération, mais l'exploitation donnerait lieu chaque année à un déficit considérable.

« Conclusion finale : l'entreprise d'un canal maritime entre l'Océan et la Méditerranée ne peut faire l'objet d'aucune concession à des sociétés particulières, et il n'y a pas lieu de consulter, par voie d'enquête, les populations intéressées, au sujet d'un travail *pratiquement irréalisable.* »

HAUTE-GARONNE

4 arrondissements, 39 cantons, 587 communes, 459 400 habitants

Géographie. — Le département de la *Haute-Garonne*, si bizarrement découpé, doit son nom à sa position sur le cours supérieur de la Garonne, qui, venue de l'Espagne, le traverse du sud au nord en passant près de Saint-Gaudens, à Muret et à Toulouse. Long de 160 kilomètres et d'une largeur très variable, il a une superficie de 6365 kilomètres carrés; ce qui lui donne le 33e rang sous ce rapport. Formé en 1790, mais diminué en 1808 de l'arrondissement de Castelsarrasin au profit de Tarn-et-Garonne, il comprend en tout ou en partie divers pays languedociens et gascons: le *Toulousain*, capitale Toulouse; le *Lauraguais*, capitale Castelnaudary; le *Comminges*, capitale Muret, et le *Nébouzan*, capitale Saint-Gaudens.

Ce territoire est partagé en trois régions. Celle du sud, montagneuse et granitique, s'appuie sur les hauts massifs de la ligne faîtière des Pyrénées. Là se trouvent le pic de Crabère, 2630 mètres; le Tuc de Maupas, 3110 mètres; le pic d'Oo, 3114 mètres, et le pic de Perdighère,

3220 mètres, point culminant situé au sud de Bagnères-de-Luchon. Les principaux *ports* ou passages, qui font communiquer par sentiers de mulets avec le versant espagnol, sont: le Portillon, 3044 mètres, et le port de Vénasque, 2417 mètres. Couronnées de neiges perpétuelles et de quelques glaciers peu étendus à cause de la raideur des pentes, ces montagnes sont surtout remarquables par leurs cols élevés, leurs cascades, leurs lacs, leurs grottes et leurs beaux massifs de hêtres, de sapins et d'épicéas. Les contreforts qui s'avancent vers l'intérieur sont beaucoup moins hauts; mais ils bordent les agréables vallées du Larboust, d'Oueil, de Luchon et du Lys. Au nord, la région des *Collines* tertiaires fait partie à l'ouest du plateau de Lannemezan, et à l'est se rattache à la Montagne-Noire par les coteaux de Saint-Félix. La *Plaine*, de nature alluviale, comprend principalement la vallée de la Garonne, ancien fond de lac s'étendant au delà de Saint-Martory, et celle du Tarn, dont la sortie marque le point le plus bas du territoire: 75 mètres. Les autres altitudes remarquables sont: le Pont-du-Roi, 585 mètres; Luchon, 620 mètres; Toulouse, 135 mètres; l'altitude moyenne est d'environ 400 mètres.

La Garonne. — Le département fait entièrement partie du bassin de la Garonne. Ce fleuve se forme dans le val espagnol d'Aran par la réunion de deux torrents remarquables. L'un, la *Garonne occidentale*, est originaire des glaciers de la Maladetta, dont les eaux s'engouffrent bruyamment dans le trou du Toro, pour reparaître, 4 kilomètres plus loin, par plusieurs sources dites *Goueil de Jouéou* (Œil de Jupiter). L'autre, plus long, mais moins abondant, est la *Garonne orientale*, qui, regardée comme l'origine du fleuve, jaillit à 1872 mètres d'altitude du port de Pallas.

La Garonne pénètre en France par le défilé du Pont-du-Roi, ainsi nommé d'un pont de bois qui réunit ses deux rives, étroitement resserrées par des montagnes hautes de plus de 1000 mètres. Elle s'engage plus bas dans les gorges aux parois de marbre de Saint-Béat, reçoit la *Pique*, venue de Luchon, et, après avoir passé au pied de la cité déchue de Saint-Bertrand-de-Comminges, se double devant Montréjeau par la jonction de la *Neste*. Là elle rencontre le plateau de Lannemezan et commence à y décrire par l'est sa grande courbe autour des collines cailouteuses d'Armagnac. Elle laisse Saint-Gaudens 1 kilomètre à gauche et va recueillir le fougueux *Salat*, qui achève de la rendre navigable, puis l'*Arize*, qui traverse la belle grotte du Mas-d'Azil. Ici le fleuve « gascon » coule déjà dans l'immense et riche plaine d'alluvion du Toulousain, où il reçoit encore la *Louge* à Muret et l'*Ariège*. Rencontrant les dernières pentes cévenoles qui l'obligent à reprendre la direction nord-ouest, il baigne à ce coude l'importante Toulouse, où commencent le *canal latéral* et le *canal du Midi*, dit aussi des *Deux-Mers*; recueille le Touch, l'Hers-Mort, la Save, et, après un parcours de 200 kilomètres dans le département, il le quitte, en même temps que le *Tarn*, qu'il va recevoir plus loin.

La plupart de ces cours d'eau sont presque à sec en été : la Garonne, la Neste, l'Ariège et le Tarn, sont seuls navigables, ainsi que les deux canaux précités; mais la navigation y est peu active. Le canal de *Saint-Martory* sert à l'irrigation de la plaine de Toulouse.

Parmi les charmants lacs pyrénéens, le plus remarquable est le lac d'*Oo,* d'une aire de 40 hectares avec 70 mètres de profondeur; il est alimenté par une cascade de 270 mètres de haut, qui remplit la vallée du bruit de ses eaux retentissantes.

Climat et productions. — Le département est compris dans la région

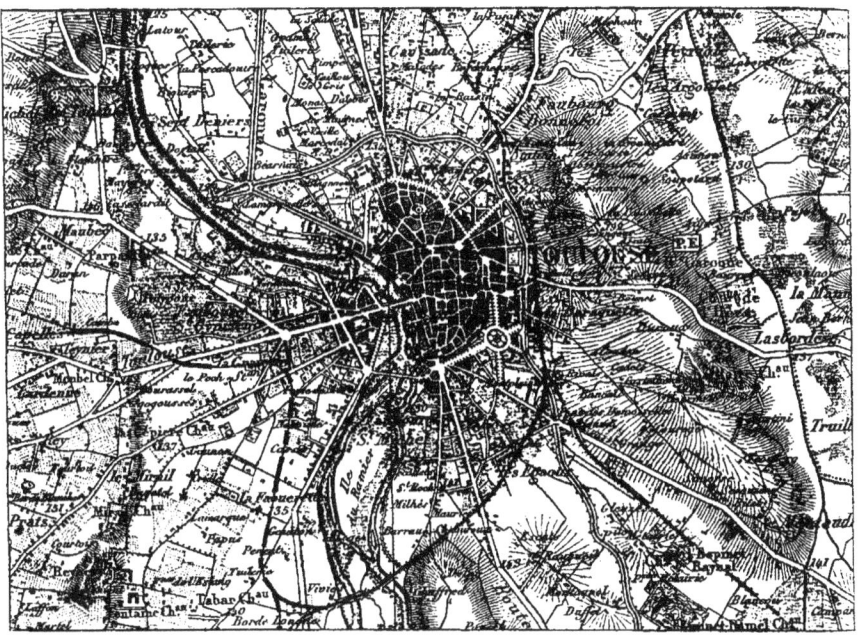

Toulouse et ses environs. Carte de l'état-major au 80 000°.

climatologique dite *girondine*. Toutefois il possède réellement deux climats : celui de la Montagne, d'ailleurs très restreinte, qui a des hivers rigoureux et de courts étés; celui de la Plaine, généralement doux et tempéré, mais avec de fortes chaleurs estivales. Sous le premier, la hauteur des pluies annuelles dépasse 1 mètre; sous le second, où elle est moindre, la grêle est souvent dévastatrice. Mais les grands désastres, heureusement rares, viennent des inondations de la Gironde, dont les plus redoutables sont celles de mai ou juin, parce qu'alors la fonte des neiges coïncide avec les premières pluies chaudes de l'année. Le remède à ce mal serait le reboisement des montagnes, d'autant plus que les pentes pyrénéennes sont très escarpées et que le terrain en est imperméable.

La région des Collines et de la Plaine, de beaucoup la plus étendue, est très productive en blé et maïs, vins, fruits et légumes. Les prés ou pâturages occupent 60 000 hectares; les bois, 93 000. Les oiseaux de basse-cour : pigeons, poules, dindons, oies et canards, ont fait au département une réputation méritée. L'élevage des animaux de boucherie a lieu surtout dans l'arrondissement de Saint-Gaudens, dont la partie montagneuse recèle des animaux sauvages : ours, loups, isards, aigles et vautours. Une école pratique d'agriculture fonctionne à Ondes, et une ferme-école à Castelnau, près Cazères.

La Haute-Garonne exploite une seule mine, qui est de sel gemme; diverses carrières, notamment le beau marbre de Saint-Béat, et de nombreuses sources minérales, en tête desquelles les eaux de Luchon. A Toulouse et dans sa banlieue sont groupés la plupart des grands établisse-

Vue de Toulouse.

ments industriels : usines métallurgiques, minoteries, fabriques de carosseries, de chaussures, de produits alimentaires, de cuirs et de papiers. Ailleurs on trouve des filatures, des fabriques de tricots de laine et de tissus de soie, autour de Saint-Gaudens; les faïenceries de Martres, les poteries de Cox et les marbreries de Luchon. Grâce à sa position, la Haute-Garonne possède un vaste entrepôt des marchandises du Nord à Toulouse, lieu de transit entre la France et l'Espagne.

Les habitants. — De 1801 à 1871, le département avait gagné 134 000 âmes; mais, pendant les 25 années suivantes, il en a perdu 20 000. En 1896, son territoire renfermait 459 400 habitants au total et 72 par kilomètre carré; ce qui, à ce double point de vue, le place respectivement au 25e et au 22e rang. Les étrangers, pour la plupart Espagnols et Portugais, y sont au nombre d'environ 5 000, les protestants 3 000, et les juifs 600. Avec le français, on y parle généralement le patois languedocien sur la rive droite de la Garonne et le patois gascon sur la rive gauche.

Personnages. — Saint Gaudens, enfant martyr du v⁰ siècle, né à Saint-Gaudens, ainsi que saint Raymond, fondateur de l'ordre religieux et militaire de Calatrava (Espagne), mort en 1163. Le trop célèbre Guillaume de Nogaret, né à Saint-Félix, mort en 1314. Sainte Germaine Cousin, née à Pibrac, morte en 1595. Le jurisconsulte Cujas, les poètes Maynard et Goudouli, nés à Toulouse, morts en 1590, 1646, 1649. Le général Caffarelli, né au Falga, mort en 1799. L'orateur parlementaire Cazalès, né à Grenade, mort en 1805. Le compositeur Dalayrac, né à Muret, mort en 1809. Le maréchal Pérignon, né à Grenade, mort en 1818. L'abbé Sicard, instituteur des sourds-muets, né au Fousseret, mort en 1822. Le géomètre Legendre et l'aliéniste Esquirol, nés à Toulouse, morts en 1833, 1840. De Las-Cases, fidèle compagnon de Napoléon I⁰ʳ, né près de Revel, mort en 1842. Le poète Baour-Lormian et le ministre de Villèle, nés à Toulouse, morts en 1854. Le maréchal Niel, né à Muret; Troplong, jurisconsulte et homme d'État, né à Saint-Gaudens ; tous deux morts en 1869.

Administrations. — Le département forme l'archidiocèse de Toulouse, ville qui est aussi le siège d'une cour d'appel, le chef-lieu d'une académie, de la 17ᵉ division militaire, de la 18ᵉ conservation forestière et d'un arrondissement minéralogique ; il fait partie de la région agricole du Sud-Ouest.

Il comprend 4 arrondissements : *Toulouse, Villefranche, Muret, Saint-Gaudens,* avec 39 cantons et 587 communes.

I. **TOULOUSE,** chef-lieu du département[1], est une grande et riche ville de 150 000 âmes, la 6ᵉ de France pour sa population. Elle est surtout très importante comme centre stratégique et commercial de la région située au nord des Pyrénées. Là, en effet, elle s'étale par 135 mètres d'altitude au grand coude nord-est de la Garonne, dans une large et fertile plaine, à l'issue de la dépression entre la chaîne pyrénéenne et le Massif Central. Le canal du Midi, suivant cette ancienne voie historique, vient y rejoindre le fleuve et son canal latéral, en même temps que s'y réunissent sept grandes routes, la plupart doublées de chemins de fer se dirigeant dans tous les sens. Aussi cette ville est-elle devenue le nœud principal des communications du Midi avec le reste de notre pays, l'entrepôt des produits régionaux, surtout des céréales, vins, truffes et volailles, fers et marbres ; le lieu de transit des marchandises se rendant de la Méditerranée à l'Océan et du Nord en Espagne. Parmi ses établissements industriels, il faut citer les remarquables moulins à eau du Bazacle et du

---

[1] Arrondissement de Toulouse : 12 *cantons,* 131 communes, 221 300 habitants.
Cantons et communes principales : 1-4. *Toulouse,* 149 960 habitants; Blagnac, 1790; Colomiers, 1690. — 5. *Cadours,* 810; Bellegarde, Cox. — 6. *Castanet,* 850. — 7. *Fronton,* 2330; Bruguières, Castelnau, 1440; Saint-Jory, 1030. — 8. *Grenade,* 3620; Merville, 1080.— 9. *Léguevin,* 900; Pibrac, Plaisance, 1310. — 10. *Montastruc,* 1000; Bessières, 1440; Buzet, 1210. — 11. *Verfeil,* 1890. — 12. *Villemur,* 3940.

Château-Narbonnais, une importante fabrique de faux et de limes; des forges et fonderies, des ateliers de carrosserie et de constructions mécaniques, des papeteries, des maroquineries, des fabriques de chaussures et de pâtes alimentaires. Enfin les pâtés de foie d'oies et de canards font la renommée de la charcuterie toulousaine.

Toulouse tient un rang également distingué pour l'instruction publique.

Toulouse. — Église romane de Saint-Sernin.

Déjà appelée la *Palladienne* à l'époque romaine et pourvue d'une université dès 1229, elle possède depuis 1322 le célèbre collège du *Gai Savoir*, rendu viable vers 1500 par la générosité de Clémence Isaure, puis érigé en académie en 1695 : ce sont les *Jeux-Floraux,* ainsi nommés des fleurs d'or et d'argent qu'ils distribuent chaque année à leurs lauréats. A côté, se placent aujourd'hui diverses autres académies, des facultés de droit, de sciences, de lettres et de médecine; des écoles supérieures de pharmacie, de médecine, de musique et des beaux-arts; l'une de nos trois écoles vétérinaires et de nombreuses sociétés savantes. Si la bibliothèque de la ville est relativement peu fournie, elle compte beaucoup de précieux manuscrits parmi les 100 000 qu'elle renferme; plus riche est le musée de peinture et d'antiquités, établi dans un ancien couvent d'Augustins, où se voient deux jolis cloîtres.

Toulouse offre en général un aspect peu agréable, à cause de ses maisons en briques sans caractère, qui bordent des rues trop souvent étroites, tortueuses et assez mal pavées. Des améliorations, des embellissements et de beaux boulevards y ont été néanmoins effectués dans ces derniers temps. Parmi ses nombreux faubourgs, le plus grand, celui de Saint-Cyprien, est le seul situé dans la plaine basse de la rive gauche de la Garonne, exposée aux violentes crues du fleuve : la terrible inondation du mois de juin 1875 est encore présente à toutes les mémoires.

La cité mériterait une visite de l'étranger, uniquement pour ses édifices. Toutefois il faudrait se garder de donner la prééminence au Capitole ou hôtel de ville, le monument dont les Toulousains sont le plus fiers, et qui certes est loin de justifier par son architecture la célébrité dont il jouit. D'ailleurs il ne date que des XVIe-XVIIIe siècles, bien que son nom évoque des souvenirs plus anciens; aussi ne le doit-il, ce nom, qu'aux magistrats de la ville avant 1789, les « capitouls »; on y voit principalement, dans la salle des Illustres, les bustes des plus célèbres Languedociens. La véritable gloire monumentale de Toulouse est Saint-Sernin, l'une des plus belles églises romanes qui existent et assurément la plus vaste. Commencée au XIe siècle et terminée au XVe, elle a la forme d'une croix latine et mesure 104 mètres de longueur sur 25 mètres de hauteur sous voûte. La nef, flanquée de quatre bas-côtés, se termine par une magnifique abside, surmontée extérieurement d'une tour octogonale ayant cinq étages percés d'ouvertures, avec galerie et flèche. La crypte renferme de nombreuses et insignes reliques, parmi lesquelles celles de plusieurs apôtres et le chef de saint Thomas d'Aquin. La cathédrale Saint-Étienne, de vastes dimensions aussi, belle dans quelques-uns de ses détails, se compose malheureusement de deux parties très disparates. L'église des Jacobins, au contraire, est un vaisseau majestueux autant qu'homogène, dominé par un élégant clocher du type de Saint-Sernin. Les églises du Taur et de la Dalbade se recommandent, la première par son clocher fortifié, la seconde par sa flèche de 80 mètres d'élévation, sa vaste nef et son charmant portail de la Renaissance. Les édifices civils les plus curieux sont des hôtels, également de la Renaissance, et la Maison de pierre, ainsi nommée de sa façade tout en pierres de taille, ce qui est ici une rareté. Le grand pont date du temps de Louis XIII.

On croit que la cité primitive de *Tolosa* occupa d'abord, à 12 kilomètres sud, un coteau des environs de *Vieille-Toulouse*, où ont été découverts de nombreux vestiges de ses habitations. Elle était la capitale de la nation des Tectosages, et en particulier de la tribu des Tolosates, qui y avaient amassé de grands trésors; car, en l'an 106 avant Jésus-Christ, le consul Cépion y trouva dans un étang sacré plus de 5000 talents d'argent, environ

75 000 000 de francs. Au Ier ou au IIIe siècle, saint Sernin, ou Saturnin, y fonda un évêché et scella de son sang la foi qu'il avait prêchée. Après les invasions des Barbares et la chute de l'empire romain, Toulouse devint successivement la capitale du royaume des Westgoths, du duché puis royaume d'Aquitaine, et au Xe siècle du puissant comté de Toulouse, jusqu'à sa réunion à la France en 1271. Ce dernier événement fut le résultat de la guerre contre les Albigeois, durant laquelle la ville dut ouvrir ses portes en 1215 au terrible Simon de Montfort, qui, trois ans après, périt sous les murs de la place révoltée. L'établissement de l'université et de l'Inquisition, en 1229, acheva d'extirper l'hérésie albigeoise, et Toulouse put redevenir catholique, en même temps que le centre de la littérature

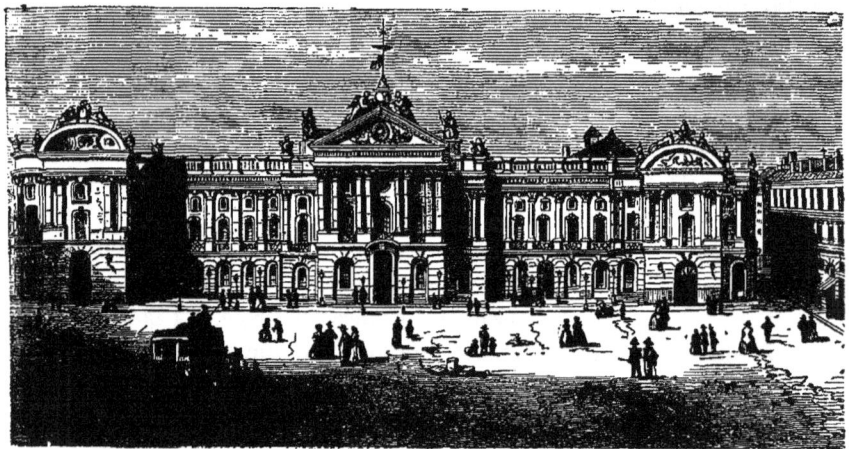

Toulouse. — Le Capitole ou hôtel de ville.

et des arts dans le Midi. L'administration civile du Languedoc y fut installée sous Philippe le Hardi, et un parlement sous Philippe le Bel. Au temps de la Réforme, grâce au zèle de ce parlement et à l'enseignement de son université, Toulouse devint le boulevard du catholicisme dans toute la contrée. Plus tard, le médecin italien Vanini et le protestant Calas, accusés, l'un de panthéisme, l'autre d'avoir pendu son fils, y subirent tous deux la peine capitale. Sans entrer dans les discussions soulevées par ces exécutions, dont sans aucun doute la religion est comme toujours nette de tout reproche, quoi qu'en disent ses ennemis, ajoutons que la Révolution, pour se venger, fit périr à Paris cinquante-trois des anciens membres du parlement toulousain. Le 10 avril 1814, les coteaux de Toulouse furent le théâtre d'une bataille livrée entre le maréchal Soult et l'Anglais Wellington, qui occupa la ville deux jours après.

Au canton de CADOURS, *Cox* possède des fabriques de poterie, — et *Bellegarde*, l'abbaye de trappistes de Sainte-Marie-du-Désert.

FRONTON est une agréable petite ville qui produit des vins estimés. —

Bruguières a une chapelle de Notre-Dame-de-Grâce qui attire beaucoup de fidèles. — *Castelnau* conserve des restes d'un manoir auquel la localité doit apparemment son nom ; car ce mot, très usité dans la géographie du Midi, signifie « château neuf ».

GRENADE, près du confluent de la Garonne et de la Save, est une jolie ville ayant très bien conservé la forme de damier, que lui donnèrent en 1290 ses fondateurs, l'abbé de Granselve et le sénéchal de Toulouse. On conçoit que son nom lui vient de la gracieuse cité espagnole de Grenade. Jadis fortifiée, elle eut à souffrir de la part des protestants, ainsi que des Anglais, pendant la guerre de Cent ans et l'invasion de 1814. Son territoire produit d'excellent vin et beaucoup de blé.

Pibrac, à l'ouest de Toulouse, est célèbre pour avoir donné le jour, au XVIe siècle, à **sainte Germaine Cousin**, qui y est devenue l'objet d'un pèlerinage très fréquenté. « Née de parents pauvres, Germaine mena, jusqu'à l'âge de vingt-deux ans, une vie obscure et solitaire, s'occupant uniquement à faire paître les brebis dans la campagne. Assujettie à de continuelles et dures tribulations, par suite de ses infirmités corporelles, des misères de tous genres qu'elle éprouvait et des amertumes dont elle était souvent abreuvée dans sa famille, elle sut profiter de cet état d'abjection pour faire croître en elle les plus belles vertus : l'innocence, la patience, la mansuétude et la charité la plus ardente envers Dieu et le prochain ; et ces vertus mêmes l'élevèrent à une sainteté si éminente, qu'il a plu à Dieu de la glorifier, depuis deux siècles et demi, par une série non interrompue de prodiges, dont nous citerons quelques exemples.

« La petite Germaine avait coutume de se rendre tous les jours à l'église pour entendre la sainte messe. Au moment de partir, elle plantait en terre sa quenouille, et les brebis, dociles et obéissantes, se réunissaient alentour sans que jamais, jusqu'au retour de la bergère, une seule s'éloignât des autres, sans que jamais aucune n'entrât dans les champs voisins. Bien plus, les brebis de Germaine, quoique abandonnées et laissées sans défense, ne furent jamais attaquées par les loups, nombreux dans ce temps-là.

« Pour se rendre à l'église, la pieuse fille traversait, chaque jour et comme à pied sec, un torrent que parfois cependant les pluies grossissaient au point de rendre le passage naturellement impossible.

« Sa marâtre, ayant su qu'elle faisait quotidiennement l'aumône aux pauvres, supposa qu'elle prenait furtivement à la maison une grande quantité de pain. Un jour, s'approchant de Germaine, elle lui arracha avec dépit le tablier qu'elle portait relevé autour de sa taille, et dans lequel elle avait mis, en effet, quelques morceaux de pain pour les donner aux nécessiteux. Mais elle resta toute surprise quand, au lieu de pain, elle vit tomber à terre une quantité de belles fleurs, toutes fraîches, d'espèces inconnues dans le pays et hors de saison, car on était en hiver.

« Ces merveilles, fidèlement transmises par la tradition, et un grand nombre d'autres dues à l'intercession de cette pieuse fille des champs, expliquent et les honneurs de sa canonisation, qui eut lieu en 1865, et la confiance que lui témoignent les populations du Midi. » (*Notice spéciale*.)

Au canton de Montastruc, *Buzet* jouit d'une certaine renommée pour ses pépinières et ses primeurs. — Villemur, sur le Tarn, est surtout connu par son excellent vin et ses produits céramiques. En 1592, le duc de Joyeuse, chef des Ligueurs méridionaux, y fut vaincu par les royalistes d'Auvergne.

II. **VILLEFRANCHE**, sous-préfecture de 2200 habitants[1], s'élève à 175 mètres d'altitude dans une vallée fertile du Lauraguais, que parcourent le canal du Midi et le ruisseau de l'Hers-Mort. Cette petite ville a conservé le plan régulier sur lequel la fonda, en 1271, Alphonse de Poitiers. Celui-ci y attira la population d'une localité voisine jusqu'alors importante : *Saint-Rome*, aujourd'hui tout petit village. Pillée par le prince Noir en 1357, Villefranche devint au XVIe siècle un foyer de protestantisme. On remarque le curieux clocher de son église. — *Avignonet*, près du col de Naurouze, rappelle le massacre de cinq inquisiteurs par les Albigeois, dans la maison de Raymond de Toulouse (28 mai 1242).

Caraman est un ancien marquisat de la famille Riquet, pour laquelle il fut érigé en duché-pairie sous la Restauration. En 1750, l'un de ses membres devint la tige des princes belges de Caraman-Chimay.

Au canton de Montgiscard, *Baziége*, dans la vallée de l'Hers, fut témoin d'une victoire de Raymond sur les Croisés en 1219. — Nailloux possède la chapelle et la fontaine de Saint-Méen, but de pèlerinage.

Revel, à l'extrémité orientale du département, est une localité importante par ses fabriques de lainages, de produits céramiques et de liqueurs, ainsi que par son commerce de volailles et de pâtés de foies gras. Régulièrement bâtie en 1322 par un seigneur de Revel en Dauphiné, cette ville vit en 1381 la défaite de Jean de Berry, gouverneur du Languedoc, par son compétiteur Gaston Phœbus, et fut donnée en 1579 comme place de sûreté aux protestants. Elle entra en 1627 dans le parti du duc de Rohan contre Louis XIII, et en fut punie par la démolition de ses murailles.

On doit visiter aux environs le magnifique **bassin de Saint-Ferréol**, « le plus gigantesque des travaux exécutés pour le canal du Midi, qu'il sert à alimenter. C'est un lac artificiel de 4300 mètres de pourtour et d'une superficie de 67 hectares. Il contient, lorsqu'il est plein, 6300000 mètres cubes d'eau. Creusé dans la vallée du Laudot, par laquelle il déverse son trop-plein dans le Sor, formant alors une imposante cata-

---

[1] Arrondissement de Villefranche : 6 *cantons*, 93 communes, 47460 habitants.
Cantons et communes principales : 1. *Villefranche*, 2220 habitants ; Avignonet, 1510 ; Saint-Rome. — 2. *Caraman*, 1820 ; Auriac, 1360. — 3. *Lanta*, 1330. — 4. *Montgiscard*, 880 ; Baziége, 1520. — 5. *Nailloux*, 1160 ; Calmont, 1720. — 6. *Revel*, 5390 ; Saint-Félix, 2050.

racte, il est retenu par un barrage de 32 mètres de hauteur et de 70 mètres d'épaisseur sur une longueur de 800 mètres. Il reçoit par la Rigole de la Montagne une partie des eaux supérieures de l'Alzon et se déverse par la Rigole de la Plaine dans le bassin ou bief de partage de Naurouze. Il faut environ 60 jours pour le remplir, mais on peut le vider en 8 jours par des vannes jusqu'à une profondeur de 11 mètres, par des robinets jusqu'à 30 mètres; pour les deux derniers mètres, par une voûte de vidange ou pale de bonde. Les robinets, placés au fond d'une voûte de 75 mètres de longueur, fournissent chacun 58 000 mètres cubes d'eau par jour. Lorsqu'on les ouvre à l'aide de crics, l'eau s'y précipite avec un bruit de tonnerre et produit une commotion de l'air à laquelle ne résiste aucune autre lumière que celle du goudron enflammé. »

(Vivien de Saint-Martin, *Nouv. Dict. de Géogr.*)

III. **MURET**, sous-préfecture de 4000 âmes[1], s'élève par 147 mètres d'altitude à la lisière orientale de la longue plaine toulousaine, au confluent de la Garonne et de la Louge. On n'y remarque guère que son clocher, du type de Saint-Sernin, et les statues des deux plus célèbres Muretains : le maréchal Niel et le compositeur Dalayrac. Cette petite ville, qui envoie beaucoup de grains et de farines à Toulouse, eut pour origine, au XIe siècle, un château entouré de simples murs, ou « murets », et devint dans la suite la capitale des comtes de Comminges. Elle est célèbre par la grande victoire que Simon de Montfort y remporta, le 12 septembre 1213, sur les Albigeois et Aragonais, commandés par le roi Pierre II d'Aragon, ayant sous ses ordres les comtes de Toulouse et de Foix. « Bien au contraire des ennemis, dit Malte-Brun, les Croisés se préparèrent à la bataille en passant la nuit précédente à prier, à se confesser et à communier, puis ils adorèrent la croix en défilant devant l'évêque officiant. Mais comme le temps manquait pour cette dernière cérémonie, l'évêque prit la croix et donna la bénédiction à toute l'armée des Croisés.

« Montfort divisa alors sa cavalerie en trois corps, « en l'honneur de la « sainte Trinité, » et ordonna d'avancer, tandis que les prêtres, et parmi eux saint Dominique, rentraient à l'église, où ils implorèrent avec larmes la protection du Tout-Puissant.

« Les Albigeois, fatigués d'attendre, s'étaient mis à manger quand l'armée des Croisés fondit sur eux : les hommes de Toulouse se précipitèrent en avant « sans écouter roi ni comtes » et furent culbutés; les cavaliers du comte de Foix eurent le même sort. Enfin la gendarmerie française fondit sur les troupes du roi d'Aragon avec un choc si terrible,

---

[1] Arrondissement de Muret : 10 *cantons*, 127 communes, 76 840 habitants.
Cantons et communes principales : 1. *Muret*, 4 060 habitants; Eaunes, Lherm, 1 090; Seysses, 1 190. — 2. *Auterive*, 2 810; Beaumont, 1 180; Miremont, 1 110. — 3. *Carbonne*, 2 300; Saint-Sulpice, 1 130. — 4. *Cazères*, 2 710; Martres, 1 770. — 5. *Cintegabelle*, 2 350; Gaillac, 1 530. — 6. *Fousseret*, 1 990. — 7. *Montesquieu-Volvestre*, 3 130; Montbrun, 1 190. — 8. *Rieumes*, 2 080. — 9. *Rieux*, 1 820. — 10. *Saint-Lys*, 1 250; Sainte-Foy, 1 180.

que le bruit en retentit au loin « comme si une forêt entière fût tombée « sous la hache ». Le roi lui-même tomba percé de coups. La nouvelle en vola par toute l'armée dans ce cri : « Le roi Peyre est mort ! » Ce fut un signal de déroute. Tous, grands et petits, se précipitèrent vers la Garonne, où beaucoup se noyèrent. »

Cette mémorable victoire, qui ruina le parti albigeois, prépara en même temps et rendit inévitable la réunion du Languedoc à la France. — Sous le Directoire, en 1799, Muret fut le foyer du soulèvement royaliste dirigé par le comte de Paulo, et prit alors le titre de « capitale des États du roi ».

Eaunes conserve une église et les bâtiments d'une abbaye cistercienne, fondée en 1137 et reconstruite au XVIIe siècle. — *Seysses*, près de la Garonne, est l'antique *Aquæ Siccæ*, sur la voie romaine de Toulouse à Saint-Bertrand-de-Comminges.

Auterive, sur un plateau dominant l'Ariège, est une ancienne place forte qui fut prise et reprise durant les guerres des Albigeois et de la Réforme. — Carbonne s'élève pittoresquement sur une terrasse entourée de trois côtés par la Garonne, qui reçoit l'Arize. C'est un bourg fondé sur plan régulier en 1256 par les moines de Bonnefont, de même que, l'année précédente, *Saint-Sulpice-sur-Lèze* l'avait été par ceux de Lézat.

Cazères, sur la Garonne, est renommé par ses pêches et les importants marchés qui s'y tiennent ; il y a des tanneries, des teintureries et des fabriques de conserves alimentaires. — En amont, *Martres-Tolosane* paraît être l'ancienne *Callagoris*, appelée plus tard *Angonia*. On y a découvert une villa romaine, qui a fourni un grand nombre de statues, bustes, bas-reliefs, aujourd'hui déposés au musée de Toulouse. Pèlerinage à la fontaine dite de Saint-Vidian, du nom d'un capitaine de Charlemagne qui perdit la vie sur ses bords en combattant contre les Sarrasins.

Cintegabelle, près du confluent de l'Hers et de l'Ariège, conserve les restes de la célèbre abbaye cistercienne de Boulbonne, transférée du pays de Foix après les guerres de Religion. — *Gaillac-Toulza* possède également les débris d'une abbaye de Cîteaux, fondée en 1147.

Fousseret, sur un plateau dominant de 70 mètres la Louge et l'immense plaine toulousaine, est une ancienne bastide fondée par Alphonse de Poitiers, et où naquit l'abbé Sicard, instituteur des sourds-muets.

Montesquieu-Volvestre, sur l'Arize, doit son surnom au pays dont il était le chef-lieu au moyen âge ; son église, ses halles et les débris de son château datent de cette époque. Le duc de Joyeuse s'en empara en 1586. Filatures de laine et fabrication de passementerie.

Rieumes est une « ville neuve » fondée en 1317 par un comte de Comminges, en paréage avec le roi Philippe le Long. — *Labastide* fut de même bâtie en 1300 par les cisterciens de l'abbaye des Feuillants, d'où sortit sous Charles IX la réforme monastique dite des « Feuillants ».

Rieux, sur l'Arize, est une ville morte qui a dû jadis sa notoriété à son évêché, érigé en 1317 et supprimé en 1790. L'ancienne cathédrale, mutilée, n'a conservé d'intéressant que son clocher du type toulousain. — Saint-Lys, de son vrai nom *Saint-Louis*, est une bastide créée en 1280 par les moines de Gimont, en paréage avec le roi Philippe le Hardi.

IV. **SAINT-GAUDENS**, sous-préfecture de 7 000 âmes[1], s'élève à 400 mètres d'altitude sur une colline dominant la rive gauche de la Garonne, et d'où l'on jouit d'une très belle vue sur les Pyrénées centrales. Son église romane, autrefois collégiale, est remarquable par les dispositions stratégiques de son chœur. La chapelle Notre-Dame est un but de pèlerinage. Cette ville, nommée jadis *Mas-Saint-Pierre*, doit son nom actuel au jeune chrétien Gaudentius, martyrisé au Ve siècle par les ariens Westgoths. Chef-lieu du Nébouzan au moyen âge, elle dut à ses libertés et privilèges d'être alors très prospère. Elle tomba successivement au pouvoir de Simon de Monfort, des Anglais, et en 1562 des calvinistes, qui la pillèrent et la livrèrent aux flammes. La Révolution l'appela Mont-Unité. Comme *Miramont*, qui en est séparé par la Garonne, Saint-Gaudens possède des filatures, des fabriques de lainages et de nombreux métiers à tricots. — *Labarthe-Rivière* utilise deux sources thermales et montre une tour romaine.

Aspet, dans une situation pittoresque sur le Gers, a une pépinière départementale et des carrières de marbre ; c'était jadis une châtellenie. — *Encausse*, dans la belle vallée du Job, est une station thermale fréquentée, dont les eaux sulfatées calciques furent connues des Romains.

Aurignac conserve son château féodal et des restes de remparts. Auprès se trouve une caverne à ossements des âges préhistoriques. — *Alan* est une ancienne bastide fondée en 1270 par un évêque de Comminges, dont les successeurs y résidèrent souvent.

Bagnères-de-Luchon, ou simplement *Luchon*, la plus importante station balnéaire des Pyrénées, se trouve dans la belle vallée de la Pique. « La route qui y conduit est bordée de vignes, dont chaque pied monte à un arbre, orme ou frêne, le couronne d'une fraîche verdure, et laisse retomber ses feuilles et ses vrilles en panache. La vallée est un jardin étroit et long, entre deux chaînes de montagnes. Sur les basses pentes sont de belles prairies, où les eaux vives courent aménagées dans des rigoles arroseuses lestes et babillardes. Les villages sont posés sur la petite rivière ; des ceps montent le long des murs poudreux. Des mauves, droites comme des cierges,

---

[1] Arrondissement de Saint-Gaudens : 11 *cantons,* 236 communes, 113 780 habitants.
Cantons et communes principales : 1. *Saint-Gaudens,* 6 650 habitants; Labarthe-Rivière, 1 360; Miramont, 1 060; Pointis, 1 040; Valentine, 1 040; Villeneuve, 1 190. — 2. *Aspet,* 2 050; Encausse, Estadens, 1 240. — 3. *Aurignac,* 1 270; Alan, Cassagnabère, 1 190. — 4. *Bagnères-de-Luchon,* 3 720; Saint-Aventin. — 5. *Barbazan,* 470; Gourdan, 1 510; Saint-Bertrand, Sauveterre, 1 560. — 6. *Boulogne,* 1 890; Blajan, Lespugne. — 7. *Isle-en-Dodon (L'),* 2 340. — 8. *Montréjeau,* 2 740. — 9. *Saint-Béat,* 920. — 10. *Saint-Martory,* 1 010. — 11. *Salies,* 1 040; Montespan, Roquefort, Saleich.

lèvent au-dessus des haies leurs fleurs rondes, brillantes comme des roses de rubis. Des vergers de pommiers passent à chaque instant des deux côtés de la voiture. Des cascades tombent dans chaque anfractuosité de la chaîne, entourées de maisons qui cherchent un abri. La chaleur et la poussière sont si grandes, que l'on est obligé, à toutes les sources qu'on rencontre, de laver avec une éponge les narines des chevaux (le chemin de fer n'était pas encore établi alors). Mais au fond de la vallée s'élève un amas de montagnes noires, âpres, dont les têtes sont blanches de neige, qui nourrissent la rivière et ferment l'horizon. Enfin nous passons sous

Bagnères-de-Luchon et la vallée de la Pique.

une allée de beaux platanes, entre deux rangées de villas, de jardins, d'hôtels et de boutiques : c'est Luchon, petite ville aussi parisienne que Bigorre. » (TAINE, *Voyage aux Pyrénées*.)

Déjà connue des Romains, Bagnères-de-Luchon est probablement l'antique *Onesiorum Thermæ*, citée par Strabon; le surnom de Luchon viendrait du dieu Ilixon, le génie de la localité. Avec la domination romaine, Bagnères vit disparaître sa renommée, qui resta ensevelie bien au delà du moyen âge. Incendiée en 1723 par les Miquelets d'Espagne, elle se releva, grâce surtout à l'intendant d'Étigny, qui prépara ainsi sa prospérité actuelle. La ville compte une cinquantaine de sources thermales, presque toutes sulfureuses, formant la série d'eaux de ce genre la plus complète que l'on connaisse. Ces eaux sont utilisées dans un vaste établissement, précédé d'un péristyle de 28 colonnes monolithes en marbre blanc de

Saint-Béat. Elles sont très fréquentées, non seulement pour leurs propriétés curatives, mais encore pour les sites gracieux ou imposants et les curiosités archéologiques que présentent les environs plus ou moins immédiats de la cité balnéaire. Tels sont les cascades de *Juzet*, de *Montauban*, la tour ruinée de Castelvieil, Saint-Mamet, les vallées de Larboust et du Lys, la grotte de Gargas, le lac et la cascade d'Oo, les pics Quairat, Crabioules et le Tuc de Maupas, les ports de Vénasque et de la Piquade.

La vallée de Larboust renferme la bourgade de *Saint-Aventin*, qui doit son nom à un missionnaire de la région, massacré au VIIIe siècle par les Sarrasins, et dont le corps, miraculeusement retrouvé, fut apporté au lieu où s'élève aujourd'hui l'église paroissiale.

BARBAZAN, près de la Garonne, remplace depuis 1888 Saint-Bertrand-de-Comminges comme chef-lieu de canton; on y remarque un petit établissement thermal et le château de ses anciens sires.

Saint-Bertrand-de-Comminges, qui n'a plus de ville que le titre et le souvenir, est une localité de 600 habitants à peine, située sur un rocher isolé dominant la plaine de la Garonne. Avec son faubourg du Plan, bâti au pied de la colline, elle occupe en partie l'emplacement de *Lugdunum Convenarum*, capitale des *Convenæ*, qui compta jusqu'à 30 000 habitants sous les Romains. On y a retrouvé les ruines d'un amphithéâtre, d'un arc de triomphe et d'autres monuments dont les maîtres du monde s'étaient plu à l'embellir. Érigée de bonne heure en ville épiscopale, elle fut prise en 585 par un lieutenant de Gontrand, qui y poursuivait le prétendant Gondowald, et réduite à un tel état de ruine, qu'elle demeura inhabitée pendant cinq siècles. Ce fut saint Bertrand qui, pendant son épiscopat de cinquante-trois années, reconstruisit la ville avec sa cathédrale, ses fortifications et son cloître, et à laquelle a été justement donné son nom. Toutefois la nouvelle cité, qui échappa à la domination des comtes de Comminges, ne paraît jamais avoir dépassé 1 000 habitants. Pillée à trois reprises par les Réformés du XVIe siècle, elle a vu supprimer son évêché en 1790, de même que sa justice de paix en 1888. Il ne lui reste plus que son jubilé quinquennal et ses fêtes en l'honneur de son second fondateur, qui attirent des milliers de pèlerins, alors que ses curiosités archéologiques lui amènent, de Bagnères-de-Luchon surtout, un nombre toujours croissant de touristes.

En aval, *Gourdan* montre une curieuse grotte fortifiée au moyen âge, et dans laquelle ont été trouvés des ossements et des objets de l'âge de la pierre. — A l'ouest, *Sauveterre* exploite des carrières de marbre de couleur.

BOULOGNE, entre la Gesse et la Gimone, fut fondé sur plan régulier vers 1280, par les cisterciens de l'abbaye de Nizors ou Bénissons-Dieu, qui était située à 3 kilomètres sud. Il y a des fabriques de gazes pour bluteries, ainsi qu'à *Blajan*. — *Lespugne* offre les ruines de la ville de Saint-Martin.

Montréjeau (prononcez Mont Réjeau ou, suivant la prononciation locale, Morjeau) est une jolie petite ville qui s'élève à l'extrémité d'un plateau dominant le confluent de la Garonne et de la Neste. Outre d'admirables vues sur ces vallées et sur la chaîne pyrénéenne, on y remarque un beau pont de six arches et un magnifique parc. Son industrie a pour objet la fabrication des cuirs et des tricots de laine. Montréjeau (*Mons Regalis*) est une ancienne bastide créée en 1272 par le sénéchal de Toulouse et le seigneur de Montespan. Sous Louis XIV, il devint le chef-lieu du duché

Saint-Bertrand-de-Comminges.

d'Antin, et en 1799 le soulèvement royaliste du comte de Paulo y fut écrasé par les troupes républicaines.

Saint-Béat, dans une gorge étroite de la Garonne, est renommé par ses carrières de marbre blanc statuaire. Avant 1790, il possédait un prieuré datant de Louis le Débonnaire; en 1855, on y a élevé une chapelle romane et une Vierge colossale parmi les débris de son ancien château fort. Ce château faisait de Saint-Béat la clef de la France du côté du Val d'Aran et de l'Espagne; car son défilé, appelé autrefois Pas-de-Loup, est la répétition de l'étroit passage du Pont-du-Roi.

Le **Val d'Aran**, où naît la Garonne, est un canton de 500 kilomètres carrés, politiquement à l'Espagne depuis 1192; mais il est français physiquement et aussi par ses relations, du moins pendant que l'hiver empêche de franchir le faîte des Pyrénées espagnoles. Ses 13 000 habitants, qui parlent une sorte de patois languedocien et sont pour la plupart bûcherons, pâtres ou contrebandiers, écoulent alors leurs produits vers la France, et en reçoivent ceux qui leur manquent.

Saint-Martory, qui possède d'importantes papeteries, est agréablement situé sur la Garonne et à l'origine du canal d'irrigation de la grande plaine toulousaine. Aux environs se trouvent les belles ruines du château fort de Montpezat et celles de la célèbre abbaye cistercienne de Bonnefont, créée en 1136, et dans laquelle furent depuis lors ensevelis les comtes de Comminges. Construit dans le style roman et le style gothique des XIIe et XIIIe siècles, le couvent a été démoli après la Révolution et ses plus beaux détails emportés à Saint-Martory, à Saint-Gaudens et ailleurs. On doit notamment à ses religieux la fondation de plusieurs bastides languedociennes.

Salies, sur le Salat, au pied d'une colline que couvrent les restes d'un château des comtes de Comminges, utilise une source sulfureuse dans un établissement thermal, ainsi qu'une source salée pour la fabrication du sel, et à laquelle la ville doit son nom. — Au nord, sur la Garonne, *Roquefort* offre également les débris d'une forteresse des dits comtes, forteresse dont Simon de Montfort s'empara en 1211 après un long siège.

Montespan (*Mons Hispanus*), près de la Garonne, montre les ruines pittoresques d'un château du XIIIe siècle, qui fut le siège d'une seigneurie érigée en marquisat en 1612 pour la famille Pardaillan-Gondrin. Les marquis de Montespan résidèrent presque continuellement à la cour, et la trop célèbre favorite de Louis XIV ne paraît jamais avoir visité le château, d'ailleurs déjà délabré alors. En 1711, le marquisat se fondit dans le duché d'Antin, qui venait d'être créé. — *Saleich*, dans un bassin entouré de collines boisées, nous présente à la fois un vieux château féodal et un sanctuaire de la Mère de Dieu : édifices d'une destination bien opposée, semble-t-il, mais qui en réalité ont tous deux pour objet le bien de l'humanité : l'un, par des moyens naturels, et pour sauvegarder seulement des intérêts temporels; l'autre, surtout pour vaincre les ennemis du salut éternel par le moyen de la prière adressée à la Reine du ciel, qui est comparée à une « armée rangée en bataille ».

TARN

4 arrondissements, 36 cantons, 320 communes, 339 800 habitants

Géographie. — Le département du *Tarn* doit son nom à la rivière qui le traverse de l'est à l'ouest par Albi et Gaillac. Il a été formé en 1790 de la partie du Languedoc qui comprenait l'*Albigeois* et une portion du Lauraguais, autrement dit les diocèses d'Albi, de Castres et de Lavaur, dont on retrancha en 1808 la valeur d'un arrondissement pour aider à la création du Tarn-et-Garonne; il a une superficie de 5 780 kilomètres carrés, ce qui le place au 57e rang à cet égard.

Ce territoire peut se diviser en trois régions : les montagnes, les collines et les plaines. La contrée montagneuse, qui embrasse l'est et le sud, comprend : 1° les *monts de Lacaune*, gneissiques, schisteux, granitiques, généralement nus, qui atteignent 1 260 mètres au Roc de Montalet, point culminant du département, situé au sud-est de Lacaune; 2° le *Sidobre*, plateau parsemé de blocs de granit gris, que les gorges de l'Agout séparent des monts précités; 3° la *Montagne-Noire*, gneissique et couverte de forêts, dont le culmen est le pic Nore, 1 210 mètres, qui appartient par sa cime au département de l'Aude. La région des collines, essentiellement composée de calcaires, de grès et de sables, occupe le nord et le centre avec une altitude de 300 à 600 mètres; enfin les plaines, alluviales ou de même nature que les collines, s'étendent principalement à l'ouest; ce sont surtout celles de l'Agout et du Tarn. La sortie de ce dernier marque le point le plus bas : 88 mètres. L'altitude d'Albi et de Castres est d'environ 170 mètres; l'altitude moyenne, de 250 mètres.

Le Sidobre et *les rochers tremblants*. — « Le plateau granitique du Sidobre, situé à l'est de Castres, traversé par l'Agout, et que nous avons visité avec intérêt en 1884, est parsemé de gigantesques blocs de granit, affectant les formes les plus bizarres : les uns sont amoncelés comme par l'effet du hasard; d'autres, isolés au milieu des champs; quelques-uns, placés debout en équilibre, peuvent être mis en mouvement par une faible pression : on les nomme *rochers tremblants*. Le plus visité est celui du hameau de la Rouquette. Ce bloc, de forme ovoïde, a 13 mètres cubiques en grosseur. Il est placé sur une roche plate au bord d'un précipice, dans lequel d'autres blocs entassés pêle-mêle forment des cascades de rochers. Lorsqu'on le pousse à plusieurs reprises et avec une certaine adresse, il perd son immobilité et se balance d'une manière visible. A quelques mètres au-dessous de cette masse colossale se trouve, dans la même vallée du Lézert, la grotte curieuse dite de Saint-Dominique, formée par des rochers roulés des deux rives escarpées et qui se soutiennent par leur contact mutuel.

« Si le touriste, après avoir suivi les sinuosités de la rivière consacrée à Auguste (l'Agout), dont les eaux, semblables à un ruban argenté, vont se perdre sous d'épais ombrages, et si, après avoir franchi les couches schisteuses du Lézert, il arrête ses regards au Rocher-Tremblant, il est tout à coup saisi à l'aspect de cette nature sauvage et rabougrie. Ici, d'énormes rochers entassés de toutes parts, formant de hautes pyramides; là, des cours d'eau obstrués dans leur route par de gigantesques blocs de granit, faisant bouillonner de colère ces eaux naguère tranquilles, et qui maintenant ravinent les vallées; partout des ruines et des débris accusant le passage de grandes forces perturbatrices. C'est une nature à part. La végétation, elle aussi, offre ce même désordre. Là, quelques chênes apparaissent au milieu des houx, aux feuilles ornées de dards, et d'arbres verts au lugubre feuillage accusant une altitude plus élevée; ici, ce sont des bruyères mélancoliques et de monotones genêts. Au nord, des mousses épaisses, aux couleurs sombres, et des lichens jaunâtres étreignent de leurs mille bras ces rochers toujours en deuil. Tout y respire la tristesse et la désolation. Voilà le Sidobre, mot qui, d'après Borel, vient de *sine opere*, sans travail, sans culture. »

(A. CARAVAN, *Étude géol. du Sidobre.*)

D'après le professeur Bergeron, les blocs granitiques du Sidobre n'ont pas été roulés ni transportés à l'époque glaciaire; mais ils ont été formés sur place aux dépens de la roche granitique sous-jacente, qui est d'origine éruptive. Cette roche, en se refroidissant et se contractant, s'est divisée en blocs arrondis, autour desquels s'est formée une enveloppe de roche plus tendre, siliceuse, que les eaux ruisselantes, chargées d'acide carbonique, décomposent et enlèvent progressivement, laissant à nu les noyaux granitiques durs, si pittoresquement amoncelés dans la vallée de l'Agout.

Hydrographie. — Sauf quelques torrents de la Montagne-Noire qui descendent à l'Aude, et le bourbeux *Girou*, sous-affluent de la Garonne, toutes les eaux se rendent dans le fleuve « gascon » par le Tarn.

Le Tarn. — « Durant 36 kilomètres environ, de ce lieu d'entrée, qui est au confluent du Rancé, jusqu'au Saut-de-Sabo, le Tarn coule dans des gorges très sinueuses, profondes, sombres (car elles sont encastrées par des roches ternes, ou grises, ou rouges, ou rougeâtres, appartenant aux

Ruines du château de Larroque, près d'Albi, sur le Tarn (p. 165).

terrains anciens). La rivière, salie par des affluents aveyronnais, y passe, tantôt lente, tantôt brisée de rapides, devant Trébas, puis sous les huit arches du pont de Villeneuve, haut de 18 mètres; ensuite elle forme le fameux *Cingle d'Ambialet*, circuit de trois kilomètres (l'isthme n'ayant que 25 mètres) autour de la colline rocheuse qui porte le couvent de Notre-Dame-de-l'Oder; après quoi elle arrive à la cascade, de 10 mètres de hauteur, nommée le *Saut-de-Sabo*. Cette chute, moins belle depuis qu'on s'en est emparé pour installer des usines, jette le Tarn dans des chenaux schisteux qui ne tardent pas à se réunir, et alors la rivière, passant sous le pont d'Arthès, entre dans la plaine fertile de l'Albigeois.

Elle y coule entre des berges terreuses qui ont actuellement 30 mètres de haut. Grâce à ces levées naturelles, le Tarn ne peut ravager les fertiles campagnes qu'il traverse, bien que ses crues soient parfois considérables, car elles s'élèvent jusqu'à 12 mètres. Désormais peu pittoresque et presque toujours rougeâtre ou jaunâtre, le Tarn serpente dans une vallée dont la largeur est de six à sept kilomètres; il coule sous les ponts élevés d'Albi, passe à Gaillac, l'Isle-d'Albi, Rabastens et Saint-Sulpice-la-Pointe, où il reçoit son plus abondant affluent, l'*Agout*, par 88 mètres d'altitude, et bientôt après il entre dans le département de Tarn-et-Garonne. Fort d'environ vingt mètres cubes par seconde en eaux basses, de plusieurs milliers de mètres cubes en grande crue, il est censé navigable à partir du Saut-de-Sabo; mais en fait la navigation y est presque nulle. On se propose de prendre une partie de ses eaux à Ambialet pour un canal d'arrosement destiné à la plaine de l'Albigeois. » (Vivien de Saint-Martin.)

L'*Agout*, qui draine les trois cinquièmes du département, c'est-à-dire la partie méridionale, roule dans de profondes gorges, baigne Castres et Lavaur, s'adjoint le *Thoré*, passant en vue de Mazamet, puis le *Sor* et le *Dadou*. L'*Aveyron*, autre affluent du Tarn, court en partie sur la limite septentrionale du département avec son tributaire le *Viaur*, tous deux si pittoresques, et y recueille en outre le *Cérou* et la *Vère*.

Climat et productions. — Le *climat* froid, dit du *Massif Central*, règne dans les parties hautes et imperméables du sud et de l'est, comme le *climat* tempéré, dit *girondin*, règne au nord et à l'ouest. Le vent d'autan ou de l'est souffle avec violence surtout dans la Montagne-Noire, laquelle reçoit annuellement plus d'un mètre d'eau pluviale, alors que l'Albigeois n'en obtient que 75 centimètres; les automnes sont généralement fort beaux.

Les plaines, très fertiles, produisent une grande quantité de froment et de maïs, tandis que les coteaux sont couverts de vignes, principalement dans l'arrondissement de Gaillac, dont les meilleurs crus sont ceux de Cunac, de Cahusaguet et du Roc, aux environs d'Albi; les plateaux, la vallée de l'Agout et la Montagne-Noire, ont de vastes herbages où sont engraissés de nombreux animaux des races bovine et ovine. On doit aussi mentionner la culture du pastel, de l'anis, des légumes et des fruits, l'élève des oies et dindons, des porcs, grâce à l'abondance des pommes de terre, de chevaux recherchés pour la cavalerie légère, enfin 71 000 hectares de bois formant, entre autres forêts, celles de Grésigne (3300 hectares) et de la Montagne-Noire.

Le Tarn exploite notamment des mines de fer, les carrières de marbre de Lacaune et de Saint-Urcisse, le bassin houiller de Carmaux et diverses sources minérales à Lacaune, Rieumajou et Trébas. L'industrie proprement dite comprend les manufactures de draps fantaisie et autres lainages, dont Mazamet et Castres sont les centres; les tanneries de Graulhet, d'Albi et de Mazamet, l'aciérie de Saint-Juéry, les forges des Avalats, la verrerie de Carmaux, la papeterie de Castres, les distilleries et les pâtisseries d'Albi.

Les habitants. — En 1896, le Tarn renfermait 339 800 âmes, soit 69 000 de plus qu'en 1801, mais aussi 19 000 de moins qu'en 1874. Il est le 47e pour la population absolue et le 44e pour la densité, avec 59 habitants par kilomètre carré. On y compte à peine 600 étrangers, mais plus de 16 000 protestants. Les gens de la campagne surtout parlent généralement une sorte de patois languedocien.

Personnages. — Saint Salvi, évêque d'Albi, sa ville natale (mort en 584), où sont nés également saint Didier, évêque de Cahors, mort en 654, et sainte Sigolène, morte au viiie siècle. L'avocat écrivain Pélisson, que Béziers dispute à Castres, mort en 1693. Le traducteur Dacier et l'historien Rapin-Thoiras, né à Castres, morts en 1722 et 1725. Dom Vaissette, historien du Languedoc, né à Gaillac, mort en 1756. Le navigateur Lapérouse, né au Gô, près d'Albi, mort naufragé en 1788. Le général d'Hautpoul, né à Cahuzac, tué à Eylau en 1807. Le médecin Portal, né à Gaillac, mort en 1832. Le comte de Las Cases, auteur du *Mémorial de Sainte-Hélène*, né à Blan-la-Mothe, mort en 1842. Le maréchal Soult, duc de Dalmatie, né à Saint-Amans, mort en 1851.

Administrations. — Le département forme le diocèse d'Albi; il ressortit à la cour d'appel et à l'académie de Toulouse, à la 16e division militaire (Montpellier), à la région agricole du Sud-Central, à la 25e conservation forestière (Carcassonne) et à l'arrondissement minéralogique de Rodez.

Il comprend 4 arrondissements: *Albi, Castres, Lavaur* et *Gaillac*, avec 36 cantons et 320 communes.

I. **ALBI**, chef-lieu du département[1], est une ville de 21 500 âmes, s'élevant à 170 mètres d'altitude sur le Tarn, aux rives escarpées. Elle offre un aspect assez pittoresque, mais la plupart de ses rues sont étroites et mal pavées. La gloire monumentale d'Albi c'est la cathédrale Sainte-Cécile, l'une des merveilles du style ogival. Construite toute en briques, de 1277 à 1512, elle a extérieurement une physionomie militaire, par la disposition de ses murs latéraux, surmontés de galeries et flanqués de tourelles, autant que par son clocher, sorte de donjon carré de 78 mètres de haut. A l'intérieur on remarque le jubé, vraie dentelle de pierre; les 120 stalles au-dessus desquelles se trouvent 72 niches de saints avec leurs

---

[1] Arrondissement d'ALBI : 9 *cantons*, 94 communes, 100 550 habitants.
Cantons et communes principales : 1. *Albi*, 21 490 habitants; Castelnau, Lescure, 1 250. — 2. *Alban*, 960; Curvale, 2 510; Paulin, 2 220; Teillet, 1 010. — 3. *Carmaux*, 10 070; Blaye, 2 160; Saint-Benoît, 1 330. — 4. *Monestiés*, 1 400; Combefa, Montirat, 1 570. — 5. *Pampelonne*, 1 740; Jouqueviel, Mirandol, 2 000; Sainte-Gemme, 1 100; Tanus. — 6. *Réalmont*, 2 640; Lombers, 1 240. — 7. *Valderiès*, 930; Andouque, 1 510. — 8. *Valence*, 1 520. — 9. *Villefranche*, 1 370; Ambialet, 2 500; Saint-Juéry, 2 170.

statues; un curieux baldaquin en pierre, de la Renaissance; enfin et surtout les admirables fresques des voûtes.

« On doit, dit M. du Mège, considérer comme un ouvrage immense, qui honorera toujours les arts, les peintures de la voûte de Sainte-Cécile, ornements de la plus grande richesse, du plus étonnant effet, et où le goût du xvie siècle paraît avec tant d'avantage. Que l'on se représente les voûtes d'un temple qui a plus de trois cents pieds de longueur; qu'on en calcule les courbes et leurs développements; qu'on étende sur le tout une teinte d'azur; que sur ce fond, dont la couleur éthérée paraît doubler la hauteur de l'édifice, on retrace par la pensée ces tortueux rinceaux d'acanthe, ces enroulements gracieux que l'on admire dans les palais de la belle Italie; que ces arabesques délicates empruntent à l'albâtre sa blancheur, et que l'or seul en rehausse les élégants contours; que des êtres célestes se jouent dans les feuillages; que les prophètes, les vierges, les saints y soient représentés; que la pureté du dessin, la simplicité des poses, annoncent l'école de Raphaël et rappellent les fresques du Vatican; que l'or brille partout, qu'il étincelle sur l'azur, et l'on aura une idée imparfaite encore de l'ensemble magique que présentent les somptueuses voûtes de Sainte-Cécile. »

« On ne peut terminer la description d'un édifice dédié à sainte Cécile sans parler de l'orgue placé dans la cathédrale d'Albi: c'est un chef-d'œuvre d'harmonie et d'exécution. Il est très étendu, d'une douceur et d'une expression surprenantes, renfermé dans un grand buffet en style de la Renaissance. Cette grande voix de nos églises, qui semble renfermer toutes les voix du ciel et de la terre, pour les porter en sons mélodieux vers le trône de Dieu, retentit avec plus de charme peut-être sous la protection et sous l'inspiration de sainte Cécile. Cette sainte est la patronne des hommes qui ont voué leur génie à la musique. Il était assurément bien juste que cet art sublime eût sa protectrice dans les demeures célestes, puisque le chant nous vient des anges et que la source des concerts est dans le ciel. Les Raphaël et les Murillo l'ont représentée tenant un instrument dans ses mains, les yeux élevés en haut, où se dirigent son cœur et ses chants, expression pleine de grandeur et de vérité, puisque, sur la terre, nos chants doivent être inspirés comme par un souvenir des cieux. » (BOURASSÉ, *les Cathédrales de France*.)

Parmi les autres monuments ou curiosités d'Albi, citons l'église romane de Saint-Salvi, pour son portail, sa crypte et sa tour qui date du xie siècle; les églises modernes de Saint-Joseph et de la Madeleine; le palais archi-épiscopal, qui a l'apparence d'une forteresse; le magnifique jardin du Bon-Sauveur, avec son manoir du Petit-Lude servant de maison hospitalière; le parc dit de Rochegude, du nom d'un bienfaiteur de la ville; enfin, au carrefour de trois avenues, la statue de Lapérouse, entourée de débris retrouvés à Vanikoro, l'île océanienne où périt le célèbre navigateur.

Albi. — Cathédrale Sainte-Cécile, de style **ogival et militaire**.

Quant aux établissements industriels d'Albi, ce sont des fabriques de toiles, de lainages et de cotonnades, de cierges, de pâtes alimentaires et de liqueurs; des fonderies et des tanneries. C'est sur le territoire communal que se récoltent les vins estimés du Roc et de Cahuzaguet.

Albi, dont on fait généralement dériver le nom du celtique *alt*, hauteur, est l'antique *Albiga,* capitale des *Albigenses,* détachés des Ruthènes au IIe siècle et incorporés à l'Aquitaine Ire. Saint Clair l'évangélisa au siècle suivant et la dota d'un évêché, qui fut érigé en archevêché en 1678. Prise par les Sarrasins en 730 et par Pépin le Bref en 767, la cité devint ensuite le chef-lieu du comté d'Albi, puis de l'Albigeois; elle appartenait aux comtes de Toulouse à l'époque de la croisade antialbigeoise. Échue alors en partage à Simon de Montfort, elle se souleva contre son fils Amaury pour se donner en 1226 au roi Louis VIII. La ville échappa aux routiers, qui assiégèrent son castelviel en 1422, et se ressentit peu des guerres de la Réforme; mais elle embrassa en 1634 le parti du duc de Rohan, que dissipa bientôt Richelieu.

Saint Dominique et le Rosaire. — C'est principalement à saint Dominique, Espagnol d'origine, qu'est due la conversion des Albigeois, espèce de manichéens répandus aux XIIe et XIIIe siècles dans tout notre Midi, notamment dans le diocèse d'Albi, d'où le nom donné à ces hérétiques: jamais peut-être on n'avait vu l'Église de France en un si pitoyable état. Envoyé par le pape, le nouvel apôtre mit sa grande œuvre sous la protection de la très sainte Vierge, qui, dans une apparition à Prouille (Aude), lui avait recommandé l'établissement du *Rosaire.* C'est, comme on le sait, une prière composée de plusieurs dizaines d'*Ave Maria,* précédées chacune du *Pater* et suivies du *Gloria Patri,* que l'on récite au moyen du chapelet et en méditant sur les mystères de la Rédemption.

Dominique, à l'aide de cette arme admirable, s'élança au combat contre l'erreur; il parcourut avec d'incroyables fatigues, au milieu des persécutions de toutes sortes, la plupart des villes et des villages du Languedoc, opérant des miracles et confondant les hérétiques par la force de la vérité. Il ramena ainsi des centaines de milliers d'âmes au Seigneur, avec le concours d'hommes zélés qu'il s'était associés et qui furent les premiers Dominicains. — C'est aussi grâce au Rosaire que l'armée chrétienne de don Juan d'Autriche anéantit à la bataille de Lépante, en 1571, les troupes musulmanes qui menaçaient d'envahir l'Europe catholique. Ce sera encore par le même moyen que la sainte Église et la France triompheront de leurs ennemis, comme la sainte Vierge elle-même l'a manifesté une fois de plus en apparaissant à Lourdes avec un chapelet et en invitant l'heureuse voyante à le réciter avec elle. Aussi le pape Léon XIII a-t-il prescrit à tous les fidèles la récitation publique et solennelle du Rosaire tous les jours du mois d'octobre, qui est ainsi devenu comme un second « mois de Marie ».

A 5 kilomètres d'Albi se trouve le sanctuaire de Notre-Dame de la Drèche, but de pèlerinage fréquenté.

Castelnau-de-Lévis, en aval d'Albi, est une ancienne bastide ou « ville neuve », dont le château fort de Larroque, en ruines, est dominé par un donjon du xiiie siècle, de 50 mètres de haut. — *Paulin,* au canton d'Alban, est aussi remarquable par les belles ruines d'une forteresse féodale, laquelle, bâtie sur un rocher à pic, fut jusqu'après les guerres de religion l'une des plus redoutables de l'Albigeois. — Près de *Teillet,* se voit le magnifique château moderne de Grandval, construit au siècle dernier par le financier Samuel Bernard.

Carmaux, sur le Cérou, est une ville de 10 000 âmes, centre d'un bassin houiller exploité depuis des siècles, mais surtout depuis la création des chemins de fer. Ce bassin, le huitième de France par ordre d'importance, occupe 2 500 ouvriers et produit anuuellement plus de 500 000 tonnes de charbon. Il y alimente une verrerie considérable et plusieurs autres établissements industriels.

Monestiés, dans une gorge étroite sur le Cérou, était au moyen âge un monastère fortifié et la place la plus forte de la rive droite du Tarn, depuis Gaillac jusqu'à Rodez. — A 5 kilomètres sud se voient les ruines du château fort de *Combefa,* qui appartenait aux évêques d'Albi.

Pampelonne, sur un plateau commandant de 150 mètres les superbes et très sinueuses gorges du Viaur, est une des nombreuses « villes neuves » languedociennes, fondée au xiiie siècle par le célèbre Eustache de Beaumarchais, sénéchal de Toulouse. Le sénéchal lui donna le nom de la ville espagnole de Pampelune, à la prise de laquelle il contribua beaucoup en 1276, et fit son principal domaine féodal du château de Thuriès, dont les ruines se dressent à l'est. — En amont, *Tanus* offre un gigantesque viaduc métallique du chemin de fer, s'élevant à 114 mètres au-dessus des eaux du Viaur, avec une portée de 250 mètres. — En aval, près de *Jouqueviel,* la chapelle Notre-Dame de la Nativité, du xiiie siècle, est un but de pèlerinage très fréquenté.

Réalmont, sur une colline près du Dadou, est une jolie petite ville s'occupant de l'extraction de la houille et du grès, ainsi que de la fabrication du drap et des serges. Fondée en 1276, au nom de Philippe III le Hardi, pour être un centre catholique dans un pays anciennement infecté de manichéisme, elle devint plus tard une place des calvinistes et fut démantelée en 1623. — Au nord-ouest, *Lombers* vit se réunir en 1165, dans son château aujourd'hui démoli, le concile qui condamna les doctrines albigeoises.

Valence-d'Albigeois et Villefranche-d'Albigeois sont deux anciennes bastides ou « villes neuves », celle-ci créée en 1239 par Philippe de Montfort, seigneur de Castres. — *Ambialet* occupe une célèbre presqu'île du Tarn, dont l'isthme n'a que 25 mètres de largeur, tandis que le circuit de la rivière a 3 kilomètres. Cette rivière est d'ailleurs très encaissée entre des rochers escarpés, dont l'un porte les belles ruines d'un château qui était réputé le plus fort de l'Albigeois, et un autre, l'ancien monastère de Notre-Dame de l'Oder, récemment restauré pour un noviciat de Franciscains. Mines exploitées de fer et de manganèse. — En aval, *Saint-Juéry* possède une importante aciérie ; à côté on admire la cascade du Saut-de-Sabo formée par le Tarn, qui tombe d'une hauteur de 19 mètres : c'est une des plus belles de France pour son abondance, mais elle est mutilée par des travaux hydrauliques.

II. **CASTRES**, sous-préfecture de 28000 âmes[1], est heureusement situé par 170 mètres d'altitude, au confluent de l'Agout et de la Durenque, près d'une vaste et fertile plaine. Cette ville est la première du département pour la population et l'industrie ; c'est principalement sur la rivière, coupée par divers barrages, que se trouvent ses nombreux établissements manufacturiers : filatures de laine, fabriques de toiles, de draps pour l'armée, de cuirs-laines dits castorines (du nom de la ville), teintureries, tanneries, papeteries et fonderies. Très pittoresques sont les vieilles bâtisses qui bordent l'Agout ; d'ailleurs la cité a de jolies promenades et de nombreuses fontaines ; elle possède plusieurs églises, entre autres Notre-Dame de la Platé, entièrement peinte, et Saint-Benoît, jadis cathédrale, restaurée après le saccagement qu'en firent les protestants au XVIe siècle ; l'ancien évêché, construit par Mansart, sert d'hôtel de ville.

Bâti sur l'emplacement d'un *castrum* romain, qui lui a laissé son nom, Castres se forma au VIIe siècle autour d'une abbaye bénédictine, que Jean XXII érigea en évêché en 1317. La ville ouvrit ses portes à Simon de Montfort et devint sous Louis XI le chef-lieu d'un comté qui fut réuni à la couronne par François Ier. Ayant ensuite embrassé le calvinisme, elle repoussa le maréchal de Thémines lors de la révolte de Rohan, mais ne tarda pas à être prise et démantelée par Louis XIII, en 1629. La Révolution supprima son évêché.

Anglés, sur un plateau, fabrique du drap et conserve le château de Monségou, du XVe siècle. — Brassac, dans un beau vallon de l'Agout, possède des carrières de marbre et d'ardoises, des fabriques de lainages et de cotonnades, deux châteaux ruinés, dont celui de la rive gauche fut

---

[1] Arrondissement de Castres : 14 *cantons*, 93 communes, 135930 habitants.
Cantons et communes principales : 1. *Castres*, 28200 habitants ; Saïx, 1110. — 2. *Anglés*, 2140. — 3. *Brassac*, 2010 ; Bez (Le), 1460 ; Cambounés, 1330 ; Castelnau-de-Brassac, 3590. — 4. *Dourgne*, 1710 ; Durfort, Sorèze, 2050 ; Soual, 1090 ; Verdalle, 1000. — 5. *Labruguière*, 3260. — 6. *Lacaune*, 3610 ; Nages, 1520 ; Viane, 2100. — 7. *Lautrec*, 2670 ; Venès, 1010. — 8. *Mazamet*, 13710 ; Aiguefonde, 1630 ; Aussillon, 1290 ; Boissezon, 1960 ; Payrin, Pont-de-Larn, 1770. — 9. *Montredon*, 4310. — 10. *Murat*, 2500 ; Cabannes, 1370. — 11. *Roquecourbe*, 1630 ; Burlats, 1700 ; Lacrouzette, 1140. — 12. *Saint-Amans-Soult*, 2600 ; Labastide-Rouairoux, 2820 ; Rouairoux, 1110 ; Saint-Amans-Valtoret, 1680. — 13. *Vabre*, 2510 ; Ferrières, Lacaze, 1970 ; Masnau (Le), 1260 ; Saint-Pierre, 1340. — 14. *Vielmur*, 990 ; Sémalens, 1340.

le siège d'un comté. — Au sud-ouest, près de *Cambounés,* se voit la belle grotte à stalactites de Melcros.

Dourgne, au pied de la Montagne-Noire, fait le commerce de draps, marbres et ardoises; la chapelle Saint-Stapin est un but de pèlerinage. — Au sud-ouest, près du Sor, qui lui a donné son nom, *Sorèze* est célèbre par son collège établi en 1682 dans une ancienne abbaye de bénédictins; l'illustre Père Lacordaire, dominicain, qui en fut recteur de 1854 à 1861, est inhumé dans la chapelle. La ville doit son origine, partie à la dite abbaye, fondée en 757 par Pépin le Bref, partie à la population d'un bourg voisin appelé Puivert, que Simon de Montfort obligea à se fixer dans la plaine. — Un peu au sud, sur le Sor, fonctionne les clouterie, cuivrerie et chaudronnerie de *Durfort*. On visite aux environs la grotte du Calel et, sur la limite départementale, le grand bassin de Saint-Ferréol, réservoir du canal du Midi.

Labruguière, sur le Thoré, compte de nombreuses fabriques de bonneterie orientale, de lainages, de produits chimiques et de taillanderie. Son ancien château, célèbre dans les guerres du xvie siècle, a été restauré pour servir d'hospice.

Lacaume, dans le petit massif de ce nom, sur le Gijou naissant, fabrique des draps et d'excellents fromages, dont la préparation s'achève dans les caves de Roquefort. Sur son vaste territoire, qui nourrit de nombreux moutons, se trouvent des gisements de fer, des carrières de marbre de diverses nuances, un établissement de bains utilisant des eaux bicarbonatées salines, le beau château moderne de Calmels, le menhir de Pierre-Plantée (mon. hist.) et le Roc de Montalet (1 260 mètres), point culminant du Tarn, que surmonte une statue colossale en bronze de la Mère de Dieu.

Lautrec, près du faîte entre Agout et Dadou, était jadis fortifié et le siège d'une puissante vicomté qui appartint au maréchal de Lautrec, célèbre dans les guerres d'Italie. L'église, des xve et xviiie siècles, est richement décorée.

Mazamet, dans une plaine au pied de la Montagne-Noire, à un kilomètre et demi du Thoré, n'était qu'un simple village au commencement de ce siècle; c'est aujourd'hui une ville de 14 000 âmes et l'un des centres manufacturiers les plus importants de notre Midi. On y compte principalement de nombreuses fabriques de draps, de flanelles, de molletons, de castorines et de bonnets grecs, une dizaine de filatures de laine, des tanneries et mégisseries, des fonderies de métaux et des ganteries. L'ensemble des productions industrielles atteint une valeur annuelle d'environ vingt millions. Par contre, il n'y a pas d'édifices intéressants; on remarque seulement aux environs les ruines du château d'Hautpoul, berceau de la famille de ce nom. — *Boissezon,* entre de hautes collines sur la Durenque, est la principale localité du canton de Mazamet, qui participe à l'industrie de cette ville. — *Payrin* conserve les restes de l'abbaye bénédictine d'Ardorel, fondée en 1124.

Montredon (prononcez Mont Redon) tient son nom, qui signifie « mont rond », des ruines féodales couronnant une colline de son territoire, le plus étendu du département, et où l'on remarque les magnifiques châteaux modernes de Castelfranc et de Jaladie.

Vieux château et rochers de Lacaze, sur le Gijou.

Murat, dans les montagnes à l'extrémité orientale du Tarn, est un centre d'élevage des bestiaux et de fabrication des fromages.

Roquecourbe, sur l'Agout, qui forme ici une curieuse presqu'île, possède des filatures de laine, des fabriques de bonneterie, et conserve un château du XIIe siècle. — En aval, *Burlats* compte aussi plusieurs établissements industriels, dont l'un occupe les restes d'une forteresse seigneuriale. Les collines qui le dominent supportent le curieux plateau du Sidobre, dont on a parlé plus haut.

Saint-Amans-Soult, sur le Thoré, au pied de la Montagne-Noire, doit son surnom à l'un de ses enfants, le célèbre maréchal Soult, duc de Dalmatie, qui s'y fit construire le château de Soult-Berg, où il passa les dernières années de sa vie ; sa dépouille mortelle repose dans un caveau adossé à l'église. Saint-Amans file la laine et tisse le drap, ainsi que *Labastide-Rouairoux,* où se voit le beau dolmen de « las Tres Peyros ».

Vabre, dans la profonde vallée du Gijou, fabrique aussi des tissus, de même que *Lacaze,* bâti en amont près d'un ancien château comtal, et *Ferrières,* sur l'Agout, dominé par les imposants débris d'un château qui servit de prison d'État.

Vielmur, sur l'Agout, possède une grande filature de laine et une belle minoterie, — tandis que *Sémalens,* sur le Sor, compte de nombreuses fabriques de filoselles et de péruviennes.

III. **LAVAUR**, sous-préfecture de 6400 âmes [1], s'élève par 140 mètres d'altitude sur la rive gauche de l'Agout. Deux jolis ponts d'une seule arche franchissent la rivière, qui coule profondément encaissée dans un site pittoresque, dominé par l'ancien Jardin de l'Évêché, aujourd'hui promenade publique. De même, l'église Saint-Alain, du XIVe siècle, ne conserve plus de son rang de cathédrale que le souvenir. — Lavaur (*Vaurum*), d'origine peut-être antérieure à la féodalité, appartenait à des seigneurs particuliers lorsqu'en 1211 Simon de Montfort s'en empara et réduisit sa population, engagée dans la manichéisme albigeois. En 1317, le pape Jean XXII, pour aider à l'extirpation de cette hérésie, y établit un évêché qui subsista jusqu'à la Révolution. Lavaur, dont la contrée est fertile en grains et légumes, s'adonne principalement à la production des cocons et à la filature de la soie. — *Saint-Sulpice,* sur l'Agout, près de se jeter dans le Tarn, conserve du moyen âge une église au clocher fortifié et de curieux restes d'un château bâti par le célèbre Sicard Alaman, ministre des comtes Raymond VII et Alphonse de Poitiers. Fabriques de drap.

Graulhet, sur le Dadou, est une localité importante surtout par ses tanneries et mégisseries, qui préparent annuellement plus de 10000 peaux, envoyées de Mazamet dépouillées de leur laine. — En aval, *Briatexte* a aussi des mégisseries et tient d'importants marchés aux bestiaux. Ce bourg, fondé en 1200 par Simon Brisetête, sénéchal de Carcassonne et de Béziers, soutint en 1622 un siège meurtrier contre les troupes royales du duc de Vendôme.

Puylaurens, sur une colline d'où l'on jouit d'une belle vue, est une ancienne place des Albigeois et des protestants, que Louis XIII démantela et érigea en duché. Ces derniers y avaient établi une école dite Académie, qui disparut à la révocation de l'édit de Nantes. — *Blan-la-Mothe,* sur la rive gauche du Sor, montre le château natal du comte de Las Cases, auteur du *Mémorial de Sainte-Hélène.*

---

[1] Arrondissement de Lavaur : 5 *cantons,* 57 communes, 47040 habitants.
Cantons et communes principales : 1. *Lavaur,* 6380 habitants; Giroussens, 1510; Saint-Sulpice, 2450. — 2. *Cuq-Toulza,* 1000. — 3. *Graulhet,* 7850; Briatexte, 1330. — 4. *Puylaurens,* 4370; Blan. — 5. *Saint-Paul,* 1060; Damiatte, 1130; Fiac, 1130.

Saint-Paul-Cap-de-Joux, jadis fortifié, est situé sur la rive gauche de l'Agout, qui le sépare de *Damiatte*, bastide du XIIIe siècle, dont le nom est un souvenir évident de la ville égyptienne de Damiette. — *Fiac*, au nord-ouest, présente les grottes, autrefois habitées, de Mazères et du Théron.

IV. **GAILLAC**, sous-préfecture de 7500 âmes[1], est agréablement située, à 135 mètres d'altitude, dans une plaine fertile arrosée par le Tarn. Cette ville doit son origine et ses développements à un monastère de bénédictins fondé au VIIe siècle, et reconstruit au Xe après avoir été saccagé par les Normands. Ses excellents vins, dont elle fait toujours un commerce considérable, ainsi que de fromages, la rendirent prospère, malgré les ravages des Anglais, des Routiers et, en 1562, des huguenots, qui en retour y subirent les contre-coups de la Saint-Barthélemy. Outre ses vins, la ville fabrique des toiles appelées « tiels », des cuirs et une grande quantité de briques. On y remarque l'église romane de Saint-Michel, ancienne abbatiale; l'église Saint-Pierre, avec portail gothique et tour fortifiée; la curieuse fontaine du Griffon, du XVe siècle, et la statue du général d'Hautpoul, tué à Eylau en 1807.

Castelnau, sur une colline dominant la Vère, conserve des remparts du XIIIe siècle et les restes du château de Montmiral, qu'habitèrent les vicomtes d'Armagnac et où Louis XIII séjourna en 1622. Belle forêt de Crésigne, la plus vaste du département (3300 hectares). — En amont, *Cahuzac* montre le château de Salette, où naquit le général d'Hautpoul précité.

Cordes, dont le nom dérive de celui de Cordoue, est une ancienne bastide fondée en 1222 sur une colline conique dominant le Cérou. Place forte pendant les guerres religieuses du XIIIe et du XVIe siècle, c'est l'une des villes de France qui ont le mieux conservé leur physionomie du moyen âge. On y remarque notamment de cette époque les maisons du Grand-Veneur, du Grand-Écuyer et du Grand-Fauconnier, ainsi que la halle, au milieu de laquelle est un puits de 100 mètres de profondeur.

Lisle-d'Albi, sur le Tarn, est aussi une ville bâtie sur plan régulier au XIIIe siècle. Les Grandes-Compagnies s'en emparèrent en 1440, de même que les catholiques et les protestants au XVIe siècle. Elle possède du moyen âge une église avec clocher octogonal du type toulousain, et une place entourée de « couverts » ou galeries surmontées de maisons de diverses époques. Tumulus de Saint-Salvi.

Rabastens, sur le Tarn, que traverse un beau pont suspendu, est une ville d'origine probablement gauloise qui a joué, comme les précédentes,

---

[1] Arrondissement de Gaillac : 8 *cantons*, 76 communes, 56310 habitants.
Cantons et communes principales : 1. *Gaillac*, 7530 habitants; Brens, 1180; Montans, 1130. — 2. *Cadalen*, 1590. — 3. *Castelnau-de-Montmiral*, 2060; Cahuzac, 1330; Puycelci, 1590. — 4. *Cordes*, 1860. — 5. *Lisle*, 4010. — 6. *Rabastens*, 4820; Coufouleux, 1220. — 7. *Salvagnac*, 1620; Saint-Urcisse. — 8. *Vaour*, 540; Penne, 1510.

un certain rôle pendant les guerres suscitées par les Albigeois et la Réforme. On y remarque l'église Notre-Dame, du XIVe siècle, mélange des styles roman et ogival, avec de grandes fresques à l'intérieur; les tombeaux de la famille de Puységur, dans la chapelle Saint-Michel, et, à quatre kilomètres nord-est, le château moderne de Saint-Géry. Pépi-

Place de Gaillac et fontaine du Griffon.

nières et fabriques de toiles. — *Coufouleux* montre le camp antique, dit « camp de Julio », au confluent du Tarn et de l'Agout.

Au canton de SALVAGNAC, *Saint-Urcisse* est renommé pour ses beaux marbres gris et blancs. — VAOUR conserve un château avec donjon du XIIIe siècle, reste d'un établissement de Templiers, — et *Penne*, sur l'Aveyron, les ruines d'un château vivement disputé dans toutes les guerres qui désolèrent le Languedoc du XIIIe au XVe siècle. On y exploite des mines de fer.

AUDE

4 arrondissements, 31 cantons, 439 communes, 310 500 habitants

Géographie. — Le département de l'*Aude* doit son nom au fleuve côtier qui le traverse du sud au nord et de l'ouest à l'est. Il a été formé de tout ou partie de quatre pays languedociens : le *Carcassès*, capitale Carcassonne ; le *Narbonnais*, capitale Narbonne ; le *Razès*, capitale Limoux, et le *Lauraguais*, capitale Castelnaudary ; ce qui lui fait une superficie de 6 341 kilomètres carrés et le place au 34e rang à cet égard.

Le nord-ouest de ce territoire est couvert par la *Montagne-Noire*, partie méridionale des Cévennes ; formée de gneiss, cette Montagne-Noire est bien désignée, mais seulement par rapport à son versant nord, couvert d'épaisses forêts ; tandis que son versant sud, le seul dépendant de l'Aude, est généralement déboisé, brûlé par le soleil, et pour ce sujet appelé dans le pays la « Montagne-Blanche ». Quoi qu'il en soit, ce massif s'élève à 1 210 mètres d'altitude au pic de Nore et s'abaisse, au delà des coteaux de Saint-Félix, à 190 mètres au *col de Naurouze*, où passent le canal et le chemin de fer du Midi. A l'extrémité sud, les Pyrénées, aux flancs boisés, présentent notamment le pic *Madrès*, 2 471 mètres, point culminant situé à la limite des Pyrénées-Orientales. De là se projettent des contreforts qui encaissent profondément l'Aude et ses affluents. Ceux du versant de droite constituent les *Corbières*, massif calcaire et généralement dénudé, qui atteint 1 231 mètres au pic de Bugarach, près duquel il commence, se prolonge à l'est par les monts de *Tauch*, 879 mètres, et se termine au nord par la montagne d'*Alaric*, 600 mètres. Le centre et l'est offrent, avec des collines, celui-là les vallées du Fresquel et de l'Aude, celui-ci la plaine alluviale du Narbonnais, peu à peu conquise sur la Méditerranée, et où l'on remarque à l'est de Narbonne la « montagne » de la Clape, s'élevant à 214 mètres. Carcassonne, ville basse, est située à 103 mètres d'altitude, Limoux à 165 mètres ; l'altitude moyenne est à peu près de 250 mètres.

La côte départementale, basse et sablonneuse, se développe du sud au nord-est en une courbe régulière d'environ 50 kilomètres. Le cordon de sable qui la borde est coupé de loin en loin par les « graus », ou bouches des étangs salins, qu'ils font communiquer avec la mer. Les principaux étangs côtiers de l'Aude sont, du sud au nord, ceux de *Gruissan*, de *Bages* et de *Sigean*, de *Lapalme* et de *Leucate* pour la moitié septentrionale. Le seul port maritime est celui de la Nouvelle, dont la plage est assez fréquentée par les baigneurs, de même que celles de la Franqui, de Gruissan et de Fleury.

Hydrographie. — Sauf le Grand et le Petit-Hers, appartenant au bassin de la Garonne, sauf quelques riviérettes du bassin de l'Agly, et la Berre, tributaire de l'étang de Sigean, toutes les eaux se rendent par l'Aude dans la Méditerranée.

L'Aude et ses gorges. — L'Aude sort d'un petit lac situé au pied du puy Prigue, dans les Pyrénées-Orientales. Après avoir traversé les gorges du Capsir et du Donézan, elle pénètre, par 800 mètres d'altitude, dans le département qu'elle dénomme et où elle mugit d'abord au fond d'un cañon de 500 mètres de profondeur, qui se prolonge jusqu'à l'entrée du bassin d'Axat. « Ces gorges sont à la fois charmantes et grandioses ; les deux versants en sont boisés. Çà et là se laissent voir de petites prairies au fond de la gorge, où le fleuve se précipite en rapides. Tout ce qui n'est pas rocher est couvert de verdure et porte des arbres, des arbrisseaux ; la crête des versants se découpe sur le ciel en tours, en pics aigus, en pitons immenses. Les défilés sont beaux, surtout à partir de l'endroit où l'Aude tourne vers l'est, orientation qui permet aux vivifiants rayons du soleil de pénétrer directement jusqu'au fond de la vallée, qui, de sombre et un peu triste, devient presque gaie. Partout où le rocher n'arrive pas jusqu'à la rivière, les arbres font berceau au-dessus du torrent. Par intervalles, il y a de petits défilés aux belles murailles, auxquels succèdent des bassins de verdure tout ensoleillés. L'Aude serpente entre ces défilés et ces bassins ; ses courbes n'ont rien d'anguleux, de heurté : les lignes sont simples, harmonieuses. L'attention, toujours occupée, ne se lasse pas ; on voudrait voir et voir encore. On ne peut, je crois, rien rêver de plus puissant, de plus varié et en même temps de plus gracieux. Si je ne me trompe, la partie de la vallée qui va du château d'Usson au hameau de Gesse est une merveille unique, au moins dans les Pyrénées françaises et espagnoles. »

En aval de Gesse, l'Aude rencontre les roches du sauvage défilé de

Saint-Georges. « Décrire ce passage est chose impossible. Il faut avoir vu ces deux murailles grises, dans la paroi desquelles la route a dû être entièrement taillée en demi-tunnel, pour se rendre compte de l'émotion profonde que l'on éprouve en pénétrant dans la pénombre de ces gigantesques rochers. C'est écrasant, et l'on ne sait pas bien distinguer si c'est un sentiment d'admiration ou bien une sensation de stupeur que cause ce grandiose et sombre défilé. Ce qu'il y a de certain, c'est que lorsqu'on en sort on éprouve un sentiment de bien-être en entrant dans le vaste et lumineux bassin d'Axat. » (LEQUEUTRE.)

Après ce bassin, l'Aude franchit son dernier défilé célèbre, celui de Pierre-Lis, qui a aussi sa route taillée dans le roc; ensuite les monts s'abaissent, le val s'élargit, et la rivière baigne Limoux, aux vins blancs renommés, puis Carcassonne, ville basse, qu'elle sépare de sa curieuse ville haute, dite la Cité. Au confluent du *Fresquel*, l'Aude, qui a coulé jusque-là vers le nord, rencontre les derniers contreforts de la Montagne-Noire et prend la direction de l'est, qu'elle conservera toujours en s'accompagnant presque constamment du canal du Midi. Après avoir longé la montagne d'Alaric, elle coule entre de très riches vignobles, recueille à droite l'Orbieu, à gauche la Cesse, et se divise en deux bras : l'un, conservant le nom d'Aude, va directement se jeter à la mer par deux bouches, tandis que l'autre se dirige vers le sud, où il baigne Narbonne et se termine dans le chenal de la Nouvelle. Ce dernier bras, que suivait uniquement l'Aude avant 1320, forme maintenant le canal de *la Robine*, qui se rattache au canal du Midi et mesure 37 kilomètres : c'est la seule partie navigable de l'Aude, qui compte 223 kilomètres de cours.

Le *canal du Midi*, œuvre de Riquet et d'Andréossi, grandiose pour l'époque (1666-1681), traverse le département de l'ouest à l'est, depuis le col de Naurouze jusqu'à Argeliers, sur une longueur de 128 kilomètres. Empruntant les riches vallées du Fresquel et de l'Aude, il dessert Castelnaudary et Carcassonne; mais son commerce a été généralement fort médiocre depuis 1858, l'État l'ayant alors loué pour quarante ans à la compagnie des chemins de fer du Midi, qui s'est empressée d'anéantir sa concurrence en imposant sur le canal d'excessifs droits de péage. D'autre part, il a été question de transformer ce canal des Deux-Mers en un grand *canal maritime;* mais ce projet paraît définitivement abandonné.

Climat et productions. — La large vallée centrale de l'Aude-Fresquel jouit à l'ouest du climat *girondin*, qu'on pourrait appeler climat du Nord, comparativement au climat *méditerranéen*, qui règne à l'est dans la plaine narbonnaise. Les deux vents dominants, qui exercent parfois de grands ravages par leur violence, sont : le *cers* glacé, qui souffle du nord-ouest, et le *marin*, qui vient du sud-est, tiède, mais énervant. La hauteur moyenne des pluies annuelles varie entre 1m20, sur la Montagne-Noire, et moins de 5 décimètres aux environs de Narbonne, qui sont assez marécageux et malsains, comme, du reste, toute la côte du golfe du Lion en général.

Bien qu'un tiers des terres soit inculte, notamment dans les montagnes et sur le littoral, l'Aude est un pays essentiellement agricole, qui produit beaucoup de céréales, de fruits et surtout de vins. Les ravages du phylloxéra y sont presque entièrement réparés par la plantation de cépages

Défilé de Pierre-Lis, sur l'Aude, près de Quillan.

américains, et sa production vinicole, qui atteint de trois à quatre millions d'hectolitres par an, le place au premier rang après l'Hérault. Le vin blanc, dit *blanquette de Limoux*, est réputé, moins toutefois que l'excellent miel de Narbonne. Les bois et forêts couvrent 60 000 hectares dans la montagne, où croissent beaucoup de châtaigniers, dont le bois est employé à la fabrication de la tonnellerie.

L'Aude extrait du minerai de fer, des marbres, notamment à Caunes; du gypse et des pierres de taille; il utilise plusieurs sources thermales, et sur la côte les habitants se livrent à la pêche et à l'exploitation des marais salants. Ses établissements industriels sont des distilleries d'eaux-de-vie, des fonderies, des tanneries et tonnelleries; les fabriques de drap, naguère si importantes, ont presque toutes disparu.

Les habitants. — Le département a gagné 60 000 personnes de 1801 à 1871, et près de 25 000 de 1871 à 1896. A cette dernière date, il en comptait 310 500, soit 40 au kilomètre carré, ce qui lui donne le 57e rang pour la population totale et le 63e pour la densité. Presque toute cette population est catholique, y compris les 8 700 étrangers, Espagnols et Portugais pour la plupart. Le patois languedocien est généralement usité, concurremment avec le français.

Personnages. — Varron, poète latin, né à Narbonne, mort en l'an 37 avant Jésus-Christ. L'empereur romain Carus, né également à Narbonne, ainsi que le martyr saint Sébastien, morts, le premier en 282, le second en 288. Le légat Pierre de Castelnau, né à Castelnaudary, assassiné par les Albigeois en 1208. Saint Pierre Nolasque, fondateur de l'ordre de la Merci, né à Saint-Papoul, mort en 1256. Saint François Régis, apôtre du Velay et du Vivarais, né à Fontcouverte, mort en 1640. Le savant bénédictin Bernard de Montfaucon, né au château de Soulage, près Limoux, mort en 1741. Les généraux Dejean et Andréossi, nés à Castelnaudary, ainsi que l'auteur dramatique Alexandre Soumet, morts en 1824, 1828, 1845. Le poète Guiraud, auteur du « Petit Savoyard », né à Limoux, mort en 1847.

Administrations. — Le département de l'Aude forme le diocèse de Carcassonne; il ressortit à la cour d'appel et à l'académie de Montpellier, à la 16e division militaire (Montpellier), à la préfecture maritime de Toulon, à la région agricole du Sud, à l'arrondissement minéralogique de Toulouse et à la 25e conservation forestière (Carcassonne).

Il comprend 4 arrondissements : *Carcassonne, Castelnaudary, Limoux* et *Narbonne*, avec 31 cantons et 439 communes.

I. **CARCASSONNE**, chef-lieu du département[1], est une ville de 30 000 âmes, bâtie par 103-160 mètres d'altitude entre les dernières pentes de la Montagne-Noire et des Corbières. Elle y est baignée par le canal du Midi et par l'Aude, près du point où cette rivière abandonne la direction nord pour celle de l'est. Cette magnifique position, sur la grande voie historique de la Méditerranée à l'Atlantique, a de tout temps rendu la ville importante au point de vue militaire d'abord, commercial ensuite. Au reste, c'est ce que rappellent les deux parties d'aspect tant opposé dont elle se

---

[1] Arrondissement de CARCASSONNE : 12 *cantons*, 140 communes, 99 460 habitants.
Cantons et communes principales : 1-2. *Carcassonne*, 29 300 habitants; Pennautier, 1 080. — 3. *Alzonne*, 1 410; Montolieu, 1 460. — 4. *Capendu*, 1 310; Moux, 1 015; Trèbes, 1 800. — 5. *Conques*, 1 530; Limousis. — 6. *Lagrasse*, 1 000. — 7. *Mas-Cabardès*, 610; Lastours, Pradelles. — 8. *Montréal*, 2 450; Arzens, 1 170. — 9. *Mouthoumet*, 300. — 10. *Peyriac-Minervois*, 1 220; Azille, 2 000; Caunes, 2 100; Laredorte, 1 290; Laure, 1 320; Pépieux, 1 100; Puicheric, 1 260; Rieux-Minervois, 2 060; Villeneuve. — 11. *Saissac*, 1 260. — 12. *Tuchan*, 1 390.

compose : la *Cité*, ou ville haute, et la ville basse. Jusqu'au XIIIe siècle, Carcassonne ne comprit que la Cité, l'antique forteresse de *Carcaso*, construite par les Atacins, peuplade des Volskes Tectosages. Possédée par les ariens Westgoths dès 426, elle ne fut érigée en cité, ou ville épiscopale, qu'au VIe siècle, sous le règne des fils de Clovis. Reconquise en 759 par Pépin le Bref sur les Sarrasins, Carcassonne devint au début de la féodalité le siège d'un important comté et, à partir de 1096, d'une vicomté plus puissante encore. La Cité embrassa la cause des hérétiques albigeois; mais elle dut se rendre aux Croisés en 1209. Le dernier vicomte, Raymond Trancavel II, essaya vainement de la reprendre en 1240, et les habitants, qui s'étaient déclarés pour lui, durent s'expatrier. Sept ans après, saint Louis permit aux exilés de s'établir dans la plaine au pied de la Cité, et telle fut l'origine de la ville basse, qui, mieux située pour le commerce, devint bientôt plus prospère que son aînée. En 1355, le

Cathédrale de Carcassonne.

prince Noir détruisit la nouvelle ville, qui se releva promptement et fut entourée de remparts; mais ensuite le protestantisme y fit passablement de prosélytes. Ses principaux édifices sont deux églises à nef unique du XIVe siècle : la cathédrale Saint-Michel, restaurée de nos jours, et Saint-Vincent, avec une imposante tour octogonale, du haut de laquelle, en 1792, Méchain calcula l'arc du méridien de Paris, lequel passe à un kilomètre ouest. La ville basse est régulièrement percée, propre, animée et entourée de beaux boulevards plantés de platanes. Elle a de nombreux établissements industriels : confiseries, tanneries, tonnelleries, fonderies, fabriques de quincaillerie, mais non plus ses manufactures de drap, si importantes depuis Colbert et qui faisaient naguère encore sa principale richesse. Le canal du Midi facilite son commerce des grains, vins et fruits. — Deux ponts mènent de la ville basse à la Cité, qui la domine d'environ 60 mètres.

La Cité de Carcassonne. — « C'est un ensemble de monuments unique en France, aussi important que ce qu'on peut voir à Arles ou à Nîmes, et offrant de plus à chacune de ses tours, et presque à chacune de ses pierres, les souvenirs et les témoignages de toutes les races, de tous les événements et de toutes les idées qui sont venus, pareils à des vagues furieuses, battre le pied de ses murs.

« L'aspect de la petite bourgade enclose dans l'enceinte de la forteresse est d'ailleurs bien fait pour inspirer des idées mélancoliques. On y grimpe par une rampe hérissée de ces pierres comme le soleil du Midi seul sait les polir; on s'y brûle, on s'y meurtrit les pieds. On arrive enfin, et on se trouve, après avoir franchi la porte Narbonnaise, dans une bourgade absolument déserte, où portes et fenêtres sont closes, où les maisons et les pavés sont d'une blancheur aveuglante, où tout semble mort et desséché ; personne dans la rue, personne aux fenêtres; pas un chien sur le

La Cité de Carcassonne : porte Narbonnaise.

pavé, pas un oiseau dans le ciel : partout le silence, la solitude, la mort.

« Le système militaire de la Cité se compose de deux enceintes concentriques armées de 42 tours, d'un château ou citadelle enfermé dans l'enceinte intérieure, défendu du côté de l'intérieur par une barbacane, et protégé à l'extérieur par une tour que reliait autrefois au château un passage couvert qui n'existe plus. Deux portes fortifiées, la porte de l'Aude à l'ouest, et la porte Narbonnaise à l'est, forment avec celle du château les trois seules entrées de cette vaste enceinte. Une poterne ouverte au bas de la tour Crémade donnait accès sur la campagne; une autre, qu'on voit au pied de la tour Saint-Nazaire et vis-à-vis de la précédente, faisait communiquer l'enceinte intérieure avec les *lices*, qui sont l'espace ou chemin de ronde, large de 25 mètres et long d'un kilomètre, séparant les deux enceintes. « Deux églises faisaient partie intégrante de ce vaste ensemble : celle de Saint-Sernin, dont il ne reste que la tour; celle de Saint-Nazaire, entièrement restaurée par Viollet-le-Duc, et qui à elle seule, par son élégance légère et lumineuse, mérite une visite spéciale.

« Les Romains, les Visigoths, les Arabes, les Francs, les seigneurs féodaux et enfin les rois de France ont successivement occupé la Cité de Carcassonne, et chaque race y a laissé des monuments de son passage. Si l'on évoque par la pensée le souvenir des événements et des personnages qui se sont agités autour de la vieille forteresse, on voit que peu de musées historiques offrent autant de documents et de témoignages sur l'immense période qui, de l'an 70 avant Jésus-Christ, a duré jusqu'aux dernières années du moyen âge. » (EUGÈNE MOUTON, *Journal officiel*.)

Au canton d'ALZONNE, *Montolieu* possède des mégisseries, des fabriques de drap et de maroquins. Fondée en 1146 sous l'appellation de *Castrum*

Vue générale des fortifications féodales de la Cité.

Malasti, cette ville fut détruite par les Croisés et rebâtie sur une colline voisine, autrefois couverte d'oliviers; d'où le nom de Montolieu (*Mons olivarius*). Les protestants s'en emparèrent en 1576, et le duc de Joyeuse en 1590. Ermitage de Saint-Roch.

CAPENDU, entre l'Aude et la montagne d'Alaric, est dominé par les ruines d'un château qu'habita Raymond Béranger, comte de Provence. Il fait le commerce de vins, ainsi que *Trèbes*, situé en amont, et près duquel se trouve le bel orphelinat agricole de Millegrand. — En aval, *Moux* extrait la pierre calcaire de la montagne d'Alaric.

CONQUES, sur l'Orbiel, conserve des restes de fortifications du moyen âge et deux châteaux du XVIe siècle. — Au nord, *Limousis* a une grotte remarquable. — LAGRASSE, entre des rochers escarpés sur l'Orbieu, doit son origine à une importante abbaye de bénédictins, fondée par Charlemagne; on y récolte d'excellents vins blancs et rouges.

Lastours, sur l'Orbiel, est l'ancien chef-lieu du pays de Cabardès; on voit encore ses quatre châteaux forts, qui jouèrent un rôle si actif, surtout dans les guerres albigeoises. Drap et minerai de fer. — Au nord-est, *Pradelle-Cabardès*, aussi du canton de MAS-CABARDÈS, a des glacières qui fournissent annuellement 15 000 quintaux métriques de glace.

MONTRÉAL est une petite ville située sur une éminence d'où l'on jouit d'une fort belle vue sur la Montagne-Noire, les Corbières et les Pyrénées. Autrefois châtellenie, elle fut prise et reprise durant la guerre des Albigeois, incendiée par les Anglais en 1354 et par les protestants en 1594. L'église, du XIVe siècle, renferme un bel orgue du XVIIIe, dû au célèbre Lépine.

PEYRIAC-MINERVOIS et *Azille,* sur l'Argendouble, sont d'anciennes places fortes qui font aujourd'hui le commerce des vins et eaux-de-vie. — En amont, *Caunes* est connu pour ses carrières de marbres de diverses couleurs : vert, gris, rouge veiné de blanc ou de brun, griotte et surtout incarnat. Les colonnes du Grand et du Petit-Trianon, de Marly, de l'arc du Carrousel à Paris, du Capitole de Toulouse, en proviennent. On y remarque l'église, ancienne abbatiale, et sur un rocher voisin l'ermitage de Notre-Dame-du-Gros. — *Rieux* possède une intéressante église du XIe siècle, bâtie en forme de rotonde, à l'imitation du Saint-Sépulcre de Jérusalem. — Au nord-ouest, *Villeneuve* exploite une importante mine de plomb argentifère. Beau dolmen.

SAISSAC, dans la Montagne-Noire, conserve des restes de remparts et d'un château fort. Au nord-est, le réservoir du Lampy-Neuf a été construit en 1782 pour l'alimentation du bief de Naurouze ; d'une superficie de 52 hectares et d'une profondeur maximum de 16 mètres, il contient 1 675 000 mètres cubes d'eau. — TUCHAN, dans les Corbières du sud-est, exploite un peu de houille.

II. **CASTELNAUDARY**, sous-préfecture de 10 000 âmes[1], s'élève en amphithéâtre, par 160 mètres d'altitude, sur une éminence couronnée de nombreux moulins à vent, et au pied de laquelle passe le canal du Midi. Le Grand Bassin, qui sert de port et mesure 1 200 mètres de tour, est dominé par une agréable promenade d'où l'on peut découvrir les Pyrénées ; le long des quais sont établis les chantiers pour la construction ou le radoub des bateaux. L'église Saint-Michel, aux deux portails remarquables, est une ancienne collégiale, érigée par le pape Jean XXII. Castelnaudary exploite des carrières de pierres calcaires, possède des fabriques de produits céramiques et fait le commerce de bois de construction, de blé et de farine. C'est l'ancienne *Sostomagus,* détruite au Ve siècle par les ariens Westgoths, qui reconstruisirent son château et l'appelèrent, d'après le chef de leur secte, *Castellum Novum Arianum,* d'où par corruption le nom actuel. Après avoir suivi les destinées du Lauraguais, qui

---

[1] Arrondissement de CASTELNAUDARY : 5 *cantons*, 74 communes, 42 510 habitants.
Cantons et communes principales : 1-2. *Castelnaudary,* 9 720 habitants ; Mas, 1 050 ; Montferrand, Pexiora, 1 090 ; Saint-Papoul, Ricaud. — 3. *Belpech,* 1 830. — 4. *Fanjeaux,* 1 280 ; Bram, 1 710 ; Laurac, Villasavary, 1 590. — 5. *Salles-sur-l'Hers,* 920.

forma un comté jusqu'au XIIe siècle et appartint ensuite à diverses puissantes maisons, la ville fut prise en 1209 par Simon de Montfort, reprise en 1249 par les Albigeois et réunie à la couronne par Philippe le Hardi. Prise de nouveau en 1355 par le prince Noir, qui la livra au pillage, elle devint, au XVe siècle, la capitale du Lauraguais, que Louis XI céda aux Latour-d'Auvergne, et ceux-ci à Catherine de Médicis. A l'époque de la Réforme, presque tous ses habitants restèrent fidèles à la vraie religion.

Castelnaudary est surtout connue dans l'histoire par le combat du 1er septembre 1632, l'un des derniers livrés par la féodalité au pouvoir royal. « Repoussés de l'Auvergne, dit Malte-Brun, Gaston d'Orléans et Montmorency se rabattirent sur Castelnaudary. La Force et Schomberg y coururent avec les troupes royales et prirent une forte position sur les bords du Fresquel, petite rivière voisine de la ville. Montmorency se jeta imprudemment au-devant du feu de l'ennemi, et se lança comme un fou par-dessus les fossés du camp royal; quelques gentilshommes seulement l'avaient pu suivre. Il perça sept rangs d'ennemis; mais son cheval, épuisé, s'abattit sur lui. Les royalistes le relevèrent empêtré dans ses armes et criant: Montmorency ! Il avait reçu dix-sept blessures. On le porta dans Castelnaudary sur une échelle garnie de paille et d'un manteau. Il fut ensuite conduit à Toulouse, condamné et exécuté par ordre de Richelieu. »

Saint-Papoul, à 6 kilomètres nord-est, est une localité qui se forma autour d'une abbaye de bénédictins fondée, dit-on, par Charlemagne sur le lieu même du martyre de saint Papoul, disciple de saint Saturnin. En 1317, le pape Jean XXII fit de l'abbaye un évêché, qui subsista jusqu'à la Révolution.

Un autre titre de gloire pour cette petite ville bien déchue, c'est qu'elle vit naître en 1189 saint **Pierre Nolasque**, fondateur de l'ordre de la Merci. Après une jeunesse fort vertueuse, Pierre suivit le comte de Montfort dans la croisade contre les Albigeois, et fut établi gouverneur du jeune roi Jacques, fils de Pierre d'Aragon, tué à la bataille de Muret. Plein de dévotion envers l'auguste Mère de Jésus et de charité envers ses frères, il éprouvait la plus tendre compassion pour les chétiens captifs chez les Maures. Non seulement il employa tout son crédit pour les soulager, mais il alla jusqu'à vendre tous ses biens; puis, aidé de saint Raymond de Pegnafort et du roi Jacques, son ancien pupille, il fonda l'ordre de Notre-Dame de la Merci, qui produisit de si sublimes dévouements et fit l'admiration même des infidèles. Pierre fit un premier voyage dans le royaume de Valence et un second dans celui de Grenade, d'où il ramena plus de 400 captifs. Dans l'espoir du martyre, il passa ensuite en Afrique, où après les incroyables fatigues d'un tel voyage, alors si difficile, il fut jeté dans les fers et traité avec toutes sortes de cruautés. Toutefois il n'y perdit point la vie et revint comme un triomphateur à la tête d'une foule de captifs, heureux de leur délivrance. Saint Louis voulut le voir pour lui communiquer son projet de croisade. Pierre s'offrit à l'accompagner en Terre-Sainte; mais il en fut empêché par la maladie qui le conduisit au tombeau. Ce fut le jour de Noël 1258, après avoir reçu avec ferveur les derniers sacrements, qu'il rendit à Dieu son âme riche de vertus et de mérites. Ses reliques se conservent principalement dans l'église de son ordre à Valence, et aussi à Barcelone.

Ricaud, sur le Fresquel, est l'antique station de *Recaudum*, où plusieurs jeunes chrétiennes subirent le martyre au ve siècle; leurs reliques furent transportées au *Mas*, qui devint ainsi un lieu de pèlerinage.

C'est au territoire de *Montferrand* que se trouve, par 190 mètres d'altitude, entre les chaînes cévenoles et pyrénéennes, la célèbre dépression de Naurouze, donnant passage au canal des Deux-Mers, qui y a son bief de partage, ainsi qu'à la route nationale de Toulouse à Narbonne et au chemin de fer du Midi. On y voit un obélisque élevé à Riquet.

BELPECH est situé près du confluent du Grand-Hers et de la Vixiège, où l'on a découvert des sépultures franques et romaines sur l'emplacement probable de *Garnacum;* c'était autrefois une ville considérable.

FANJEAUX s'élève sur une hauteur d'où l'on jouit de beaux points de vue sur la plaine, de Castelnaudary à Carcassonne, sur la Montagne-Noire et les Pyrénées. Cette petite ville, qui doit son origine et son nom à un temple de Jupiter (*fanum Jovis*), était autrefois une place forte, et comme telle eut beaucoup à souffrir des sièges. A deux kilomètres nord-est se trouve le hameau de Prouille, si célèbre dans la guerre des Albigeois. C'est là, en effet, que saint Dominique reçut les révélations de la Mère de Dieu, lui enjoignant d'établir la dévotion du Rosaire; c'est là aussi qu'il fonda, en 1206, l'importante maison d'éducation qui devint le berceau de la congrégation des Dominicaines. — A l'ouest, *Laurac* a donné son nom au Lauraguais, dont il fut la capitale primitive avec titre de comté. — *Bram* possède un beau château du xviie siècle, — et *Villasavary*, la ferme-école de Besplas.

III. **LIMOUX**, sous-préfecture de 6 700 âmes[1], est bâtie à 165 mètres d'altitude dans un val étroit de l'Aude, dont les coteaux vignobles donnent le célèbre vin blanc appelé *blanquette de Limoux*. La ville produit aussi des huiles d'olive, des farines et des pâtisseries renommées. Mais, de même que Carcassonne, elle n'a plus de filatures ni de fabriques de drap; on y a établi un asile d'aliénés. Aux environs, la chapelle Notre-Dame-de-Marceille attire beaucoup de pèlerins, surtout le 8 septembre, fête de la Nativité de la très sainte Vierge. Le nom de Limoux apparaît pour la pre-

---

[1] Arrondissement de LIMOUX : 8 *cantons*, 152 communes, 61 570 habitants.
Cantons et communes principales : 1. Limoux, 6680 habitants; Alet. — 2. *Alaigne*, 580. — 3. *Axat*, 560; Escouloubre, Puilaurens. — 4. *Belcaire*, 900. — 5. *Chalabre*, 2180; Puivert, 1290; Rivel, Sainte-Colombe, 1230. — 6. *Couiza*, 1010; Rennes-le-Château, Rennes-les-Bains. — 7. *Quillan*, 2630; Campagne, Ginoles, Espéraza, 2370. — 8. *Saint-Hilaire*, 890.

mière fois dans un diplôme de Charles le Chauve en 854. D'abord construite sur une hauteur voisine, elle fut plusieurs fois détruite, puis rebâtie dans la vallée. Elle se rendit sans résistance aux Croisés en 1209, et fut érigée neuf ans après en capitale du Razès. Réunie à la couronne en 1258, elle prit, au temps des guerres de religion, parti pour la Ligue et ne se soumit à Henri IV que par le traité de Folembray, en 1596.

En amont, *Alet* est situé dans un délicieux vallon qui fournit des vins et des fruits recherchés, ainsi que des eaux minérales déjà connues des

Narbonne. — Hôtel de ville ogival moderne, entre deux tours du xive siècle.

Romains. C'est l'antique *Electa*, dont l'abbaye de bénédictins devint, en 1318, le siège d'un évêché qui subsista jusqu'à la Révolution. En 1577, les protestants saccagèrent la cathédrale, dont on ne peut aujourd'hui admirer que les ruines.

Axat est un chef-lieu de canton sur l'Aude, qui franchit en amont les fameuses gorges de Saint-Georges, décrites plus haut, et en aval le défilé non moins célèbre de Pierre-Lis. — *Escouloubre* offre une curieuse grotte et un petit établissement thermal; — *Puilaurens,* les restes d'un château fort construit par saint Louis.

Chalabre, sur le Grand-Hers, est une petite ville régulièrement construite et dominée par son vieux château baronnial. Elle possède d'importantes manufactures de chapeaux de feutre et de bonneterie de laine. — En amont, *Sainte-Colombe* fabrique spécialement des peignes en corne; mais son industrie du jais est aujourd'hui bien déchue. — *Puivert* montre les restes d'un château baronnial pris par Simon de Montfort en 1210, — et *Rivel* une belle grotte à stalactites sur le versant du Roc de l'Homme-Mort. — Couiza, sur l'Aude, possède un château de la Renaissance ayant appartenu aux ducs de Joyeuse. — *Rennes-le-Château*, autrefois Redde, a donné son nom au Reddez ou Razès (*Pagus Redensis* ou *Radensis*), et fut jusqu'en 1218 la résidence des comtes de ce pays. — A l'est, *Rennes-les-Bains* utilise dans trois établissements des sources ferrugineuses et salines, qui paraissent avoir été connues des Romains.

Quillan, sur l'Aude, près d'une belle forêt, compte d'importantes chapelleries et de nombreuses scieries hydrauliques. Cette petite ville a élevé une statue à l'abbé Armand, qui fit percer, de 1774 à 1814, à travers le défilé de Pierre-Lis, la route conduisant à la vallée supérieure de l'Aude. Aux environs se trouvent les établissements balnéaires de *Ginoles* et de *Campagne*, ainsi que l'industrieuse bourgade d'*Espéraza*.

IV. **NARBONNE**, sous-préfecture de 28 000 âmes [1], est située dans une plaine de quelques mètres à peine d'altitude, fertile mais passablement marécageuse et insalubre, sur le canal navigable de la Robine, à mi-chemin entre l'Aude et l'étang de Sigean. C'est une ville déchue, malgré ses établissements industriels, tels que fonderies de métaux, raffineries de soufre, fabriques de vert-de-gris et de poteries, distilleries d'eau-de-vie, tanneries et tonnelleries. Elle fait aussi le commerce de vins employés pour les coupages; mais son produit le plus renommé est ce miel blanc si aromatique, que les abeilles vont butiner dans les champs de thym, de lavande et de romarin des environs.

Le plus beau monument de Narbonne est l'église gothique de Saint-Just, ancienne cathédrale dont le chœur, entouré par une clôture et plusieurs mausolées, atteint 40 mètres de hauteur sous voûte. A l'extérieur, la double rangée de créneaux qui remplace les balustrades se rattache directement au palais fortifié des archevêques, monument imposant, en partie converti en hôtel de ville, et renfermant un important musée d'art et d'archéologie. Les autres édifices remarquables sont: l'église Saint-Paul-Serge, flanquée de deux tours, comme la cathédrale, avec chœur ogival et nef romane; Saint-Sébastien, du XVe siècle, offrant une belle voûte

---

[1] Arrondissement de Narbonne : 6 *cantons*, 73 communes, 106 980 habitants.
Cantons et communes principales : 1. *Narbonne*, 27 820 habitants; Bages, 1140; Bizanet, 1950; Canet, 1310; Marcorignan, 1010; Moussan, 1180; Névian, 1120; Raissac. — 2. *Coursan*, 3770; Cuxac-d'Aude, 2780; Fleury, 2240; Gruissan, 2130; Salles-d'Aude, 1760. — 3. *Durban*, 910; Cascastel, Saint-Laurent, 1040. — 4. *Ginestas*, 1200; Argeliers, 1420; Bize, 1500; Ouveillan, 2570; Saint-Marcel, 1330; Saint-Nazaire, 1040; Sallèles, 2260. — 5. *Lézignan*, 4860; Boutenac, 1080; Fabrezan, 1830; Ferrals, 1480; Luc, Ornaisons, 1360; Saint-André, 1190. — 6. *Sigean*, 3380; Fitou, 1070; Lapalme, 1400; Leucate, 1720; Nouvelle (La), 2370; Peyriac, 1390; Portel, 1260; Roquefort, 1180.

gothique; Lamourguier, église d'une ancienne abbaye de bénédictins, enlevée au culte à la Révolution. Quant aux monuments romains, dont il ne reste que de simples vestiges, rappelons l'éloge qu'en fait saint Sidoine Apollinaire au v⁰ siècle. « Salut, Narbonne! puissante par ta salubrité, ta ville et ta campagne; belle à voir pour tes murs, tes citoyens, ton enceinte, tes boutiques, tes portes, tes portiques, ton forum, ton théâtre, tes temples, ton Capitole, ta Monnaie, tes thermes, tes arcs de triomphe, tes greniers, tes marchés, tes prairies, tes fontaines, tes îles, tes salines, tes étangs, ton fleuve, ton commerce, ton port et ta mer! »

Narbonne est l'antique *Narbo* des Volskes Tectosages, que soumit le consul Fabius Maximus. Elle reçut une colonie romaine et, avec le titre de capitale de la Gaule Narbonnaise, le surnom de *Martius*, qu'elle dut à ses teintureries de pourpre consacrées au dieu Mars. Elle était alors située au fond d'un golfe qui tendait continuellement à s'ensabler; les vainqueurs, pour nettoyer le port, y firent passer le cours de l'Aude, et jusqu'en 1320, époque où le fleuve rompit sa digue romaine, la ville fit un important commerce maritime. Aussi Ausone s'écrie-t-il : « Je ne tairai point ta gloire, *Narbo Martius!* Sous ton nom, une province étendue au loin imposa la loi de son autorité à des peuplades nombreuses; et la contrée où les Allobroges se mêlent aux Séquanes, et celles où les cimes alpestres arrêtent les limites de l'Italie, où les neiges des Pyrénées bornent l'Ibérie, où le Léman donne naissance au cours impétueux du Rhône, où les Cévennes enferment et resserrent les champs de l'Aquitaine jusqu'aux Tectosages, qui portent l'antique nom des Volskes : tout cela fut Narbonne. »

L'apôtre et le premier évêque de Narbonne fut saint Paul-Serge, filleul et disciple du grand Apôtre, selon la tradition; mais venu, selon d'autres, au III⁰ siècle seulement. Nombreux furent les martyrs narbonnais, surtout sous Dioclétien. Le plus illustre peut-être est saint Sébastien, qui souffrit à Rome en l'an 288. Il appartenait à l'une des grandes familles narbonnaises, et commandait la première cohorte des gardes prétoriennes. L'empereur lui ayant reproché d'encourager les chrétiens dans leur foi, contrairement à sa défense, Sébastien, heureux de voir enfin briller sur sa tête l'éternelle couronne, confessa hautement le Seigneur Jésus et fut, pour ce sujet, percé de flèches; puis, après un retour inespéré à la santé et une nouvelle confession de sa foi, assommé à coups de bâton le 2 janvier, jour où l'Église célèbre sa fête.

A la chute de l'empire, Narbonne vit passer le long défilé des Barbares. Les rois westgoths en firent leur principale résidence avec Toulouse, jusqu'à sa prise par l'armée sarrasine en 719. Pépin le Bref n'en obtint la possession, en 759, qu'après un siège de sept ans. Charlemagne l'érigea en capitale du duché de Gothie, et la divisa en trois parties : la Cité, qui resta aux archevêques; le Bourg, qui fut donné à des vicomtes, et la Ville-Neuve, que l'on abandonna aux juifs. En 1447, la vicomté passa à Gaston de Foix, dont le petit-fils l'échangea avec Louis XII contre le duché de Nemours. En 1642, les conspirateurs Cinq-Mars et de Thou furent arrêtés à Narbonne. L'archevêché de cette ville fut supprimé à la Révolution.

Au territoire de *Bizanet* se trouve l'abbaye cistercienne de Fontfroide, fondée au XIIe siècle, et remarquable surtout par son cloître gothique avec galerie en marbre blanc. — *Bages*, sur l'étang de même nom, s'adonne aux industries de la pêche et des marais salants. — *Raissac*, près du confluent de l'Aude et de l'Orbieu, rappelle la défaite et la mort du chef sarrasin Abd-el-Méleck, en 793.

Coursan, sur l'Aude inférieure, fait le commerce de vins et d'eaux-de-vie. Sur la place est un puits artésien de 155 mètres de profondeur, d'où jaillit une eau thermale. — *Fleury*, ancien duché-pairie, possède une église sous le vocable de Notre-Dame de Liesse, une station de bains de mer, et l'un des « œillals » ou gouffres de la région. — *Gruissan*, sur un « grau » ou déversoir maritime de l'étang de ce nom, a un petit port de pêche avec plage de bains et de très importantes corderies; la chapelle Notre-Dame-des-Aousils, au sommet de la colline de la Clape, est très vénérée des marins. — *Cascastel*, sur la Berre, exploite des carrières de marbre, donnant entre autres le noir veiné de jaune et le blanc statuaire.

Le canton de Ginestas renferme : *Bize*, dont la caverne à ossements a fourni de nombreux objets préhistoriques; — *Sallèles-d'Aude*, jolie bourgade industrielle et très commerçante; — *Ouveillon*, bourg vinicole avec ruines d'une forteresse du XIIe siècle, théâtre de la guerre entre Roger de Carcassonne et Reynard de Béziers.

Lézignan, au pied d'un massif entre l'Aude et l'Orbieu, fait le commerce de vins et d'eaux-de-vie. — *Luc-sur-Orbieu* est renommé pour son vin noir, dit de Narbonne. — En amont, *Fabrezan* conserve un vieux château et des restes de remparts.

Sigean, à 2 kilomètres de l'étang de ce nom, fabrique des vins et eaux-de-vie, en même temps qu'il extrait le sel marin et le marbre. En 737, Charles Martel remporta aux environs une grande victoire sur les Sarrasins. — *La Nouvelle*, l'unique port maritime du département, est situé à la jonction de la Robine de Narbonne et du chenal de l'étang de Sigean. Créé après la conquête de l'Algérie, ce port est formé par le chenal même, qui malheureusement s'envase très facilement et aboutit à une rade foraine périlleuse. Son mouvement pour la navigation est d'environ 300 navires, soit à l'entrée, soit à la sortie. L'importation consiste en charbons, bois du Nord, oranges, fruits secs, vins d'Espagne et d'Italie; l'exportation, en vins, eaux-de-vie, huiles, poteries, soufre, sel et miel. Construction de navires, bains de mer, salaison de sardines. — *Leucate*, sur une langue de terre entre l'étang de ce nom et la Méditerranée, est une ancienne place forte qui repoussa les Ligueurs en 1590 et les Espagnols en 1637. Bains de mer de la Franqui et marais salants.

HÉRAULT

4 ARRONDISSEMENTS, 36 CANTONS, 338 COMMUNES, 469 700 HABITANTS

Géographie. — Le département de l'*Hérault*, dont la forme est celle d'un rectangle irrégulier, tire son nom du petit fleuve qui le traverse à peu près du nord au sud. Sa superficie est de 6 223 kilomètres carrés, ce qui le place au 41ᵉ rang sous ce rapport. Il a été constitué de la portion du *Bas-Languedoc* qui comprenait les anciens diocèses de Montpellier, Lodève, Agde, Béziers, Saint-Pons et une partie de celui de Narbonne. — Ce territoire, qui présente l'aspect d'un plan incliné du nord-ouest au sud-est, peut se diviser en trois zones : les Cévennes, les collines et le littoral.

1º Au nord-ouest, les *Cévennes*, généralement calcaires et dénudées, entrecoupées de gorges profondes et sauvages, renferment les monts de l'*Espinouse*, où, au nord d'Olargues, le culmen du département atteint 1 126 mètres, et les *Garrigues*, qui forment le rebord méridional du causse de Larzac et s'élèvent à 940 mètres au Roc-Blanc, dans le chaînon de la Séranne. Toutefois les gens du pays ne donnent nullement le nom de Garrigues à ces pentes des Causses; pour eux, les vraies Garrigues forment au contraire un vaste désert inculte de 500 kilomètres carrés, qui s'étend au nord-est de l'Hérault et déborde dans le Gard; elles sont couvertes d'arbustes, de bruyères, et réservées au pacage.

2º Au centre du département, se développe sur toute sa longueur la *région des Collines*, ou coteaux caillouteux séparés par quelques plaines et très favorables à la culture de la vigne.

3º Au sud-est, la *région littorale*, composée de terres basses, de marécages, d'étangs et de dunes, forme le fond du golfe du Lion; le rivage, d'une longueur de 83 kilomètres, se développe du sud-ouest au nord-est en trois courbes, qui se raccordent aux caps rocheux d'Agde et de Cette. Les étangs, qui en longent près des trois quarts, sont séparés de la mer par un simple cordon de sable et ne communiquent avec elle que par de petits passages appelés *graus*.

Comme altitudes remarquables, citons encore le pic Saint-Loup, 633 mètres; le mont Saint-Clair, à Cette, 180 mètres, et la montagne d'Agde, 115 mètres. Montpellier s'élève à 45 mètres; Saint-Pons, à 375 mètres; l'altitude moyenne est d'environ 250 mètres.

Hydrographie. — Sauf plusieurs torrents, tels que l'*Agout* supérieur (bassin de la Garonne), toutes les eaux se rendent à la Méditerranée par des fleuves côtiers, dont le plus important est l'Hérault.

L'Hérault circule dans la vallée la plus centrale du territoire. Né au pied de l'Aigoual, dans le département du Gard, il entre, après 35 kilomètres de cours, dans celui qu'il dénomme; il a dès lors à peu près toute sa puissance, grâce à l'abondante source ou « foux » de la *Vis,* qui est bien l'une des plus claires, des plus fraîches, des plus pittoresques rivières du Midi. « De Ganges au Pont du Diable, voisin d'Aniane, l'Hérault, dit P. Joanne, ne cesse de se tordre au fond de défilés fort pittoresques, tantôt lumineux, tantôt assombris par une plus grande hauteur des parois rocheuses, par un plus grand resserrement des murailles l'une contre l'autre, par une direction de couloir hostile à l'invasion du soleil; le lieu, non le plus grandiose de ces défilés, mais le plus fameux, c'est le bourg pierreux de Saint-Guilhem-le-Désert; il y a dans ces gorges des étranglements tels, qu'un sauteur agile peut bondir d'un bord à l'autre du fleuve et que celui-ci, faute d'expansion latérale pour son flot de crue, peut y monter de plus de 20 mètres. » De la sortie de cette longue fissure jusqu'à la Méditerranée, l'Hérault serpente dans une vallée très riche, de par ses vignes replantées depuis le phylloxéra; il absorbe la Lergue, rivière de Lodève, la Peyne, venue de Pézenas, et devient navigable à Bessan (12 kilomètres); puis, ayant croisé le canal du Midi à Agde, la « ville noire », il va se perdre dans la Méditerranée sur une plage sablonneuse, après un cours de 164 kilomètres.

Les autres rivières côtières sont : le *Vidourle*, redouté pour ses « vidourlades » ou crues subites; le *Lez*, qui passe près de Montpellier; l'*Orb*, qui arrose Bédarieux, Béziers et reçoit le Jaur, torrent de Saint-Pons; enfin l'*Aude*, qui écorne le territoire et en reçoit la Cesse. L'Orb, l'Hérault et le Lez canalisé sont navigables, ainsi que les canaux du Midi, des Étangs et de Lunel. Les étangs de *Thau* (75 kilom. carrés), d'Ingril, de Vic, de Maguelonne, de Pérols et de *Mauguio* (36 kilom. carrés), sont voisins de la mer, ainsi que l'étang de Vendres; mais celui de Capestang en est éloigné de 18 kilomètres. On s'occupe de dessécher ces deux derniers.

Climat et productions. — Le climat de l'Hérault, comme celui de toutes les régions méditerranéennes, est caractérisé par des étés secs et brûlants et par de brusques variations de température ; parfois le mistral y souffle avec violence en plaine ; dans les Cévennes règnent de longs et rigoureux hivers. L'air est sain, excepté près des étangs. Les pluies sont rares, mais elles s'abattent par grandes averses orageuses ; elles atteignent annuellement une hauteur qui varie entre 50 centimètres sur la côte et 1 mètre 65 sur les monts de l'Espinouse.

Le blé dans la partie basse et moyenne, le seigle dans la partie montagneuse, et les prairies artificielles ne sont que des cultures secondaires du département. Sa grande culture, celle qui fait sa richesse et lui donne le premier rang pour la quantité des produits, c'est la *culture de la vigne*, qui couvre 75 000 hectares en plein rapport et donne plus de cinq millions d'hectolitres de vin. Elle en donnait jusqu'à quinze millions avant le phylloxéra qui détruisit le vignoble de l'Hérault, lequel a dû être reconstitué par des plantations de cépages américains. Plusieurs crus sont très réputés ; tels sont ceux de Saint-Georges-d'Orques, de Pérols, de Saint-Christol, de Saint-Paul et autres localités. Les vins muscats de *Frontignan*, de *Lunel*, de Cazouls-les-Béziers, jouissent d'une réputation universelle. Le département expédie en outre une quantité considérable de raisin de table à Lyon, Paris, Londres et autres grandes villes du Nord.

Les principaux arbres qu'il cultive sont : le châtaignier, dans la montagne ; l'olivier, moins commun qu'autrefois ; le mûrier, qui croît presque partout ; le figuier et l'oranger, dans la plaine. Les forêts occupent 85 000 hectares ; les landes et terrains incultes, plus de deux fois autant. L'élève de 345 000 moutons, l'éducation des abeilles et des vers à soie, sont des branches importantes de l'industrie agricole. Une école nationale d'agriculture très prospère fonctionne aux portes de Montpellier, avec une station annexe de sériciculture.

L'Hérault exploite principalement le bassin houiller de Graissessac, des carrières de marbre et de pierres à bâtir ; des marais salants, qui fournissent 25 000 tonnes de sel ; une trentaine de sources thermales, entre autres celles de Balaruc et de Lamalou ; à quoi il faut ajouter les bains de mer de Cette. On y fabrique en grand la fameuse *eau-de-vie de Montpellier*, le vermouth de Cette et de Lunel, les trois-six de Béziers et de Pézenas ; viennent ensuite les draps, en partie pour la troupe, dont Lodève, Bédarieux et Clermont sont les principaux centres manufacturiers ; les fils, gants et bas de soie, fabriqués surtout dans la région de Ganges ; les cuirs d'Aniane, de Saint-Pons et de Béziers ; les produits chimiques de Montpellier, les huiles d'olive, la tonnellerie, la fonderie des métaux, la pêche côtière, pratiquée surtout par les ports de Cette et d'Agde, les seuls aussi du département où la navigation soit active.

Les habitants. — En 1896, l'Hérault possédait 469 700 habitants, soit une augmentation de 194 000 sur 1801 et de 40 000 sur 1871. Il occupe le 22e rang sous ce rapport et le 19e pour la densité, avec 75 habitants par kilomètre carré. On y compte environ 11 000 étrangers et 13 000 protestants. Le langage habituel est une sorte de patois languedocien.

Personnages. — Saint Maixent, abbé en Poitou, né à Agde, mort en 515. Saint Benoît d'Aniane, réformateur de la règle bénédictine dans le Midi, né à Maguelonne, mort en 821. Jacques Ier, roi d'Aragon, né à Montpellier, mort en 1276. Saint Roch, pèlerin, connu par son dévouement aux pestiférés, né à Montpellier, mort en 1327. Le peintre Bourdon, né à Montpellier, mort en 1671. Paul Riquet, à qui l'on doit le canal du Midi, né à Béziers, mort en 1680. Le cardinal de Fleury, ministre de Louis XV, né à Lodève, mort en 1743. Le chirurgien La Peyronie, né à Montpellier, mort en 1747. Le maréchal de Castries, né à Castries, mort en 1801. Sont nés à Montpellier : le médecin Barthez, mort en 1807 ; le peintre Vien, mort en 1809. Le conventionnel Cambon, mort en 1820 ; le consul Cambacérès, mort en 1824 ; le comte Daru, homme d'État et historien, mort en 1829. Le général Berthezène, né à Vandargues, mort en 1847. Auguste Comte, chef de l'école positiviste, né à Montpellier, mort en 1857. Le physiologiste Flourens, né à Maureilhan, mort en 1867. Le naturaliste-pisciculteur Coste, né à Castries, mort en 1873.

Administrations. — L'Hérault forme le diocèse de Montpellier ; il ressortit à la cour d'appel et à l'académie de Montpellier, à la 16e division militaire (Montpellier), au sous-arrondissement maritime de Marseille, à la 11e région agricole (Sud), à la 27e conservation forestière (Nîmes) et à l'arrondissement minéralogique de Toulouse.

Il comprend 4 arrondissements : *Montpellier, Béziers, Saint-Pons, Lodève*, avec 36 cantons et 338 communes.

I. **MONTPELLIER**, chef-lieu du département[1], est une ville prospère de 74 000 âmes, bâtie sur une colline rocheuse de 20 à 44 mètres d'altitude, que baigne le petit fleuve côtier appelé Lez. Malgré les rues étroites et tortueuses que l'on rencontre dans ses anciens quartiers, c'est une cité agréable, bien construite, aérée par de larges boulevards et de belles places. Elle conserve l'aspect d'une vieille capitale de province, et tout en elle respire le goût artistique, le loisir et l'étude. De fait, c'est une de nos villes les plus remarquables par ses grands établissements

---

[1] Arrondissement de Montpellier : 14 *cantons*, 118 communes, 199 340 habitants.
Cantons et communes principales : 1-3. *Montpellier*, 73 930 habitants ; Castelnau, 1 140 ; Cournonterral, 2 110 ; Fabrègues, 1 640 ; Dattes, Murviel, Palavas, Pérols, 1 050 ; Pignan, 2 170 ; Saint-Georges, 1 080. — 4. *Aniane*, 2 450 ; Saint-Guilhem. — 5. *Castries*, 1 280 ; Vendargues, 1 090. — 6. *Cette*, 32 730. — 7. *Claret*, 630. — 8. *Frontignan*, 3 900 ; Balaruc-les-Bains, 1 010 ; Mireval, Villeneuve-lès-Maguelonne, 1 520. — 9. *Ganges*, 4 300 ; Saint-Bauzille, 1 730. — 10. *Lunel*, 7 200 ; Lunel-Viel, 1 130 ; Marsillargues, 3 510. — 11. *Matelles (Les)*, 470. — 12. *Mauguio*, 2 670 ; Lansargues, 1 830. — 13. *Mèze*, 6 220 ; Bouzigues, 1 270 ; Gigean, 1 890 ; Loupian, 1 080 ; Montbazin, 1 130 ; Poussan, 2 310 ; Villeveyrac, 2 230. — 14. *Saint-Martin de Londres*, 830.

d'instruction : facultés de droit, sciences, lettres et arts, surtout celle de médecine, qui renferme un musée d'anatomie et une bibliothèque de 30 000 volumes; riche est le musée de peinture, dit musée Fabre; le Jardin des plantes, créé en 1593, est le plus ancien de France.

La principale beauté de Montpellier, c'est la *place du Peyrou*, située dans le haut de la ville; entourée sur trois côtés d'édifices d'un grand caractère, elle occupe l'extrémité ouest d'une voie qui partage l'agglomération en deux moitiés et aboutit à l'est à la promenade de l'Esplanade, que domine une citadelle. De ce dernier côté, un arc de triomphe élevé en l'honneur de Louis XIV précède le Peyrou, dont le centre est occupé

Vue de Montpellier. Esplanade du Peyrou.

par la statue équestre du grand roi, tandis que du côté opposé se trouve un château d'eau monumental, alimenté par un bel aqueduc à deux rangées d'arcades superposées, qui y amène de 14 kilomètres les eaux de la fontaine Saint-Clément et de celle du Boulidou. De là aussi on jouit d'une vue superbe, qui s'étend non seulement des Cévennes à la Méditerranée, mais encore, lorsque le temps est clair, jusqu'au Ventoux et au Canigou.

Les principaux édifices de Montpellier sont : la cathédrale Saint-Pierre, avec un chœur moderne magnifique et une nef du XIVe siècle flanquée de quatre tours; Notre-Dame des Tables, de style gréco-romain; Saint-Roch, qui possède la majeure partie des reliques de son patron; le palais de justice, reconstruit au XVIIe siècle, et l'ancien palais des états du Languedoc; le nouveau théâtre, qui est un des plus beaux de province, et la tour des Pins, reste des fortifications. Cette ville, qui s'est beaucoup accrue dans ces dernières années, fait surtout le commerce des vins et d'eaux-de-vie renommées; elle a de nombreuses distilleries, des tanneries et mégisseries, des fonderies de métaux, des fabriques de produits chimiques, notamment l'importante usine de Villodève pour les bougies stéariques.

Montpellier, dont le nom est d'origine très discutée, se forma probablement par la réunion des habitants des bourgades ruinées de Maguelonne, Substantion et Lattes. Au xie siècle, il existait là deux groupes d'habitations : Montpellier et Montpelliéret. Celui-ci appartenait aux évêques de Maguelonne, qui le cédèrent à Philippe le Bon en 1292; l'autre, à des seigneurs du nom de Guilhem, auxquels succédèrent au xiiie siècle les rois d'Aragon, puis ceux de Majorque, qui finirent par le vendre à Philippe de Valois en 1349. A cette époque, Montpellier devint important, grâce à son commerce, non moins qu'à sa charte, à sa célèbre école de médecine et au sanctuaire vénéré de Notre-Dame des Tables, dont l'existence datait déjà de deux siècles. En 1289, le pape Nicolas IV créa son Université, et en 1364 Urbain V y fonda une abbaye bénédictine, dans laquelle fut définitivement transféré en 1536 l'évêché de Maguelonne. Néanmoins les doctrines de la Réforme se développèrent si rapidement à Montpellier, qu'en 1567 les protestants en étaient les maîtres. Louis XIII la reprit en 1622 au duc de Rohan et construisit la citadelle, qui, de toutes les fortifications de la ville, est presque seule restée debout. Montpellier devint ensuite le chef-lieu d'une des deux généralités du Languedoc, le siège des états de cette province et souvent aussi la résidence des intendants.

« **Saint Roch**, la plus pure gloire de Montpellier, est célèbre pour avoir distribué aux pauvres, à l'âge de vingt ans, tout ce qu'il put de l'immense fortune que ses parents lui avaient laissée en héritage. Il ne l'est pas moins par ses pèlerinages et ses miracles en faveur des pestiférés. C'est ainsi qu'à Acquapendante il guérit tous les malades par le signe de la croix. A Rome, sa présence opéra les mêmes merveilles; il parcourut ensuite les campagnes et un grand nombre de villes de l'Italie, qu'il délivra également de la peste : de là vient sans doute qu'il est invoqué contre toute espèce d'épidémies. On le représente avec un chien, parce qu'à Plaisance, dans une grande maladie où il fut abandonné de tous, un chien lui apportait sa nourriture. Revenu en France, dans un village de son domaine, exténué de fatigues, pauvre et déguenillé, Roch ne fut reconnu de personne, et comme alors tout était plein d'hostilités, il fut pris pour un espion et jeté dans une affreuse prison, où il passa cinq années, se réjouissant de se voir, semblable à Jésus, rejeté par les siens. Étant tombé malade, un prêtre vint le préparer à la mort et reconnut en lui un saint; le peuple courut en foule pour le voir, mais il ne trouva que le corps inanimé du prisonnier, dont l'âme s'était envolée à la patrie céleste. Alors la grand'mère de Roch songe à son petit-fils, elle veut voir ce corps; ô surprise! elle le reconnaît : c'est son âge, c'est son air; elle découvre sa poitrine, elle y trouve le signe qu'elle cherchait, une tache rouge apportée en naissant. Ce prisonnier est bien son petit-fils; c'est un héros de la pauvreté, c'est un saint! — On lui fit de magnifiques funérailles; son corps fut porté en triomphe et enterré dans la grande église de Montpellier, où il opéra une multitude de miracles. Il était mort vers l'an 1319, à l'âge d'environ trente-quatre ans. » (CROISET.)

Au nord de Montpellier, près de *Castelnau*, on voit les ruines de la ville gallo-romaine de *Substantion*, où fut établi de 737 à 1037 le siège épiscopal de Maguelonne. — *Lattes*, sur la Lez, est l'antique *Latera*, qui servit de port à Montpellier jusqu'à la fin du moyen âge. — *Palavas*, sur le grau du Lez, est une station de bains de mer très fréquentée. — *Pérols*, près de l'étang de ce nom, a des salines et des eaux thermales. — A l'ouest de Montpellier, *Saint-Georges-d'Orques* est connu par ses excellents vins rouges, — tandis que *Pignan*, comme beaucoup d'autres bourgs de l'Hérault, conserve son vieil aspect féodal. Église de l'ancienne abbaye bénédictine de Vignogoul. — *Murviel* doit son nom à d'antiques murs du voisinage encore existants, et que l'on croit occuper l'emplacement de la ville romaine d'*Altimurium*.

Montpellier. — École de médecine et cathédrale.

ANIANE, près de l'Hérault, fabrique des cuirs et des eaux-de-vie. Cette jolie petite ville doit son origine à une célèbre abbaye de bénédictins fondée en 780 par saint Benoît, sur le bord du ruisseau d'Anian, appelé aujourd'hui Corbière. Les bâtiments de ce couvent, reconstruits au XVIIIe siècle, servent aujourd'hui de maison de détention. — *Saint-Guilhem-le-Désert*, sur l'Hérault, doit également son origine et son nom à une abbaye de bénédictins et à son fondateur saint Guillaume, duc bénéficiaire d'Aquitaine, qui y mourut en 812. Cette localité et son territoire communal forment certainement le site le plus étrange du Languedoc après le Puy-en-Velay, autant par les gorges profondes, les lacs, cascades et grottes qu'on y admire, que par les ruines pittoresques d'une église romane des xe et xie siècles, de vieilles maisons gothiques et les restes des remparts.

Castries, ancien marquisat, possède un château avec parc, qui reçoit les eaux d'un aqueduc de 7 kilomètres construit par Riquet.

Cette, ville de 33 000 âmes et notre second port marchand de la Méditerranée, s'étale au pied du mont Saint-Clair, sur l'étroite langue de terre comprise entre la mer et l'étang de Thau, qui joint le canal du Midi à celui des Étangs. Plusieurs canaux traversent la cité elle-même et font partie de son port, qui comprend en outre trois bassins, un avant-port et une rade, que protègent deux jetées et un brise-lames et que défendent une citadelle, divers forts et batteries. Ce port est le septième de France pour le tonnage des marchandises, qui s'élève à environ 750 000 tonnes. Les articles d'exportation sont les vins et eaux-de-vie, les huiles, le sel, les produits chimiques, les cuirs, tissus et métaux ; les importations comprennent surtout les cuirs, les peaux brutes et les laines de la Plata ; les farines, les fruits, la morue, les bois communs et la houille. Le trafic se fait avec Marseille, l'Espagne, l'Italie, l'Algérie, l'Autriche, l'Amérique et l'Orient.

L'industrie cettoise comprend la tonnellerie, la fabrication de vins étrangers et du vermouth, l'exploitation des marais salants, la salaison des sardines, le séchage de la morue et la pêche maritime ; les bains de mer sont assez fréquentés.

Cette n'a ni monuments ni curiosités en dehors de son port et du magnifique panorama dont on jouit du haut de sa « montagne », qui n'a pourtant que 180 mètres d'altitude. C'est à ladite montagne, appelée *mons Setius* par les Romains, que Cette doit son nom, qu'on devrait écrire *Sette,* comme au xviie et au xviiie siècle. La ville ne commença à prendre de sérieux développements qu'après le percement du canal du Midi, vers 1680, et la création de son port sur un plan donné par Vauban. Le chemin de fer de Montpellier s'y rend en traversant l'étang d'Ingril sur une jetée de 1 300 mètres, continuée le long de la mer par un viaduc ou « peyrade » de 52 arches.

Frontignan, au bord de l'étang d'Ingril et au pied du chaînon de la Gardiole, produit le plus recherché des vins muscats, dont il récolte chaque année environ 25 000 hectolitres ; d'autre part, les salins de l'étang fournissent 20 000 tonnes de sel. L'église, des xiiie-xive siècles, est surmontée d'un clocher fortifié. — *Balaruc-les-Bains,* à la pointe nord-est de l'étang de Thau, utilise des eaux thermales chlorurées sodiques (48º), efficaces contre la paralysie, les rhumatismes et les scrofules. Hôpital civil et militaire, vestiges de thermes romains. — De la commune de *Villeneuve* dépendent les ruines de *Maguelonne,* situées dans l'îlot basaltique d'un étang littoral : c'est l'antique *Magalo*, ville d'origine phénicienne, qui devint un port assez considérable et fut érigée en évêché au viie siècle. Les Sarrasins l'ayant occupée, Charles Martel les en chassa en 737, et, pour les empêcher de prendre désormais pied sur cette côte, il détruisit la ville, dont les évêques se retirèrent à Substantion, près Montpellier; puis, après trois cents ans, ils revinrent à Maguelonne; mais celle-ci demeura presque déserte, et il fallut l'abandonner définitivement en 1536, époque où l'évêché fut établi à Montpellier. Il ne reste aujourd'hui de cette cité épiscopale que quelques maisons entourant l'ancienne cathédrale

Église romane de Saint-Martin-de-Londres (Hérault).

Saint-Pierre, délabrée extérieurement, mais dont l'intérieur a été rendu au culte en 1875. — *Mireval* fut une résidence des rois d'Aragon, seigneurs de Montpellier, qui en firent construire l'église au xiie ou xiiie siècle.

Ganges, au pied des Cévennes, dans un bassin riant et fertile arrosé par l'Hérault, est une petite ville industrielle dont les principaux établissements sont des filatures et des fabriques de gants et de bas de soie. Le château était jadis le siège d'un marquisat. — En aval, *Saint-Bauzille* est connu par sa magnifique grotte, formant une des ressources de la commune, qui perçoit cinq francs par visiteur. De l'entrée au fond de cette grotte, la hauteur à descendre n'est pas moins de 300 mètres. On y remarque surtout une salle tellement élevée, qu'il faut lancer des fusées pour en apercevoir la voûte; d'innombrables stalactites, dont les plus belles portent d'après leurs formes les noms de la Vierge, le Manteau impérial, les Mille colonnes, etc.

Lunel, dans une vaste plaine fertile mais peu salubre, à la tête d'un canal de 12 kilomètres qui communique avec celui du Rhône à Cette, est une ville de 7000 âmes connue pour son vin muscat, rival de celui de Frontignan ; elle fabrique beaucoup d'absinthe, de vermouth et d'eaux-de-vie, ainsi que des futailles. — Au moyen âge, Lunel fut le chef-lieu d'un comté puissant, dont l'un des possesseurs, Gérard, a été béatifié par l'Église. Louis XI le réunit définitivement à la couronne. Pendant les guerres de religion, la ville fut successivement prise et reprise par les deux partis ; Richelieu en fit raser les fortifications. — *Marsillargues*, sur le Vidourle, possède un beau vignoble et un château du XVIIe siècle.

Le bourg des MATELLES est bâti près de la superbe « foux » ou fontaine d'où sort le Lez, au pied du pic Saint-Loup (633 mètres), lequel s'aperçoit de fort loin vers le sud, où s'étend jusqu'à la mer une plaine peu accidentée. Aux Matelles se trouvent une colonie agricole dite de Notre-Dame des Champs, une chapelle de Saint-Joseph, but de pèlerinage, et les restes imposants du château de Montferrand. — MAUGUIO, au nord de l'étang de ce nom, est l'antique *Melgorium*, capitale d'un comté puissant, qui fut réuni à celui de Toulouse en 1172.

MÈZE, petit port sur l'étang de Thau, que bordent des salins importants, fait un commerce actif de vins et d'eaux-de-vie. C'est l'ancienne *Mesua*, citée au IVe siècle par Festus Avenius, qui mentionne également le port de *Polygium*, aujourd'hui *Bouzigues*. — Au nord-ouest, *Villeveyrac* exploite de riches vignobles, ainsi que des mines de bauxite pour la fabrication de l'aluminium. — Aux environs se voient une église et un cloître, restes de l'abbaye cistercienne de Valmagne, fondée en 1138. — SAINT-MARTIN-DE-LONDRES conserve une belle église du XIIe siècle, des restes de fortifications et du château de la Roquette.

II. **BÉZIERS** est une sous-préfecture de 48 000 âmes[1], aussi privilégiée par la douceur de son climat que par son admirable situation sur le versant d'une colline dominant, à environ 70 mètres d'altitude, l'Orb et le canal du Midi. C'est une ville très prospère, grâce surtout à ses vignobles, dont elle convertit une grande partie des produits en eaux-de-vie et liqueurs ; c'est aussi le marché régulateur des trois-six. D'un intérieur assez peu agréable, elle offre au contraire, vue du sud et de l'ouest, un aspect des plus pittoresques. On y remarque principalement l'ancienne cathédrale Saint-Nazaire, beau monument gothique du XIVe siècle ; l'église

---

[1] Arrondissement de BÉZIERS : 12 *cantons*, 99 communes, 179 340 habitants.
Cantons et communes principales : 1-2. *Béziers,* 48 010 habitants ; Boujan, 1 070 ; Cazouls, 3 740 ; Colombiers, 1 050 ; Lespignan, 2 170 ; Maraussan, 1 720 ; Sérignan, 3 490 ; Vendres, 1 010 ; Villeneuve-lès-Béziers, 2 280. — 3. *Agde,* 8 480 ; Bessan, 2 700 ; Marseillan, 4 220 ; Vias, 2 390. — 4. *Bédarieux,* 5 970 ; Camplong, 1 560 ; Graissessac, 2 280 ; Tour-sur-Orb (La), 1 060. — 5. *Capestang,* 4 170 ; Maureilhan-et-Ramejan, 1 200 ; Nissan, 2 760 ; Puisserguier, 3 760 ; Quarante, 2 000. — 6. *Florensac,* 3 550 ; Pomérols, 1 840. — 7. *Montagnac,* 3 160. — 8. *Murviel,* 2 250 ; Autignac, 1 140 ; Laurens, 1 170 ; Thézan, 1 520. — 9. *Pézenas,* 6 600 ; Caux, 1 980 ; Saint-Thibéry, 2 140. — 10. *Roujan,* 1 920 ; Gabian, 1 030 ; Magalas, 1 870 ; Pouzolles, 1 110. — 11. *Saint-Gervais,* 1 690 ; Hérépian, 1 190 ; Lamalou, Poujol (Le), 1 070. — 12. *Servian,* 3 380 ; Alignan, 1 280 ; Montblanc, 1 780 ; Puissalicon, 1 010.

Saint-Aphrodise, bâtie sur une crypte romane, et celle de la Madeleine, également du moyen âge; le pont-aqueduc sur l'Orb pour la traversée du canal du Midi, qui, un peu plus loin, présente la grande écluse de Fonseranne, formé de huit sas successifs; enfin la magnifique promenade des Poètes, avec la statue de *Paul Riquet,* le plus illustre des Biterrois, qui semble contempler le canal dont il fut le créateur.

Béziers est d'origine celtibérienne, comme l'indique la forme primitive de son nom, *Beterræ* ou *Beterris*. Conquise 120 ans avant J.-C. par les

Vue de Béziers, sur l'Orb et le canal du Midi.

Romains, elle reçut l'Évangile au III° siècle par saint Paul-Serge, qui, appelé ensuite par les Narbonnais, y laissa son disciple saint Aphrodise. Cette ville fut dévastée à plusieurs reprises par les Barbares et par Charles Martel. A l'époque féodale, après avoir eu des seigneurs particuliers, elle devint une des places fortes des vicomtes de Carcassonne, qui se firent les défenseurs de l'hérésie albigeoise. Aussi les Croisés s'emparèrent-ils de Béziers, dont un grand nombre d'habitants furent massacrés (1209).

« Si l'on en croit certains livres classiques, la fameuse parole: *Tuez-les tous, Dieu reconnaîtra les siens,* aurait été dite par le légat du pape, Milon, à Simon de Montfort, pendant le pillage de Béziers. Or, ce mot terrible, le légat du pape ne l'a jamais prononcé. Aucun des quatre historiens, témoins oculaires et narrateurs fidèles de cette lutte sanglante, ne rapporte cette parole. Elle est relatée seulement dans un livre qui fourmille d'erreurs matérielles, œuvre d'un Allemand, Pierre Césaire, qui vivait à deux cents lieues du théâtre des événements. Encore celui-ci a-t-il soin de faire observer que tout repose sur des *on dit*, et que le mot est attribué non à un seul homme (le légat), mais à tous les chefs de la croisade. — Est-ce suffisant pour établir un point d'histoire? — Malgré les réticences et les invraisemblances de cet auteur, les ennemis de l'Église ont jugé bon d'exploiter ce mensonge. » (*Union nationale de France, Réponse aux objections les plus répandues*.)

Malheureusement encore pour Béziers, le calvinisme s'y répandit de bonne heure; ses églises furent saccagées, et la ville se jeta dans plusieurs révoltes jusques et y compris celle de Montmorency (1632), après laquelle Louis XIII la fit démanteler et démolir sa citadelle.

Parmi les localités viticoles des deux cantons de Béziers, citons *Cazouls* et *Maraussan*, qui donnent des vins muscats, fabriquent des eaux-de-vie et extraient du gypse; *Villeneuve, Sérignan* et *Lespignan*.

Agde, à 4 kilomètres de la Méditerranée, sur l'Hérault et au croisement du canal du Midi, est un port de pêche et de cabotage. Cette localité de 7 000 âmes, construite en pierres basaltiques, a un aspect sombre qui lui a valu le surnom de « ville noire ». Il n'y a de remarquable que son ancienne cathédrale, d'allure quasi militaire; mais à 3 kilomètres sud-est on visite le cirque volcanique de Conques, avec le pic de Saint-Loup ou mont d'Agde (115 mètres), que surmonte un phare à feu tournant, et dont une coulée de laves a jadis formé le rocher du cap d'Agde; c'est cette coulée qui, se continuant sous les flots, reparaît à la surface par l'îlot de Brescou, que l'on a fortifié. — Fondée par les Massaliotes, sous le nom d'Agathè-Tychès, c'est-à-dire bonne fortune, Agde eut dès le IVe siècle un évêché qui subsista jusqu'à la Révolution, et dont le premier titulaire fut saint Venustus, martyr. En 1286, l'amiral aragonais Roger de Loria l'incendia presque entièrement. Plus tard elle devint une place des protestants et prit part sous Louis XIII à la révolte de Montmorency, méfait dont elle se punit elle-même en rasant sa citadelle.

Bessan, près de l'Hérault, extrait la pouzzolane et fabrique des vins et eaux-de-vie, fabrication que partagent également *Vias*, sur le canal du Midi, et *Marseillan*, petit port sur l'étang de Thau.

Bédarieux, sur l'Orb, est une ville de plus de 6 000 habitants, qui se distingue par de nombreux établissements industriels: filatures de laine, manufactures de drap, teintureries, tanneries et mégisseries, distilleries et tuileries. On y remarque le viaduc du chemin de fer sur l'Orb. Son nom, que l'on écrivait *Bedariæ* au XIIe siècle, paraît avoir été primitivement le même que celui de Béziers, *Beterræ*, ce qui donnerait à la ville une origine celtibérienne. — *Graissessac*, dans la Cévenne, est le centre d'un bassin houiller qui produit annuellement 300 000 tonnes de charbon.

Capestang est un ancien bourg situé sur le canal du Midi et près de la rive nord d'un étang, d'où son nom, formé du latin *caput stagni*, « tête de l'étang ; » cette nappe de 1 900 hectares doit être desséchée. Fabrication d'eaux-de-vie, ainsi qu'à *Nissan* et *Puisserguier*. — La commune de *Maureilhan-et-Ramejan* est remarquable par ses vins estimés, dont la récolte annuelle est en moyenne de 150 000 hectolitres. — *Quarante* a des forges et une église du XIIe siècle, reste d'une abbaye d'Augustins. — Florensac, près de l'Hérault, ainsi que Montagnac, ancienne place forte avec belle église, et Murviel, à 2 kilomètres de l'Orb, sont des chefs-lieux de cantons producteurs de vins, d'eaux-de-vie et d'huiles d'olive.

Pézenas, dans une fertile plaine, près de l'Hérault, est une ville aussi agréable qu'industrielle. Elle produit principalement beaucoup d'excellents vins, d'eaux-de-vie et d'absinthe. Le cours de son marché du samedi sert de régulateur pour le prix des eaux-de-vie dans les autres places de France et d'Europe. Pézenas fit partie du territoire des Tectosages et devint importante sous les Romains. Érigée en comté par le roi Jean, elle passa plus tard dans les maisons de Montmorency, de Condé et de Conti. Molière y séjourna avec sa troupe pendant l'hiver de 1655-1656, et c'est là qu'il joua ses premières pièces. — En aval, *Saint-Thibéry*, au pied de collines volcaniques, possède les bâtiments d'une ancienne abbaye bénédictine, fondée, comme tant d'autres dans le Midi, sous Charlemagne ; il doit son nom au martyr chrétien Tibérius, mis à mort en ce lieu avec ses compagnons, Modestus et Florentius, durant la persécution de Dioclétien. Ruines d'un pont romain et restes de l'antique ville de *Cessero*.

Roujan, sur un coteau dominant la Peyne, est un des centres d'extraction du bassin houiller de Graissessac. Aux environs se trouvent l'établissement thermal de Saint-Majau, la chapelle dite Chartreuse de Notre-Dame de Mougères, lieu de pèlerinage, et, au pied d'une colline portant les ruines du château de Sainte-Marthe, les restes de l'important prieuré de Cassan.

Saint-Gervais, entre de hautes montagnes, exploite de la houille et du marbre. — *Lamalou-les-Bains*, près de l'Orb, dans un agréable vallon, est une commune composée de trois villages qui possèdent chacun un établissement thermal, où s'utilisent, notamment contre les douleurs rhumatismales, une douzaine de sources chaudes ou froides, ferrugineuses carbonatées ; ces eaux s'exportent en grande quantité. — *Le Poujol*, sur l'Orb, a des filatures de soie. — Servian, qui possède une belle église du XIVe siècle, et *Montblanc*, une église fortifiée du moyen âge, produisent des vins et eaux-de-vie.

III. **Saint-Pons**, sous-préfecture de 3 000 âmes[1], s'élève par

[1] Arrondissement de Saint-Pons : 5 *cantons*, 48 communes, 40 960 habitants.
Cantons et communes principales : 1. *Saint-Pons*, 3 050 habitants ; Courniou, 1 520 ; Riols, 1 620. — 2. *Olargues*, 910 ; Roquebrun. — 3. *Olonzac*, 2 110 ; Livinière (La), 1 030 ; Minerve. — 4. *Saint-Chinian*, 3 110 ; Cessenon, 2 690 ; Cruzy, 1 670. — 5. *Salvetat* (La), 3 120.

315 mètres d'altitude au pied de l'Espinouse, dans la profonde vallée de Thomières ou du Jaur, torrent dont la source jaillit dans la cité même, d'un roc à pic surmonté d'une vieille tour crénelée. La « ville aux beaux platanes », ainsi qu'on a appelé Saint-Pons, pourrait encore être dite la « ville de marbre » ; car non seulement l'église, datant du XIIIe siècle, mais encore la plupart des maisons sont construites de ce produit des carrières de la vallée. Saint-Pons, qui fabrique des draps et des cuirs, doit son origine et son nom à une abbaye de bénédictins, fondée en 935 par Raymond de Toulouse, en l'honneur de saint Pons, et érigée en 1317 en un évêché qui subsista jusqu'à la Révolution. Aux abords, s'ouvre la curieuse grotte préhistorique des Pontils. — En aval, le joli bourg de *Riols*, en grande partie construit en marbre, extrait du plomb argentifère et fabrique des draps. Belle cascade du Jaur, appelée Saut de Vésoles.

Olargues, dont le nom vient de ses nombreux oliviers, est une petite ville bâtie en amphithéâtre sur un promontoire de la rive droite du Jaur, et que domine une vieille tour, reste de ses fortifications. — *Roquebrun*, sur l'Orb, exploite des carrières de marbre noir. — Olonzac, dans la plaine du Minervois, non loin de l'Aude, produit des vins estimés qui rivalisent avec ceux du Roussillon et du Narbonnais. — Au nord, *Minerve*, « nid d'aigle sur un abîme, » occupe un rocher à pic au confluent de deux torrents encaissés : la Cesse et le Brian. Ce village, qui doit peut-être son existence à un temple de la déesse Minerve, eut au Ve siècle une église chrétienne, dont l'autel, consacré par saint Rustice, évêque de Narbonne, existe encore. Plus tard, Minerve devint une place forte des Albigeois, que prit Simon de Montfort après un siège de sept semaines. Restes des remparts et du château, beaux dolmens et grottes diverses.

Saint-Chinian, sur le Vernazobres, au milieu de sites pittoresques, est une petite ville industrielle ayant une usine à soufre, des filatures de laine et des fabriques de drap. Elle doit son nom à l'abbaye bénédictine qui y fut fondée en 828 en l'honneur de saint Aignan.

La Salvetat, sur un promontoire formé par le confluent de l'Agout et de la Vèbre, était au moyen âge, ainsi que l'indique son nom, un lieu d'asile pendant les guerres seigneuriales. Filatures de laine et fabriques de molletons. A deux kilomètres ouest, établissement thermal de Rieumajou.

IV. **LODÈVE**, sous-préfecture de 8 500 âmes[1], s'élève par 175 mètres d'altitude dans un jolli vallon de la Lergue, au sud des beaux et puissants escarpements du Larzac. C'est un des centres industriels du Midi, surtout

---

[1] Arrondissement de Lodève : 5 *cantons*, 73 communes, 50 050 habitants.
Cantons et communes principales : 1. *Lodève*, 8 420 habitants; Saint-Privat. — 2. *Caylar (Le)*, 680; Pégairolles. — 3. *Clermont-l'Hérault*, 5 080; Aspiran, 1 360; Mourèze, Paulhan, 1 760; Villeneuvette. — 4. *Gignac*, 2 790; Montpeyroux, 1 210; Pouget (Le), 1 100; Saint-André, 2 810; Saint-Jean, 1 180; Saint-Pargoire, 1 520. — 5. *Lunas*, 1 140; Avène, Bousquet-d'Orb (Le), 1 930.

par ses filatures de laine et ses manufactures de drap pour la troupe, ainsi que pour l'exportation en Italie et dans le Levant. Mal bâtie, mal percée, comme en général toute cité antique, Lodève n'offre de remarquable que son ancienne cathédrale Saint-Fulcran, des XIIIe et XIVe siècles, fortifiée dès l'époque de sa construction, et, sur la colline qui domine la ville, le vaste château en ruines de Montbrun. Aux environs s'ouvre la grotte de Gériols. Lodève, la *Luteva* des Volces Arécomiques, devint au Ve siècle le siège d'un évêché, fondé par saint Flour, et qu'administra au Xe l'illustre saint Fulcran. Philippe-Auguste l'enleva à des vicomtes usurpateurs et la rendit à ses évêques, qui la conservèrent jusqu'à la Révolution, laquelle supprima la seigneurie et l'évêché. — *Saint-Privat*, dans la montagne, conserve du moyen âge l'intéressant prieuré de *Saint-Michel-de-Grandmont*, transformé en ferme.

Le Caylar, ancienne baronnie et place forte, s'élève sur le causse du Larzac, près de la Lergue naissante, qui descend par cascades dans un val profond, formant près de *Pégairolles* le beau défilé du Pas-de-l'Escalette. — Clermont-l'Hérault, au pied des montagnes, a des manufactures de drap pour la troupe, de limousines et de tapis. Jadis fortifiée, elle avait le titre de comté. Son église Saint-Paul, du XIVe siècle, a une belle rosace et un clocher très élevé. — La petite cité voisine de *Villeneuvette* partage la même industrie drapière, qui y fut fondée par Colbert. — *Mourèze*, sur la Dourbie, est un des sites les plus curieux de France par son vaste cirque de dolomites ruiniformés, au milieu desquelles se dissimule le village. « Tout ce que l'imagination peut se représenter de grandiose, de féerique, comme châteaux ruinés, tours démantelées, gigantesques monolithes, murs excavés, voûtes sombres, portiques élancés, figures grotesques, pyramides reposant sur leur pointe, s'y trouve à chaque pas réalisé. »

Gignac, sur l'Hérault, que traverse un très beau pont moderne, fabrique des eaux-de-vie, des liqueurs et des essences. La chapelle Notre-Dame de Grâce, que l'on croit avoir été un temple de Vesta, est un but de pèlerinage. — *Saint-André-de-Sangonis* s'adonne à la même industrie et, de plus, à la filature de la soie. — Près de *Saint-Jean-de-Fos*, l'Hérault recueille l'abondante et parfois bruyante source de la Clamouse, un peu avant de sortir des gorges de Saint-Guilhem, et, à cette sortie même, il est franchi par le pont du Diable, bâti au XIe siècle. A l'ouest se trouvent les restes du château de *Montpeyroux*, monument historique, et l'abîme du Drac, qui vomit par intervalles une véritable rivière.

Au canton de Lunas, qui fabrique de bons fromages façon Roquefort, le *Bousquet-d'Orb* extrait du charbon de terre, qu'il utilise dans ses verreries, — et *Avène*, agréablement situé en amont, exploite dans un bel établissement des eaux alcalines et arsenicales.

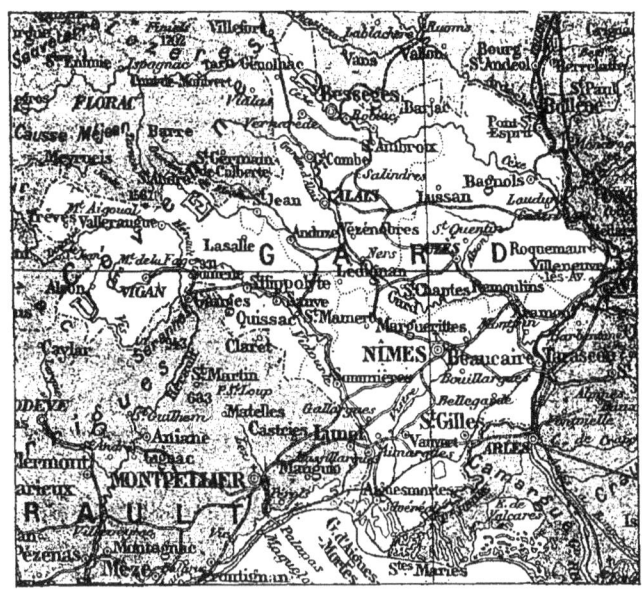

GARD

4 arrondissements, 40 cantons, 350 communes, 416 000 habitants

Géographie. — Le département du *Gard,* assez bizarrement découpé, doit son nom à la rivière qui le traverse du nord-ouest au sud-est, et son territoire de 5 880 kilomètres carrés à la partie du Bas-Languedoc qui comprenait les diocèses de Nîmes, Uzès et Alais. Sous le rapport de l'étendue, il occupe le 55e rang.

D'aspect très varié, le département se divise en trois régions distinctes : celle du nord-ouest est couverte par la *Cévenne* granitique, qui renferme notamment les monts dits du Vigan, avec les massifs de l'Espérou et de l'Aigoual; ce dernier atteint 1 567 mètres au Signal de l'Hort-Dieu, point culminant situé au nord du Vigan, sur la frontière lozérienne. Le centre et l'est sont sillonnés de collines ou plateaux rocailleux et stériles, appelés *Garrigues.* Au sud de Nîmes, s'étend une *plaine* basse, à peine traversée par les coteaux vinicoles de Bellegarde, et qui, en se rapprochant de la Méditerranée, offre de nombreux étangs et marais, des canaux navigables ou de desséchement; la côte, bordée de dunes, n'a que 20 kilomètres. Le Vigan s'élève à 225 mètres d'altitude, Alais à 140 mètres, et Nîmes à 46 mètres; l'altitude moyenne est d'environ 200 mètres.

Hydrographie. — A part la Dourbie, sous-affluent de la Garonne par le Tarn, les cours d'eau, généralement torrentueux, font partie du bassin de la Méditerranée. Le *Rhône* sert de limite à l'est, soit par lui-même, soit par le bras du Petit-Rhône, ou le sous-bras du Rhône-Mort. Il baigne Beaucaire et reçoit l'*Ardèche*, la Cèze et le *Gard*. Les fleuves côtiers sont : le Vistre, qui recueille la célèbre fontaine de Nîmes ; le *Vidourle*, fameux par ses crues subites appelées « vidourlades », et l'*Hérault*, qui s'adjoint l'Arre, ruisseau du Vigan, et la Vis, avant d'entrer dans le département qu'il dénomme.

Le **Gard** a donné son nom au territoire qu'il partage en deux fractions presque égales. Compris pour une fraction dans le département de la

Nîmes. — Ruines du temple de Diane.

Lozère, d'où s'enfuient les principaux torrents qui le composent, il rassemble une foule de « gardons », — c'est ici un terme générique, — violents cours d'eau allant d'un bas étiage à des crues démesurées, et se ressemblant fort dans leurs profondes ravines. « Ils serpentent, dit A. Martel, dans de petits cirques, descendant des pâturages aux maquis, des maquis aux châtaigneraies, des châtaigneraies aux plans de mûriers et d'oliviers, puis se glissent par d'étroits défilés dans les vallées basses. »

Deux gardons finissent par réunir tous les autres, et se joignent ensuite par moins de 100 mètres, au sud de Vézénobres, pour former le Gard ; ce sont : le *Gardon d'Alais*, qui coule devant les villes houillères et usinières de la Grand'Combe et d'Alais ; le *Gardon d'Anduze*, formé des gardons de Saint-Jean et de Mialet. Né ainsi de deux torrents des plus fantasques, le Gard passe sous un viaduc de 228 mètres en 8 arches (ligne de Paris à Nîmes). Il ronge ses berges et souvent change de lit dans les alluvions et graviers de la Gardonnenque, et quitte à Dions cette large campagne pour une étroite vallée d'érosion, entre roches droites, couloir désert, parfois muet, parce que le torrent ne coule plus, bu qu'il est en amont par les sables, terreaux et cailloux de la plaine : aussi n'y a-t-il pas, en saison très sèche, un seul flot courant sous les hautes arches du pont de Saint-Nicolas-de-Campagnac (route de Nîmes à Uzès). Mais bientôt, dans un autre couloir de la roche, superbe solitude, il renaît en magnifiques eaux vertes par une foule de fontaines vives, soit sources de fond, soit sources de rive, surtout en amont du moulin de la Baume, puis du pont suspendu de Collias. Ensemble ces surgeons fournissent 3 mètres cubes à la seconde, tribut auquel s'ajoute l'Alzon, riviérette d'Uzès. Le torrent s'abîme dans le Rhône par 5 mètres d'altitude, à 6 kilomètres en amont de Beaucaire.

Le Rhône seul sert à la navigation avec les canaux de Beaucaire, d'Aigues-Mortes, de la Radelle, du Bourgidou et de Silvéréal. Les *étangs*, situés près de la côte, sont ceux de Scamandre, du Repau, du Repausset, de la Ville et du Roi.

Climat et productions. — Excepté dans les Cévennes, où il fait froid, le Gard jouit du chaud climat méditerranéen, dont les minima observés en plaine sont chaque année — 5°, et les maxima 35°, parfois 40°. Le mistral, « mangeur de boue, » vent violent du nord-ouest, joignant ses effets à ceux de l'ardeur du soleil et de la rareté des pluies, produit la sécheresse, dont tout ici porte l'empreinte : rivières, flore, cultures, paysages. « Ce n'est plus la France, c'est déjà l'Orient ou l'Afrique avec son ciel azuré et profond, ses campagnes poudreuses, son implacable soleil. » Les pluies, qui s'abattent généralement par averses, atteignent une hauteur annuelle variant de 50 centimètres sur la côte, pourtant marécageuse et malsaine, à plus de 2 mètres sur les hauts sommets cévenols.

La *vigne* est la principale culture du Gard. Détruite aux quatre cinquièmes par le phylloxéra, elle est aujourd'hui en grande partie reconstituée, grâce aux plantations en terrain sablonneux et au greffage sur plants américains. Elle recouvre déjà 50 000 hectares, produisant 2 000 000 d'hectolitres de vin. Au premier rang pour la production séricicole, le département cultive en grand le mûrier pour la nourriture des vers à soie, malheureusement, eux aussi, frappés de maladie. L'olivier, qui produit une huile estimée, croît bien sur les coteaux exposés au midi, tandis que le châtaignier prospère dans la montagne, où son fruit sert beaucoup à l'alimentation des habitants. Le figuier, l'amandier, le grenadier et l'oranger, caractérisent les régions moyennes et basses ; les arbres forestiers couvrent environ 130000 hectares. Relativement nombreux sont les mulets et aussi les moutons, qui broutent l'herbe des monts Garrigues, ainsi nommés du chêne-kermès (*garrus*) qui y croît. Dans le sud, on trouve de grands troupeaux de taureaux à demi sauvages, dits camarguais.

Riche en minéraux, le Gard exploite principalement les importants bassins houillers d'Alais et du Vigan, qui fournissent annuellement 2000000 de tonnes de charbon; les mines de fer et de pyrites de fer des mêmes régions, le lignite de Bagnols, l'antimoine de Saint-Paul, les pierres lithographiques du Vigan, la pierre à bâtir de Beaucaire et des environs de Nîmes; plusieurs sources minérales et des marais salants, dont on retire chaque année 50000 tonnes de sel. L'industrie proprement dite compte dans l'arrondissement d'Alais d'importants établissements métallurgiques, ainsi que des verreries et fabriques de produits chimiques. De nombreuses filatures de soie existent dans toute la partie montagneuse. Nîmes fabrique beaucoup de tissus de laine et soie, unis ou mélangés. Ajoutons la tonnellerie, dont le progrès suit celui de la reconstitution des vignes du département.

Les habitants. — Le recensement de 1896 portait à 416000 âmes la population du Gard, soit 117000 de plus qu'en 1801, mais 5000 de moins qu'en 1871; cette diminution provient de l'invasion du phylloxéra, qui a provoqué l'émigration des vignerons ruinés, notamment vers l'Algérie. Au point de vue de la population absolue, le département occupe le 33e rang, et sous le rapport de la densité le 25e, avec 71 habitants par kilomètre carré. Il renferme 3400 étrangers à peine, mais beaucoup plus de protestants que nul autre département français, soit 116000 contre 300000 catholiques; aussi l'antagonisme des deux confessions y est-il très prononcé. L'idiome languedocien, dérivé du latin, est généralement employé dans les campagnes.

Personnages. — Saint Castor, évêque d'Apt, né à Nîmes, mort en 419. Raymond VII, dernier comte de Toulouse, né à Beaucaire, mort en 1249. Le pape Clément IV, né à Saint-Gilles, mort en 1269. Nicot, l'introducteur du tabac en France, né à Nîmes, mort en 1600. Le connétable de Luynes, né à Pont-Saint-Esprit, mort en 1621. Le maréchal de Thoiras, né à Saint-Jean-du-Gard, mort en 1636. Le marquis de Montcalm, défenseur du Canada, né au château de Candiac, mort en 1759. Le chevalier d'Assas, né au Vigan, mort glorieusement à Clostercamp en 1760. Le P. Bridaine, éloquent prédicateur, né à Chusclan, mort en 1767. Le gracieux fabuliste Florian, né au château de ce nom, mort en 1794. L'amiral Brueys, né à Uzès, tué à Aboukir (1798). L'écrivain de Rivarol, né à Bagnols, mort en 1801. Le peintre Sigalon, né à Uzès, mort en 1837. Reboul, le boulanger-poète, et Guizot, homme d'État et historien, tous deux nés à Nîmes, morts, l'un en 1864, l'autre en 1874. Le général Perrier et le naturaliste de Quatrefages, nés à Valleraugue, morts en 1888, 1892.

Administrations. — Le Gard forme le diocèse de Nîmes; il ressortit à la cour d'appel de Nîmes, à l'académie de Montpellier, à la 15e division militaire (Marseille), au sous-arrondissement maritime de Marseille, à la 11e région agricole (Sud), à la 27e conservation forestière (Nîmes) et à l'arrondissement minéralogique d'Alais.

Il comprend 4 arrondissements : *Nîmes, le Vigan, Alais, Uzès*, avec 40 cantons et 350 communes.

I. **NIMES**, chef-lieu du département du Gard[1], s'étale par 46 mètres d'altitude au pied des collines rocailleuses appelées Garrigues, dans une

Nîmes. — Les Arènes, amphithéâtre romain.

vaste plaine fertile, mais brûlée par un ardent soleil et insuffisamment arrosée d'eau pluviale et courante. C'est l'une de nos plus importantes villes du Midi, tant par sa population de 75000 âmes que par son commerce des vins et par son industrie. Celle-ci comprend notamment la fabrication des lainages et nouveautés, des tissus pour meubles, des châles et tapis, des foulards, lacets et cordons de soie, ainsi que la confection des vêtements et chaussures. Mais ce qui rend Nîmes une des plus intéressantes villes de France et lui donne à cet égard le premier rang, ce sont ses monuments romains, dont les plus remarquables sont les Arènes et la Maison-Carrée.

« Les **Arènes** sont un amphithéâtre antique formant une ellipse de

---

[1] Arrondissement de NIMES : 11 *cantons*, 74 communes, 162720 habitants.
Cantons et communes principales : 1-3. *Nîmes*, 74600 habitants; Bouillargues, 2390; Garons, 1030; Milhaud, 1430. — 4. *Aiguesmortes*, 3900; Grau-du-Roi (Le), 1260; Saint-Laurent, 2070. — 5. *Aramon*, 2630; Montfrin, 2260; Vallabrègues, 1820. — 6. *Beaucaire*. 9020; Bellegarde, 2590; Fourques, 1130; Jonquières, 1530. — 7. *Marguerittes*, 1720; Manduel, 1630; Redessan, 1150. — 8. *Saint-Gilles*, 6110; Générac, 1950. — 9. *Saint-Mamert-du-Gard*, 440. — 10. *Sommières*, 3740; Aiguesvives, 1860; Aubais, 1430; Calvisson, 1820. — 11. *Vauvert*, 4380; Aimargues, 2770; Beauvoisin, 1580; Cailar (Le), 1340; Grand-Gallargues, 1830; Uchaud, 1120; Vergèze, 1710; Vestric.

133 mètres sur 101 de diamètre et 21 mètres de hauteur. C'est le mieux conservé à l'extérieur de tous les monuments de ce genre. Il est construit en pierres de Barutel de 2 à 3 mètres cubes, parfaitement ajustées sans mortier, comme dans tous les édifices romains de grand appareil. L'extérieur présente deux étages de 60 arcades, le premier avec de gros contreforts carrés, le second avec des colonnes doriques, et au-dessus règne un attique avec 120 consoles percées de trous, dans lesquels étaient engagés les mâts du *velarium* dont on couvrait l'amphithéâtre. Il y avait quatre portes extérieures aux extrémités des axes. Le massif des constructions mesure 33 mètres d'épaisseur. Il y avait 35 rangs de gradins, divisés en quatre précinctions : la première, destinée aux dignitaires ; la deuxième, aux chevaliers ; la troisième, aux plébéiens, et la quatrième, aux esclaves. 24 000 personnes pouvaient y prendre place ; 124 *vomitoria* permettaient de les évacuer en quelques minutes. Les gradins et les couloirs sont construits de façon à laisser écouler facilement les eaux de pluie, recueillies dans le

Nîmes. — La Maison-Carrée, temple romain.

bas par un aqueduc qui servait au besoin à inonder l'arène pour des naumachies. On n'a pas dû y donner de combats de bêtes féroces, car le *podium* est peu élevé. Aujourd'hui on y donne de nouveau des courses de taureaux, comme aux arènes d'Arles. La construction de ces arènes remonte au Ier ou au IIe siècle de notre ère ; elles furent transformées en forteresse au moyen âge, puis envahies par des habitations, dont elles ne furent débarrassées qu'en 1809. »

« La **Maison-Carrée** est le nom impropre et vulgaire de ce temple romain, que l'on a appelé le chef-d'œuvre de l'architecture antique, et que Colbert voulait emporter pierre à pierre pour embellir les jardins de Versailles. Longtemps enseveli sous les ruines des édifices voisins, il reparut mutilé et délabré pour changer souvent de maître et de destination. De nos jours, il a repris sa forme et presque sa splendeur premières. Ce temple, dédié à Caïus et Lucius, fils d'Auguste, est du genre de ceux que Vitruve appelle pseudopériptères, c'est-à-dire à six colonnes de face et onze sur les côtés, en y comprenant celles des coins. Les colonnes, au nombre de trente, sont engagées dans les murs, excepté les dix qui forment le péristyle. Le plan de l'édifice est un parallélogramme rectangle de 25 mètres sur 12; c'est à cette forme qu'il doit son nom vulgaire. L'édifice repose sur un stylobate haut de 3 mètres; on monte au péristyle par un escalier de 15 marches. Des colonnes corinthiennes cannelées, ornées de chapiteaux d'un travail admirable, supportent l'entablement, auquel on ne reproche que trop de richesse; mais dans tout l'édifice un goût exquis accompagne cette profusion d'ornements. » (BÆDEKER, *le Midi de la France*.)

Les autres monuments ne sont plus que des restes. C'est d'abord la *tour Magne*, qui s'aperçoit de fort loin, parce qu'elle couronne le mont Cavalier, au nord de la ville : c'est le squelette d'un grand mausolée, qui servit de donjon au moyen âge. Le prétendu *temple de Diane*, qui fut plutôt un lieu de repos annexé aux thermes voisins, est situé au pied de cette colline, ainsi que le *château-d'eau* antique, d'où se distribuaient dans la cité gallo-romaine les eaux des fontaines d'Eure et d'Airan, près Uzès, amenées par l'aqueduc du pont du Gard. Les portes dites d'*Auguste* et de *France* faisaient partie de l'enceinte; enfin de nombreux petits objets : statuettes, mosaïques, inscriptions, médailles, ont été déposés au musée d'antiques.

Parmi les monuments du moyen âge ou modernes, citons : la cathédrale Notre-Dame-et-Saint-Castor, des XIe-XIXe siècles, qui offre une façade intéressante et renferme le mausolée du cardinal de Bernis ainsi que celui de l'illustre Fléchier, évêque de Nîmes de 1689 à 1700; plusieurs églises modernes : Saint-Paul, du style roman bourguignon, avec son triple portail et sa tour centrale octogonale; Saint-Baudile, bâtie dans le style du XIIIe siècle, avec deux tours à flèches très élégantes; Sainte-Perpétue et Sainte-Félicité, de style gothique. Le Fort, ou citadelle, construit en 1687, a été converti en maison de détention.

Nîmes possède de beaux boulevards ou avenues, et surtout deux magnifiques promenades : l'Esplanade, ornée d'une fontaine monumentale aux cinq statues allégoriques, et le Jardin de la Fontaine, ainsi nommé de la fontaine de Nîmes, à laquelle la ville doit son origine et ses principaux développements : la fameuse source était alors divinisée. Un bassin la reçoit au sortir de terre et la laisse ensuite s'échapper sur les marches en hémicycle d'un escalier pour aller tomber, par une cascade, dans un second bassin appelé le Nymphée, puis dans un troisième. Le mont Cavalier, qui domine le Jardin, est lui-même transformé en promenade, ainsi que le mont Duplan et le puech d'Autel, sommets des Garrigues nîmoises, où les citadins vont se reposer le dimanche dans leurs « mazets », minuscules enclos ayant chacun leur maisonnette et quelques bouquets d'arbres rabougris. La ville, qui avait toujours été suffisamment abreuvée par sa fontaine, est aujourd'hui abondamment pourvue de l'élément aqueux par un canal qui, de la Roche, en amont de Beaucaire, lui apporte du Rhône 10 mètres d'eau par seconde.

Ancienne capitale des Volces Arécomiques, autrement dit des Volces « du pays plat », Nîmes devint, sous le nom de *Nemausus* (du celtique *nemoz,* forêt), une des plus florissantes colonies des Romains, qui l'em-

Murailles d'Aiguesmortes.

bellirent et l'entourèrent de fortes murailles. Ses deux premiers apôtres, saint Honneste et saint Baudile, furent envoyés au martyre, de même qu'en 407, son premier évêque connu, saint Félix. Dévastée à plusieurs reprises par les Barbares, elle appartint successivement aux Westgoths, aux Sarrasins, aux premiers princes carolingiens, et devint à la fin du IXe siècle le siège d'un comté qui fut réuni à celui de Toulouse en 1185. L'hérésie albigeoise y fit alors de nombreux adeptes, de même qu'au XVIe siècle le calvinisme, dont elle devint le boulevard régional en face de la catholique Beaucaire. En 1567, le 29 septembre, fête de saint Michel, les protestants nîmois assaillirent les catholiques et en firent un affreux massacre, qui reçut le nom de « Michelade ». Ils auraient sans doute secondé les Camisards, s'il n'avaient été tenus en respect par la citadelle construite par ordre de Louis XIV. Du reste, la révocation de l'édit de Nantes obligea un grand nombre d'entre eux à s'expatrier. En 1815, au moment où Napoléon perdait la bataille de Waterloo, une réaction royaliste et antiprotestante se produisit à Nîmes. Ce fut l'époque de la « Terreur blanche », dirigée par Trestaillons, et dont le général Lagarde fut la victime. Depuis lors les deux cultes vivent assez paisiblement côte à côte, grâce à un support mutuel.

Ajoutons que Nîmes a pour emblème le crocodile, et pour ce sujet conserve de temps immémorial quatre de ces animaux dans l'hôtel de ville.

Aiguesmortes est une petite ville située, comme l'indique son nom, qui signifie « eaux dormantes », au bord d'étangs et au milieu de vastes marais. Parmi les canaux qui y aboutissent, celui de la Grande-Robine (6 kilomètres) la fait communiquer avec la mer. De là le petit port de pêche et de commerce qui, avec des salines et des vignobles, occupe la population aiguesmortaise. Ses *fortifications*, élevées par Philippe le Hardi, sont une des curiosités de la France, supérieures même à celles de Carcassonne et d'Avignon, en ce qu'elles présentent un tout homogène d'une même époque, et qu'elles sont parfaitement conservées. L'enceinte forme un rectangle de 545 mètres sur 136, avec des murs crénelés de 10 mètres de hauteur, et 15 tours, les unes carrées, les autres rondes. On y a seulement fait des modifications aux créneaux après l'invention des armes à feu, et le fossé a été comblé. Dans l'angle nord-ouest se trouve une sorte de citadelle, avec l'importante tour de Constance; due à saint Louis, cette tour mesure, avec la tourelle de guet qui la surmonte, 30 mètres de hauteur sur 22 de diamètre, et ses murs ont jusqu'à 6 mètres d'épaisseur.

On sait, en effet, que saint Louis acheta à l'abbaye voisine de Psalmodi le territoire d'Aiguesmortes, où il creusa un port et s'embarqua pour ses croisades de 1248 et 1270. Or, si l'état de ce territoire prouve qu'assurément la mer le recouvrit jadis, il n'est pas moins certain qu'à l'époque du pieux roi la Méditerranée ne baignait pas Aiguesmortes, bien qu'il ait souvent été dit le contraire. On a entre autres preuves les ruines de Peyrades, au sud de la localité, et les mentions, dès le xive siècle, de la plage de Boucanet et d'étangs situés entre la ville et la mer. Aiguesmortes fut très florissante du xiiie au xve siècle, puis elle commença à déchoir par suite des ensablements de son port. Toutefois elle joua encore un rôle important: François Ier et Charles-Quint y eurent une entrevue en 1538, et pendant les guerres religieuses du xvie siècle elle fut tour à tour une place des catholiques et des protestants. — *Le Grau-du-Roi*, à l'embouchure du canal de la Grande-Robine, est une station de bains de mer très fréquentée pendant la belle saison.

Aramon, ancienne baronnie, est un gros bourg situé dans une contrée fertile en fruits, principalement en olives, qui donnent une huile estimée.
— *Montfrin*, sur le Gard, possède un château construit par Mansart et qui fut le siège d'un marquisat.

Beaucaire, l'antique *Ugernum* des Itinéraires, est une ville de 9000 âmes, très avantageusement située pour le commerce à l'origine du canal d'Aiguesmortes et sur la rive droite du Rhône, en face de Tarascon,

Beaucaire. — Auberge et marché.

avec qui elle communique par un beau pont suspendu et un admirable viaduc du chemin de fer. Son port expédie en partie les pierres de taille de ses importantes carrières, les produits de ses hauts fourneaux, forges et aciéries, ainsi que les vins de son territoire.

Célèbre est la foire de Beaucaire, qui se tient du 21 au 28 juillet. Instituée en 1217 par Raymond VI de Toulouse, elle devint bientôt la plus considérable de l'Europe. On y comptait parfois jusqu'à 300 000 personnes venues d'Espagne, d'Italie, de la Grèce, du Levant et de l'Égypte. Aujourd'hui, quoique bien déchue par suite de l'établissement des voies ferrées, c'est encore la plus importante de France : il y vient toujours plus de 50 000 étrangers, et le chiffre des affaires y dépasse 20 millions.

Ce furent aussi les comtes de Toulouse qui construisirent la forteresse de *Bellicadrum*, qui a donné à la ville son nom actuel. La plus pure gloire de Beaucaire c'est, sans contredit, d'avoir été l'un des boulevards du catholicisme, alors que Nîmes était devenue en majeure partie calviniste. Mais en 1632 Montmorency, révolté contre Louis XIII, ayant trouvé du secours dans la place, Richelieu fit démanteler sa forteresse, dont on admire encore les ruines.

Fourques est situé sur le Petit-Rhône, là où commençait jadis ce bras du fleuve, en même temps que le Grand-Rhône : d'où le nom de la localité, qui veut dire « fourche, bifurcation » ; mais le progrès des alluvions a reporté cette séparation à près d'un kilomètre et demi en amont.

Marguerittes, sur le Vistre naissant, fabrique des eaux-de-vie, des tapis et des étoffes d'ameublement. Belle église moderne.

Saint-Gilles, port sur le canal de Beaucaire, à 2 kilomètres du Petit-Rhône, est une ville de 6 000 âmes, bien déchue de son importance d'autrefois, alors qu'elle en renfermait 30 000, avec une florissante abbaye de bénédictins. Il en était ainsi au xiie siècle, époque où sévissait l'hérésie albigeoise, qu'elle sut repousser ; et même le comte de Toulouse, Raymond VI, dut s'y soumettre à la pénitence publique pour l'assassinat, à lui imputé, du légat Pierre de Castelnau. Plus tard les protestants la ravagèrent, ainsi que l'abbaye, qui, fondée au viie siècle par le saint solitaire Ægidius ou Gilles, avait été l'origine de la ville et fut supprimée en 1774. Il en reste une magnifique église romane, malheureusement inachevée, et où l'on admire dans l'une des tours un très curieux escalier en pas de vis. Grande fabrication d'excellent vin, d'eaux-de-vie et d'huile d'olive.

Sommières, sur le Vidourle, fabrique les mêmes produits et possède en outre des filatures de laines peignées. C'est une ancienne place des protestants qui, après avoir soutenu plusieurs sièges, fut démantelée en 1622. Pont construit par les Romains. — Près d'*Aubais*, un défilé du Vidourle est si majestueux et si régulier, qu'on l'avait également attribué à ces anciens maîtres du monde. On y voit aussi les restes d'un château qui fut le siège d'un marquisat.

Vauvert, non loin du Vistre, fait un commerce considérable de vins. — *Beauvoisin* montre dans ses environs les restes de l'abbaye cistercienne de Franquevaux, fondée en 1140, — et *Grandes-Gallargues*, le pont romain en ruines d'Ambroix, qui traverse le Vidourle près de la colline qu'occupait l'antique *Ambrussum*. — *Vergèze* exploite des sources acidules gazeuses, très employées en Languedoc et en Provence comme eaux de table. — A 3 kilomètres de *Vestric*, le château de Candiac vit naître le marquis de Montcalm, l'un des héros des guerres du Canada, mort en 1759.

II. **UZÈS**, sous-préfecture de 5000 âmes[1], s'élève à 140 mètres d'altitude sur une colline dominant le profond ravin où coule l'Alzon. Elle se divise en deux parties : l'une d'aspect féodal, groupée autour du vieux château ducal; l'autre, moderne et renfermant de nombreuses usines. Outre le château, appelé le *Duché*, on y remarque l'ancienne cathédrale Saint-Théodorit, reconstruite au XVIIe siècle, sauf la tour Fenestrelle, seul reste épargné par les protestants; l'ancien palais épiscopal, affecté à la sous-préfecture et au tribunal; la statue de l'amiral Brueys, les fontaines d'Eure et d'Airan, qui abreuvaient jadis les Nîmois. — Uzès, l'antique *Ucetia*, devint de bonne heure le siège d'un évêché et fut érigée en duché-pairie en 1565. Les ducs partagèrent avec l'évêque la seigneurie de la ville; mais ils acquirent au dehors d'innombrables domaines, et naguère encore ils étaient les propriétaires terriens les plus riches de France. Au XVIe siècle, Uzès embrassa le parti calviniste, dont elle devint l'une des places, et fut démantelée par Louis XIII en 1629. La Révolution supprima son évêché, qui n'a pas été rétabli par le Concordat. Cette ville exploite des phosphates fossiles, possède des moulineries de soie, des fabriques de soieries, de faïence, et fait le commerce des excellentes truffes récoltées dans tous les environs. — Au nord, *Saint-Quentin* fabrique de la poterie commune et conserve les ruines imposantes de son château.

Bagnols, près de la Cèze, qui forme en amont la magnifique cascade de Sautadet, occupe le centre d'un petit bassin houiller et possède de nombreuses pépinières d'arbres fruitiers, des filatures de soie, ainsi qu'un musée lapidaire et d'antiquités gallo-romaines. — A l'est, *Sabran* fut le siège d'une baronnie qui resta puissante jusqu'à la fin du XVIIIe siècle.

Lussan est situé à l'ouest d'une vaste forêt, dans un pays de garrigues sillonné de pittoresques vallées, et où l'on rencontre des cavernes préhistoriques avec de nombreux menhirs et dolmens. Le vieux château de Fan lui-même rappelle un temple romain disparu : *Fanum Jovis*.

Pont-Saint-Esprit, sur la rive droite du Rhône, en aval du confluent de l'Ardèche, est une ville de 5000 âmes, ayant des fabriques de carrelages émaillés et des ateliers de grosse quincaillerie; elle exploite aussi des phosphates fossiles et fait le commerce de soie. Mais ce qui l'a rendue célèbre, c'est son *pont du Rhône*, le plus long et le plus hardi qui ait été entrepris au moyen âge. Composé de vingt arches en pierre, il forme une ligne légèrement brisée de 900 mètres de développement, dont la convexité se présente en amont, de manière à offrir plus de résistance au courant, qui est ici très violent. Il fut construit de 1265 à 1309 par les

---

[1] Arrondissement d'Uzès : 8 *cantons*, 99 communes, 69 700 habitants.
  Cantons et communes principales : 1. *Uzès*, 4820 habitants; Saint-Quentin, 2010. — 2. *Bagnols*, 4500; Sabran, 1180. — 3. *Lussan*, 840. — 4. *Pont-Saint-Esprit*, 4290; Goudargues, Saint-Paulet, 1120. — 5. *Remoulins*, 1320; Vers. — 6. *Roquemaure*, 2390; Laudun, 1870; Tavel. — 7. *Saint-Chaptes*, 820; Saint-Geniès, 1020. — 8. *Villeneuve-lès-Avignon*, 2740; Pujaut, 1070; Rochefort.

Frères Pontifes, ou bâtisseurs de ponts, avec les offrandes données à l'oratoire du Saint-Esprit : d'où le nom actuel de la localité, qui auparavant s'appelait Saint-Saturnin-du-Port. Avant l'établissement des chemins de fer, ce pont était le seul qui existât sur le fleuve depuis Lyon. Aussi Pont-Saint-Esprit joua-t-il un grand rôle dans les guerres religieuses du Midi. Louis XIII convertit l'ancien château en citadelle pour commander le passage et contenir les protestants.

Au sud-ouest de *Saint-Paulet* se trouve l'ancienne Chartreuse de Valbonne, fondée en 1204 et reconstruite au XVIIe siècle. — A *Goudargues*

Le Pont du Gard, aqueduc romain.

jaillit une des plus belles sources de la contrée, où il y en a tant par suite des eaux engouffrées dans le calcaire des collines et plateaux.

REMOULINS, sur le Gard, conserve les restes de ses remparts et de son château fort. Jolie source et cascade de Lafoux.

Le Pont du Gard. — C'est à 23 kilomètres nord-est de Nîmes, et au territoire de *Vers*, que se trouve le fameux pont-aqueduc dit *Pont du Gard*, généralement attribué à Agrippa, gendre d'Auguste. Ce monument, situé entre deux arides collines, dans une gorge étroite où le Gard roule ses flots impétueux au milieu d'une solitude silencieuse, est regardé comme l'aqueduc le plus hardi que les anciens aient imaginé ; il n'était que la partie principale d'un aqueduc de plus de dix lieues de long, qui conduisait à Nîmes les eaux des fontaines d'Eure et d'Airain, près d'Uzès. Trois rangs d'arcades à plein cintre, élevés les uns sur les autres, forment cette grande masse de 270 mètres de longueur sur 49 de hauteur. Le rang inférieur, qui occupe toute la largeur de la vallée, forme un pont de sept arches, sous l'une desquelles coule le Gardon ; le second rang se compose de onze arches ; le troisième en comprend trente-cinq et supporte le canal ou l'aqueduc, qui a 1 mètre 20 de largeur sur 1 mètre 70 de profondeur. A l'exception de ses extrémités supérieures, le Pont du Gard est d'une conservation parfaite. Il est tout bâti en pierres de taille, posées à sec, sans mortier ni ciment. On peut parcourir ce pont d'un bout à l'autre, en gravissant l'escarpement qui borde la rive droite ou la rive gauche du Gardon.

Roquemaure, sur le Rhône, est dominé par les ruines d'un château ayant appartenu successivement aux comtes de Toulouse, à saint Louis, qui y fit construire une Sainte-Chapelle, et aux papes d'Avignon. — *Laudun*, d'origine gauloise (*Laudunum*), possède un camp de César; — *Tavel*, des vignobles produisant un vin estimé.

Villeneuve-lès-Avignon, que dominent les restes d'une forteresse, est située sur la rive droite du Rhône, en face d'Avignon, avec laquelle elle communiquait autrefois par le célèbre pont dû au jeune berger saint Bénézet. Ce pont, qui fut une des grandes voies commerciales de notre pays, valut à la ville une prospérité que porta au plus haut point le voisinage de la cour des papes. De cette époque on remarque principalement l'abbaye de Saint-André, la chartreuse du Val-de-Bénédiction, et dans la chapelle de l'hôpital le magnifique tombeau d'Innocent VI. Filatures de laine et de soie, fabriques de passementerie et d'huile d'olives.

Tombeau d'Innocent VI, à Villeneuve-lès-Avignon.

— Au nord de *Rochefort*, la chapelle Notre-Dame de Grâce est fréquentée par de nombreux pèlerins.

III. **ALAIS**, sous-préfecture de 25 000 âmes[1], occupe à 140 mètres d'altitude une situation pittoresque sur le gardon d'Alais, qui l'entoure à demi au pied des Cévennes. Au centre d'un bassin houiller qui produit

---

[1] Arrondissement d'Alais : 11 *cantons*, 100 communes, 129 090 habitants.

Cantons et communes principales : 1-2. *Alais*, 24 380 habitants; Rousson, 1380; Saint-Christol, 1370; Saint-Martin, 1670; Saint-Paul, Saint-Privat, 1060; Salindres, 2560. — 3. *Anduze*, 3660; Ribaute. — 4. *Barjac*, 1660; Saint-Jean, 1150. — 5. *Bessèges*, 7960; Castillon, 3200; Robiac, 3290. — 6. *Génolhac*, 1220; Chamborigaud, 1660; Portes, 1250; Vernarède (La), 3320. — 7. *Grand-Combe (La)*, 13 360; Branoux, 1530; Laval, 1760; Sainte-Cécile, 1190; Salles, 1780. — 8. *Lédignan*, 680. — 9. *Saint-Ambroix*, 3310; Allègre, Mages (Les), 1140; Meyrannes, 1290; Molières, 2670; Saint-Florent, 3190. — 10. *Saint-Jean-du-Gard*, 3290; Mialet, 1010. — 11. *Vézénobres*, 920; Euzet.

annuellement 1 800 000 tonnes de charbon, c'est une ville tout industrielle, qui possède notamment les forges et fonderies de Tamaris, des ateliers de construction de machines, des verreries et de nombreuses filatures de soie. Elle est aussi un important marché pour les cotons et les soies grèges. On y remarque l'église Saint-Jean, jadis cathédrale, l'ancien évêché et de belles promenades, entre autres celle dite la Maréchale, à l'extrémité de laquelle s'élève la citadelle construite par Vauban. Simple village au XIIe siècle, Alais devint au XVIe un foyer de calvinisme. Louis XIII la prit en 1629, et la « paix d'Alais » enleva aux protestants leurs places de sûreté avec la plupart de leurs privilèges politiques. L'évêché d'Alais, érigé en 1692, ne dura qu'un peu moins d'un siècle. Avant 1789, la ville portait les titres de comté et de baronnie. — *Salindres*, au nord-est, possède une grande manufacture de produits chimiques, — et *Saint-Paul-la-Coste*, au nord-ouest, exploite du minerai de manganèse sulfuré.

ANDUZE, au pied des Cévennes, sur le gardon d'Anduze, est l'*Anduzia* romaine, qui devint au moyen âge une place très forte. Elle prit part, sous Louis XIII, à la révolte des protestants et en fut punie par la démolition de ses murs. On y voit les ruines d'un château fort élevé par Vauban et, dans les environs, une vaste grotte à stalactites. Son industrie comprend des filatures de soie, des fabriques de chapeaux de feutre, des papeteries et poteries. — *Ribaute*, village voisin, est le lieu de naissance du fameux Jean Cavalier, chef des Camisards.

BESSÈGES, dans les Cévennes, sur la Cèze, est une ville de 8 000 âmes qui, avant 1857, n'était qu'un simple hameau dépendant de Robiac. Elle doit sa prospérité à ses mines de houille, auxquelles ont été annexés des hauts fourneaux, forges et fonderies, des ateliers Bessemer et de construction, ainsi qu'une verrerie à vitres. — *Robiac* et *Castillon* se livrent également à l'extraction de la houille.

GÉNOLHAC, au nord du département, fabrique de la coutellerie et extrait du minerai de plomb argentifère. — Plus au sud, *la Vernarède* est un bourg rendu prospère par ses houillères, mais beaucoup moins toutefois que la **Grand-Combe**, qui, humble hameau en 1846, est devenue chef-lieu de canton et ville de 13 000 âmes, toujours par le fait de l'extraction du noir minéral. Son site est dans les monts cévenols, sur le gardon d'Alais. — *Laval-Notre-Dame* a une église du XIe siècle, but de pèlerinage.

SAINT-AMBROIX, sur la Cèze, au sortir de ses gorges, est une ville qui extrait le charbon de terre et file la soie. Elle est dominée par les ruines pittoresques d'un château féodal. — Au sud, *Allègre* utilise dans cinq établissements les eaux hydrosulfurées et bitumineuses des Fumades.

SAINT-JEAN-DU-GARD, dans une fort belle vallée sur le gardon d'Anduze, a des filatures, des ateliers de tissage et des fabriques de bonneterie de soie. Tour du XIIe siècle, restes d'un monastère. — A l'est, *Mialet* offre de curieuses grottes.

Vézénobres, au-dessus du confluent des gardons d'Alais et d'Anduze, exploite des carrières de pierres à bâtir ; — *Euzet*, des sources froides sulfureuses.

IV. **LE VIGAN**, sous-préfecture de 5000 habitants[1], s'élève par 225 mètres d'altitude dans la belle vallée de l'Arre, bordée de montagnes. C'est l'entrepôt du commerce entre Nîmes et le versant septentrional des Cévennes. Son industrie comprend surtout la filature de la soie et la fabrication des gants, l'exploitation d'un petit bassin houiller et des carrières de pierres lithographiques. Le Vigan possède un bel hôtel de ville et la statue du héros vicantais, le célèbre chevalier d'Assas. La douceur de son climat, ses magnifiques ombrages, ses eaux fraîches et abondantes en ont fait l'un des séjours les plus agréables du Midi. D'origine antique, le Vigan s'appelait, sous les Romains, *Avicantus* ou *Vicanum*. Un troisième vocable lui a été appliqué, mais sans preuves suffisantes; c'est celui de la cité d'*Arrisitum*, qui fut le siège d'un évêché. — Au sud, la commune d'*Avèze* possède l'établissement thermal de Cauvalat, — et *Montdardier*, un château du xve siècle, récemment restauré dans le style des châteaux anglais de cette époque.

Au canton d'Alzon se trouve la colonie pénitentiaire du *Luc*.

Lasalle, qui extrait du gypse, est situé sur le Salendre, dont les rives sont bordées de filatures de soie, pittoresquement assises sur des rochers ou sur des voûtes en maçonnerie, et ombragées par d'énormes châtaigniers. — Quissac, sur le Vidourle, a des taillanderies et fait un grand commerce de truffes. Source thermale de Plantat.

Saint-André-de-Valborgne s'étale dans la ravissante vallée du gardon d'Anduze, entre des monts boisés, dont ceux de droite portent les ruines de deux châteaux. Filatures de soie.

Saint-Hippolyte-du-Fort, sur le Vidourle, élève une grande quantité de vers à soie, dont les produits alimentent ses nombreuses filatures et ses fabriques de bonneterie. Les machines de ses établissements se construisent également dans la ville, qui doit son surnom au fort élevé par Louis XIV pour contenir les protestants. Une révolte de ces derniers fut, dit-on, une des causes de la révocation de l'édit de Nantes. École d'enfants de troupe. Aux environs, curieuses grottes dans lesquelles ont été découverts beaucoup d'objets préhistoriques; réapparition du Vidourle, engouffré à 1 kilomètre de là. — En aval, Sauve a pour industrie spéciale celle des fourches, attelles et manches de faux en bois de micocoulier, qui s'exportent jusqu'en Amérique. Bains de Fonsanges et grottes préhistoriques. —

---

[1] Arrondissement du Vigan : 10 *cantons*, 77 communes, 54530 habitants.
Cantons et communes principales : 1. *Vigan (Le)*, 5200 habitants; Avèze, 1150; Montdardier. — 2. *Alzon*, 740; Campestre-et-Luc. — 3. *Lasalle*, 2350. — 4. *Quissac*, 1550. — 5. *Saint-André-de-Valborgne*, 1590. — 6. *Saint-Hippolyte-du-Fort*, 4450; Pompignan, 1080. — 7. *Sauve*, 2190; Durfort, Logrian. — 8. *Sumène*, 2760; Saint-Laurent, 1230. — 9. *Trèves*, 460; Lanuéjols, 1050. — 10. *Valleraugue*, 2550; Saint-André, 1470.

Au nord, *Durfort* a des usines à cuivre, à zinc et à plomb. — Près de *Logrian*, le château de Florian vit naître en 1755 le fabuliste de ce nom.

SUMÈNE, dans la profonde vallée du Rieutort, s'occupe du moulinage, de la filature et de la fabrication de la bonneterie de soie, ainsi que de l'extraction de la houille. — *Saint-Laurent-le-Minier*, au sud, exploite des gisements de zinc et de plomb argentifère. Belle grotte d'Anjeau.

VALLERAUGUE, sur l'Hérault, au pied des massifs de l'Espérou et de l'Aigoual, fait le commerce des soies grèges et ouvrées. On y a élevé, en 1892, une statue au savant général Perrier, l'un de ses enfants.

Bramabiau. — « C'est au canton de TRÈVES que se trouve cette fameuse grotte creusée par le *Bonheur*, torrent descendu de l'Aigoual. Ce Bonheur entre dans le monde souterrain par une galerie régulière, longue de 75 mètres, large de 20, haute de 12; c'est là le Grand-Tunnel. Il s'y abîme par des avens, où l'on peut descendre, et par des fissures trop étroites pour l'homme; en tout, il y a six pertes du torrent. Sous terre, c'est une incroyable complication de galeries, suivies encore ou abandonnées par les eaux, dont elles sont l'ouvrage. Le Bonheur s'y accroît de sources à droite, à gauche, et tombe par six cascades, puis reparaît dans le bas du ravin de Saint-Sauveur-des-Pourcils, au fond d'une sorte d'alcôve latérale, sous la forme d'une source-cascade, parfois si bruyante après les pluies qu'on l'a nommée le *Bramabiau*, « le bœuf qui brame. » C'est comme un véritable coup de théâtre : Vaucluse n'est rien à côté de ce site sans égal. En effet, la source ne sort pas, comme ladite Vaucluse, presque sans remuer, du pied même de l'escarpement; au contraire, une double chute d'eau s'échappe en bondissant d'une haute meurtrière; on dirait une barbacane pratiquée dans un mur de soutènement. Il n'y a pas de comparaison plus juste, d'autant que les régulières assises des marnes infraliasiques font l'effet d'une muraille de moellons.

« Entré par 1 095 mètres d'altitude, le courant ressort par 1 005 mètres, — soit 90 mètres de chute, — à 440 mètres en ligne droite de la perte, à 700 mètres en suivant les détours de la branche principale. Avec ses 6 500 mètres de galeries actuellement connues, le Bramabiau est, pour l'étendue, la première grotte de France, la quatrième d'Europe après celles d'Adelsberg (10 kilomètres) en Autriche, d'Aggtelek (8 700 mètres) en Hongrie, de Kleinhaürel (7 kilomètres) en Autriche, avant celle de Han-sur-Lesse (5 kilomètres) en Belgique. » (*D'après* A. MARTEL.)

ARDÈCHE

3 arrondissements, 31 cantons, 339 communes, 363.500 habitants

Géographie. — Le département de l'*Ardèche,* de forme presque triangulaire, tire son nom de la principale rivière qu'il envoie au Rhône. Sauf le canton de Pradelles, adjugé à la Haute-Loire, il comprend l'ancien *Vivarais,* dont la capitale était Viviers; il se place au 64e rang par sa superficie, qui est de 5555 kilomètres carrés.

Ce territoire est l'un des plus pittoresques de France; il s'élève en amphithéâtre de l'est à l'ouest, depuis la vallée rhodanienne jusqu'à la crête montagneuse qui sépare les bassins du Rhône et de la Loire. Cette crête, qui fait partie des Cévennes, comprend les *monts du Vivarais,* dont la portion septentrionale forme la chaîne des Boutières, 1 390 mètres. Ils sont dominés au centre par le *Gerbier de Jonc,* 1551 mètres, d'où descend la Loire, et par le *Mézenc,* 1 754 mètres, sommet majeur trônant sur la frontière de la Haute-Loire; de ce dernier point on a une vue magnifique, non seulement sur la contrée cévenole, mais encore sur le Jura, les Alpes, la Provence et l'Auvergne. La chaîne faîtière projette vers l'est le massif du *Tanargue,* 1519 mètres, et la longue montagne du Coiron, où le Roc de Gourdon s'élève par 1 067 mètres au-dessus de Privas. Cette ville est elle-même à 320 mètres d'altitude, Annonay à 340;

le point le plus bas, 40 mètres, est celui où le Rhône abandonne la frontière ; l'altitude moyenne est d'environ 500 mètres.

Le calcaire domine vers le Rhône et au midi, où l'on admire surtout les gorges de l'Ardèche et les rochers du bois de Païolive, près des Vans. Ailleurs règnent les granits, les gneiss et les grès. De nombreux phénomènes volcaniques y ont répandu sur de grandes étendues des roches noires, laves ou basaltes, et produit des curiosités naturelles des plus intéressantes.

Plateaux des Gras. — « On appelle ainsi une série de causses qui s'allongent du nord-est au sud-ouest au pied des Cévennes du Vivarais, sur 75 kilomètres, depuis les bords du Rhône aux environs de la Voulte (Ardèche) jusque près des rives de la Cèze aux environs de Saint-Ambroix (Gard), avec une largeur moyenne de 5 kilomètres. — « Qui a vu un de ces curieux plateaux les a vus tous, dit P. Joanne : larges tables horizontales de calcaire blanc marmoréen, découpées en blocs par d'étroites fentes où s'est réfugiée un peu de terre végétale et présentant leurs tranches sur les versants abrupts des plateaux, de façon à simuler de gigantesques marches d'escaliers ou gradins (*grassatus*, en basse latinité) ; de là, le nom de *grassades* ou *gras*, qu'on prononce « grass ». Les Gras sont tous constitués par les assises du terrain jurassique supérieur, assises calcaires qui se présentent par suite de dislocations déchiquetées en récifs. La chaîne volcanique des Coirons interrompt entre Chomérac et Mirabel la continuité des Gras sur 18 kilomètres ; de plus, les rivières franchissent la chaîne des Gras par des cluses ou défilés qui sont tous de pittoresques cañons et qui divisent la chaîne en parties distinctes. »

Les volcans du Vivarais. — On voit, en entrant dans le Vivarais, qu'il a été le théâtre où des volcans multiples et anciens ont exercé leur fureur ; on y reconnaît une multitude de buttes, de pics, de montagnes de laves ; on y distingue encore des cratères aussi bien caractérisés que plusieurs de ceux des volcans actuellement brûlants. Ce qu'il y a de curieux, c'est que les lits des rivières et des torrents sont bordés, de droite et de gauche, par de grandes et superbes chaussées formées par un assemblage de colonnes prismatiques qui font un effet si surprenant, qu'on ne pourra s'en former une idée exacte qu'en les visitant.

« Parmi ces grands foyers et ces immenses coulées de laves, on voit plusieurs cratères qui ont un aspect remarquable ; on en distingue surtout quatre dans ce genre, mais il en est deux dont les bouches, placées au plus haut d'une montagne conique, ont un caractère de conservation tel, qu'on y remarque encore les courants de laves qui sont descendus par ondulation dans la plaine, où ils ont formé de superbes « pavés de géants ». Ces cratères se nomment Coupe d'Aizac, Coupe de Jaujac, Gravenne de Montpezat et Gravenne de Soulhiol.

« La grande chaussée de **Chenavari** présente un tableau superbe :

elle est taillée à pic, alignée dans un espace de plus de 600 pieds; les colonnes placées perpendiculairement ont plus de 40 pieds d'élévation; elles sont de divers diamètres, bien dessinées, d'un beau caractère, et elles se séparent avec la plus grande facilité. On en voit qui ressemblent à de grands obélisques; sur le point de se détacher, dirait-on, elles font détourner la vue, comme devant écraser quiconque s'arrêterait un peu trop à les contempler. Toute cette chaussée étant appuyée sur une pente

Rochers de Païolive, aux Vans (p. 231).

rapide, la multitude de colonnes qui se sont détachées offrent une scène aussi intéressante. On ne voit que des entassements de ces colonnes posées dans tous les sens, accumulées les unes sur les autres; plusieurs, n'ayant pas souffert dans leur chute et étant restées droites ou inclinées, imitent des espèces de tours, des pyramides, des clochers, des bâtiments détruits. Tout cela porte un caractère saisissant de ruine et de dévastation. »

(FAUJAS DE SAINT-FOND.)

« Tous les volcans du Vivarais ne sont pas éteints : quelques-uns continuent à manifester leur origine ignée par des *exhalaisons méphitiques*, qui remplacent leurs anciens torrents de lave et de fumée. Tel est le *volcan de Saint-Lager* (canton de Lamastre) : son cratère ressemble à un cirque gigantesque, dont le podium extérieur est formé de rocs granitiques coupés perpendiculairement. Quelques parties de ce bassin sont cultivées; dans d'autres on remarque des pièces d'eau minérales, les unes froides, les autres thermales; le centre du cratère, l'ancienne bouche à feu, fermée par ses propres produits, offre plusieurs creux qui exhalent, à travers ces substances poreuses, des vapeurs empestées plus ou moins abondantes; le fond de ces creux en est rempli lorsque le vent est calme; leur intensité est telle alors, qu'elles suffoquent tout être qui les respire. Elles ne s'élèvent jamais à plus de deux pieds au-dessus du sol. Un chat fort et vigoureux, placé dans la vapeur méphitique, y expira en deux minutes; un chien eut le même sort. On trouve souvent dans les creux de Saint-Lager des oiseaux, des serpents, des reptiles asphyxiés. La grotte de Niérac, située aussi dans l'Ardèche, est une rivale de la célèbre *grotta del Cane*, près de Naples; comme le cratère de Saint-Lager, elle est d'autant plus dangereuse que le temps est plus sec et plus calme. » (FROISSART.)

Hydrographie. — A part le cours supérieur de la *Loire*, décrivant un demi-cercle de 32 kilomètres, et celui de *l'Allier*, qui forme quelque temps limite à l'ouest, tous les ruisseaux et rivières appartiennent au bassin du **Rhône**. Ce fleuve puissant, rapide et parsemé d'îles, longe toute la partie orientale du territoire (130 kilomètres) en baignant Tournon, la Voulte et Viviers. Ses tributaires ardéchois, aux vallées très pittoresques, ont un cours essentiellement torrentueux. Presque à sec en été, ils prennent à certaines époques des proportions considérables, résultant du déboisement, de l'imperméabilité du sol et de l'abondance des pluies dans les parties élevées. Les principaux de ces torrents sont : la *Cance*, venue d'Annonay; le *Doux*, l'*Erieux*, l'*Ouvèze*, qui baigne la colline de Privas; l'Escoutay et surtout l'**Ardèche** (112 kilomètres). Rivière d'Aubenas, celle-ci dénomme le département, qu'elle abandonne en même temps que le Rhône, après avoir recueilli la Ligne, qui passe au pied de Largentière, la Beaume et le *Chassezac*. — Comme eau dormante, il faut citer le charmant cratère-lac d'*Issarlès*, 90 hectares, qui miroite à plus de 100 mètres au-dessus de la Loire naissante.

Les gorges de l'Ardèche. — Née sur les monts de 1 200 à 1 400 mètres, l'Ardèche est le torrent de France dont les crues, celles d'automne surtout, sont susceptibles de rouler le plus d'eaux sauvages; on l'a vu, en effet, monter alors de plus de 20 mètres et débiter 8 000 mètres cubes par seconde, soit 1 600 fois l'étiage. Son cours supérieur, jusqu'en amont d'Aubenas, est fameux par la grandeur et la splendeur de ses accidents volcaniques : orgues, pavés et chaussées de géants, cascades dans le basalte, etc.

« La rivière traverse ensuite de hauts plateaux calcaires, des causses, appartenant à l'étage néocomien du terrain crétacé. Au-dessous de Vallon, elle s'engage dans une faille dont elle suit les capricieux détours, sur une étendue de 38 kilomètres, jusqu'au village de Saint-Martin, encaissée entre des murailles rocheuses qui se dressent, taillées à pic, à des hauteurs dépassant parfois 300 mètres. Chacune des sections de ce magnifique cañon de l'Ardèche offre au touriste des paysages empreints d'un caractère grandiose. Ce sont d'abord les rochers qui dominent l'orifice de sortie de

Le Pont d'Arc, percé par l'Ardèche.

la Goule de Foussoubie, cette rivière souterraine dont l'orifice d'entrée se trouve sur le causse à une distance de 4 kilomètres. La différence de niveau entre ces deux points est d'environ 150 mètres, qui sont franchis par une série de cascades, dont on entend le bruit assourdissant.

« C'est ensuite le **Pont d'Arc**, cette merveille de la France pittoresque; on est saisi d'admiration devant la hardiesse et la majesté de cette arche jetée par la nature à plus de 60 mètres au-dessus de la rivière. Lors des temps géologiques, l'Ardèche tournait l'obstacle, et son ancien lit est devenu une fertile vallée; peu à peu elle a agrandi la caverne comprise dans la masse rocheuse qui lui barrait la route, et elle passe aujourd'hui, victorieuse et calme, sous cette arche gigantesque. — Plus loin, ce sont les ruines du château d'Ebbou, qui se dresse comme un nid d'aigle sur la paroi du rocher, farouche ainsi que ses anciens maîtres, ces corsaires de la rivière. On entend au loin le bruit d'un rapide qui, en quelques secondes, va nous porter à un brusque détour de l'Ardèche, où tout à coup se dresse devant nos yeux émerveillés l'aiguille de Chames, l'un des paysages les plus saisissants. Ces arcades naturelles, ces aiguilles, ces arbustes qui ont su trouver au plus haut des rochers quelques pouces de terre, ces sources cristallines qui glissent sur la mousse, forment un ensemble incomparable. Les roches à profil animé ne sont pas très rares : le rocher du Moine au Pont d'Arc, la tête de Louis XVI et le Bison à l'étable sont assez ressemblants. Voici Gournier et son goulet, l'endroit le plus resserré du cañon; plus loin, ce sont les aiguilles de la Madeleine, aux formes étranges, et le rocher de Walkyrie, où un cavalier semble galoper vers l'abîme. Puis voici les ruines d'une ancienne commanderie des Templiers, le cirque des Baumes noires, le défilé de Château-Vieux, les grottes de Saint-Marcel, le Détroit, où, sous le lierre, viennent s'ouvrir plusieurs cavernes, demeures des hommes aux âges de la pierre. Bientôt les rives s'abaissent; la barque passe au-dessous du village d'Aiguèze, perché sur son rocher, et c'est presque avec regret que l'on arrive à Saint-Martin, où se termine l'une des plus belles excursions que l'on puisse faire en France. » (Dr Paul RAYMOND.)

Climat et productions. — Le climat est chaud dans la vallée du Rhône et en général au sud de Coiron (climat méditerranéen), notablement plus froid au nord de cette chaîne, rigoureux dans les hautes régions (climat du Massif Central), où la neige séjourne pendant cinq mois de l'année. Les pluies, produites par le remous du vent du Midi contre les Cévennes, sont abondantes particulièrement vers les sources de l'Ardèche, où elles atteignent souvent une hauteur annuelle de deux mètres.

Peu productif en céréales, le département récolte du seigle dans la montagne, du froment aux abords du Rhône et dans les environs d'Aubenas. En revanche, les châtaignes, dites marrons de Lyon, et les pommes de terre sont la ressource d'une partie de la population. L'olivier croît dans les vallées méridionales; la vigne, dont les crus les plus estimés sont ceux de Saint-Péray, de Cornas et de Saint-Joseph, est cultivée entre le Rhône et une ligne passant par Aubenas et Antraygues; enfin le mûrier, qui accompagne toujours ici la vigne, et dont les feuilles servent à l'élevage du ver à soie, est la principale culture ardéchoise; on le rencontre même sur le flanc de rochers presque abrupts, grâce à des étages de terrasses retenues par de petits murs en pierres sèches.

Riche en minéraux, l'Ardèche extrait le minerai de fer, principalement des environs de la Voulte et de Privas, l'anthracite du bassin d'Aubenas, le plomb argentifère de Largentière, l'antimoine de Malbosc, le marbre de Chomérac, la pierre à ciment du Teil et de Cruas, la pierre de taille de Crussol, les eaux minérales de Vals, Saint-Laurent, Neyrac, etc.

De nombreux établissements industriels existent dans le département. La filature et le moulinage de la soie s'y font presque partout, notamment autour d'Aubenas; la mégisserie et la papeterie, à Annonay et dans les environs; la fonte du fer, au Pouzin; les ciments et la chaux, au Teil et à Viviers; enfin, les huiles d'olive et de noix.

Les habitants. — Après avoir gagné 97 000 âmes de 1801 à 1871, le département de l'Ardèche en a perdu près de 17 000 pendant les 25 années suivantes, par suite de l'émigration vers Paris et autres grandes villes. A cette dernière date, il comptait 363 600 habitants au total ou 65 par kilomètre carré, ce qui lui donne respectivement le 40e et le 35e rang. Après le Gard, c'est le département qui renferme le plus de protestants, lesquels y sont environ 45 000. Le langage courant est le languedocien, mêlé de quelques expressions provençales au sud-est.

Personnages. — Le cardinal de Tournon, habile diplomate de François Ier, né à Tournon, mort en 1562. L'agronome Olivier de Serres, qui naturalisa l'industrie de la soie en France, né à Villeneuve-de-Berg, mort en 1619. Le cardinal de Bernis, diplomate et poète, né à Saint-Marcel, mort en 1794. Les frères Étienne et Joseph Montgolfier, inventeurs des aérostats, nés à Vidalon, commune de Davézieux, morts en 1799 et 1810. Boissy-d'Anglas, député de la Convention, célèbre par son sang-froid lors d'une émeute populaire, né à Saint-Jean-Chambre, mort en 1826. Le général Rampon, né à Saint-Fortunat, mort en 1842.

Administrations. — Le département forme le diocèse de Viviers; il ressortit à la cour d'appel de Nîmes, à l'académie de Grenoble, à la 15e division militaire (Marseille), à la région agricole Est-Centrale, à l'arrondissement minéralogique d'Alais et à la 5e conservation forestière (Privas).

Il comprend 3 arrondissements: *Privas, Largentière* et *Tournon,* avec 31 cantons et 339 communes.

I. **PRIVAS**, chef-lieu du département[1], est une ville de 7 800 habitants, qui s'élève à 320 mètres d'altitude sur une colline baignée par l'Ouvèze. Assez mal bâtie et sans monument remarquable, elle a par contre de belles promenades d'où l'on a vue notamment sur les montagnes, « saisissantes de relief et de couleur, » de la chaîne du Coiron. Elle possède l'asile d'aliénés pour les départements de l'Ardèche et de

---

[1] Arrondissement de Privas : 10 *cantons*, 108 communes, 120 760 habitants.
Cantons et communes principales : 1. *Privas,* 7 840 habitants; Coux, 1 190; Ollières (Les), 1 870; Pranles, 1 090. — 2. *Antraigues,* 1 410; Genestelle, 1 130; Lachamp, Saint-Andéol, 1 540. — 3. *Aubenas,* 8 220; Labégude, 1 590; Saint-Étienne-de-Boulogne, Saint-Étienne-de-Fonthellon, 1 200; Ucel, 1 040; Vals, 3 820; Vesseaux, 1 150. — 4. *Bourg-Saint-Andéol,* 4 260; Gras, 1 040; Saint-Marcel, 1 640; Saint-Montant, 1 170; — 5. *Chomérac,* 2 300; Pouzin (Le), 2 170. — 6. *Rochemaure,* 1 040; Cruas, 1 860; Meysse, 1 020. — 7. *Saint-Pierreville,* 1 860; Gluiras, 2 670; Marcols, 1 960; Saint-Sauveur, 1 270. — 8. *Villeneuve-de-Berg,* 2 060; Vogué. — 9. *Viviers,* 3 410; Aps, 1 400; Teil (Le), 4 940. — 10. *Voulte-sur-Rhône (La),* 2 600; Rompon, Saint-Fortunat, 1 200; Saint-Georges, Saint-Laurent, 1 330.

la Drôme, des confiseries de marrons glacés, de nombreux moulins à soie, des forges et fonderies utilisant le riche minerai de fer de la plaine du Lac. — A la fin du moyen âge, Privas était le chef-lieu de la contrée des Boutières, l'un des principaux fiefs de la maison de Valentinois et l'une des places les plus fortes du Vivarais. A l'époque de la Réforme, elle devint le boulevard du protestantisme dans ce pays et fut assiégée inutilement en 1574 par les troupes royales. En 1619, la ville étant passée par mariage à un seigneur catholique, les habitants se soulevèrent, ce qui fut une des causes immédiates du grand mouvement préparé dans le Midi par le duc de Royan. Dix ans après, Louis XIII, revenant victorieux d'Italie, vint mettre le siège devant la place, qui fut prise après une vigoureuse résistance et eut une partie de ses habitants passés au fil de l'épée. Un édit du roi défendit même d'habiter désormais ce lieu, qui semblait maudit et resta totalement désert pendant plusieurs années.

ANTRAIGUES, c'est-à-dire « entre eaux », est un des endroits les plus pittoresques du Vivarais. Entouré de monts volcaniques aux flancs boisés, il est lui-même situé sur un rocher de basalte au pied duquel se réunissent trois impétueux torrents: la Volane, la Bize et le Mas. Une haute tour carrée, seul débris du château seigneurial, surmonte le bourg, qui pratique le moulinage de la soie, fait le commerce des châtaignes et possède des eaux minérales. — Au sud-ouest se dresse la *Coupe d'Aizac*, volcan au cratère régulier, dont les coulées de lave ont inondé la vallée de la Volane, ruisseau qui court de cascade en cascade. — *Lachamp-Raphaël* est un village situé à 1330 mètres d'altitude, sous un climat tellement froid, que les maisons ont dû être voûtées et leur entrée protégée par un porche contre les tempêtes de neige. — A deux kilomètres, la Gravenne du Ray-Pic est un ancien volcan qui a émis la plus longue coulée de laves de toute la France, ayant descendu sur 18 kilomètres la vallée du Burzet. Ce torrent s'y précipite en deux belles cascades de plus de trente mètres de hauteur, tandis que des colonnades basaltiques y forment une sorte de pavé hexagonal dit Pavé des Géants.

Aubenas, peuplé de 8000 âmes, occupe une magnifique situation à 110 mètres au-dessus de l'Ardèche. « La petite ville pelotonnée autour de son vieux château, dit M. de Vogüé, découpe son élégante silhouette au sommet d'une colline ; sentinelle placée là pour garder les défilés des montagnes, elle se dresse inquiète autour de la ceinture des jardins. La rivière s'enroule à ses pieds, saignée par les prises d'eau des magnaneries et des moulinages. La position d'Aubenas, au centre de ce paysage, gracieux au premier plan, grandiose à l'horizon, semble choisie par le plus habile peintre de panoramas, et sa banlieue offre un contraste frappant : l'abondance des eaux entre les vignobles et les mûriers, la fraîcheur et l'animation des vergers normands dans la végétation méridionale, habituellement si morne, si sèche. »

Aubenas est la seconde ville du département par sa population comme par son industrie, qui comprend principalement le moulinage de la soie. Marché régulateur des soies grèges dans le Midi, elle en reçoit d'énormes quantités et expédie annuellement pour vingt millions de francs de marchandises. En outre, elle exploite des mines de fer, d'anthracite, et fait un important commerce des produits de la région. Ancienne baronnie et place forte, Aubenas conserve un château flanqué de tours, qui joua un rôle considérable dans les guerres de religion, et qui est aujourd'hui le siège de presque tous les services publics. Ses armes méritent d'être mentionnées ; elles sont : *d'azur au nom de JÉSUS en lettres capitales d'or en chef, avec le nom de MARIA en pointe couronné d'or*. Puissent les Albenassiens rester fidèles à d'aussi honorables souvenirs historiques !

Vals, dans un charmant vallon près de l'Ardèche, est connu par ses nombreuses sources bicarbonatées sodiques (13° à 16°), qui s'utilisent dans deux établissements de bains et dont on exporte de trois à quatre millions de bouteilles par an. Le bourg, qui s'occupe aussi du moulinage de la soie, conserve les ruines d'un château plusieurs fois assiégé et finalement démantelé en 1627. — A l'est, *Vesseaux* fait un grand commerce de marrons glacés, — et, au nord-est, *Saint-Étienne* montre les imposants débris du château baronnial de Boulogne.

Bourg-Saint-Andéol est une petite ville agréablement située sur le Rhône, que franchit un beau pont suspendu. Primitivement bâtie dans une île du fleuve et appelée *Gentibus* ou *Bergoïates*, elle se reforma autour du tombeau de saint Andéol, qui y fut martyrisé vers 208, et dont le sarcophage gallo-romain se voit encore dans l'église. Prise et reprise comme place forte durant les guerres de religion, elle tire maintenant son importance de la filature des cocons et du commerce des vins, grains et truffes. Au sud, jaillit d'un rocher l'abondante fontaine de Tourne, près de laquelle se voient les restes d'un monument élevé au dieu perse Mithra. — *Saint-Marcel* offre de belles grottes à stalactites et le château où naquit en 1715 le cardinal de Bernis.

Chomérac et *le Pouzin*, qui pratiquent le moulinage de la soie, se distinguent encore, le premier par ses carrières de marbre gris, le second par sa grande fonderie dite de l'Horme.

Rochemaure, au pied d'une colline de la rive droite du Rhône, est une ancienne ville fortifiée qui, au xvie siècle, ferma ses portes aux protestants. Plus tard, le seigneur du lieu se déclara contre Louis XIII, qui fit démanteler son château. Au nord-ouest, se dresse le beau pic de Chenavari, ancien volcan dont le plateau supérieur est soutenu par une de ces chaussées de basalte appelées Pavés des Géants. — En amont, *Cruas* est important par ses fabriques de chaux et ses carrières de pierres de taille ; on y voit les restes d'un château fort, ceux d'une abbaye de bénédictins et une belle église romane avec crypte du ixe siècle.

Au canton de SAINT-PIERREVILLE, *Marcols* et *Saint-Sauveur* possèdent des établissements d'eaux minérales et des moulins à soie.

VILLENEUVE-DE-BERG, sur une colline (*berg*, en celtique), est une ancienne bastide fondée en 1283 par Philippe le Hardi et les religieux de l'abbaye de Mazan. Les protestants la pillèrent en 1573, après avoir surpris son château. On y remarque la maison natale de l'agronome Olivier de Serres, à qui la ville a élevé une statue, et aux environs le domaine du Pradel, qu'il habitait ordinairement. Fabrication de vins, draps et soieries. — Au nord-ouest, on visite sur le flanc occidental du mont Jastrier les balmes de Montbrun (et non de Montbrul), situées dans une combe d'environ 150 mètres de profondeur sur 100 de largeur. Ce pittoresque ravin, dont les touristes parlent comme d'un ancien cratère, fut en réalité creusé par les eaux torrentielles dans une sorte de tuf basaltique. Les parois rocheuses à pic ont été à plusieurs hauteurs excavées de main d'homme en forme de grottes ou « balmes », qui ont servi d'habitation à diverses époques ; deux d'entre elles sont encore occupées, une troisième sert de chapelle. — *Vogué,* en amphithéâtre sur la rive gauche de l'Ardèche, est dominé par un vaste château ayant appartenu à la célèbre famille de Vogüé, qui en a fait don à la commune. Jusqu'à la Révolution cette famille posséda, dans le Vivarais, les cinq baronnies de Vogué, Aubenas, Montlaur, Balazuc et Saint-Agrève. Avant le château actuel, bâti au XVIIe siècle, elle habita longtemps celui de *Rochecolombe,* au sud-est.

Viviers, siège de l'évêché pour le département, est une petite ville pittoresquement située sur le penchant et au sommet d'une colline baignée par le Rhône. La ville haute est entourée d'anciens remparts et couronnée par l'imposante cathédrale Saint-Vincent, des XIIe et XIVe siècles. On y jouit d'une vue magnifique sur la vallée en amont et sur la plaine de Montélimart à l'est. En aval, la curieuse grotte de Saint-Victor a été consacrée, d'après la tradition, par le martyre d'un apôtre des Helviens. Viviers ne fut pas la première cité de ce peuple, qui habitait le Vivarais aux époques gauloise et romaine. Cet honneur appartint à *Alba Augusta,* ville considérable que les Vandales ruinèrent en 401, et dont on voit quelques débris au village d'*Aps,* dans la vallée de l'Escoutay. L'évêché d'Aba, fondé par saint Janvier, fut alors transféré à *Vivarea,* qui devint la capitale du pays, appelé depuis Vivarais. Jusqu'au XIVe siècle, les évêques de Viviers demeurèrent presque seuls les seigneurs temporels de leur diocèse, qui fut réuni par parties au domaine royal en 1271 et 1308. Malheureusement, le protestantisme s'y implanta fortement et occasionna ainsi de terribles luttes, dont Viviers surtout eut beaucoup à souffrir. De nos jours, la ville prospère par ses filatures et ses moulins à soie, ainsi que par ses fabriques de carreaux pour dallages et de chaux hydraulique.

Le Teil, situé en amont, est un joli bourg connu pour sa grande fabrication de ciments et de chaux hydraulique dite chaux Lafarge, lesquels s'exportent pour les ouvrages maritimes dans les cinq parties du monde. Ruines d'un château sur l'ancien *mons Tilius,* qui a donné son nom au bourg et au célèbre évêque croisé, Adhémar de Monteil.

La Voulte, en amphithéâtre sur une colline de la rive droite du Rhône, exploite des mines de fer et travaille la soie. Ancienne baronnie, elle est dominée par un vieux château féodal, qui appartint aux ducs de Lévis-Ventadour, et dans lequel Louis XIII séjourna en 1629. — *Celles,* com-

Viviers en Vivarais, dominé par l'église cathédrale.

mune de *Rompon, Saint-Georges* et *Saint-Fortunat* possèdent des établissements d'eaux minérales.

II. **LARGENTIÈRE** est une sous-préfecture de 2 500 âmes[1], qui s'élève en amphithéâtre par environ 200 mètres d'altitude dans la pittoresque vallée de la Ligne. Cette petite ville doit son nom à ses mines de plomb argentifère, jadis exploitées, dont on voit encore les galeries souterraines. Aujourd'hui elle s'occupe principalement de la filature et du moulinage de la soie. On y remarque une belle église romano-gothique, les restes du château fort de Fanjau, bâti, dit-on, sur l'emplacement

---

[1] Arrondissement de Largentière : 10 *cantons,* 106 communes, 94 420 habitants.
Cantons et communes principales : 1. *Largentière,* 2 470 habitants; Chassiers, 1150; Laurac, 1110; Vinézac, 1010. — 2. *Burzet,* 2 790. — 3. *Coucouron,* 1 470; Issarlès, 1 760; Lachapelle-Graillouse, 1 210. — 4. *Joyeuse,* 2 060; Lablachère, 1 890; Rosières, 1 200. — 5. *Montpezat,* 2 110; Béage (Le), 1 530; Cros-de-Géorand, 1 550; Mazan, 1 760; Saint-Cirgues, 1 100. — 6. *Saint-Étienne-de-Lugdarès,* 1460 ; Saint-Laurent. — 7. *Thueyts,* 2 500; Jaujac, 1 860; Mayres, 2 560; Meyras, 1 610; Nieigles, 1 980; Prades, 1 200; Souche (La), 1 370. — 8. *Valgorge,* 1 150. — 9. *Vallon,* 2 580 ; Lagorce, 1 380 ; Ruoms, 1 790. — 10. *Vans (Les),* 2 190; Banne, 1 250; Berrias, Saint-André, 1 020; Saint-Paul, 1 170.

d'un temple de Jupiter (*fanum Jovis*), et le château, servant d'hôpital, des anciens barons de Largentière ; ce dernier édifice est dominé par une tour dite l'Argentière, parce qu'elle était destinée à renfermer le blanc métal extrait du sol largentiérois. Au moyen âge les seigneurs de la contrée, attirés par ce produit, vinrent y chercher fortune en construisant les forteresses qui jonchent de leurs débris les monts et collines d'alentour : vaines richesses, dont ils n'ont rien emporté dans l'autre vie, étant de nul mérite pour l'éternité bienheureuse.

BURZET, sur le torrent de même nom, possède une belle église de l'an 1400, les ruines du château de Peyre, des forges, des fonderies et des moulins à soie. Sa vallée offre de remarquables accidents volcaniques. — *Issarlès* a donné son nom au charmant lac qui est comme suspendu à plus de 100 mètres au-dessus de la Loire naissante. De forme elliptique très régulière, ce laquet de 90 hectares de superficie et de 108 mètres de profondeur occupe un ancien cratère, où son eau froide sommeille entre de hautes parois presque à pic et en partie boisées.

JOYEUSE, sur la Baume, au pied de monts se rattachant au Tanargue, est un des endroits de France où la hauteur moyenne des pluies annuelles est la plus forte, car elle y dépasse parfois deux mètres. Cette petite ville fut jadis un fief important érigé successivement en baronnie, en vicomté (1450) et en duché-pairie pour Anne de Joyeuse, favori d'Henri III. Elle a des restes de remparts et fait le commerce de la soie. — *Lablachère* est bien connue dans la région pour son pèlerinage à Notre-Dame de Bon-Secours.

MONTPEZAT, au milieu de monts volcaniques, fabrique de la coutellerie et des draps ; on y voit encore les ruines d'un temple de Jupiter Olympien, celles du château de Pourcheyrolles, et à 2 kilomètres sud l'ancien volcan dit Gravenne de Montpezat. Ce mot de « gravenne », qui dérive de *grave*, signifiant gravier ou éboulis, s'applique dans le bas Vivarais à des cônes volcaniques réguliers, formés de scories ou pouzzolanes friables ; dans le haut Vivarais, les cônes de même nature portent parfois le nom de *suc* ou *tête*. — *Le Béage* conserve sur son territoire les restes de la chartreuse de Bonnefoy, bâtie en 1156, — et *Mazan*, ceux d'une abbaye cistercienne, fondée en 1120. — Au canton de SAINT-ÉTIENNE-DE-LUGDARÈS, *Saint-Laurent-les-Bains* exploite une source thermale bicarbonatée sodique (53°), tandis que son hameau de la Felgère possède l'abbaye de trappistes de Notre-Dame des Neiges.

THUEYTS s'élève sur un plateau soutenu par les magnifiques colonnades basaltiques d'un Pavé de Géants, lequel s'étend sur une longueur de 700 mètres, avec une hauteur de 65 mètres au-dessus de l'Ardèche. — On visite à *Jaujac* le cratère très régulier dit Coupe de Jaujac ; — à *Meyras,* le volcan de Saint-Lager (V. p. 221), dont l'ouverture laisse encore échapper des vapeurs méphitiques, — et à *Nieigles*, sur l'Ardèche, les belles ruines du château des ducs de Ventadour. — *Prades* exploite un petit bassin houiller, dit aussi d'Aubenas.

VALGORGE, au pied du massif du Tanargue, conserve une tour du château où naquirent le marquis de la Fare, poète anacréontique, et son fils le maréchal de la Fare, mort en 1752.

VALLON est une petite ville située dans une région fertile autant qu'agréable, où l'on admire de belles grottes et surtout les gorges grandioses de l'Ardèche, y compris le fameux Pont-d'Arc. (Page 223.) — En amont, *Ruoms* offre également de magnifiques gorges rocheuses, ainsi que de beaux restes de remparts; il a d'importantes brasseries.

Le joli bourg DES VANS, jadis fortifié, s'élève au pied d'une haute colline près du Chassezac, torrent dévastateur qui va traverser, quatre kilomètres plus loin, le curieux site de rochers appelé *bois de Païolive* (1 500 hectares). Les formes fantastiques de ces rochers rappellent en petit celles de Montpellier-le-Vieux et offrent, outre de belles grottes, l'apparence de statues, de rues, de monuments, de portiques; de là, les noms donnés aux principaux accidents naturels : la Femme de Loth, la Religieuse, le Salon, la Rotonde, le château des Trois-Seigneurs. (Page 221.) — A l'est de *Berrias* se trouve le château de Jalès, près duquel eurent lieu, sous la Révolution, plusieurs rassemblements royalistes, dits « camp de Jalès », et qui se terminèrent par le massacre du comte de Saillans et des autres principaux conjurés.

III. **TOURNON**, sous-préfecture de 5 400 âmes[1], est bâtie par 115 mètres d'altitude au pied de collines escarpées sur la rive droite du Rhône. Dominée par un vieux château d'où l'on jouit d'une vue magnifique, cette ville est reliée à Tain (Drôme) par deux ponts suspendus, dont l'un fut le premier construit en France (1824). Parmi les bâtiments du lycée, il en est qui sont de la Renaissance et remontent à la fondation du célèbre collège royal de Tournon, due au cardinal de ce nom. Or la célébrité de ce collège vient des jésuites qui le dirigeaient et qui depuis en ont rendu tant d'autres florissants; ils n'en ont pas moins été décriés et persécutés à différentes époques; la raison en est que ces religieux savent non seulement enseigner avec succès les plus hautes

[1] Arrondissement de TOURNON : 11 *cantons*, 125 communes, 148 320 habitants.
Cantons et communes principales : 1. *Tournon*, 5 340 habitants; Saint-Barthélemy-le-Plein, 1 080; Saint-Jean-de-Muzols, 1 060; Sarras, 1 450. — 2. *Annonay*, 17 030; Boulieu, 1 270; Davézieux, 1 220; Roiffieux, 1 100; Saint-Julien, 1 190; Saint-Marcel, 1 110; Vanosc, 1 790; Vernosc, 1 050. — 3. *Cheylard* (*Le*), 3 200; Dornas, 1 250; Mariac, 1 290; Saint-Andéol, 1 160; Saint-Genest, 1 140; Saint-Julien, 1 300. — 4. *Lamastre*, 3 760; Désaignes, 3 680; Empurany, 1 850; Gilhoc, 1 350; Nozières, 1 410; Saint-Barthélemy-le-Pin, 1 170; Saint-Basile, 1 320. — 5. *Saint-Agrève*, 3 190; Devesset, 1 530; Rochepaule, 2 010; Saint-André, 1 100; Saint-Jeure, 1 040. — 6. *Saint-Félicien*, 2 180; Arlebosc, 1 030; Boucieu, Colombier, 1 160; Pailharès, 1 550; Saint-Victor, 2 010. — 7. *Saint-Martin-de-Vulamas*, 2 520; Arcens, 1 080; Borée, 1 290; Saint-Julien, 1 490; Saint-Martial, 1 860. — 8. *Saint-Péray*, 2 570; Toulaud, 1 510. — 9. *Satillieu*, 2 150; Lalouvesc, 1 150; Préaux, 1 330; Quintenas, 1 130; Saint-Alban, 1 220; Saint-Romain. — 10. *Serrières*, 1 580; Andance, 1 080. — 11. *Vernoux*, 2 910; Boffres, 1 500; Chalençon, 1 040; Silhac, 1 520.

sciences à la jeunesse, mais qu'ils s'appliquent en même temps à faire de leurs élèves autant de véritables chrétiens, qui, dans les hautes positions sociales qu'ils occuperont un jour, sauront faire honneur à la religion aussi bien qu'à la patrie. — D'origine très ancienne, Tournon fut possédé par des comtes jusqu'en 1644 et passa ensuite dans les maisons ducales de Montmorency, de Ventadour et de Royan-Soubise. Son industrie comprend une filature de soie et des fabriques de cuirs. — Au nord, *Sarras* exploite du sulfate de baryte.

Annonay, bâtie sur deux coteaux au-dessus du confluent de la Cance et de la Déôme, est de beaucoup la cité ardéchoise la plus considérable, tant par son industrie que par sa population de 17 000 âmes. Cependant elle n'a pas même rang de sous-préfecture, ce qui tient sans doute à sa position tout à fait excentrique à l'extrémité septentrionale du département. Ses établissements industriels, qui produisent annuellement pour plus de trente millions de francs, sont surtout des mégisseries, où se préparent, année moyenne, 350 000 douzaines de peaux de chevreau; des papeteries, d'une réputation européenne; des moulins à soie, une minoterie, des fabriques de soieries, de feutre, de gants de peau. L'eau nécessaire à l'alimentation de la ville et de ses nombreuses usines a été assurée par la construction du grand barrage de Thernay, au nord-ouest. Comme monuments, on remarque l'église Notre-Dame, du XVIIIe siècle, et la pyramide élevée aux frères Montgolfier à l'endroit où, le 5 juin 1783, ils firent la première ascension en ballon. — Annonay, que les uns font remonter à l'époque romaine, les autres aux croisades, prospéra d'abord par ses parcheminneries, puis par ses papeteries. Plusieurs fois dévastée pendant les guerres de religion, elle se releva toujours, grâce à l'industrie de ses habitants. Avant la Révolution, elle avait titre de marquisat. — Les communes voisines participent à son activité industrielle; telles sont, pour la papeterie, *Boulieu*, *Saint-Marcel* et *Davézieux*.

Le Cheylard, dans les montagnes, près de l'Érieux, utilise des sources alcalines froides et s'occupe, comme *Dornas*, du travail de la soie; c'est une ancienne place forte, démantelée en 1621. Pittoresques ruines du château de Rochebonne.

Lamastre, sur le Doux, s'adonne au moulinage et à la filature de la soie, ainsi qu'à la fabrication des poteries et au commerce des châtaignes. Belle église romane moderne. — En amont, *Désaignes* exploite des sources bicarbonatées froides et conserve des antiquités romaines.

Saint-Agrève, dans le massif des Boutières, au-dessus de l'Érieux naissant, doit son nom actuel à un évêque du Puy, qui y mourut au VIIe siècle, alors que ce lieu s'appelait Chinac. Il y a des restes d'un château fort, qui fut souvent assiégé et pris pendant les guerres de la Réforme. — A *Saint-André-des-Effangeas* se voient les belles ruines féodales de Baudiné. — Au canton de Saint-Félicien, *Boucieu-le-Roi*, sur le Doux, est une bastide ou ville neuve fondée en 1291 pour servir de centre à l'administration royale dans le Vivarais : d'où le surnom du village.

Saint-Martin, sur l'Érieux, travaille la soie et montre le vieux château de Valamas. — Au sud, *Saint-Martial* possède aussi un ancien château, ainsi que de jolies grottes, le curieux pic conique du Gerbier-de-Jonc (1551 mètres) et, à sa base occidentale, les **sources de la Loire**. « Une toute petite mare d'où coule un mince filet d'eau, mené au moyen de tuyaux en bois à une ferme voisine, où elle est recueillie dans des auges

Maisons rustiques de l'Ardèche et des régions méditerranéennes.

servant à abreuver les bestiaux : voilà la naissance du plus beau fleuve de France. Mais si l'humble fontaine varie suivant les saisons et l'abondance des pluies, alimentée sans doute par les eaux météoriques qui s'infiltrent entre les blocs phonolitiques du Gerbier-de-Jonc, elle ne tarit jamais. L'altitude du lieu, appelé *ferme de la Loire*, est 1375 mètres. C'est là l'origine du fleuve, mais non son commencement, qui est le torrent d'Eau-Noire, l' « Aygue-Nère » des paysans de ces montagnes. »   (H. Lecoq.)

Saint-Péray, à 2 kilomètres et demi du Rhône, exploite des carrières de pierres calcaires; mais il est renommé par ses vins blancs mousseux. Aux environs se trouvent le château de Beauregard, ancienne prison d'État, et les ruines du manoir des seigneurs de Crussol, tige des ducs d'Uzès. Ces restes, vulgairement appelés Cornes de Crussol, couronnent une roche escarpée, d'où l'on jouit d'une vue admirable sur la plaine du Rhône et de l'Isère. — En aval, *Soyons*, d'origine antique, fut au moyen âge une place importante qui joua encore un rôle durant les guerres de religion. On y voit une tour penchée du XIIe siècle, appelée tour Maudite.

Vernoux, bâti sur une hauteur, mouline la soie et file la laine; il possède une église au beau portail gothique et l'ancien château de Tourette. — Satillieu, sur l'Ay, conserve les restes d'une abbaye de bénédictins, — et *Saint-Romain*, une Vierge noire du XIIe siècle, très vénérée dans le pays. Toutefois le grand pèlerinage de la région est celui qui a lieu au tombeau de **saint François Régis**, à *Lalouvesc*, village situé à plus de 1 000 mètres d'altitude, au milieu de monts couverts de sapins.

Saint François Régis naquit le 31 janvier 1597 au village de Fontcouverte, situé à mi-chemin entre Carcassonne et Narbonne. Sa chrétienne mère lui inspira dès son bas âge la plus vive horreur pour les peines éternelles de l'enfer, en même temps que l'amour de la sainte Vierge et de Jésus au saint Sacrement, qu'il visitait fréquemment. Aussi fut-il un modèle d'édification pour ses condisciples de classe, comme il le fut plus tard pour les novices de la Compagnie de Jésus, où il entra le 8 décembre 1616. Devenu prêtre dans cet ordre célèbre, ses supérieurs le destinèrent à l'œuvre des missions. Le Vivarais, le Velay et le Forez furent le champ donné à son zèle, et ce champ il le cultiva pendant dix années avec un succès prodigieux. La foi se ranimait, la piété refleurissait, la charité régnait, et les pauvres, évangélisés par sa parole, étaient nourris, vêtus, réchauffés par leurs compatriotes. Mais le saint homme fut persécuté à outrance par les hérétiques et les libertins. Un d'entre eux lui donna un jour un violent soufflet : « Merci, mon frère, s'écria l'homme de Dieu; voici l'autre joue. » Un autre forma le projet de l'assassiner, et alla l'attendre sur un chemin écarté. « O mon frère, dit François inspiré d'en haut, je veux votre vie aux dépens de la mienne, et vous voulez vous damner en m'assassinant ! » Frappé comme d'un coup de foudre, le libertin se jeta à genoux et promit de se convertir.

Ce saint apôtre des Cévennes mourut les armes à la main; allant vers la fin de l'année 1640 pour une mission à Lalouvesc, il s'égara parmi les bois, où il erra longtemps exposé aux rigueurs d'une bise violente. Arrivé la veille de Noël, il se mit dès le lendemain à la besogne; mais ses forces le trahirent, il lui fallut s'aliter. Souffrant des douleurs aiguës, il était là, les yeux sur son Christ, dans une paix indicible, et rayonnant d'une douce joie. Sur le soir du 31 décembre, il entra dans un transport extatique et s'écria : « O mon frère, que je suis content ! Je vois Jésus et Marie qui viennent à moi pour me conduire au Ciel ! » Un instant après il expira doucement, en recommandant son âme à Dieu. Il n'avait pas 44 ans. Ses reliques, placées dans une châsse d'argent, se trouvent dans l'église de Lalouvesc, où elles attirent toujours la foule des pèlerins.

LOZÈRE

3 arrondissements, 24 cantons, 198 communes, 132150 habitants

Géographie. — Le département de la *Lozère*, ainsi appelé de sa plus haute montagne, a la forme d'un ovale irrégulier, allongé du N.-N.-O. au S.-E. Il se compose de presque tout le *Gévaudan*, qui avait pour capitale Mende, et d'une faible partie des anciens diocèses d'Alais et d'Uzès, le tout relevant du Languedoc. Ses 5170 kilomètres carrés le placent au 73e rang pour la superficie.

Tout en hauts plateaux, ce département est peut-être le premier pour l'altitude moyenne, soit de 900 à 1300 mètres. Les montagnes qui le sillonnent sont, du sud au nord : les *Cévennes* proprement dites, comprenant le massif de l'Aigoual (1567 mètres à l'Hort-Dieu), surmonté d'un observatoire météorologique, et la chaîne porphyrique de la Lozère, qui atteint 1702 mètres au pic de Finiels, point culminant du territoire : située au sud-est de Mende, cette chaîne est flanquée de la montagne de Bougès, 1500 mètres, et de celle du Goulet, 1499 mètres, séparée elle-même par la vallée du Chassezac des monts de Mercoire, où trône à 1500 mètres le Mourre de la Gardille. Plus au nord s'allongent la granitique Margeride et à l'ouest les basaltiques monts d'Aubrac : celle-là dominée par le Truc de Randon, 1554 mètres, ceux-ci par le Truc de Mailhebiau, 1471 mètres. Enfin au sud-ouest s'étendent les vastes causses Méjean et de Sauveterre, hauts plateaux calcaires, dénudés et sans eaux courantes, séparés par la profonde vallée du Tarn et contrastant fort avec le reste du pays. La sortie du gardon d'Anduze, au sud-est, marque le point le plus bas : 205 mètres. Mende est à 740 mètres, Marvejols à 640, Florac à 580 mètres d'altitude.

Les avens et les grottes des Causses. — Voici, d'après M. Martel, le savant explorateur des rivières souterraines dans les Causses français, quelques détails qui permettent de comprendre l'*hydrologie* si remarquable de ces régions calcaires fissurées, où les eaux pluviales s'engouffrent par les avens.

« Ces *avens* s'ouvrent en pleins champs, trous béants, de toutes formes et de toutes dimensions, ronds ou allongés, étroits ou larges. Leurs gueules noires bâillent brusquement, sans que rien en signale l'abord, soit horizontales au beau milieu d'une lande inculte, soit à flanc de coteau sur une pente, soit verticales dans l'escarpement d'une falaise. Ils font peur aux paysans, effrayés surtout par maintes légendes populaires et terribles. Aussi personne ne s'était-il risqué dans ces affreuses *bouches de l'enfer* qui restaient une énigme géologique. On aura une idée des précautions à prendre et des obstacles à surmonter quand on saura que partout se répétaient les mêmes opérations préliminaires : sondage du trou; disposition en travers de l'orifice d'une forte poutre pour amarrer la poulie destinée à faciliter la traction de la corde; établissement, avec des pieux et une cordelette, d'un *périmètre* comme sur les champs de course, pour empêcher tout accident parmi la troupe de curieux; allongement des cordes sur le terrain, pour éviter qu'elles s'emmêlassent pendant la descente; dévidage du câble téléphonique, etc. Plusieurs heures se passaient ainsi. — Puis, à cheval sur un fort bâton, nous nous faisions successivement descendre dans le gouffre obscur et l'inconnu, avec mille péripéties : tournoiements vertigineux, choc contre les murailles, cordes engagées dans les tourillons des poulies, extinction des lumières par les gouttes d'eau tombant des voûtes, chapeaux prenant feu par les bougies qu'on y fixait, paquets d'ustensiles mal arrimés et se détachant en route, glissades et chutes dans les flaques d'eau et les rivières intérieures, enfin humide séjour prolongé parfois pendant douze heures, à une température variant de 7° à 14° centigrades.

« Quatre facteurs ont participé à la formation des avens : 1° dislocations préexistantes du sol; 2° eaux superficielles (érosions); 3° eaux intérieures (érosion, pression hydrostatique, effondrements); 4° phénomènes chimiques. Souvent trois ou deux seulement de ces facteurs ont agi.

« Les eaux de pluie absorbées par les *avens* à la surface de ces plateaux reparaissent filtrées à 500 mètres plus bas, sous la forme de sources puissantes, au fond des cañons, et au fond des rivières du Tarn, de la Jonte, de la Dourbie, etc., après avoir antérieurement traversé toute l'épaisseur de la masse calcaire.

« En 1888, j'ai voulu chercher comment s'effectuait cette circulation cachée des eaux; l'expédition que j'ai entreprise dans ce but a eu notamment pour résultats la première traversée de la *rivière souterraine de Bramabiau* et la découverte de deux grottes, dont celle de Dargilan, de 2 800 mètres de développement, peut lutter de magnificence avec celle même d'Adelsberg.

« Le 28 juin, entré avec trois compagnons audacieux et agiles dans la perte du Bonheur, à l'extrémité du tunnel supérieur de Bramabiau, nous réussîmes, après cinq heures de dangereux et pénibles efforts, à ressortir par la source, au fond de l'admirable alcôve dont la vue seule mérite le voyage (p. 218).

« La *grotte de Dargilan* s'ouvre en haut du causse Noir à 900 mètres d'altitude, à 350 mètres au-dessus de la Jonte et à 6 kilomètres ouest de Meyrueis. En 1880, cette grotte fut découverte par l'effet du hasard ; toutefois on ne connaissait qu'une partie de la première salle, la plus grande (190 mètres de longueur, 60 de largeur, 70 de hauteur), mais non la plus belle. Deux visites successives, en 1884 et 1885, m'y avaient fait soupçonner d'autres splendeurs cachées ; de tous côtés, en effet, s'ouvraient des bouches de puits ou de galeries impraticables sans échelles. »

Donnons encore quelques détails sur une découverte plus récente (1896), celle de l'*aven Armand*, ainsi nommé du compagnon de M. Martel.

« **L'aven Armand** s'ouvre sur le causse Méjean (Lozère), à deux kilomètres et demi au sud de la Parade, canton de Meyrueis. Il a la forme d'un entonnoir de 10 à 15 mètres de diamètre et de 4 à 7 mètres de profondeur (altitude 967 mètres). Mais l'abîme proprement dit, l'à-pic vertical ne commence qu'au fond de l'entonnoir : c'est d'abord un puits perpendiculaire profond de 75 mètres, dont les 40 premiers mètres constituent une cheminée grossièrement cylindrique de 3 à 5 mètres de diamètre et les 35 derniers représentent la hauteur d'une immense grotte où débouche la cheminée.

« La première moitié du sol en pente de la grotte est recouverte d'éboulis et de débris de toute sorte, tombés de la surface du plateau ; sa seconde partie est hérissée d'environ 200 colonnes stalagmitiques hautes de 3 à 30 mètres. Il est impossible d'expliquer les formes extravagantes et la magique splendeur de cette véritable *forêt vierge* : chaque colonne est composée d'une superposition de larges feuilles de carbonate de chaux, imbriquées les unes sur les autres, dans le genre des écailles de troncs de palmiers, mais avec beaucoup plus de saillie ; *aucune grotte connue ne possède rien de semblable;* ni l'homme ni les cataclysmes naturels n'ont allumé le plus petit ornement de ces éblouissants clochetons de cathédrale ; nulle concrétion calcaire n'atteint à l'élévation de la *grande stalagmite* (30 mètres) ; nous l'avons mesurée à l'aide d'une montgolfière qui, attachée à un fil, nous a donné de plus, pour la voûte de la caverne, des hauteurs variant de 36 à 40 mètres.

« A l'extrémité nord-est de la Forêt-Vierge, un deuxième grand puits vertical, de 5 à 6 mètres de diamètre, descend 87 mètres plus bas, mais se trouve bouché par un talus de pierre et d'argile à 753 mètres d'altitude. L'aven Armand a donc une profondeur totale de 214 mètres.

« Est-ce bien, me demandera-t-on, la plus belle grotte que je connaisse? Je préfère me dérober à pareille question : la géante nef de Rabanel (Hérault) laissant entrevoir le ciel de 150 mètres de profondeur, — la rivière souterraine, l'invisible voûte et les lacs cristallins du grand dôme de Padirac (Lot), — les salles successives et l'artistique clocher de Dargilan (Lozère), — la statue de la Vierge et la descente dramatique de Ganges (Hérault), — le romantique lac Miramar de la Cueva del Drach à Majorque (Espagne), — le dôme grandiose et l'enchanteresse sortie en barque de Han-sur-Lesse (Belgique), — l'antre dantesque de Gaping-Ghyll et les terrifiantes cataractes de Saint-Canzian (Angleterre), — les majestueux canaux de la Pinka, à Planina, — la profusion de blanches stalagmites et l'immensité du Calvaire d'Adelsberg (Autriche), — l'élancement superbe de la Tour astronomique d'Aggtelek et le palais de Dobschau (Hongrie), sont des scènes toutes également saisissantes, quoique totalement différentes et impossibles à comparer. »   (E.-A. MARTEL, *la Nature*.)

Les gorges du Tarn. — « C'est de Sainte-Énimie qu'un service de bateaux, régulièrement organisé, permet de descendre le Tarn, venu du mont Lozère s'encaisser à Ispagnac dans la gorge extraordinaire, ouverte entre les murailles du causse de Sauveterre et du causse Méjean. Munis de longues gaffes, les bateliers poussent la barque au large, l'avancent dans le courant tortueux, encombré d'écueils, où, sans leur adresse, elle se briserait. Elle glisse, ondule comme un cygne d'un mouvement vif, insensible, charmant. Tout prend forme, couleur et voix; en reliefs tourmentés et grandioses, les dolomies se dressent ou se profilent avec un air de menace; la rivière s'anime, réfléchissant avec une étonnante précision, une mobilité infinie, les accidents presque insaisissables du ciel et les jeux les plus fugitifs de la lumière. Au pied des rochers, souvent des fontaines jaillissantes versent une onde glauque, nuancée de rose et d'azur, d'une limpidité et d'une splendeur incomparables. Entre l'eau bleue et les sapins noirs, se détachent des roches rouges les ruines grises et vertes de châteaux fantastiques : la Caze, Plagnols, Montesquieu, les moulins, les hameaux penchés sur l'abîme comme des nids de rapaces audacieux... En maints endroits des grottes s'ouvrent, abris des hommes qui en ont chassé les aigles ou les ours.

« Maintenant vous saisit une impression différente. Les dolomies se rapprochent, hautes et farouches comme on ne les a pas encore vues, paraissant se joindre, souder le causse de Sauveterre au causse Méjean; et l'illusion est si vive, le mirage si parfait, que l'on songe à revenir sur ses pas pour trouver une issue. Mais la barque, poussée sans effort par les bateliers muets, découvre les *détroits*, et voici la grotte de la Momie, les sources de l'Isson, de la Sompte, les rochers de la Croze, les grottes des Baumes, les Étroits et, par-dessus tout cela, deux formidables statures : le monolithe de l'Aiguille et le bloc de la Sourde. De ces roches délitées

Vallée de la Jonte, affluent du Tarn, dans la Lozère.

par les eaux, les morceaux s'entassent dans le Tarn en chaos prodigieux sur un espace de 1500 mètres, nommé le Pas du Souci; ils en obstruent le cours, obligeant la barque à s'arrêter et les touristes à gagner pédestrement le hameau des Vignes, avant-dernière étape du voyage.

« Des Vignes au Rosier, les roches parsèment le lit du Tarn sans en interrompre le cours flottable, le resserrent seulement en des passes sinueuses, inattendues, difficiles, en des rapides où les bateliers lancent leur barque avec beaucoup d'adresse... Enfin toute apparence de danger s'enfuit, et les hameaux : le Cambon, la Sablière, Saint-Marcellin, se suivent, se pressent; à gauche, déjà s'accuse la masse sombre du causse Noir; à droite, on distingue les maisons du Rosier. Votre beau voyage est à sa fin, mais votre éblouissement dure encore; de longtemps vous n'oublierez l'image radieuse que le spectacle des gorges vierges mit au plus profond de vos yeux. » (Louis Barron, *Revue Mame*.)

Hydrographie. — Le département de la Lozère est comme le toit de la France : il ne reçoit aucun cours d'eau de ses voisins et envoie les siens, généralement fort encaissés, dans toutes les directions. Au bassin de la Garonne, de beaucoup le plus étendu, appartiennent : 1° le *Tarn*, qui s'adjoint le *Tarnon*, en aval de Florac, et la *Jonte*, au lit fissuré; 2° le *Lot*, rivière de Mende, qui recueille la Colagne, venue de Marvejols; puis, hors du département, la *Truyère*, dont un affluent, le Bès, sert de limite au nord-ouest. Du bassin de la Loire dépend l'*Allier*, qui forme la frontière nord-est, où il se grossit du Chapeauroux. Enfin, le bassin du Rhône comprend le cours supérieur du Chassezac et celui des gardons d'Alais et de Mialet, qui sont essentiellement torrentueux.

Climat. Productions. — En raison de sa grande altitude, le département est généralement froid, très venteux, et conserve longtemps ses neiges : c'est le climat dit du *Massif Central*, auquel n'échappent que les profondes vallées du Tarn, du Lot et celles du sud-est, à l'abri des vents. Les pluies, fort irrégulières sur les causses et très abondantes dans les montagnes, donnent 1 mètre 25 de hauteur moyenne annuelle.

Le département de la Lozère est, après ceux des Hautes et Basses-Alpes, le plus pauvre sous le rapport agricole, à cause de l'infertilité générale : la plus grande étendue de ses terres est en vaine pâture. En conséquence, peu de céréales, qui consistent surtout en seigle, base de l'alimentation de la majeure partie de la population. Dans les Cévennes, le châtaignier est le père nourricier de 25 000 habitants; là aussi croît le mûrier, « arbre d'or » avant la maladie des vers à soie. Les vallées, qui seules sont fertiles, donnent des fruits et du froment, lequel est aussi récolté sur les Causses, d'où le nom de *Fromental* donné à cette région, par opposition au pays granitique à seigle, le *Ségala*. La principale source des revenus consiste dans les troupeaux de vaches, nourries aux gras pâturages des monts d'Aubrac et dont le lait sert à fabriquer les excellents fromages appelés « fourmes »; ce sont aussi les 330 000 petits moutons qui paissent à la belle saison sur les monts Lozère et de la Margeride, où viennent en même temps 200 000 moutons transhumants du bas Languedoc. Malheureusement la superficie boisée est à peine de

55 000 hectares, presque toutes les forêts ayant été inconsidérément abattues; de là : un climat plus rigoureux sur les hauts plateaux, qui deviennent encore plus inhabitables; l'enlèvement par les eaux pluviales du sol végétal sur les pentes granitiques; l'infiltration trop prompte de ces mêmes eaux dans les contrées calcaires, qui souffrent ainsi de la sécheresse; enfin les débordements désastreux de certaines rivières; en deux mots, c'est l'appauvrissement de l'agriculture et la dépopulation d'une grande partie du département. — Une ferme-école fonctionne à Chazeirolettes, près de Mende.

La Lozère n'exploite guère que les gisements de plomb argentifère de Vialas et de Villefort, ainsi que les eaux thermales de Bagnols-les-Bains. L'industrie proprement dite, également peu développée, y est représentée par quelques filatures de laine et les manufactures de serges, cadis, escots de Mende, Langogne, Marvejols, la Canourgue. Il faut y ajouter seulement la fabrication des sabots, répandue partout. Par contre, il a toujours existé en Lozère de grands marchés au bétail : tels sont notamment, depuis l'établissement du chemin de fer, Langogne au nord-est et Aumont au nord-ouest.

Les habitants. — Par suite de l'émigration, en 1896 la Lozère comptait seulement 5 500 personnes de plus qu'en 1801 et, ce qui est encore plus significatif, environ 20 000 de moins qu'au XVIIe siècle, l'époque des grandes forêts; en somme 132 000 individus, ou moins de 26 par kilomètre carré, soit une moyenne inférieure de presque les deux tiers à celle de toute la France. Aussi le département n'occupe-t-il que le 84e rang pour la population absolue et le 85e pour la densité. Néanmoins il s'y trouve près de 20 000 protestants, concentrés principalement dans la Cévenne, le pays des anciens Camisards. La langue universellement parlée par les paysans est un dialecte d'oc, patois que l'émigration, l'école et surtout le service obligatoire, feront vite remplacer par le français.

« La population de la Lozère se subdivise aisément aujourd'hui en trois races aussi distinctes que les sols qui les nourrissent : les *Montagnols*, sur le granit, en Gévaudan proprement dit; les *Caussenards*, sur le calcaire; les *Cévenols*, sur le schiste de la Gardonnenque. Les premiers, rudes et massifs, mais tenaces, sont pour les Cévenols, petits et alertes, des *Gavauds;* les derniers sont, pour les deux autres, des *Iganaous* (Huguenots) ou des *Gorjes nègres* (Bouches noires) : ils se renvoient ainsi mutuellement des noms de mépris. C'est qu'en effet il y a entre ces deux groupes ethniques une opposition de traits, de taille, de mœurs, de caractère et de religion, aussi tranchée que celles du climat ou des sols qu'ils cultivent.

« Le **Gavaud**, ou montagnard du Gévaudan, est resté malgré tout profondément catholique; fidèle à sa race, à ses habitudes, à ses mœurs patriarcales. L'isolement des hameaux, la longueur des hivers neigeux, qui suppriment toute communication avec les voisins, donnent une teinte d'austère mélancolie au caractère, développent la réflexion, favorisent la vie de famille et le respect dû aux parents; d'autre part, le grand nombre d'enfants au même foyer contribue à augmenter l'autorité du père de famille. Aussi, malgré les dispositions du Code, on continue à « faire un aîné » : à lui seront les terres et les prés, avec la charge de continuer les traditions de la maison; quant aux cadets, ils auront le choix entre l'émigration et les ordres religieux. Aussi le Gévaudan fournit-il un contingent considérable aux séminaires, aux congrégations de femmes et aux petites industries des villes; bien des montagnards émigrent et se font portefaix, commissionnaires, marchands de bois ou de charbon, marchands de marrons, colporteurs, ferblantiers ou chaudronniers. Dans les plaines du Languedoc on désigne ces bandes d'émigrants, qui viennent faire la moisson ou la vendange, sous le nom de *Gavauds* ou *Gavaches*, vocable altéré dérivant de *Gabaldus*, qui s'est peu à peu étendu à tous les montagnards, et qui semble avoir été jadis donné en bloc par les peuples de race ibérique à ceux de race celtique, habitant au Nord.

« Quoi qu'il en soit, les Gavauds, même au sein des villes, n'oublient ni le pays natal, ni son rude patois, ni ses mœurs : il n'est pas de grande cité française où la petite colonie gévaudane n'ait son organisation, ses réunions de secours mutuels et même, à Paris, son journal. Grand est le nombre de ces émigrés qui, de Paris ou de plus loin encore, reviennent en été faire un petit séjour dans leur montagneuse et froide patrie. A Aubrac, à 1250 mètres d'altitude, plusieurs hôtels vivent de cette clientèle spéciale, et chaque soir le plancher de la grande salle tremble sous les coups de sabots de ces « Parisiens », qui dansent la bourrée et battent des mains en mesure. » (P. JOANNE, *Dictionnaire*.)

Personnages. — Le pape Urbain V, né à Pont-de-Montvert, mort en 1370. Gui de Chauliac, médecin de trois papes, né à Chauliac, commune de Saint-Julien-la-Fage, mort en 1375. Le député Charrier, qui souleva les Lozériens contre la Convention, né à Nasbinals, décapité à Rodez en 1793. Le chimiste Chaptal, né à Nojaret-de-Badaroux, mort en 1832. Odilon Barrot, homme politique, né à Villefort, mort en 1873. Le général d'Aurelle de Paladines, le vainqueur de Coulmiers, né au Malzieu-Forain, mort en 1877.

Administration. — Ce département forme le diocèse de Mende; il ressortit à la cour d'appel de Nîmes, à l'académie de Montpellier, à la 16e division militaire (Montpellier) et à la 18e région agricole (Est-Centrale).

Il comprend 3 arrondissements : *Mende*, *Florac* et *Marvejols*, avec 24 cantons et 198 communes.

I. **MENDE**, chef-lieu du département [1], est une ville de 7 400 âmes, située par 740 mètres d'altitude sur la rive gauche du Lot, dans une vallée pittoresque entourée de montagnes. D'un aspect agréable, vue du dehors, bien qu'à l'intérieur les rues et les maisons laissent à désirer, elle est dominée par sa cathédrale gothique de Notre-Dame, fondée en 1368 par le pape Urbain V et remarquable par ses deux flèches en pierre, dont l'une, haute de 84 mètres, est regardée comme un chef-d'œuvre.

Cathédrale de Mende.

Mende est le centre de la fabrication des étoffes de laine, dites serges, cadis, escots, qui s'expédient non seulement en France, mais encore en Espagne, en Italie et jusqu'en Allemagne. — Mende est le nom transformé de *Mima*, qui, aujourd'hui comme à l'époque gallo-romaine, désigne la montagne au pied nord de laquelle est bâtie la cité. Après la destruction de Javols, saint Privat, l'apôtre des Gabales, se retira dans un ermitage en partie taillé dans le roc de ce mont, et que l'on voit encore; c'est là qu'il fut surpris en 408 par les Vandales, qui, ne pouvant l'obliger à adorer les idoles, le placèrent dans un tonneau garni de lames tranchantes et le firent rouler au bas de la montagne. Autour de son tombeau, dès lors but de pèlerinage, se forma bientôt une ville nouvelle, que les évêques du Gévaudan adoptèrent comme lieu de leur résidence vers le Xe siècle. Ils en furent seigneurs souverains jusqu'en 1306, époque où une partie de leurs droits ayant été cédés à la couronne, la ville fut désormais comme la capitale religieuse et civile du pays. Le capitaine protestant Merle l'occupa en 1580 et ne la quitta qu'après y avoir commis toutes sortes de dévastations et de cruautés; elle fut démantelée par Henri IV.

Lanuéjols, au sud-est, possède de curieux restes d'un édifice romain, que l'on croit avoir servi de mausolée, et, comme beaucoup d'autres localités du département, une très ancienne église.

Au canton du BLEYMARD, *Saint-Julien*, sur le Lot naissant, montre les belles ruines du château de Tournel, jadis siège d'une des huit baronnies du Gévaudan, alors qu'il appartenait à la famille de l'évêque-chancelier

---

[1] Arrondissement de MENDE : 7 *cantons*, 67 communes, 50 700 habitants.
 Cantons et communes principales : 1. *Mende*, 7370 habitants; Lanuéjols, Saint-Étienne, 1140. — 2. Bleymard (*Le*), 650; Bagnols, Cubières, 1020; Saint-Julien. — 3. *Châteauneuf-de-Randon*, 730. — 4. Grandrieu, 1660; Saint-Symphorien, 1210. — 5. *Langogne*, 3630; Auroux, 1340; Luc, 1140. — 6. *Saint-Amans*, 360; Rieutort, 1530. — 7. *Villefort*, 1200; Altier, 1080; Prévenchères.

Guérin, celui-là même qui commanda les troupes de Philippe-Auguste à Bouvines. — En aval, *Bagnols-les-Bains* est une station d'eaux thermales sulfureuses, qui probablement étaient déjà connues à l'époque romaine. On escalade à 2 kilomètres sud le mont Lozère et le pic de l'Aigle, d'où, par un temps clair, la vue s'étend des Alpes aux Pyrénées et à la Méditerranée.

• CHATEAUNEUF-DE-RANDON, près du Chassezac, sur un mont escarpé de 1 200 mètres d'altitude, était jadis une place forte protégée par un château baronial, auquel la localité doit son origine et son nom. C'est en faisant le siège de ce château sur les Anglais que du Guesclin mourut, le 13 juillet 1380, après avoir reçu dévotement les derniers sacrements et recommandé à ses capitaines de ne point oublier « qu'en quelque pays qu'ils fissent la guerre, les gens d'église, les femmes, les enfants et le pauvre peuple n'étaient pas leurs ennemis ». « Cependant le gouverneur avait promis de se rendre dans quinze jours s'il n'était pas secouru; le maréchal de Sancerre s'avança sur le bord du fossé de la ville assiégée, et somma le gouverneur de rendre la place : celui-ci répondit qu'il avait donné sa parole à du Guesclin, et qu'il ne se rendrait qu'à lui. Alors Sancerre avoua que le connétable n'était plus. « Eh bien! reprit le gou-« verneur, je porterai les clefs de la ville sur son tombeau; » ce qui fut fait. Un monument, élevé en 1820 au hameau de l'Habitarelle, rappelle le lieu où se passa cet événement. »   (MALTE-BRUN.)

LANGOGNE, sur un plateau élevé dominant la rive gauche de l'Allier, est le centre commercial le plus important du département pour les grains et les bestiaux. Cette petite ville, qui a aussi des fabriques de lainages, possède une église du xie siècle (mon. hist.), laquelle faisait jadis partie d'un monastère auquel Langogne doit son origine. Sur le plateau de Montmilan s'aperçoivent les vestiges d'un camp romain. — En amont, *Luc* conserve les restes d'un château du xiie siècle, dont la plus haute tour est surmontée d'une statue colossale de la Vierge.

VILLEFORT, qui extrait et fond le minerai de plomb argentifère, est bâti à un kilomètre de l'Allier, traversé ici par un magnifique viaduc du chemin de fer, haut de 72 mètres; dans la montagne s'élève le vénéré sanctuaire de Saint-Loup. — Au territoire de *Prévenchères*, la Garde-Guérin, sur le Chassezac, conserve ses anciennes murailles, ses maisons fortes et la fière tour de son château ruiné, qui commande au loin la contrée déserte. Là était jadis un repaire de brigands, que les évêques de Mende parvinrent à transformer en une communauté de 27 *nobles pariers,* jouissant de droits égaux et chargés d'escorter les voyageurs de la Régordane, route qui conduisait du Languedoc en Auvergne. Cette curieuse organisation fédérale n'eut peut-être pas sa pareille en France.

II. **FLORAC**, l'une de nos plus modestes sous-préfectures, puisqu'elle ne compte pas 2 000 habitants [1], s'élève à 585 mètres d'altitude sur la rive gauche du Tarnon, à 1 500 mètres de son confluent avec le Tarn, entre le mont de la Ramponenche et les falaises du causse Méjean, hautes de 500 mètres. Cette ville, qui n'est guère composée que d'une seule rue, est dominée à l'ouest par le rocher de Rochefort, d'où jaillit la source très abondante et très limpide du Pêcher, formant une rivière qui se précipite en cascades dans un lit encombré de blocs énormes, traverse Florac en passant sous quatre ponts et va se jeter dans le Tarnon après avoir servi de moteur hydraulique. Les Romains appelèrent cette source *Flos aquarum,* d'où le nom actuel de la ville, qui fut l'une des huit baronnies du Gévaudan, puis l'un des principaux centres du protestantisme dans les Cévennes. Elle a élevé un monument à Léon Boyer, l'auteur du viaduc de Garabit. — *Ispagnac,* dans un riant vallon sur le Tarn, est un bourg important sur la route de Florac à Mende. — Près de *Vebron,* sur le Tarnon, se voit le château de Salgas, construit par le cardinal de Bernis.

Barre-des-Cévennes montre dans ses environs deux châteaux, dont l'un, en ruines, fut le siège d'une baronnie ; l'autre, celui de Terre-Rouge, appartint aux Templiers. Au Plan de Font-Morte, où se livra un combat entre les troupes royales et les Camisards, a été élevé en 1887 une sorte d'obélisque à l'occasion du centenaire de l'édit de tolérance. — *Le Pompidou,* au pied du mont de l'Hospitalet, possède une église, jadis collégiale, fondée par le pape Urbain V.

Autour de Massegros, sur le causse de Sauveterre, se voient de nombreux dolmens, entre autres celui de Devèzes, monument historique, — tandis qu'à *Saint-Préjet,* dans la vallée du Tarn, on visite le défilé du Pas-du-Souci, formé par deux montagnes dominant de 600 mètres les eaux de la rivière, qui s'engouffrent ensuite bruyamment sous deux rochers énormes.

Meyrueis, sur la Jonte, est une petite ville littéralement située dans un précipice, que commandent le causse Méjean, le causse Noir et le massif de l'Aigoual. Elle possède des scieries mécaniques, des carrières de marbre et d'ardoises, des fabriques de lainages et de fromages façon Roquefort. Sur le rocher qui la domine, se dresse, parmi les vestiges d'un château d'Henri d'Albret, la chapelle vénérée de Notre-Dame de Bon-Secours. On visite aussi de curieux ossements préhistoriques recueillis dans les grottes des environs, dont les plus remarquables sont celles de Dargilan et de Nabrigas.

Le Pont-de-Montvert, sur le Tarn naissant, entre les monts Lozère et

---

[1] Arrondissement de Florac : 7 *cantons,* 52 communes, 31 530 habitants.
Cantons et communes principales : 1. *Florac,* 1 950 habitants; Ispagnac, 1 690; Vebron. — 2. *Barre,* 550; Pompidou (Le). — 3. *Massegros (Le),* 350; Saint-Préjet. — 4. *Meyrueis,* 1 530. — 5. *Pont-de-Montvert (Le),* 1 150; Fraissinet, Vialas, 1 460. — 6. *Sainte-Énimie,* 1 040. — 7. *Saint-Germain-de-Calberte,* 1 260; Collet (Le), 1 160; Moissac, Saint-Étienne, 1 330.

du Bougès, possédait autrefois un château où résida l'abbé du Chayla, pendant qu'il dirigeait la mission chargée par Louis XIV de convertir les protestants cévenols. Le 24 juillet 1702, les populations environnantes attaquèrent le château et massacrèrent le directeur ecclésiastique : ce fut le signal de la terrible guerre des Camisards. Ruines du château de Grizac, où naquit en 1309 le pape Urbain V.

A l'est, *Vialas* extrait du minerai de plomb argentifère, qui produit annuellement 1600 kilogrammes d'argent, avec une quantité proportionnelle de plomb et de litharge. — Près de *Fraissinet,* se voit la belle cascade de Runes, haute de 65 mètres.

SAINTE-ÉNIMIE, dans une des plus belles gorges du Tarn, entre les causses Méjean et de Sauveterre, doit son origine à une abbaye de bénédictines fondée au VIIe siècle par la princesse Énimie, fille de Clotaire II. De cette abbaye, devenue prieuré d'hommes au XIe siècle, il reste notamment l'église, la salle capitulaire et deux tours. On voit aussi à quelque distance l'ermitage où vécut d'abord la sainte fondatrice, ainsi qu'une fontaine miraculeuse et une chapelle rebâtie au XVe siècle.

Au territoire de *Moissac,* canton de SAINT-GERMAIN-DE-CALBERTE, s'élève, près de la Boissonnade, l'antique sanctuaire de Notre-Dame de Vallée-Française, bâti par Charles Martel en reconnaissance d'une victoire sur les Sarrasins. Construit en fraidonite, sorte de granit très dur, il est d'une admirable conservation; mais, hélas! il sert aujourd'hui de temple protestant.

III. **MARVEJOLS**, sous-préfecture de 4000 âmes[1], est une ancienne et assez jolie ville, sise à 640 mètres d'altitude dans le fertile vallon de la Colagne. Dès la fin du moyen âge, c'était la seconde place du Gévaudan; elle prit une part active et glorieuse à la guerre contre les Anglais; mais, ayant embrassé le parti huguenot, elle fut prise et ruinée par le duc de Joyeuse en 1586. Henri IV la rebâtit, et elle jouissait déjà d'une nouvelle prospérité quand la peste la dévasta en 1701. Jusqu'à la Révolution, les états du Gévaudan se réunirent alternativement dans cette ville et à Mende. On remarque à Marvejols trois anciennes portes fortifiées (mon. hist.) et, dans l'église, une madone vénérée. Ses principaux établissements industriels sont des filatures de laine, des fabriques de serges, escots, flanelles, cadis et autres lainages. — En amont, *Saint-Léger* montre les ruines du château de Peyre, démantelé par le duc de Joyeuse en 1586. — Au sud-est, *Grézes,* pittoresquement installé sur un pic ou « truc », a été successivement une station de l'époque néoli-

[1] Arrondissement de MARVEJOLS : 10 *cantons,* 79 communes, 49930 habitants.
Cantons et communes principales : 1. *Marvejols,* 4160 habitants; Grèzes, Saint-Léger. — 2. *Aumont,* 1300; Javols, 1100. — 3. *Canourgue (La),* 1820; Banassac, 1080. — 4. *Chanac,* 1510. — 5. *Fournels,* 530; Brion. — 6. *Malzieu-Ville (Le),* 1020; Malzieu-Forain (Le), 1030. — 7. *Nasbinals,* 1290. — 8. *Saint-Chély-d'Apcher,* 1940; Rimeize, 1120. — 9. *Saint-Germain-du-Teil,* 1230; Chirac, 1320; Monastier (Le). — 10. *Serverette,* 760; Saint-Alban, 2520.

thique, un *oppidum* gaulois, un *castellum* romain et une place féodale. Lors de l'invasion des Vandales, ce poste servit de refuge aux Gabales, qui s'y défendirent pendant deux ans. Du XIIIe au XIVe siècle, Grèzes fut le chef-lieu du Gévaudan royal pour l'administration judiciaire. Plus tard le protestant Merle occupa sa forteresse, qui fut prise et rasée par Louis XIII.

Aumont, sur la voie ferrée de Paris à Béziers, est important par ses foires et ses marchés aux bestiaux. C'était jadis un bourg fortifié, que les Anglais prirent au XIVe siècle. — *Javols*, près de la Truyère, occupe l'emplacement de la cité gallo-romaine d'*Anderitum*, capitale des *Gabali* et siège d'un évêché. Saccagée par les Vandales au Ve siècle, alors que saint Privat en était évêque, elle le fut encore dans les diverses invasions qui suivirent, de sorte que le siège épiscopal fut transféré à Mende vers 1020. On y a découvert de nombreuses antiquités.

La Canourgue, à 1500 mètres du Lot, est une petite ville qui fabrique du drap, des cuirs et des sabots. Son église, des XIe et XIVe siècles, fit d'abord partie d'une abbaye de bénédictins; dans les environs s'élève la chapelle Saint-Frézal. — A l'ouest, *Banassac* possédait à l'époque romaine un grand atelier de poterie, dont plusieurs produits ont été apportés au musée de Saint-Germain-en-Laye. Vieux château de Montferrand.

Chanac, dans la fertile vallée du Lot, fabrique des cadis et des serges. Cette localité est dominée par un ancien château des évêques de Mende, incendié en 1793 après un combat entre les royalistes et les républicains.

Fournels, au nord-ouest, possède un beau château, — et *Brion*, l'établissement thermal de la Chaldette.

Le Malzieu-Ville, dans un site pittoresque sur la Truyère, a des scieries mécaniques. Jadis fortifié, il fut pris par les protestants en 1573 et par le duc de Joyeuse en 1586.

« Le Gévaudan n'est véritablement connu dans l'histoire que par les ravages de l'animal presque légendaire, dit la « Bête du Gévaudan ». Cet épisode si particulier de nos annales provinciales n'est pas encore bien éloigné de nous, et des documents administratifs nous en font connaître avec autant de précision que de certitude tous les détails. La Bête du Gévaudan, dont le cadavre embaumé fut présenté à la cour de Louis XV, était un loup d'une taille et d'une force extraordinaires, s'attaquant peu aux hommes, mais n'épargnant jamais les femmes et les enfants. « Assise « sur un point élevé, elle explorait du regard la plaine, et, quand elle « avait choisi sa proie, elle s'en approchait en rampant. Arrivée près « d'elle sans avoir été aperçue ou entendue, elle se précipitait dessus en « bondissant. Ordinairement elle coupait la tête de sa victime avec une « grande dextérité, et l'emportait au loin. » Du 15 janvier 1764, date du premier malheur causé par elle, jusqu'au 10 septembre 1765, jour où elle fut tuée, ses sanglants exploits répandirent la terreur dans toute la région de la Truyère, entre le Malzieu, en Gévaudan, et Ruines, dans la Haute-Auvergne. 66 personnes furent dévorées et 71 blessées plus ou moins grièvement. Ce fut l'intendant d'Auvergne qui fut chargé d'organiser les battues. Après plusieurs expéditions sans résultat, l'animal fut frappé mortellement par un sieur Antoine, porte-arquebuse du roi, qui distribua à ses compagnons la gratification de 6000 livres que le gouvernement avait promise. La louve et le dernier louveteau furent tués un mois après. » (P. JOANNE, *Dictionnaire*.)

NASBINALS s'élève par 1150 mètres d'altitude au versant nord des monts d'Aubrac, dont les gras pâturages nourrissent de nombreuses bêtes à cornes pour la fabrication du fromage de « fourme ». La hauteur des pluies annuelles y dépasse parfois deux mètres. Cascade du Roc, haute de 35 mètres. Ce bourg fut le centre d'une insurrection royaliste, de 1792 à 1798.

SAINT-CHÉLY-D'APCHER, dans le bassin de la Truyère, est une petite ville ayant des parcheminerie. A l'entrée nord se dresse une croix dite « des Anglais », parce que ceux-ci ne purent avancer plus loin en venant assiéger Saint-Chély en 1362.

Au canton de SAINT-GERMAIN-DU-TEIL, *Chirac*, sur la Cologne, fut témoin seize ans plus tard d'une défaite des mêmes Anglais. — En aval, *le Monastier* doit son origine et son nom à un couvent de bénédictins dont il reste une église des XIe et XVe siècles; c'est dans ce couvent que le pape Urbain V avait fait son noviciat.

SERVERETTE, sur la Truyère, et *Saint-Alban* possèdent d'anciens châteaux forts; dans celui de Saint-Alban est installé un important asile d'aliénés.

HAUTE-LOIRE

3 ARRONDISSEMENTS, 28 CANTONS, 265 COMMUNES, 316 700 HABITANTS

Géographie. — Le département de la *Haute-Loire* tire son nom de sa situation sur le cours supérieur de la Loire, qui y pénètre à 15 kilomètres de sa source, pour le traverser du sud au nord et au nord-est. De forme triangulaire, il se compose : 1º de l'ancien *Velay*, qui avait pour capitale le Puy, et de portions du Vivarais et du Gévaudan, pays languedociens; 2º d'un démembrement de la Basse-Auvergne, comprenant l'arrondissement de Brioude; 3º d'un lambeau du Forez lyonnais. Son étendue, qui est de 5 000 kilomètres carrés, lui donne à cet égard le 76e rang.

Ce territoire est entièrement montagneux; cependant les sommets en paraissent peu élevés, par la raison que leur piédestal de granit ou de basalte a déjà une altitude moyenne de 900 mètres : aussi les bourgs et villages sont-ils naturellement haut perchés, lors même qu'ils se trouvent dans quelqu'une des profondes vallées qui sillonnent les plateaux. Les principaux renflements du sol sont : le *massif du Mézenc*, 1 754 mètres, point culminant des *Cévennes* et du département, remarquable surtout par le vaste panorama dont on y jouit; il est situé au sud-est sur la frontière de l'Ardèche, où il se continue par la chaîne des Boutières, qui atteint 1 390 mètres au Grand-Felletin; le Lignon vellave sépare cette chaîne du Meygal (1 438 mètres), aux nombreux pics aigus ou « sucs ». Entre la Loire et l'Allier s'étendent les monts du Velay, immense plateau surmonté d'au moins 150 cratères anciens, celui de Bar étant le plus beau, mais non le plus haut, qui se trouve dans le Bois de l'Hôpital, 1 423 mètres. Enfin, de l'autre côté de l'Allier, s'allongent, sur la limite cantalienne, les monts granitiques de la Margeride, dont les pentes sont couvertes d'épaisses forêts ; élevés de 1497 mètres au mont Mouchet, ce sont les seuls de tout le territoire qui ne soient pas de nature volcanique. La partie la plus basse est la plaine alluviale de Brioude : 390 mètres à la sortie de l'Allier : c'est aussi la plus riche avec le bassin du Puy, si célèbre par ses beautés naturelles : dykes, rochers, coulées de basaltes et cascades, non moins que par ses monuments religieux et civils, antiques ou modernes. La ville capitale de ce bassin est sise à 686 mètres, Yssingeaux à 860 ; l'altitude moyenne est de 850 mètres environ.

Les dykes volcaniques. — Ce qui physiquement distingue le Puy, c'est l'existence, au milieu des maisons, de deux énormes obélisques naturels, dont le plus volumineux est la *roche Corneille*, que surmonte la statue colossale de Notre-Dame de France ; l'autre, le *rocher de Saint-Michel d'Aiguilhe*, couronné d'une chapelle de la fin du xe siècle.

« Les pyramides dont il s'agit, dit le géologue Stanislas Meunier, constituent un accident géographique qu'on chercherait en vain dans les localités dépourvues de productions volcaniques, et dont l'origine, fort intéressante, est liée en effet au développement de l'activité souterraine. Une première remarque concerne les caractères exceptionnels de la substance même dont elles sont formées. Les cassures que font les coups de marteau montrent que la roche n'est pas homogène, mais consiste au contraire en petits fragments noirs anguleux, reliés entre eux par une sorte d'argile brunâtre. Les fragments sont de basalte, et l'ensemble rentre dans la catégorie des *peperinos*, dont le nom, italien d'origine, rappelle une analogie de couleur avec le poivre grossièrement concassé. Le mode de formation de semblables conglomérats est assez compliqué, mais parfaitement connu : il suppose d'abord une action de démolition exercée sur des masses préexistantes et souterraines de basaltes, qui sont par le fait réduites en menus fragments et en boue argileuse. Le tout est charrié verticalement au travers des cassures béantes du sol jusqu'à la surface des eaux ascendantes, et forme alors des espèces de murailles ou de colonnes souterraines, analogues pour la forme aux éruptions rocheuses ou aux filons métalliques. Les eaux adventives cessant de circuler, le tout est cimenté peu à peu et acquiert la cohérence constatée aujourd'hui. »

Ces obélisques étaient anciennement entourés de roches calcaires tertiaires tendres, que les eaux torrentielles ont emportées, de façon à laisser à nu la roche volcanique plus résistante qui les constitue.

Hors de la ville du Puy, dans tous ses environs, à plusieurs lieues alentour, c'est la même nature basaltique : *Orgues d'Espaly* et de la Croix de Paille, volcan de la *Denise* (890 mètres), *estreys* ou défilés de la Borne, *vaux* de Ceyssac et de Vourzac, *gorge* du Dolezon avec la charmante cascade de la Roche, couloirs où se tord le ruisseau de

Sumène, *roc* de Bouzols qu'une ruine de château couronne, *dyke* de la Roche-Rouge et *cône* de Servissac, qui sont pâte volcanique au sein du pur granit, décombres de *cratères*, « pavés de géants, » terre de pouzzolane rouge qu'on laboure, grottes qu'habitèrent ou n'habitèrent pas des préancêtres ; enfin et surtout, au pied de la Denise, l'immense bloc de *Polignac,* grande ruine sur un socle rougeâtre ; telles sont quelques-unes des merveilles qui rendent si intéressante l'étude géographique de la Haute-Loire.

Hydrographie. — Le département est entièrement compris dans le

Ruines du château de Polignac, sur un dyke ou rocher basaltique.

bassin de la **Loire** supérieure, dont il tire son nom. Toutefois il ne renferme pas sa source, qui est au Gerbier-de-Jonc, 15 kilomètres à l'ouest à vol d'oiseau ou 41 kilomètres au fil du courant.

« Au lieu de bondir vers le Rhône, dont la vallée se devine à l'est du haut du Gerbier-de-Jonc ; au lieu de descendre, comme l'Hérault, au sud vers la Méditerranée, la Loire ne tarde pas à tourner au septentrion pour aller chercher au loin l'Atlantique. Mille chemins, un seul but ! Rejetée au nord par le suc de Bauzon, elle passe au pied du mont qui contient le lac d'Issarlès, coupe ovale dont elle ne reçoit aucun ruisseau visible ; puis elle s'en va serpentant, claire et vive, dans les gorges du Velay ; où la verdure de son val contraste avec le talus des rougeâtres basaltes. Elle n'a point perdu les allures d'un torrent, qui tantôt mouille à peine ses pierres, tantôt menace d'engloutir sa vallée, quand, par 600 mètres environ d'altitude, elle arrive dans le bassin de la cité des dentelles, le Puy, ville étrange qu'elle laisse à quatre kilomètres à gauche, dans le vallon latéral de la *Borne*. Large de 30 à 60 mètres, limpide sur un lit de pierre, elle passe par les gorges de Peyredeyre, qu'elle a elle-même entaillée dans le granit du bassin du Puy, lac écoulé; puis dans l'Emblavès, autre lac disparu, et de l'Amblavès elle pénètre dans le défilé de Chamalières, profond de 400 à 500 mètres, entre le Miaune à gauche et le Gerbizon à droite. Puis le *Lignon vellave* lui amène des eaux rapides, venues des mêmes monts que la Loire par un chemin presque deux fois plus court; aussi ne roule-t-il guère que la moitié de l'eau du fleuve qui brise sa course. » (O. RECLUS, *En France*.)

Les autres affluents notables du fleuve sont ici : l'*Ance du Nord*, la Semène et surtout l'*Allier*, « frère jumeau de la Loire, » qui traverse comme elle de pittoresques défilés et, de plus, la belle et fertile plaine de Brioude, ville qu'il laisse deux kilomètres à sa gauche; l'Allier, seul cours d'eau navigable, reçoit l'Ance du Sud, la Senouire et, peu après sa sortie, l'abondant et clair *Alagnon*.

Les petits lacs du Bouchet et de Saint-Front, de 44 hectares seulement, sont remarquables par leurs bords pittoresques et leur altitude, qui dépasse 1 200 mètres.

Climat. Productions. — En raison de l'altitude, le climat du département est généralement froid; c'est le climat du *Massif Central*, qui règne sans conteste sur les monts et les plateaux avec ses longs et rigoureux hivers, ses neiges que le vent amoncelle dans les ravins, où peuvent s'ensevelir bêtes et gens, tandis que les routes deviennent impraticables durant plusieurs mois, malgré les poteaux indicateurs dont elles sont jalonnées. Dans tout le département, les variations de température sont fréquentes et brusques; les orages accompagnés de grêle y sont nombreux et causent, comme les gelées tardives, de grands ravages. La hauteur des pluies annuelles est d'environ 66 centimètres à Brioude, 110 vers Pradelles, au sud.

En dehors de l'Emblavès, au nord du Puy, et surtout de la plaine de Brioude, petite Limagne par ses vignes, ses arbres fruitiers et ses riches moissons de froment, le sol de la Haute-Loire, peu fertile, produit spécialement le seigle, l'orge et les pommes de terre. Le vin, de qualité médiocre, n'est guère récolté que dans l'arrondissement de Brioude et sur quelques coteaux de la Loire. Une des principales ressources consiste dans l'élevage de nombreux moutons, bœufs et porcs. Un autre produit notable est celui des forêts (90 000 hectares), que l'on travaille à augmenter par le reboisement des montagnes. Les méthodes d'agriculture perfectionnée se propagent, grâce à la ferme-école de Nolhac.

L'industrie exploite les houilles de Brassac et de Langeac, dont la production annuelle est d'environ 200 000 tonnes de charbon, des mines de fer et d'antimoine, des carrières de pierres de taille et de granit, ainsi que plusieurs sources minérales. La principale fabrication est celle des *dentelles* dites *du Puy;* beaucoup plus importante jadis, elle occupe encore de nombreuses ouvrières dans le centre; les rubans et taffetas se font dans le nord-est, où se trouvent aussi de nombreux moulinages, relevant de la fabrique de Saint-Étienne, et les quelques établissements métallurgiques du département.

L'industrie dentellière. — « La dentelle aux fuseaux se confec-

Roches basaltiques de Prades (p. 263).

tionne sur un petit métier, le *carreau,* placé sur les genoux de chaque travailleuse. Chez nous, c'est un meuble d'achat peu coûteux. Pour trois ou quatre francs, l'ouvrière peut choisir le plus beau à la ville. Mais ensuite, selon son goût et ses moyens, comme elle l'orne et le pomponne! En hiver, les ouvrières, dans maintes localités, se réunissent pour faire la dentelle, dans un petit réduit ménagé au fond de l'étable et nommé *cabinet* ou *triou.* Là se groupent, autour des dentellières, les divers membres de la famille; une épaisse couche de paille ou de fougère est répandue sur le sol, et, à la façon antique, tout le monde s'accroupit ou s'étend sur ce rustique tapis. Chèvres, moutons et brebis, remisés dans la même pièce, réchauffent de leur haleine la lourde atmosphère. Au milieu du cabinet est enfoncé dans la paille le pied d'une petite table ronde de 30 à 40 centimètres de diamètre. On place dessus une petite lampe primitive, le *chaleis,* entre quatre ou cinq boules ou *globes* de verre pleins d'eau. Un rayon de vive lumière, traversant les globes, vient éclairer chaque carreau placé sur les genoux des travailleuses, laissant le reste de la pièce dans une demi-obscurité.

« Cependant la dentelle s'allonge, les fuseaux babillent, les brebis et les chèvres bêlent, les petits enfants pleurent dans leur berceau, doucement balancé du pied par l'infatigable travailleuse. C'est un indescriptible brouhaha. Quand un silence relatif se fait enfin, une voix dolente commence le chapelet, suivi de pieuses légendes et parfois d'effrayants récits de revenants ou de lutins. De ces réunions se dégage un parfum local dont ne peuvent se faire une idée ceux qui n'ont pas assisté aux veillées des cabinets vellaviens. » (*Notice départementale.*)

Les habitants. — En 1896, le département comptait 316 700 personnes, soit une augmentation de 87 000 depuis 1801 et de 8000 depuis 1871. Il est le 57e pour la population absolue et le 38e pour la densité, avec 64 habitants par kilomètre carré; or cette densité est relativement considérable, étant donné l'aspect montagneux du pays. A part 8000 protestants, la population de la Haute-Loire, comme celle de la Lozère, est profondément catholique; ce qui n'empêche pas les plaisirs bruyants, surtout la fameuse danse ou *bourrée*, que les hommes exécutent entre eux. Le patois est le langage courant des campagnes, où l'on ne rencontre presque plus l'ancien costume si pittoresque, dont les femmes ne conservent généralement que le petit chapeau de feutre presque plat.

Personnages. — Le cardinal de Polignac, homme d'État et de lettres, né au Puy, mort en 1741. Le maréchal Jourdan de Vaux, né près de Retournac, mort en 1788. Le révolutionnaire Jourdan, dit Coupe-Tête, né à Saint-Just, mort en 1794. Le général Mouton-Duvernet, né au Puy, fusillé à Lyon en 1816. Le général de Lafayette, né au château de Chavagnac, mort en 1834. Le général Rullière, né à Saint-Didier-la-Séauve, mort en 1863.

Administrations. — Ce département forme le diocèse du Puy; il ressortit à la cour d'appel de Riom, à l'académie de Clermont-Ferrand, à la 13e région militaire (Clermond-Ferrand), à la 18e région agricole (Est-Centrale), à la 28e conservation forestière (Aurillac) et à l'arrondissement minéralogique de Clermont-Ferrand.

Il comprend 3 arrondissements : *le Puy*, *Yssingeaux* et *Brioude*, avec 28 cantons et 255 communes.

I. **LE PUY**-en-Velay, chef-lieu du département[1], est une ville de

---

[1] Arrondissement du Puy : 14 *cantons*, 115 communes, 147 970 habitants.
Cantons et communes principales : 1-2. *Puy (Le)*, 20 970 habitants; Aiguilhe, Brives, 1 630; Coubon, 2 490; Espaly, 2 280; Malrevers, 1 150; Polignac, 2 600; Saint-Germain, 1 910; Vals, 1 170. — 3. *Allègre*, 1 720; Bellevue, 1 720; Céaux, 1 380; Monlet, 1 530; Vernassal, 1 130. — 4. *Cayres*, 1 620; Saint-Jean, 1 040. — 5. *Craponne*, 4 080; Chomelix, 1 440. — 6. *Fay-le-Froid*, 1 250; Champclause, 1 050; Estables (Les), 1 090; Saint-Front, 2 520; Vastres (Les), 1 210. — 7. *Loudes*, 1 590; Saint-Jean, 1 510; Saint-Privat, 1 570. — 8. *Monastier (Le)*, 3 740;

21 000 habitants, qui s'élève, entre 600 et 700 mètres d'altitude, sur le versant méridional du mont Anis, entièrement isolé au milieu d'une vallée que fertilisent la Borne et le Dolézon, à trois kilomètres de la Loire.

« Si la contrée du Puy, une des plus originales du monde entier, est pleine de merveilles, dit M. Jules Monnier, la ville elle-même est une des plus étranges de la France. Où trouver ailleurs un dyke basaltique comme celui d'Aiguilhe, pyramide élancée, isolée dans la vallée, et portant, à 55 mètres de hauteur, une chapelle non moins curieuse que son piédestal? Quelle cité peut offrir un ensemble plus pittoresque que ce vaste amphithéâtre de maisons bordant un fouillis de ruelles escarpées, aux pavés glissants et noirâtres, dont la physionomie féodale s'harmonise si bien avec le style auvergnat de la basilique qui le domine? Et au-dessus de tout cela, un gigantesque massif de brèche volcanique, semblant profiler dans le ciel une tête de géant et surmonté d'une statue de la Vierge, dont les dimensions, colossales pourtant, sont insuffisantes relativement à la masse de la montagne! »

Tel est, en effet, l'aspect si pittoresque que présente, principalement dans sa partie haute, le Puy-en-Velay. La ville basse se distingue par de beaux édifices modernes, des promenades agréables et variées, la jolie place du Breuil avec la fontaine Crozatier en marbre, ornée de 17 statues allégoriques en bronze; le musée, qui renferme des collections d'antiquités, de tableaux et d'histoire naturelle; enfin, près de la Borne, l'église Saint-Laurent, où se voit le tombeau de du Guesclin, contenant les entrailles du grand capitaine.

La ville du Puy, ainsi appelée du *podium* ou coteau conique qui la supporte, est l'antique *Anicium*, dont le mont Anis a conservé le nom. Au Ve siècle, elle succéda à *Revessio* comme capitale civile et religieuse des Vellaves. Charlemagne la reconnut pour appartenir à ses évêques, qui devinrent plus tard seigneurs d'une partie du Velay, mais durent soutenir bien des attaques de la part des puissants vicomtes de Polignac. L'un d'eux, Adhémar de Monteil, fut le chef spirituel de la première croisade, durant laquelle il mourut. Le Puy fut très éprouvé pendant les guerres de Religion; mais il reprit bientôt une nouvelle vie comme centre de l'industrie des dentelles et guipures, qui occupa jusqu'à 100 000 ouvrières des montagnes environnantes. Aujourd'hui cette industrie est bien déchue, par suite de la concurrence des métiers mécaniques et des caprices de la mode; en revanche, la ville tient des foires mensuelles très importantes, principalement pour la vente des bestiaux et des mulets.

Laussonne, 1970; Présailles, 1100; Saint-Martin, 1190; Salettes, 1480. — 9. *Pradelles,* 1860; Landos, 1340; Saint-Haon, 1570; Saint-Paul, 1220. — 10. *Saint-Julien-Chapteuil,* 3320; Lantriac, 1560; Perthuis (Le), 1100; Queyrières, 1130; Saint-Étienne, 1020; Saint-Hostien, 1270; Saint-Pierre, 1700. — 11. *Saint-Paulien,* 2720; Saint-Vincent, 1310. — 12. *Saugues,* 3830; Monistrol, 1050; Thoras, 1060; Venteuges, 1130. — 13. *Solignac-sur-Loire,* 1360; Bains, 1420; Brignon (Le), 1930; Saint-Christophe, 1000. — 14. *Vorey,* 2220; Beaulieu, 1520; Chamalières, 1080; Roc-en-Régnier, 1710; Rosières, 2430; Saint-Pierre, 1510.

Notre-Dame de France. — Mais le fait qui domine dans l'histoire du Puy, c'est son antique pèlerinage national de Notre-Dame, égal en célébrité à celui de Chartres, plus fameux que ceux de Boulogne et de Rocamadour. La dévotion pratique du moyen âge proclama même la Vierge du Puy suzeraine de certains fiefs, tels que le Bigorre, suzeraineté qui était exercée en son nom par le chapitre.

« La cathédrale du Puy, consacrée par les anges au IIIe siècle, fut reconstruite, modifiée, agrandie à diverses époques; mais elle occupe toujours l'emplacement désigné par la Mère de Dieu dans une apparition du Ier siècle. On ne saurait trouver de site plus grandiose : portée par des voûtes aériennes et dominant des abîmes, cette superbe église, où l'on accède par un immense escalier de 103 degrés, élève dans les airs ses murailles formées d'assises noires et blanches, et, comme à l'époque troublée du moyen âge, elle protège encore la ville qui s'étend à ses pieds. D'innombrables multitudes y sont venues invoquer Marie. On y a vu cinq papes, quinze rois de France et un grand nombre de saints. C'est là que fut chantée pour la première fois cette magnifique antienne du *Salve Regina* qu'on récite dans les offices de l'Église depuis la Trinité jusqu'à l'Avent. En 1254, saint Louis, de retour de sa première croisade, vint y déposer la célèbre Vierge noire que lui avait offerte le soudan d'Égypte.

« La Reine du ciel se plaisait à accorder de nombreux prodiges à ceux qui venaient l'invoquer auprès de cette antique image. Pendant cinq siècles, la statue miraculeuse reçut les hommages des catholiques de toute la France. Mais, en 1793, l'impiété révolutionnaire l'arracha de la cathédrale et la brûla sur la place publique, avec un grand nombre de reliques insignes. Le règne des impies ne dure jamais longtemps, grâce à Dieu. Aussitôt après la Révolution, on fit une autre statue, copie exacte de l'ancienne; la piété des fidèles reprit son élan, et Marie reçoit, sous cette nouvelle image, autant de témoignages d'amour et de vénération que dans les siècles passés. Bien plus, au XIXe siècle, les catholiques ont érigé à Marie, sous le nom de Notre-Dame de France, une statue colossale qui domine toute la ville du Puy et s'élève plus haut que la cathédrale elle-même, sur le rocher Corneille. La France entière a voulu s'associer à l'érection de cette statue, et l'armée n'y est pas restée étrangère. C'était pendant la guerre de Crimée : « Demandez à l'empereur de vous donner « des canons, » écrivait à l'évêque du Puy le brave Pélissier. Le prélat se hasarda à faire cette demande le 5 septembre 1855; trois jours après, fête de la Nativité de la Vierge, Sébastopol était à nous, et le bronze de 213 canons russes fut mis à la disposition de l'évêque.

« La statue de Notre-Dame de France a 16 mètres de haut; la chevelure, 7 mètres; les pieds, 1^{m}92; l'avant-bras, 3^{m}75; la main, 1^{m}56. Et cependant cette œuvre gigantesque a toute la beauté, toute la délicatesse que l'on pourrait trouver dans une statuette.

« On avait demandé à l'artiste de représenter dans Marie la Vierge, la Mère et la Reine. Il a su mettre dans l'attitude comme dans l'expression de Notre-Dame de France ce triple caractère de pureté, de tendresse et de

La ville du Puy-en-Velay et la statue de Notre-Dame de France.

majesté. L'Enfant Jésus semble bénir la France prosternée à ses pieds. »
(Isabelle VERNY, *les Saints de France*.)

Cette statue, érigée en 1860, repose sur un socle métallique de huit mètres de côté; un escalier intérieur en permet l'accès jusqu'à la couronne, d'où l'on jouit d'une vue superbe sur la ville, la vallée de la Loire et les sommets lointains du Mézenc, du Gerbier-de-Jonc et du Meygal.

Aiguilhe, véritable faubourg du Puy, est célèbre par son dyke volcanique, rocher pyramidal de 55 mètres environ de hauteur, bien qu'on lui en attribue souvent 85; il est couronné d'une chapelle du xe siècle dédiée à saint Michel, et que les pèlerins visitaient autrefois en gravissant à genoux les 250 marches de l'escalier creusé dans le roc. A la base de ce dyke, modeste pendant du rocher Corneille, se voit aussi une chapelle du xiie siècle appelée le temple de Diane. — *Espaly-Saint-Marcel*, autre faubourg ponot, est dominé par les ruines d'un château fort dans lequel, dit-on, Charles VII fut salué roi pour la première fois. En face, le rocher de la Croix-de-Paille présente trois étages superposés de colonnades basaltiques, appelées *Orgues d'Espaly*, à cause de leur disposition en jeux d'orgues; elles ont été particulièrement exploitées pour les constructions, de même que le dyke volcanique de l'Arbouisset.

Polignac, à 4 kilomètres nord-ouest du Puy, s'élève autour d'une masse basaltique couronnée par les imposantes ruines d'un château féodal, berceau de l'ancienne et célèbre famille des Polignac, qui portèrent successivement les titres de vicomte, comte, marquis, duc et prince. Puits de 83 mètres appelé l'Abîme, au fond duquel jaillit une abondante fontaine. — *Brives-Charensac*, sur la Loire, possède une ancienne Chartreuse, occupée par le petit séminaire, et l'asile d'aliénés de Montredon. — En amont, au milieu de sites grandioses, *Coubon* montre les belles ruines féodales de Bouzols et diverses grottes, dont quelques-unes servent de granges et d'étables.

Allègre, entre les branches mères de la Borne, était autrefois le siège d'un marquisat; il possédait un château dont s'emparèrent les Ligueurs en 1593, et dont les ruines consistent surtout en un portail appelé « potence d'Allègre ». On y fabrique des dentelles, et dans le voisinage se trouve le cratère de Bar, au sommet duquel on jouit d'une belle vue.

Cayres est un bourg situé à deux kilomètres nord du lac du Bouchet, nappe d'eau de 44 hectares qui occupe, à 1 208 mètres d'altitude, une coupe presque ronde entre des talus volcaniques boisés; il y a depuis 1865 un établissement de pisciculture.

Craponne, près de l'Arzon, confectionne des dentelles et fait le commerce de bois. C'est une ancienne place forte, qui fut prise et reprise par les catholiques et les protestants. — En aval, *Chomelix* a des antiquités préhistoriques, romaines et féodales.

Fay-le-Froid, au-dessus du Lignon, est un bourg qui possède des forges, et doit sans doute son nom au climat rigoureux résultant de son altitude de 1 200 mètres. — A l'ouest miroite, trente mètres plus haut, le lac presque circulaire d'Arcône ou de *Saint-Front*, d'une superficie de 44 hectares, peuplé de truites et de tanches; il donne naissance à la Gagne. — Au sud, la commune des *Estables* est la plus élevée du département : 1344 mètres ; c'est de là que se fait généralement l'ascension du Mézenc, ce dominateur de toutes les Cévennes : 1754 mètres ; aussi, de ses deux ou trois « cornes », voit-on à l'est les Alpes apparaître « tout illuminées de la blancheur de leurs neiges et de l'éclat de leurs glaciers ». Comme le massif du Meygal, ce mont est formé de roches volcaniques recouvertes de dalles phonolithiques, « qui rendent des sons de cloche

Ruines du château d'Allègre. Porte dite « potence d'Allègre ».

sous les pieds des marcheurs. » Les paysans se servent de ces dalles ou « lauzes » pour recouvrir leurs chaumières.

LOUDES, sur le plateau du Velay, montre des grottes, des volcans éteints, des châteaux forts en ruines, celui de Charrouil restauré, et une belle église moderne.

LE MONASTIER, ville située sur la rive droite de la Gazeille, doit son origine et son nom à une abbaye de bénédictins fondée au VIIe siècle par saint Calmin, duc d'Auvergne. Dans l'église de cette abbaye, aujourd'hui paroissiale, se vénèrent les reliques de saint Théofred, vulgairement saint Chaffre, tandis que les bâtiments monastiques sont affectés à divers services publics. Restes de remparts. Filatures de laine et fabrication de dentelles.

Pradelles, sur un haut et froid plateau parsemé de cônes volcaniques, s'adonne à l'industrie des dentelles et à l'élevage des bestiaux.

Saint-Julien-Chapteuil, sur un contrefort du Meygal dominant la Sumène, conserve une belle porte fortifiée et, sur un rocher basaltique, les ruines du château de Chapteuil ; sur l'une des tours « où flottait jadis la bannière féodale s'élève, comme sur une tombe, le signe de l'égalité : la croix »! — *Saint-Pierre-Eynac, Saint-Étienne-Lardeyrol, Queyrières* ont aussi chacun leur roche volcanique couronnée d'une antique forteresse, — et *Lantriac*, deux vastes grottes aménagées de main d'homme.

Saint-Paulien, sur un plateau tourmenté, occupe l'emplacement de *Revessio* ou *Ruessium*, capitale des Vellaves, où saint Georges, l'apôtre du pays, fonda un évêché au IIIe siècle. Les Barbares l'ayant détruite en partie, ses évêques s'établirent progressivement du IVe au VIIe siècle dans la nouvelle cité d'*Anicium*, aujourd'hui le Puy, que faisait prospérer son pèlerinage à la Mère de Dieu. L'un d'eux pourtant, saint Paulien, voulut être enterré à *Revessio*, qui prit et garda son nom. L'église, qui date du XIe siècle, est surmontée d'une flèche en pierre du XVe. Au sud, ferme-école de Nolhac et, sur la Borne, pittoresque château de la Roche-Lambert. Le pont actuel, accédant à ce manoir, remplace celui par où passait la grande *voie de Bolène*, allant de Lyon en Espagne.

Saugues, au-dessus de la Seuge, dans les monts de la Margeride, fabrique des étoffes de laine ; on remarque son clocher des XIIe et XVe siècles, les restes de ses remparts et, dans le cimetière, la tombe du vénéré F. Bénilde et le monument du moyen âge appelé « le Tombeau du général anglais ». — A *Monistrol-d'Allier*, où se trouve une chapelle de sainte Madeleine creusée dans le roc, on admire la profonde gorge de l'Allier et les orgues basaltiques d'Escluzels.

Au canton de Solignac, *le Brignon*, sur l'Ourzie, offre la belle cascade de la Beaume, haute de 27 mètres, et des roches basaltiques dites Pavés des Géants ; on y utilise la source minérale de Bonnefont.

Au canton de Vorey, *Chamalières*, sur la Loire, conserve du XIIe siècle une belle église romane, autrefois dépendance d'un important prieuré. Aux environs se remarque un défilé de 500 mètres de profondeur, que le fleuve a creusé dans le basalte et le granit, au sortir du bassin de l'Emblavès.

II. **YSSINGEAUX**, sous-préfecture de 8000 âmes [1], est assez régulièrement bâtie sur un plateau rocailleux de 860 mètres d'altitude. Son

---

[1] Arrondissement d'Yssingeaux : 6 *cantons*, 43 communes, 92130 habitants.
Cantons et communes principales : 1. *Yssingeaux*, 8000 habitants ; Araules, 2010 ; Beaux, 1200 ; Grazac, 1620 ; Lapte, 2710 ; Retournac, 3860 ; Saint-Julien, 1020. — 2. *Bas*, 2940 ; Malvalette, 1040 ; Saint-André, 1060 ; Saint-Pal, 2320 ; Tiranges, 1590 ; Valprivas, 1190. — 3. *Monistrol-sur-Loire*, 4920 ; Beauzac, 2470 ; Sainte-Sigolène, 4460 ; Saint-Maurice, 2180 ; Villettes (Les), 1100. — 4. *Montfaucon*, 1200 ; Dunières, 3140 ; Montregard, 1770 ; Raucoules, 1370 ; Riotord, 2990 ; Saint-Julien, 1020. — 5. *Saint-Didier-la-Séauve*, 5110 ; Aurec, 2230 ; Pont-Salomon (Le), 1340 ; Saint-Just, 3200 ; Saint-Pal, 2380 ; Saint-Romain, 1230. — 6. *Tence*, 4880 ; Chambon (Le), 2490 ; Mazet-Saint-Voy, 2830 ; Saint-Jeures, 2670.

importance actuelle lui vient principalement de sa fabrication des dentelles, blondes et rubans. Jadis fortifiée, elle appartint quelque temps aux protestants sous Louis XIII. Ceux de Privas, au nombre de 400, se portèrent vers le Velay et surprirent la ville d'Yssingeaux, où ils entrèrent; mais ils furent si vivement repoussés par le curé, homme septuagénaire, à la tête des habitants, qu'ils furent obligés de prendre la fuite. D'après quelques auteurs, le nom d'Yssingeaux viendrait de ce que dans ses armes

Château féodal de la Roche-Lambert, à Saint-Paulien.

figurent cinq coqs, en patois *cinq jaux*. — Au sud-est, se dressent les ruines de l'abbaye cistercienne de Bellecombe. — Au nord, *Retournac* fabrique des dentelles et conserve des ruines pittoresques de châteaux féodaux, de même que *Grazac* et *Lapte,* situés entre les gorges profondes et tourmentées du Lignon et de la Dunières.

BAS-EN-BASSET, sur la Loire qui forme la grande île de la Garenne, fait le commerce de vins et d'excellents fruits. On y voit les belles ruines du château de Rochebaron, XVe siècle, — et, près de *Saint-André,* celles du château de Chalençon, qui a donné son nom à la partie occidentale du canton de Bas. —*Tiranges* a des fabriques de drap.

Monistrol-sur-Loire est une petite ville agréablement située à trois kilomètres du fleuve. On croit qu'elle doit son origine et son nom à un monastère d'Antonins, détruit au IXe siècle. Avant 1789, elle s'appelait Monistrol-l'Évêque, comme appartenant à l'évêque du Puy, qui y résidait parfois dans le château encore subsistant. Au XVIe siècle, elle fut prise et pillée par le baron des Adrets. — Au sud, *Sainte-Sigolène* s'adonne à la fabrication des rubans, et montre au-dessus de la profonde vallée de la Dunières le vieux château de la Tour, domaine patrimonial des Latour-Maubourg; l'autre château qui a donné son nom à cette célèbre famille se dresse, également ruiné, au-dessus des gorges du Lignon, dans la commune de *Saint-Maurice*.

Au canton de Montfaucon, *Riotord*, à l'est duquel se voient les restes de l'abbaye cistercienne de Clavas (XIIIe siècle), — et *Dunières*, sur le torrent de ce nom, se livrent au moulinage des soies et à la fabrication des rubans.

Saint-Didier-la-Séauve, près de la rive droite de la Sumène, est une localité importante par ses fabriques de papiers, de tissus en caoutchouc et de rubans de soie. Le hameau de la Séauve possède les bâtiments d'une abbaye cistercienne, fondée en 1228 et reconstruite en 1785; l'une des premières religieuses, sainte Marguerite, est très vénérée dans la région. — En aval, *le Pont-Salomon* a d'importantes forges qui produisent une grande quantité de faux et de faucilles. — *Aurec*, sur la Loire qui traverse de belles gorges, conserve des restes de remparts.

Tence, sur le Lignon, s'occupe activement du moulinage de la soie, de la fabrication des dentelles noires, des rubans de velours et du papier; on remarque plusieurs vieux châteaux dans ses environs, ainsi qu'aux alentours de *Saint-Jeures*.

III. **Brioude**, sous-préfecture de 5 000 âmes [1], s'élève par 447 mètres d'altitude, à 2 kilomètres de la rive gauche de l'Allier, dans une belle et fertile plaine entourée de collines, que dominent au loin les cimes du Puy-de-Dôme. Son principal monument est l'église Saint-Julien, à trois nefs et terminée par cinq absides semi-circulaires; bien qu'elle ait subi des restaurations de divers genres, c'est l'une des plus belles et des plus caractéristiques de l'école romane auvergnate. — Brioude, l'antique *Brivas* des Arvernes, qui occupa peut-être l'emplacement de *Vieille-Brioude*, à 4 kilomètres sud, dut au tombeau de saint Julien, martyr, une célébrité qui s'étendit dans toute la Gaule au IVe et au Ve siècle; l'empereur Avitus fut enseveli auprès de ce tombeau. Alors la ville était très importante; mais elle fut dévastée à plusieurs reprises par les Bar-

---

[1] Arrondissement de Brioude : 8 *cantons*, 107 communes, 76 600 habitants.
Cantons et communes principales : 1. *Brioude*, 4960 habitants; Bournoncle, 1030; Saint-Just, 1210; Vieille-Brioude, 1450. — 2. *Auzon*, 1610; Lempdes, 1690; Sainte-Florine, 3080; Vergongeon, 1470. — 3. *Blesle*, 1510. — 4. *Chaise-Dieu (La)*, 1610. — 5. *Langeac*, 4390; Prades, Siaugues, 1800. — 6. *Lavoûte-Chilhac*, 700; Saint-Privat. — 7. *Paulhaguet*, 1620; Saint-Didier, 1300; Saint-Georges. — 8. *Pinols*, 790.

bares, les Sarrasins, les sires de Polignac et l'aventurier gascon Séguin de Badifol. Le calviniste Blacons y pénétra également, mais ne put s'emparer de l'abbaye, qui formait une véritable forteresse.

Près de l'Allier, Auzon est une ancienne baronnie. — En aval, *Sainte-Florine* est le centre d'exploitation du bassin houiller dit de Brassac; aux environs se trouvent une importante verrerie à bouteilles et un atelier de construction de la Compagnie des chemins de fer Paris-Lyon-Méditerranée.

Dans une gorge profonde, non loin de l'Alagnon, Blesle fabrique des couvertures de laine et du drap; on y remarque une tour féodale à vingt faces et les restes d'une abbaye bénédictine fondée en 870.

La Chaise-Dieu, sur un froid plateau à la source de la Senouire, doit son origine et son nom (*Casa Dei*) à une abbaye de bénédictins fondée en 1043 par saint Robert, fils d'un comte d'Aurillac. Cette abbaye, supprimée à la Révolution, fut l'une des plus importantes de la chrétienté; elle compta jusqu'à 300 religieux, et parmi ses abbés le pape Clément VI, les cardinaux de Richelieu, de Mazarin et de Rohan. Fortifiée en 1378, elle n'en fut pas moins saccagée par les Réformés en 1562. Dans la belle église gothique, construite aux frais de Clément VI, on remarque le tombeau de ce pontife, 156 stalles et un jubé magnifiquement sculptés, des tapisseries représentant 84 scènes de l'Ancien et du Nouveau Testament; une fresque à moitié effacée, la « Danse macabre », que la Mort exécute avec des gens de tout âge et de tous états. La tour fortifiée, dite Clémentine, et un joli cloître datent du xive siècle.

Langeac, sur l'Allier, entre les dernières ramifications des monts du Velay et de la Margeride, a donné son nom à un petit bassin houiller produisant annuellement 15000 tonnes de charbon; cette commune exploite en outre des carrières de pierres de taille et du grès pour meules à aiguiser; elle fabrique des perles artificielles, des poteries et des toiles. En amont de Langeac surtout, l'Allier se fraye un passage dans de profondes gorges basaltiques, suivies aujourd'hui par le chemin de fer. Le voyageur qui fait le trajet de cette ville à Langogne (Lozère) est souvent effrayé par le grand nombre de précipices et de tunnels qui, à chaque instant, s'offrent à sa vue; de minute en minute, pour ainsi dire, ce sont de constants changements de décors : rochers à pic, orgues basaltiques, noirs sapins, torrents aux eaux bouillonnantes et rapides. On éprouve la même impression en prenant la voie ferrée du Puy à Saint-Étienne, qui suit la vallée de la Loire. — *Prades*, au confluent de l'Allier et de la Seuge, possède de belles roches basaltiques, en forme d'orgues, et un établissement d'eaux minérales. — A *Saint-Privat*, canton de Lavoute-Chilhac, importante exploitation agricole et ferme-modèle d'Alleret.

Paulhaguet, sur une colline dominant la Senouire, exploite des gisements de plomb argentifère et de baryte. — *Saint-Georges* montre le château de Chavagnac, où naquit en 1757 le général Lafayette.

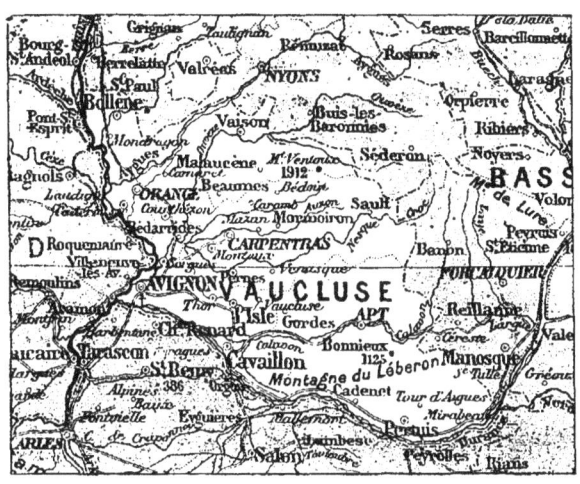

VAUCLUSE

4 ARRONDISSEMENTS, 22 CANTONS, 150 COMMUNES, 236 300 HABITANTS

Historique. — A l'origine de notre histoire, le territoire du département de Vaucluse était habité par diverses tribus gauloises : au nord, les *Voconces*, dont Vaison était l'une des villes principales ; les *Cavares*, le long du Rhône, avec Orange pour capitale ; les *Memini*, autour de Carpentras, et les *Vulgientes*, dans les environs d'Apt. Civilisées au contact des Massaliotes, ces peuplades devinrent également de bonne heure les alliées de Rome et furent incorporées dans la Narbonnaise, puis divisées entre la Viennoise et la Narbonnaise IIe. L'époque de la domination romaine fut brillante dans le pays, comme en témoignent encore les monuments d'Orange ; surtout elle vit s'y implanter, au IIIe siècle, la religion de Celui qui est la Lumière et le Sauveur du monde. Parmi les Barbares qui ruinèrent l'empire des Césars, les Burgondes restèrent maîtres de la contrée jusqu'à Clovis et ses successeurs. Par suite du démembrement de l'empire carolingien, cette contrée fut successivement comprise dans la Lotharingie, la Bourgogne cisjurane, le royaume d'Arles et le comté de Provence. Au commencement du XIIe siècle, la partie nord-ouest forma le marquisat de Provence, relevant des comtes de Toulouse.

En 1229, le traité de Paris, ou de Meaux, qui terminait la guerre des Albigeois, établit notre suprématie sur ledit marquisat, qui prit dès lors le nom de Comtat Venaissin, avec Carpentras pour siège administratif. Philippe le Hardi céda le Comtat au pape en 1272. La ville d'Avignon n'était pas comprise dans cette cession ; elle passa de nouveau en 1290 aux comtes de Provence, dont l'héritière, Jeanne de Naples, la vendit en 1348 au pape Clément VI. Pendant soixante-huit ans, c'est-à-dire jusqu'en 1377, les souverains pontifes résidèrent à Avignon, dont ils furent les paisibles possesseurs, ainsi que du Comtat, jusqu'en 1790. Mais en 1791 un décret de la Constituante réunit ces deux possessions au territoire de la République, spoliation qui fut ratifiée injustement, en 1797, par le traité de Tolentino. Quant à la seigneurie d'Orange, indépendamment constituée vers le xe siècle, elle devint dans la suite une principauté qui appartint en dernier lieu à une branche de la maison de Nassau, et fut réunie à la couronne par le traité d'Utrecht en 1713. Enfin les territoires d'Apt et de Sault, qui complétèrent la formation du département de Vaucluse, étaient passés par héritage, dès 1481, avec la Provence dont ils faisaient partie, de la maison d'Anjou au domaine royal.

Géographie. — Le département de *Vaucluse* doit son nom à la magnifique fontaine source de la Sorgue. Il a été composé en 1793 du Comtat *Venaissin*, dont la capitale était Carpentras ; de l'État d'*Avignon*, de la principauté d'*Orange* et d'une portion de la Haute-Provence. Le canton de Valréas, enclavé dans la Drôme, lui a été attribué comme ayant jadis fait partie du Comtat Venaissin. Le département de Vaucluse est, de par ses 3578 kilomètres carrés, le moins étendu de tous après ceux de la Seine et du Rhône.

Il comprend deux régions distinctes : à l'ouest, ce sont des plaines faites d'alluvions apportées par les cours d'eau et reposant sur un ancien fond marin ; à l'est, ce sont des montagnes argilo-calcaires qui se détachent en contreforts du système alpin pour courir vers l'ouest et y mourir. Du sud au nord, ce sont : la chaîne du Lubéron, 1125 mètres ; les monts de Vaucluse, atteignant 1242 mètres au Signal de Saint-Pierre, et le fier *mont Ventoux*, 1912 mètres, que l'on aperçoit même de Montpellier, par suite de sa position avancée vers la plaine. Situé au nord de Carpentras, ce sommet est le point culminant du territoire, comme le confluent du Rhône et de la Durance en est le lieu le plus bas : 13 mètres. Carpentras est à 100 mètres, Apt à 200 ; l'altitude moyenne est d'environ 100 mètres.

Hydrographie. — Toutes les eaux du département se rendent dans le *Rhône*, qui sert de limite à l'ouest sur 67 kilomètres, en formant les grandes îles de la Piboulette, de l'Oiselet et de la Barthelasse. Il y baigne Avignon et reçoit le Lez, l'*Aygues*, la *Sorgue*, grossie de la Nesque, de l'Auzon, qui arrose Carpentras, et de l'*Ouvèze*; puis il s'adjoint la *Durance*, qui, toute mouchetée d'îles, forme la limite sud et reçoit le Calavon, torrent d'Apt. De tous ces cours d'eau, le Rhône seul est navigable ; la capricieuse Durance n'est que flottable. A signaler également les canaux d'irrigation de Carpentras, du Grand-Cabédan, de Crillon et de Pierrelate. Ces canaux, comme on sait, alimentent une foule de branches divisionnaires ou subdivisionnaires. Ainsi le canal de Carpentras, long de 88 kilomètres, fournissait de l'eau, en 1877, à plus de 30 kilomètres de dérivations, 50 kilomètres de canaux tertiaires et 290 kilomètres de rigoles de quatrième ordre, soit en tout 370 kilomètres.

« La **fontaine de Vaucluse,** alimentée apparemment par les déperditions de la Nesque et les infiltrations du Ventoux, sort de la montagne à 105 mètres d'altitude. Un immense rocher nu, qui la domine de très haut, se rattache aux monts de Vaucluse, s'élevant en ce point à 425 mètres. Le cirque calcaire, étroit, sauvage, aride, beau par le contraste de la roche immobile, de l'eau tumultueuse, parfaitement pure, le « bout du monde », nom mérité s'il en fut jamais, — et justement *Vaucluse* c'est *Val clos,—* se ferme au sud-est, et tout près du bourg de Vaucluse, mais à 35 mètres au-dessus, car la pente première de la rivière est très forte. En avant de la source, sur la rive gauche de la Sorgue, se dresse un gigantesque rocher portant les ruines du château d'un cardinal-diplomate, Philippe de Cabassole, qui fut évêque de Cavaillon. Ces ruines sont appelées Château de Pétrarque (p. 271), bien qu'elles n'aient jamais appartenu au poète, qui habitait une modeste villa, aujourd'hui disparue, située au pied même de ce rocher. Pétrarque, en effet, vint à Vaucluse en 1313, encore enfant, et l'impression que lui fit cette magnifique solitude le détermina à s'y retirer en 1337, et c'est là qu'il composa la plus grande partie de ses poésies. Quand la Sorgue s'épanche par le seuil de la fontaine, c'est que le gouffre, onde immobile qui s'ébranle aussitôt en cascade, fournit alors 22 mètres cubes par seconde. Mais souvent il en donne deux, quatre, six fois plus, jusqu'au delà de 120 mètres cubes, notamment en 1887, quand la rivière débordée couvrit d'un mètre d'eau la place du bourg de Vaucluse. Inversement, il arrive à la suite des longues sécheresses que la source diminue singulièrement, sans qu'elle soit toutefois jamais tombée au-dessous de 5500 litres par seconde (le 17 décembre 1869); les eaux ordinaires sont de 13 mètres cubes, le module de 16 à 18. Alors la force ascensionnelle des eaux n'atteint plus le déversoir; plus de fuite en cascade. Le petit lac de la source diminue de contour, en même temps qu'il s'abaisse à 5, à 10, à 15 et jusqu'à plus de 21 mètres; il se retire dans une caverne de rocher, et la fontaine n'est plus qu'un entonnoir de 10 à 12 mètres de diamètre, où sommeille une eau d'un vert terne, mais transparente. La Sorgue, qui ne saurait tarir, s'échappe alors de sa « gourgue » par des fissures de la roche, et vient jaillir sur le penchant du déversoir, à des niveaux de plus en plus bas suivant la longueur de la sécheresse, par de nombreuses sources entre des blocs moussus. »

(D'après V. VIEN DE SAINT-MARTIN.)

Climat. Productions. — Excepté dans la montagne, où il fait plus ou moins froid selon les altitudes, le département jouit d'un climat tempéré, et même chaud dans la plaine : c'est le climat *méditerranéen,* de tous ceux de France le plus beau et le plus lumineux. Le mistral, qui a ici l'empire, est un vent impétueux et glacial qui souffle du nord-nord-ouest.

Les orages sont rares, mais violents. La hauteur moyenne des pluies annuelles est de 57 centimètres à Avignon et de 75 dans la région montagneuse.

Arrosée par de nombreux canaux, chauffée par un ardent soleil et bien cultivée, la plaine est très productive en céréales, légumes, fruits délicieux et plantes industrielles; les oliviers et les mûriers surtout sont nombreux; les prairies, belles et étendues. Cependant la maladie des vers à soie, le phylloxéra et, depuis l'invention de l'alizarine, la décadence

La fontaine de Vaucluse, source de la Sorgue.

de la culture garancière, sont successivement venus porter atteinte à la prospérité vauclusienne. Au point de vue forestier, le département occupe le 21e rang avec 76000 hectares boisés. Les montagnes, trop souvent dénudées et incultes, produisent néanmoins une grande quantité de chênes truffiers. Enfin les mulets et les moutons sont relativement nombreux, mais petits; le miel des abeilles est excellent. Il existe à Avignon une école départementale d'agriculture.

Les minéraux exploités sont : un peu de lignite et de minerai de fer, des argiles réfractaires, du gypse, de l'ocre et des pierres de taille. L'industrie proprement dite comprend le moulinage et la filature de la soie, la filature et le tissage de la laine, la fabrication de l'huile d'olives, des confitures ou fruits confits, du papier, des faïences et des produits chimiques.

Les habitants. — Vaucluse, qui comptait 191000 âmes en 1801, a vu le chiffre de sa population s'accroître graduellement jusqu'à 269000 en

1856; depuis, il a constamment diminué, de sorte qu'en 1871 il n'était plus que de 263 400 habitants, et en 1896 de 236 300. Pour la population absolue, le département est le 76e, et pour la densité le 31e, avec 66 habitants par kilomètre carré; du reste, la plaine seule est bien peuplée. Les étrangers, presque tous Italiens, sont environ 2 500, et les protestants 3 500. Les campagnards parlent un patois différent du languedocien et du provençal, très expressif, vif et énergique.

Personnages. — Saint Gens, patron des agriculteurs vauclusiens, né à Monteux, XIIe siècle. Le vénérable César de Bus, instituteur des Prêtres de la Doctrine chrétienne, né à Cavaillon, mort en 1607. Le « brave Crillon », né à Murs, mort en 1615. L'illustre Fléchier, évêque de Nîmes et orateur sacré, né à Pernes, mort en 1710. Le géomètre Saurin, né à Courthézon, mort en 1737. Le tacticien de Folard, né à Avignon, mort en 1752. Joseph Vernet, peintre de marine, né à Avignon, mort en 1789. Le cardinal Maury, archevêque de Paris, né à Valréas, mort en 1817. Le prédicateur Antoine de Boulogne, né à Avignon, mort en 1825. Le général Monnier, né à Cavaillon, mort en 1841. Philippe de Girard, inventeur de la machine mécanique à filer le lin, né à Lourmarin, mort en 1845. Le comte de Gasparin, agronome et ministre, né à Orange, mort en 1862. Le chimiste Raspail, né à Carpentras, mort en 1878. De Pontmartin, critique et littérateur, né à Avignon, mort en 1890.

Administrations. — Le département forme le diocèse d'Avignon; il ressortit à la cour d'appel de Nîmes, à l'académie d'Aix, à la 15e division militaire (Marseille), à la région agricole du Sud-Est et à la 11e conservation forestière (Valence).

Il comprend 4 arrondissements : *Avignon, Orange, Carpentras* et *Apt*, avec 22 cantons et 150 communes.

I. **AVIGNON**, chef-lieu du département[1], est une ville de 45 000 âmes, très bien située par 15 mètres d'altitude sur la rive gauche du Rhône, qui forme ici la grande île de la Barthelasse et reçoit, à 6 kilomètres plus bas, le grand torrent de la Durance. Bâtie en plaine, elle présente un ovale presque régulier, au nord duquel se dresse à pic, à environ 60 mètres au-dessus du fleuve, le rocher des Doms ou des Seigneurs. De ce rocher, transformé en magnifique promenade, on jouit d'une belle vue sur les pré-Alpes, les Cévennes, la ville et sa campagne ensoleillée, que sillonnent de nombreux canaux d'irrigation et surtout les deux cours d'eau précités. La physionomie d'Avignon est à la fois ecclésiastique et guerrière, grâce à ses monuments du moyen âge. Ce sont d'abord ses superbes remparts,

---

[1] Arrondissement d'AVIGNON : 5 *cantons,* 21 communes, 86 110 habitants.
Cantons et communes principales : 1-2. *Avignon,* 45 110 habitants; Morières, 1 090. — 3. *Bédarrides,* 2 050; Courthézon, 3 110; Sorgues, 4 160; Vedène, 1 660. — 4. *Cavaillon,* 9 410; Caumont, 1 460; Cheval-Blanc, 1 660; Robion, 1 520. — 5. *Isle-sur-la-Sorgue* (*L'*), 6 270; Châteauneuf, Saint-Saturnin, 1 250; Thor, 2 640; Vaucluse.

crénelés et flanqués de 39 tours, paraissant tels qu'à l'époque des souverains pontifes qui les ont construits.

L'ancien **palais des Papes,** bâti de 1316 à 1370 sur le penchant méridional du rocher des Doms, offre l'aspect d'une puissante forteresse dominant la ville de sa masse gigantesque.

« Le voyageur, dit le comte de Montalembert, qui, arrivant par le Rhône, aperçoit de loin, sur son rocher, ce groupe de tours liées entre elles par de colossales arcades, est saisi de respect. Je n'ai vu nulle part l'ogive jetée avec plus de hardiesse. On ne saurait imaginer un ensemble plus beau dans sa simplicité, plus grandiose dans sa conception. C'est bien la

Avignon, sur le Rhône.

papauté tout entière, debout, sublime, immortelle, étendant son ombre majestueuse sur le fleuve des nations et des siècles qui roule à ses pieds. »

« Non seulement, ajoute Mérimée, l'épaisseur des murs, leur élévation, les fossés qui les bordent, semblent défier les attaques de vive force ; mais on a encore prévu le cas de surprise. L'intérieur du palais est aussi bien fortifié que l'extérieur. La grande cour est dominée de trois côtés par des tours et de hautes courtines. Maître de la porte et de cette cour, l'assaillant n'a encore rien fait ; c'est un nouveau siège qu'il lui faut entreprendre. Enfin, toute défense emportée, reste une tour à forcer. La porte se brise, l'ennemi se précipite dans l'escalier ; il va pénétrer dans l'appartement que le pape a choisi pour sa retraite. Tout d'un coup l'escalier se perd dans une muraille ; au-dessus, une espèce de palier, où l'on ne peut monter que par une échelle, est garni de soldats qui peuvent assommer un à un ceux qui se croyaient vainqueurs. »

A côté de ce château s'élève la métropole Notre-Dame des Doms, avec son clocher couronné d'une statue colossale de la Vierge, sa riche chapelle de la Résurrection et le magnifique mausolée de Jean XXII.

Viennent ensuite les églises Saint-Agricol, dont la nef est très élégante; Saint-Pierre, à la belle façade gothique; Saint-Didier et Saint-Martial, celle-ci servant aujourd'hui de temple protestant; enfin l'ancien hôtel des Monnaies, occupé par le Conservatoire de musique; le musée Calvet, les statues de Crillon, de Philippe de Girard et du persan Althen, qui introduisit la culture garancière dans le Comtat.

Avignon est mal percée; presque toutes ses rues sont étroites, tortueuses, pavées de cailloux roulés, très rudes à la marche. Le fameux mistral s'y fait souvent sentir, assurément pour la salubrité, mais non pour l'agrément de la ville, selon le vieux dicton : *Avenio ventosa, cum vento fastidiosa, sine vento venenosa*. Avant 1789, cité monacale où carillonnaient sans cesse des cloches, ce qui lui a fait donner le surnom « d'Isle sonnante », Avignon est de nos jours une ville d'industrie considérable, dont l'objet principal est le dévidage et la filature des soies, provenant des campagnes environnantes et plus encore de l'Orient; elle expédie aussi une grande quantité de produits agricoles.

Avignon. — Notre-Dame des Doms et le château des papes.

Avenio, l'une des principales villes des Cavares, reçut des Romains un embellissement considérable, et de saint Ruf un évêché qui fut érigé en archevêché en 1475. La cité fut prise notamment par les Westgoths, les Burgondes, les Francs et deux fois par les Sarrasins, que chassa Charles Martel. Ayant encore passé en différentes mains, elle parvint au XIIe siècle à se constituer en république indépendante, élisant ses consuls, faisant ses lois et jouissant du droit de battre monnaie. Mais cela dura peu; car, ayant embrassé le parti albigeois, elle fut prise en 1226 par Charles VIII, qui la saccagea, après avoir vu son armée décimée par la peste, dont il mourut lui-même à son retour. En 1290, la ville devint la possession de la maison d'Anjou, qui régnait en Provence et à Naples; puis elle fut vendue en 1348 au pape Clément VI. A cette dernière date, une nouvelle période de prospérité avait commencé pour elle, depuis qu'en 1309 la papauté, dans la personne de Clément V, y avait fixé sa résidence par suite des troubles régnants dans la Ville éternelle. Ce fut le pape Grégoire XI qui, en 1377, reporta définitivement le saint-siège à Rome, et mit fin à ce que les Italiens appellent la « seconde captivité de Babylone ». Durant le grand schisme d'Occident qui s'ensuivit, Avignon vit siéger deux antipapes, de 1377 à 1408, et fut ensuite gouvernée par des vice-légats jusqu'au décret de 1791, qui l'enleva aux Souverains Pontifes. Pendant la Révolution, elle fut très éprouvée par ses luttes avec Carpentras et par les sanglants exploits de Jourdan Coupe-Tête. En 1815, après Waterloo, le maréchal Brune y fut assassiné par la réaction avignonaise.

Vaucluse. — Ruines du château de Pétrarque.

Saint Bénézet. — Saint Bénézet était un petit berger âgé de douze ans, quand Dieu le choisit, en 1177, pour opérer une merveille bien extraordinaire : la construction d'un pont sur le Rhône, fleuve si large et surtout si rapide. D'après la tradition, l'enfant alla trouver l'évêque d'Avignon, puis le prévôt, qui, jetant les yeux sur une pierre énorme, lui dit : « Prends ce rocher pour poser la première pierre. » Bénézet fait le signe de la croix, s'avance vers l'énorme bloc, le met sur ses épaules, traverse la ville suivi du prévôt, de l'évêque, d'une foule sans cesse grossissante, et, arrivé sur le bord du fleuve, y dépose la première pierre du mystérieux édifice. Le prodige entraîna tout le monde; on fit des fonds, on trouva des ouvriers, que le petit Benoît enrôla dans une confrérie dite des *Frères-Pontifes*, ou constructeurs de ponts. Huit ans après le pont était achevé, et il fut, pendant plus d'un siècle, le seul à réunir les rives du

Rhône en aval de Lyon. Des dix-huit arches qui composaient ce « pont d'Avignon », toujours si populaire, il n'en reste que quatre, avec la chapelle Saint-Bénézet, bâtie sur l'une des piles.

Aux environs se trouvent la chapelle des Frères-Pontifes de Bonpas, du XIIIe siècle, et l'asile d'aliénés de Mont-de-Vergues, renfermant plus de 1 300 malades des départements de Vaucluse, du Gard, des Basses-Alpes et des Alpes-Maritimes.

BÉDARRIDES, au confluent de l'Ouvèze et de la Sorgue, file la soie et fabrique de l'huile d'olives. — Au sud, *Vedène*, qui a une usine à cuivre, passe pour être l'antique *Vindalium*, théâtre de la sanglante victoire remportée par le consul Domitius Ahenobarbus sur les Allobroges, l'an 121 avant Jésus-Christ. — *Sorgues*, sur la rivière du même nom, est une petite ville industrielle ayant des filatures de soie, des fabriques de papier, d'huiles et de produits chimiques. — Au nord, sur la Seille, le bourg de *Courthézon*, également important, est encore entouré de ses vieux murs flanqués de tours.

CAVAILLON est une localité assez considérable, située entre la Durance et le Calavon, en partie sur le versant du mont Saint-Jacques, en partie dans une plaine admirablement cultivée et irriguée, qui produit de bon vin, une grande quantité de primeurs, fruits, légumes et melons renommés. Ces denrées, les soies grèges, les huiles et les grains alimentent les importants marchés de la ville, qui possède des filatures de soie, des fabriques de chapeaux de paille et de conserves alimentaires, de nombreuses tanneries et corroieries. — Ancienne *Cabellio* des Cavares, Cavaillon fut le siège d'un évêché depuis le Ier siècle jusqu'à la Révolution. Les protestants du baron des Adrets la dévastèrent en 1562, et les républicains avignonais y commirent des cruautés en 1790-1791. On y remarque l'église Saint-Véran, des Xe-XIIe siècles, jadis cathédrale, un bel hôtel de ville et une porte triomphale romaine.

L'ISLE, « localité exceptionnelle pour l'opulence des eaux et des ombrages, » s'élève sur divers bras de la Sorgue, qui traversent une plaine jadis très marécageuse, mais que les irrigations ont bien asséchée et rendue fertile en vins, fruits et fourrages. Cette plaine, dite des Paluds, qui s'étend de Carpentras à la Durance, était naguère employée surtout à la culture de la garance, culture presque entièrement abandonnée depuis que l'on est parvenu à extraire plus économiquement le rouge de la houille. La ville, dont l'église est richement décorée, possède des filatures de soie et de laine, des fabriques de lainage, de tapis, de drap, de vêtements confectionnés. Dans les environs se pêchent des truites, écrevisses et anguilles renommées. — En aval, *Thor* conserve des restes de remparts, — et *Châteauneuf*, ceux d'un château fort ayant appartenu à la famille Galéani, pour laquelle il fut érigé en duché par Clément IX.

C'est à l'est de l'Isle, au village de *Vaucluse*, que jaillit la fameuse fontaine d'où découle la Sorgue, qui met presque aussitôt en mouvement diverses usines, surtout des papeteries (page 266).

II. **ORANGE**, sous-préfecture de 10 000 âmes[1], est assez agréablement située, par 45 mètres d'altitude, au pied d'une colline baignée par la Meyne, non loin des rives de l'Eygues et du Rhône. Cette colline, isolée au milieu d'une vaste plaine, était jadis couronnée par un formidable château fort, aujourd'hui remplacé par une statue de la Vierge, qui semble ainsi inviter les Orangeois à se placer sous son aimable et puissante pro-

Orange. — Ruines du théâtre romain.

tection. C'est à ses débris romains, particulièrement à son théâtre et à son arc de triomphe, que la ville doit son intérêt monumental. Le *théâtre*, qui la domine entièrement par son imposante façade, pouvait contenir plus de 20 000 spectateurs; la scène, le *proscenium*, l'orchestre et les gradins inférieurs, assis dans le roc, sont aujourd'hui découverts; car, après avoir longtemps servi de forteresse, l'édifice avait été envahi d'habitations particulières à l'intérieur. L'*arc de triomphe*, le monument de ce

---

[1] Arrondissement d'ORANGE : 7 *cantons*, 48 communes, 61 720 habitants.
Cantons et communes principales : 1-2. *Orange*, 9 980 habitants; Caderousse, 2 820; Camaret, 1 740; Châteauneuf-du-Pape, 1 110; Jonquières, 1 940; Piolenc, 1 690; Sérignan, 1 170. — 3. *Beaumes*, 1 470; Gigondas, Vacqueyras. — 4. *Bollène*, 5 480; Lapalud, 1 680; Mondragon, 2 240; Mornas, 1 240; Sainte-Cécile, 1 630. — 5. *Malaucène*, 2 220. — 6. *Vaison*, 2 790. — 7. *Valréas*, 5 430; Grillon, 1 120; Visan, 1 830.

genre le mieux conservé que nous possédions, est un édifice rectangulaire de 22 mètres de haut sur 21 de large, percé de trois arcades et orné de légères sculptures; on pense qu'il fut élevé sous Tibère en l'honneur de Germanius et de Lucius Florus, vainqueurs du chef éduen Sacrovir. En outre, le moyen âge nous a laissé l'ancienne cathédrale Notre-Dame, dont l'intérieur frappe par la largeur de ses quatre travées voûtées.

La filature et l'ouvraison des soies, la fabrication des lainages, des mosaïques et des carrelages céramiques, la tannerie, la teinturerie et la minoterie sont les principales branches industrielles de la ville, qui fait un important commerce de denrées alimentaires.

Orange est l'antique *Arausio*, capitale des Cavares, près de laquelle les légions romaines éprouvèrent une sanglante défaite de la part des Cimbres et des Teutons, en l'an 105 avant Jésus-Christ. Les Romains y établirent une colonie au IIe siècle et la dotèrent de beaux monuments, que les Barbares démolirent en partie. Après Charlemagne, Orange devint le chef-lieu d'un comté, puis d'une principauté, qui appartint en dernier lieu à la maison allemande de Nassau, laquelle fut une dangereuse ennemie pour la France. La fortune des princes d'Orange-Nassau fut, en effet, très brillante à l'étranger : ils ont surtout à diverses reprises, sous les titres de stathouder, puis de roi, gouverné la Hollande, où ils règnent encore. Louis XIV s'empara en 1660 de la ville, qui fut définitivement réunie en 1713 par le traité d'Utrecht. L'évêché d'Orange, fondé au IIIe ou au IVe siècle, fut supprimé par la Révolution, qui fit périr 334 citoyens orangeois au printemps de 1794.

Sérignan, près de l'Eygues, conserve les ruines d'un château qui fut le siège de la première baronnie du Comtat Venaissin, — et *Châteauneuf-du-Pape*, qui produit des vins estimés, celles d'une résidence d'été, au donjon carré, des papes d'Avignon. — *Caderousse*, sur un bras du Rhône formant l'île de la Piboulette, s'adonne à la fabrication des balais et possède un ancien château des ducs de Grammont.

Beaumes, ancienne baronnie, produit d'excellents vins muscats, de l'huile d'olives et des cocons; on y exploite plusieurs sources thermales, de même qu'à *Vacqueyras*, et surtout à *Gigondas*, où se remarque une superbe crête déchiquetée, appelée les dentelles de Montmirail.

Bollène, sur le Lez, a des carrières de pierre blanche, des filatures de soie et d'importantes usines de produits réfractaires. En aval, *Mondragon*, qui extrait du lignite, est dominé par les ruines d'un château féodal du XIe siècle, théâtre de sanglants combats pendant les guerres de religion. — *Mornas*, près du Rhône, montre aussi les ruines d'un château fort, plus tristement célèbre encore. En effet, le cruel baron des Adrets y força ses prisonniers catholiques à se précipiter du haut en bas des murailles. Voyant l'un d'eux qui hésitait à faire le saut périlleux : « Saute donc, lui cria-t-il; voilà quatre fois que tu recules ! — Monseigneur, reprit l'infortuné, je vous le donne en dix ! » Ce bon mot fit rire le monstre, qui laissa la vie au pauvre prisonnier.

MALAUCÈNE, au pied du Ventoux, travaille la soie et fabrique des huiles, du plâtre et du papier à cigarettes. On y remarque l'église, construite en partie par Clément V, et les restes d'un palais du même pape, la chapelle Notre-Dame-du-Groseau, qui fit partie d'un monastère fondé en 684, et la grotte des Anges, merveilleusement ornée de stalactites.

VAISON, sur un rocher escarpé au pied duquel roule l'Ouvèze, est l'antique *Vasio*, capitale des Voconces du sud, qui devint sous les Romains une des plus riches cités de la Narbonnaise. Son apôtre-martyr, saint Albin, y fonda au IIIe siècle un évêché qui subsista jusqu'à la Révolution. Ses antiquités gallo-romaines sont principalement : un pont très hardi sur l'Ouvèze, les ruines d'un théâtre et celles d'un temple de Diane, outre d'innombrables petits objets qui ont enrichi divers musées. Du moyen âge, elle conserve une cathédrale avec cloître, les églises Saint-Quenin et Notre-Dame, de beaux remparts et les restes du château, que bâtit en 1195 un comte de Toulouse, après avoir ruiné la ville. Les armes de Vaison sont : d'azur à une sainte Vierge portée sur un « vase » d'argent et ornée de fleurs naturelles, avec cette légende : *Vas honorabile*.

VALRÉAS, au pied de la montagne de la Lance, est le chef-lieu d'un canton enclavé dans le département de la Drôme. Cette petite ville, qui possède des filatures de soie, se forma au VIIIe siècle sur l'emplacement du bourg gallo-romain de *Valeria*. Achetée au Dauphin de Viennois par le pape Jean XXII, elle fit dès lors partie du Comtat Venaissin, dont elle suivit les destinées. Pendant les guerres religieuses, le baron des Adrets la dévasta et en fut chassé par le comte de La Suze. Ses murailles flanquées de tours sont en partie conservées. — *Grillon* et *Visan*, qui possède du XIe siècle la chapelle Notre-Dame-des-Vignes, étaient jadis également fortifiés.

III. **CARPENTRAS,** sous-préfecture de 11 000 habitants[1], s'élève par environ 100 mètres d'altitude sur une colline dominant l'Auzon et l'important canal d'irrigation dit de Carpentras. Cette ville, aux rues étroites et tortueuses, a cependant de jolies promenades, et l'on y remarque plusieurs monuments intéressants : un arc de triomphe, la porte d'Orange, reste des fortifications; l'ancienne cathédrale Saint-Siffrein, construite de 1405 à 1519; l'Hôtel-Dieu, devant lequel s'élève la statue de son fondateur, l'évêque-trappiste dom Malachie d'Inguimbert; l'ancien palais du légat et un aqueduc à série décroissante de 48 arches. Aux environs, le pont-aqueduc des Cinq-Cantons compte 35 arcades. La ville a des filatures

---

[1] Arrondissement de CARPENTRAS : 5 *cantons*, 31 communes, 44 690 habitants.
Cantons et communes principales : 1-2. *Carpentras*, 10 800 habitants; Althen, 1010; Aubignan, 1540; Caroub, 1860; Entraigues, 1800; Mazan, 2270; Monteux, 3850; Sarrians, 2660. — 3. *Mormoiron*, 1390; Bédoin, 2010; Crillon, Méthamis, Villes, 1100. — 4. *Pernes*, 3790; Velleron, 1120; Venasque. — 5. *Sault*, 2030.

de soie, des fabriques de poterie, de produits chimiques, de berlingots renommés ; elle fait aussi le commerce de truffes et autres produits agricoles.

Carpentras est l'ancienne *Carpentoracte*, capitale des *Memini*, tribu des Cavares. Dotée d'une colonie romaine sous Auguste et d'un évêché au IIIe siècle, elle fut saccagée plusieurs fois par les Barbares. En 1229, le traité de Meaux, qui termina la guerre albigeoise, la donna au saint-siège avec le Comtat Venaissin, dont elle fut le siège administratif jusqu'en 1791. A cette époque, un décret de la Constituante la réunit au territoire de la République, malgré sa protestation de fidélité au pape : fidélité qui lui valut un siège de la part des Avignonais, partisans de l'annexion. En 1562, elle avait soutenu un siège non moins glorieux contre le protestant des Adrets, qui dut se retirer honteusement.

Sarrians et *Mazan*, sur l'Auzon, travaillent la soie et conservent des restes de remparts. — En aval, *Monteux* a encore ses murs d'enceinte presque intacts, avec les ruines d'un château, séjour favori de Clément V. — *Entraigues*, sur un bras de la Sorgue, a des papeteries, des minoteries et des distilleries. On y voit les restes d'un couvent de Templiers.

MORMOIRON, au pied du Ventoux, possède une église consacrée en 1373 par le pape Grégoire XI. — Sur une croupe de la même montagne, *Bédoin* fabrique des poteries et fait le commerce de truffes. En mai 1794, son arbre de la liberté ayant été abattu, le village fut en grande partie incendié par ordre de la Convention. — A l'ouest, *Crillon* est un ancien fief érigé en duché en 1725, et qui donna son nom à la famille dont était membre le « brave » capitaine d'Henri IV. — *Méthamis*, sur la Nesque, exploite un petit bassin de lignite.

PERNES, sur la Nesque, possède une très vieille église romane bâtie sur crypte, des portes de ville fortifiées, et un château féodal du XIIe siècle, remanié et modernisé. — En amont, *Venasque*, sur un rocher escarpé, conserve du moyen âge les ruines imposantes d'un château fort, une église romane et la chapelle Notre-Dame de Vie, but de fréquents pèlerinages. Cette localité, antique *Venasca*, fut depuis la prédication du christianisme jusqu'à la fin du Xe siècle, concurremment avec Carpentras, la résidence des évêques du pays des *Memini*, mais ne forma jamais, comme on l'avait supposé, un évêché distinct. De même, il n'est presque plus admis aujourd'hui que le Comtat Venaissin tire son nom de Venasque, mais bien de *Comitatus Avenicinus*, le comté d'Avignon ayant réellement existé sous ces noms latins. — *Velleron*, sur une branche de la Sorgue, utilise trois sources bicarbonatées sodiques dans l'établissement thermal de Notre-Dame de la Santé.

SAULT, jadis chef-lieu d'un important comté, exploite une source sulfureuse magnésienne et fabrique des toiles. Ce bourg est situé sur la Nesque, appelée ici Crau, entre la montagne de Vaucluse et le **Ventoux**, mont célèbre par l'aspect majestueux qu'il présente, grâce à sa qualité d'avant-mont plongeant sur une très large vallée. Vu de la plaine, ce qui est possible jusque vers Montpellier, c'est bien « l'œil du monde », comme l'Ouaransénis en Algérie. Un des obstacles à son reboisement, car il a été comme tant d'autres de la région inconsidérément déboisé, c'est la violence du mistral, qui souffle furieusement contre ses flancs et lui a valu son nom de Ventoux, c'est-à-dire « le Venteux ». Point culminant du département, il a été doté en 1887 d'un observatoire météorologique, à l'instar du pic du Midi de Bigorre, du puy de Dôme et de l'Aigoual,

Ville de Vaison, sur l'Ouvèze ; pont romain, château du xii siècle.

tous monts situés au-dessus de vastes plaines, au nœud de conflits de vents, de pluie et de sécheresse.

IV. **APT** est une sous-préfecture de 6 000 habitants[1], sise à 223 mètres d'altitude sur le Coulon ou Calavon, entre les monts de Vaucluse et du Lubéron. Irrégulièrement bâtie, elle a pour monument principal sa cathédrale du xi siècle, dédiée à sainte Anne, dont les reliques y furent déposées; Anne d'Autriche s'y rendit en pèlerinage en 1660, et offrit à sa patronne une couronne d'or massif. Sur une colline voisine s'élève la cha-

---

[1] Arrondissement d'APT : 5 *cantons*, 50 communes, 43 790 habitants.
   Cantons et communes principales : 1. *Apt*, 5 850 habitants; Saint-Martin, 1 010; Saint-Saturnin, 1 630; Villars. — 2. *Bonnieux*, 1 850; Ménerbes, 1 400; Oppède, 1 020. — 3. *Cadenet*, 2 520; Cucuron, 1 310; Lauris, 1 400; Mérindol, Villelaure, 1 120. — 4. *Gordes*, 1 640; Goult, 1 220; Roussillon, 1 240. — 5. *Pertuis*, 4 910; Cabrières, Tour-d'Aigues (La), 2 080.

pelle Notre-Dame de la Garde. — Antique capitale des *Vulgientes,* la cité fut détruite, puis reconstruite par César, de qui elle reçut une colonie romaine avec le nom d'*Apta Julia.* Après sa dévastation par les Barbares et les Sarrasins, elle passa sous la domination des comtes de Provence, qui relevèrent ses murailles, encore partiellement debout. Dans la suite, elle résista au baron des Adrets. Son évêché, fondé dans les premiers siècles du christianisme, fut supprimé en 1790. Apt possède une raffinerie de soufre, des fabriques de confiseries et de poteries fines. Elle fait le commerce d'huiles d'olives et de truffes, ainsi que le bourg de *Saint-Saturnin.* — Entre les deux localités, *Villars,* qui a des mines de fer, est un ancien duché érigé par Louis XIII pour la famille de Brancas, et auquel Louis XIV joignit la pairie en 1714.

Bonnieux, sur le versant septentrional du Lubéron, conserve des remparts du moyen âge et le « pont Julien », construit au IIe ou au IIIe siècle par la colonie Julienne d'Apt. — A l'ouest, *Ménerbes* et *Oppède* exploitent des carrières de pierres de taille et possèdent : l'un, le tombeau du maréchal danois de Rantzau, mort en 1789 ; l'autre, un château construit en 1209 par Raymond VI, comte de Toulouse.

Cadenet, près de la Durance, compte de nombreuses vanneries, des moulins à soie et des fabriques d'excellente huile d'olives. Son ancien château a été démantelé en 1666. — En aval, *Mérindol* rappelle le déplorable massacre des Vaudois, exécuté en 1545 sur l'ordre du parlement d'Aix, après que le vertueux Sadolef, évêque de Carpentras, eut vainement essayé de convertir ces malheureux.

Gordes, sur le penchant d'une colline escarpée, a pour hôtel de ville un château quadrilatéral de la Renaissance, flanqué de tours aux quatre angles. — A l'est, *Roussillon* possède des fabriques d'ocres, — et *Goult,* la chapelle vénérée de Notre-Dame des Lumières.

Pertuis, sur la Lèze, était jadis une place forte qui gardait un défilé ou « pertuis » de la Durance. C'est aujourd'hui une ville industrielle qui file la soie et la laine, fabrique des faïences, des huiles, et fait le commerce de grains. Dans l'église, une inscription, placée par le trop célèbre Mirabeau, rappelle le baptême qu'il y reçut, et dont il remplit d'ailleurs si mal les promesses sacrées. Le château où il passa ses premières années se voit encore à l'est, au-dessus du village qui lui a donné son nom. — Au nord, *Cabrières* est, comme Mérindal, tristement célèbre par son massacre d'hérétiques vaudois ; — tandis que *la Tour-d'Aigues* montre les ruines du château des barons de Cental, le plus bel édifice qui ait été construit en Provence dans le style de la Renaissance, et l'une des conceptions les plus originales du Midi. Le nom de la localité vient d'un donjon du XIIe siècle qui domine le cours de la Lèze.

PROVENCE

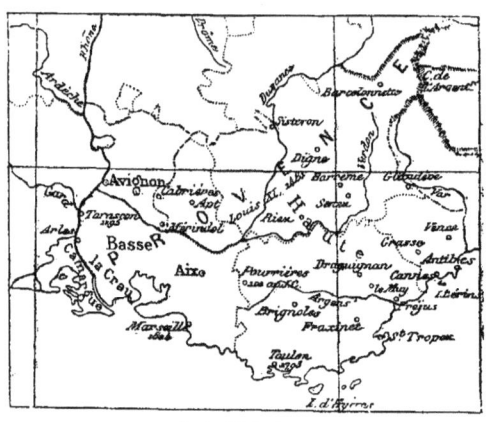

Carte historique.

3 DÉPARTEMENTS

BOUCHES-DU-RHONE, VAR, ALPES-MARITIMES

Sommaire géographique. — Par sa constitution géologique, ses aspects, ses productions, ses climats, la Provence est une des contrées les plus variées de France. Elle offre, rapprochés, les spectacles les plus grandioses et les plus opposés : la montagne et la mer. La partie sud-ouest, Crau et Camargue, est généralement basse, alors que le reste du territoire est recouvert par les Alpes et diverses petites chaînes, telles que les monts des Maures et de l'Estérel. L'Aiguille de Chambeyron, au nord-est de Barcelonnette, en est le point culminant avec 3 400 mètres. De ces monts, la plupart déboisés, descendent des torrents dévastateurs, entre autres l'Arc et l'Argens, qui se rendent à la Méditerranée, et la Durance, fantasque tributaire du Rhône. Le violent mistral, vent du nord-nord-ouest, dessèche fréquemment le pays, qui est en général aride et médiocrement fertile ; mais il y a, surtout au bord de la mer, des lieux favorisés par un heureux climat, où croissent en pleine terre l'olivier, l'amandier, l'oranger, le citronnier et même le palmier. L'élevage des moutons est considérable. La côte, profondément découpée, offre de nombreux ports, parmi lesquels Marseille, notre premier port marchand, et Toulon, notre premier port militaire. Ces deux villes sont, en Provence, les principaux centres de l'industrie manufacturière.

Historique. — La *Provence* a l'honneur de figurer en tête des annales françaises. Dès la plus haute antiquité, son littoral fut bordé de ports florissants créés par les Phéniciens, après lesquels vinrent les Carthaginois, puis les Grecs, enfin les Romains, qui y firent leur première apparition en Gaule, l'an 154 avant Jésus-Christ. A cette dernière époque, vivaient dans l'intérieur des peuplades d'origine ligurienne ou gauloise : les *Cœnobrigiens*, de Marseille à Arles; les *Salyens*, les *Sueltères*, les *Cavares*, les *Védiantiens*, les *Oxybiens*, les *Décéates*, etc. Ces deux derniers peuples ayant attaqué les Phocéens de Nice et d'Antibes, colonies de Marseille, celle-ci eut recours aux Romains, qui défirent ses ennemis et lui donnèrent une partie de leurs territoires. Trente ans après éclata une lutte plus générale, dans laquelle les Romains, appelés de nouveau par Marseille, furent encore vainqueurs et s'assujettirent les peuples d'entre Rhône et Alpes, ce qu'ils firent bientôt également des tribus situées entre les Pyrénées, la Garonne et les Cévennes. Des colonies sont alors établies à Aix, Apt, Toulon, Nîmes, surtout Narbonne, qui devient la capitale du pays, constitué en une province unique, la Narbonnaise, ou simplement la *Province*, d'où est venu le nom de Provence. Toutefois les Romains ne sont pas d'abord paisibles possesseurs de leurs conquêtes. Les Cimbres, unis aux Teutons et aux Ambrons, leur infligent de sanglantes défaites, jusqu'au jour où ils sont à leur tour écrasés par Marius à la bataille de Pourrières, dite d'Aix, en l'an 102 avant Jésus-Christ. Puis ce sont les Gaulois et les Ligures, qui se soulèvent de 78 à 62; enfin Marseille elle-même, qui est vaincue en l'an 49 avant notre ère. Cependant les tribus des Alpes ne seront complètement soumises que par Auguste.

On rapporte généralement à la seconde moitié du 1er siècle l'arrivée des prédicateurs de l'Évangile en Provence ; tels sont saint Trophime à Arles, saint Maximin à Aix, saint Lazare le ressuscité à Marseille.

Sous l'empire romain, le territoire de la Provence fut réparti entre la Viennoise, la Narbonnaise IIe et les Alpes Maritimes. Vers 480, les Westgoths s'en emparèrent et ravagèrent la cité d'Arles, qui avait été quelque temps la capitale de la Gaule. En 509, ils furent remplacés par les Ostrogoths, dont l'un des souverains céda ses droits au roi d'Austrasie. Après la mort de Clotaire Ier, qui réunit tous les royaumes francs, la Provence appartint successivement à des monarques du parti bourguignon ou austrasien et, depuis Dagobert, demeura annexée à la Bourgogne, qui dépendait de la Neustrie. Au traité de Verdun, en 843, elle échut à Lothaire et, vingt ans après, à Charles le Chauve ; mais en 879 Boson, gendre de ce dernier, se fit proclamer roi de Bourgogne cisjurane à Mantaille. La Provence, qui faisait partie de ce royaume, fut jointe en 933 à celui de Bourgogne transjurane, qui prit le nom de royaume d'Arles. Dans ces diverses situations, elle eut des comtes particuliers, dont l'un, Guillaume Ier, la délivra des pirates sarrasins en détruisant leur repaire de Fraxinet.

La réunion du royaume d'Arles à celui de Germanie ne fut en réalité que nominale; le comté de Provence resta de fait indépendant et passa, en 1112, dans la maison des comtes de Barcelone. La partie septentrionale, détachée peu après sous le nom de marquisat de Provence, s'y trouva réunie au siècle suivant sous l'autorité de Charles d'Anjou, sauf le Comtat Venaissin, propriété des souverains pontifes, qui achetèrent plus tard le reste du marquisat. En 1388, le comté de Nice, négligé par ses suzerains provençaux, passait également dans une autre maison, celle de Savoie.

Le matelot marseillais et la bouillabaisse.

Remarquons ici que la Provence a joui dans les âges rétrospectifs d'une civilisation généralement avancée. Et d'abord, celle qu'elle reçut des Romains s'y était si fortement implantée, que le morcellement féodal ne put la détruire ou l'entraver, grâce surtout aux monastères, ces foyers de la science, des arts et de l'agriculture au moyen âge. A leur imitation, les seigneurs laïques voulurent ensuite que leurs châteaux devinssent l'asile des lettres, ainsi que des belles manières. Au XIIe et au XIIIe siècle, la langue des troubadours s'y polit en s'exerçant à des dialogues dont l'objet n'était malheureusement pas toujours moral.

En 1481, la Provence fut léguée à Louis XI par Charles du Maine, héritier du bon roi René, et réunie définitivement sous Charles VIII, en 1487. Louis XII lui conféra un parlement, dont on fut si peu satisfait, qu'un dicton le qualifia troisième fléau de la Provence, avec la Durance et le mistral. Les rois de France, jusqu'à Louis XVI, ajoutèrent à leurs titres, dans leurs relations avec ce parlement, celui de comte de Provence, qui désigna spécialement le futur Louis XVIII. Dans les temps modernes, la Provence fut envahie par le connétable de Bourbon à la tête des impériaux en 1524, par Charles-Quint lui-même en 1536, et par le prince Eugène de Savoie en 1707. Puis vint la terrible peste de Marseille, en 1720. En 1790, la province était divisée en *Basse-Provence,* comprenant les sénéchaussées d'Aix, d'Arles, de Marseille, Brignoles, Hyères, Grasse, Draguignan, Toulon, et en *Haute-Provence,* où se trouvaient les sénéchaussées de Digne, Sisteron, Forcalquier, Castellane. Sa capitale était Aix. On en tira les départements du *Var,* des *Bouches-du-Rhône,* des *Basses-Alpes,* avec portions de *Vaucluse* et de la *Drôme.*

Le siège de Toulon par les troupes de la Convention, en 1793, et le débarquement de Napoléon au golfe Juan, le 1er mars 1815, sont les derniers faits marquants de l'histoire de la Provence.

Le Provençal et sa langue. — « Le Provençal, celui surtout du bas pays, a un caractère gai, des manières démonstratives et un peu bruyantes; il est facile à prendre feu et se passionne pour son pays natal, souvent même pour sa propre personne, au point que sa vantardise l'a fait comparer au Gascon, avec lequel les faiseurs de nouvelles à la main le mettent volontiers en lutte. C'est sur la langue surtout que s'appuie aujourd'hui le patriotisme local. Sans supériorité aucune, d'après quelques philologues, sur les autres idiomes romans, le dialecte provençal garde le prestige d'avoir été celui des troubadours, qui en ont fait une langue souple, gracieuse, poétique et riche d'expressions. Aujourd'hui les félibres ont ressuscité cette langue; mais en réalité le provençal de leurs vers n'est pas celui du peuple, qui, lui, se rapproche de plus en plus du français, au point de n'être guère, à Marseille, par exemple, qu'un patois de transition, parlé avec le célèbre accent que l'on sait. »   (Vivien, *Dict.*)

« Le génie de la Basse-Provence est violent, bruyant, mais non sans grâce. L'esprit d'égalité ne peut surprendre dans un pays de républiques, au milieu de cités grecques et de municipes romains. Dans les campagnes mêmes, le servage n'a jamais pesé comme dans le reste de la France; les paysans étaient leurs propres libérateurs et les vainqueurs des Maures; eux seuls pouvaient cultiver la colline abrupte et resserrer le lit du torrent. Il fallait contre une telle nature des mains libres, intelligentes... C'est le pays des beaux parleurs, abondants, passionnés et, quand ils veulent, artisans obstinés du langage. »   (Michelet.)

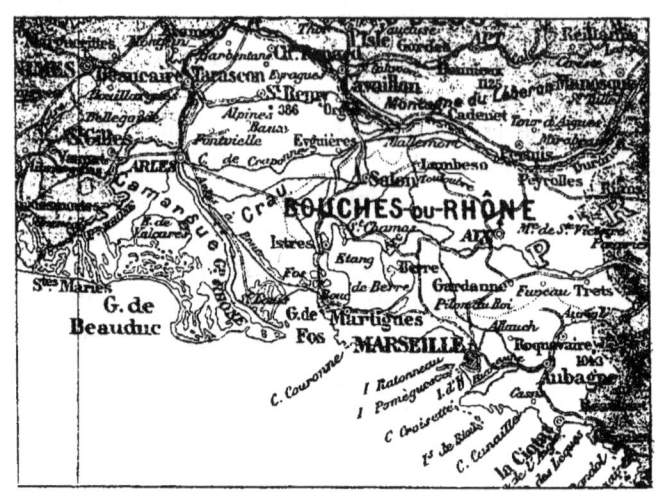

BOUCHES-DU-RHÔNE

3 ARRONDISSEMENTS, 29 CANTONS, 109 COMMUNES, 673 800 HABITANTS

Géographie. — Le département des *Bouches-du-Rhône* est ainsi nommé du grand fleuve dont il possède le delta et les nombreuses bouches ou « graus ». Tiré de la Basse-Provence, il a la forme d'un trapèze assez régulier et mesure 5 247 kilomètres carrés, ce qui le place au 74e rang pour la superficie.

Son territoire présente deux régions tout à fait distinctes au double point de vue géologique et topographique. A l'ouest, ce sont des terres basses et alluviales comprenant les îles marécageuses de la Grande et de la Petite Camargue, circonscrites par les bras du Rhône et parsemées d'étangs; la plaine caillouteuse de la Crau et la plaine des Paluds, séparées par la chaîne des Alpines, 386 mètres, et le mont des Aupies, 492 mètres. La partie orientale, au contraire, est sillonnée de petites montagnes calcaires et parallèles, derniers contreforts des Alpes de Provence; telles sont la Trévaresse et le Grand-Sambuc, 780 mètres, au nord de la Touloubre; la Sainte-Victoire, 1 011 mètres, au nord de l'Arc; puis, de l'est à l'ouest, l'Olympe, 705 mètres, les chaînes dites Regaignas, Bourdonnière, Pilon du Roi, 710 mètres, Étoile, Estaque; enfin la partie occidentale de la Sainte-Baume, qui renferme le point culminant du département, le Baou de Bretagne, 1043 mètres, situé à l'est d'Aubagne, sur la frontière du Var. Aix est à 188 mètres d'altitude, Arles à 3 mètres; l'altitude moyenne est d'environ 160 mètres.

Comme l'ensemble du pays, le littoral, qui a un développement de 200 kilomètres, est élevé et rocheux à l'est, bas et marécageux à l'ouest.

En effet, depuis le Petit-Rhône jusqu'à Fos, il ne présente qu'une lisière de sable parsemée de quelques dunes, et formant une espèce de chaussée entre les eaux de la mer et celles des étangs. Cette chaussée présente plusieurs coupures appelées « graus », par lesquelles s'écoulent les étangs et même les dérivations du Rhône, dont les bouches sont obstruées de *theys* ou îlots mobiles. Les principales concavités littorales sont : le golfe de Beauduc ou des Saintes-Maries, celui de Fos, qui baigne Port-de-Bouc, les baies de Marseille, de Cassis et des Lèques ou de la Ciotat; on y remarque aussi les caps Couronne, Croisette et de l'Aigle, ainsi que les îlots fortifiés d'If, Pomègues et Ratonneau, près de Marseille; celui de Riou, plus au midi.

Hydrographie. — Les eaux du département se rendent à la mer par l'Huveaune, qui finit au sud de Marseille; par l'*Arc*, qui passe au sud d'Aix et se jette, comme la Touloubre, dans l'étang de Berre; enfin et surtout par le **Rhône**, qui, ainsi que son grand tributaire la *Durance*, lui forme limite en séparant Tarascon de Beaucaire, puis en se bifurquant au-dessus d'Arles pour délimiter la Camargue.

Ce fleuve, qui débite en moyenne 2 000 mètres cubes d'eau par seconde, est cependant peu propre à la navigation, soit à cause de l'impétuosité de son cours en amont d'Arles, soit parce que ses bouches sont envasées. C'est afin de suppléer à cette innavigabilité relative du Grand-Rhône que l'on a d'abord creusé le canal d'*Arles à Bouc* (47 kilomètres), lequel n'ayant que deux mètres de profondeur s'est trouvé à son tour insuffisant; aussi a-t-on dû créer le *canal maritime de Saint-Louis* (3 kilomètres et demi) au-dessus de l'embouchure du Grand-Rhône. En revanche, le Rhône est parfaitement capable d'irriguer la Crau et de la colmater, c'est-à-dire de la recouvrir de dépôts boueux : rôle que l'avenir lui réserve, et que la Durance remplit dès à présent par les grands canaux des Alpines, de Craponne, de Langlade, d'Istres et de Marseille. De plus, les arrosages du fleuve fertilisent le sol camarguais en le dessalant. Parmi les *étangs*, très multipliés sur le littoral et dans l'île de la Camargue, les principaux sont celui de *Vaccarès* ou des Vaches (120 km²) et celui de *Berre* (150 km²), le plus grand de France, mais qui est plutôt un lac navigable.

La **Camargue** a été comparée aux pampas, aux llanos, aux savanes de l'Amérique, au delta du Nil. « Elle tient, a-t-on dit, de la Hollande par ses digues, ses moulins à vent et ses canaux; des maremmes de la Toscane, des plaines de savanes et de steppes, des Marais pontins, de la campagne romaine, des Landes, de la Sologne et de la Dombes, de toutes les natures mélancoliques et solitaires. » Elle est comprise entre les deux bras du Rhône, qui se divise à 1 500 mètres au-dessus d'Arles en Grand-Rhône et Petit-Rhône. Le Grand-Rhône, se divisant à son tour en deux bras, enserre l'île marécageuse du *Plan du Bourg*; à l'ouest, le Petit-Rhône et le Rhône-Mort enveloppent le delta de la *Petite-Camargue*.

Vaste de 75 000 hectares, la Camargue s'accroît tous les jours par les débris que le fleuve arrache aux puissantes chaînes de montagnes d'un bassin de 100 000 kilomètres carrés. Les alluvions, s'amoncelant autour d'un point d'appui quelconque, et en particulier autour des débris de navires, forment à la longue des îles appelées *theys*, qui elles-mêmes finissent par se réunir au continent. Depuis 1737, époque où la tour Saint-Louis fut construite sur l'ancien rivage, les atterrissements du Rhône se sont étendus de plus d'une lieue en mer. La Camargue est entrecoupée par une infinité de marais, de ruisseaux, de canaux, d'étangs, où vivent

Château d'If, dans la rade de Marseille.

de nombreux oiseaux aquatiques. Le cinquième environ de l'île est cultivé; le reste nourrit de nombreux troupeaux de chevaux blancs et de bœufs noirs à demi sauvages.

« La **Crau**, en provençal la *Craou*, champ pierreux, est une vaste plaine triangulaire d'environ 120 kilomètres carrés de superficie, située entre le Rhône, le canal de Martigues, l'étang de Berre, la chaîne des Alpines et la mer; elle présente l'aspect d'un petit golfe qui paraîtrait avoir été une anse du grand golfe du Lion, comblée par les alluvions. Le plus ancien terrain de cette plaine confine la Durance. Cette rivière y coulait jadis et se jetait à la mer par ce golfe, qui probablement recevait aussi le Rhône et la Touloubre. Gonflée par une cause quelconque, la mer éleva ses eaux au-dessus de son niveau et refoula ces fleuves vers leurs sources; leurs cours furent changés, et les galets, repoussés par la mer, formèrent par leur accumulation un poudingue qui se recouvrit d'un calcaire coquillier. Arrosée par divers canaux d'irrigation, sillonnée de plusieurs voies ferrées, la Crau est aujourd'hui en partie défrichée; ses bords sont assez bien cultivés, mais le centre, où paissent en hiver de nombreux troupeaux de moutons, n'offre qu'un champ immense couvert de différentes couches de terre roussâtre et brune, mêlée avec une quantité innombrable de cailloux de divers calibres, depuis la grosseur d'un pois jusqu'à celle d'une courge. » (MALTE-BRUN.)

Climat. Productions. — Le département jouit du *climat méditerranéen*, bénin en hiver et très chaud en été, sauf dans les régions les plus élevées des montagnes. C'est aussi un climat sec, trop sec même; car il ne tombe annuellement que 5 à 6 décimètres d'eau pluviale dans les plaines, 6, 7, rarement 8 dans la montagne. Les Provençaux désireraient aussi des variations moins brusques et moins fréquentes, surtout moins de violence dans le *mistral*, qui cause souvent de grands dommages.

Un tiers du département est en friche dans les montagnes, la Camargue et la Crau, où paissent, ici en hiver, là en été, de nombreux troupeaux de moutons transhumants. A peine si un quart des terres sont labourées; mais, grâce à l'irrigation et au colmatage, elles sont d'un bon rapport. La plaine d'Arles **produit beaucoup de froment.** Avant l'invasion du phylloxéra, la vigne faisait la principale richesse agricole du pays, qui consiste aujourd'hui dans l'arboriculture : oliviers, amandiers, jujubiers, orangers, citronniers, figuiers, mûriers, câpriers, etc. Les collines dénudées produisent abondamment des plantes aromatiques, telles que lavande, thym et romarin, dont on distille les fleurs. Les bois de pins et de chênes couvrent 71 000 hectares. Enfin, notons que le gros bétail est très peu répandu, sauf dans la Camargue, qui recèle aussi quelques castors dans les îlots déserts de la côte.

Le département retire annuellement 100 000 tonnes de sel de ses marais salants, dont les principaux sont ceux de l'étang de Berre : ce qui lui donne le premier rang à cet égard. Il extrait aussi 400 000 tonnes de lignite des mines de Trets, Fuveau et Gardanne; la pierre de taille de la Couronne, de Cassis et de Fontvieille; du marbre, du gypse, des terres à poteries, et il exploite les eaux thermales sulfureuses d'Aix. Sur la côte, les riverains se livrent à la pêche du thon, de la sardine et du corail, en même temps qu'au commerce maritime. L'industrie manufacturière, concentrée principalement à Marseille, a pour objet la savonnerie, les parfums, les huiles, les bougies et les produits chimiques, les cuirs, la raffinerie du sucre, la minoterie, la papeterie, la métallurgie, les produits réfractaires et céramiques, la filature de la soie et la bonneterie de laine pour les pays musulmans. Arles est connue pour sa charcuterie, la Ciotat par ses chantiers de construction de navires, Saint-Chamas par sa poudrerie nationale.

Les habitants. — Grâce au grand centre attractif de Marseille, qui renferme les deux tiers de la population départementale, celle-ci était, en 1896, de 673 800 habitants, soit une augmentation de 428 000 âmes sur 1801, et de 119 000 sur 1871. Le département tient le 8e rang pour la population absolue, et le 6e pour la densité, avec 128 habitants par kilomètre carré. Les étrangers, presque tous Italiens, sont 100 000; les protestants environ 13 000, les juifs 4000. Les habitants parlent le provençal concurremment avec le français; entre eux ils ne parlent que le premier idiome.

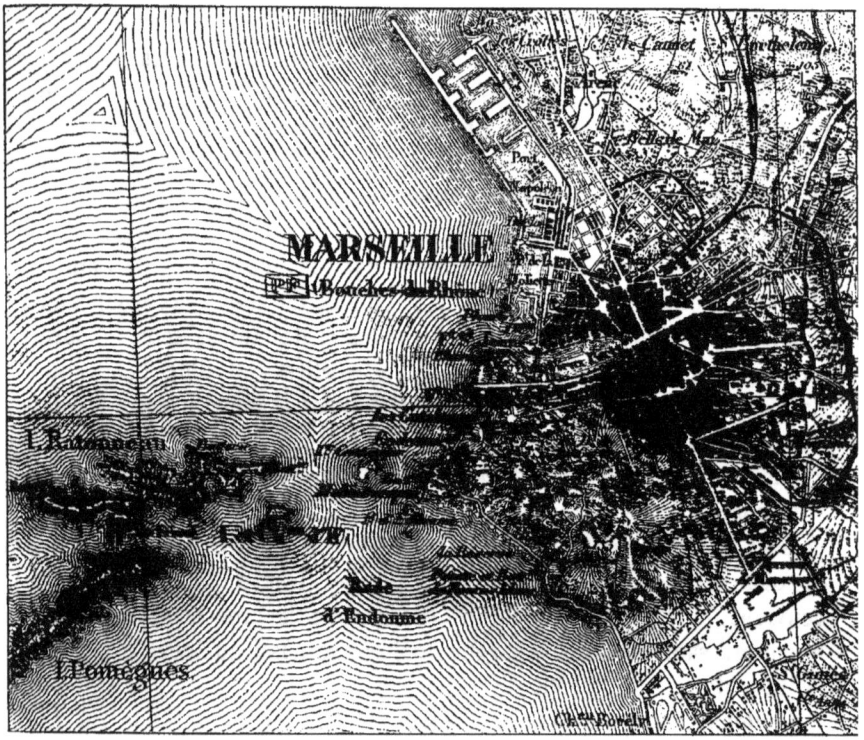

Plan de Marseille et des îles de la rade. — Carte au 80 000e de l'état-major.

Les Marseillais. — « Tout le monde vend, achète, trafique; tout le monde vit de son travail. Le plaisir, plus que les distractions intellectuelles, sauf quelques heureuses exceptions qu'il est juste de noter, occupe uniquement les loisirs du moderne Phocéen. Une maison de campagne, la *bastide* quand elle est au milieu des arbres, le *cabanon* quand elle est juchée sur le roc au bord de la mer, est le refuge qu'il affectionne pendant la chaleur torride de l'été. Il s'y livre de grand matin, avec une ardeur que rien ne lasse, à une chasse imaginaire « au poste à feu ou à filet », ou bien à la pêche, où ses efforts sont un peu mieux récompensés. Avec le poisson se confectionne plus d'un mets indigène : la *bouillabaisse*, la *bourride*, épicés, aromatisés, pleins d'ail. Sur ce coin fortuné de la Provence, sous ce climat qu'assainit le mistral, tout le monde, riche et content, coule une existence aisée et quelque peu nonchalante. Le caractère est jovial, bon, généreux, ouvert. On vit en plein air, sur la place publique, comme les anciens. Les mœurs sont restées démocratiques. Le goût des libertés communales, si vif pendant toute l'antiquité et le moyen âge, n'a jamais disparu chez le turbulent Marseillais, et explique ses votes, ses préférences politiques. »   (L. Simonin, *Revue des Deux-Mondes*.)

Personnages. — Le navigateur et astronome Pythéas, né à Marseille, mort au IVe siècle avant Jésus-Christ. Le poète Pétronius, né aussi à Marseille, mort en 66. Saint Victor, né à Marseille, martyrisé en 303. L'em-

Marseille. — Le Vieux-Port.

pereur Constantin II, né à Arles, mort en 340. Saint Rustique, évêque de Narbonne, né à Marseille, ainsi que saint Eutrope, évêque d'Orange, et l'écrivain ecclésiastique Gennade, Ve siècle. Le bienheureux Gérard de Tenque, fondateur de l'ordre des chevaliers hospitaliers de Saint-Jean de Jérusalem, né à Martigues, mort en 1121. Adam de Craponne, auteur du canal de ce nom, né à Salon, mort en 1559. L'astrologue Nostradamus, né à Saint-Remy, mort en 1566. Les marseillais Honoré d'Urfé, auteur du roman de *l'Astrée;* Puget, sculpteur, et Mascaron, prédicateur, morts en 1625, 1694, 1703. Le botaniste Tournefort, né à Aix, mort en 1708. Le cardinal de Forbin-Janson, théologien et diplomate, né à Marseille, mort en 1713. Le marin Forbin, né à Gardanne, mort en 1733. Le peintre Vanloo, né à Aix, ainsi que le moraliste de Vauvenargues, morts en 1745, 1747. Le grammairien Dumarsais, né à Marseille, mort en 1756. Le bailli de Suffren, marin, né à Saint-Cannat, mort en 1788. Le navigateur d'Entrecasteaux, né à Aix, mort en 1793. Le géographe Expilly, né à Saint-

Remy, mort en 1793. L'abbé Barthélemy, auteur du « Voyage d'Anacharsis », né à Cassis, mort en 1795. Le naturaliste Adanson, né à Aix, ainsi que le peintre Granet et le comte Joseph Portalis, magistrat et politique, morts en 1806, 1849, 1858. L'historien Thiers, président de la République française, né à Marseille, mort en 1877.

Administrations. — Le département des Bouches-du-Rhône forme les diocèses d'Aix et de Marseille ; il ressortit à la cour d'appel et à l'académie d'Aix, à la 15e division militaire (Marseille), à la 11e région agricole (Sud), à la 26e conservation forestière (Aix), et à l'arrondissement minéralogique de Marseille.

Marseille. — Le nouveau port de la Joliette.

Il comprend 3 arrondissements : *Marseille, Aix* et *Arles*, avec 29 cantons et 109 communes.

I. **MARSEILLE,** chef-lieu du département[1], est une ville de 442000 âmes, la troisième de France pour la population et la première au point de vue maritime. Elle est située sur le rivage oriental d'une anse de la Méditerranée, et entourée de collines dont la plus rapprochée au sud porte, à 150 mètres d'altitude, le très vénéré sanctuaire de Notre-Dame de la Garde. Ses défenses comprennent le fort voisin de cette chapelle, ceux de Saint-Nicolas et de Saint-Jean, à l'entrée du Vieux-Port, plusieurs batteries et les îlots fortifiés d'If, des Pomègues et de Ratonneau.

[1] Arrondissement de Marseille : 11 *cantons*, 18 communes, 484950 habitants.
Cantons et communes principales : 1-8. *Marseille*, 442240 habitants; Allauch, 3220. — 9. *Aubagne*, 8400; Cuges, 1120; Gémenos, 1500. — 10. *Ciotat (La)*, 12730; Cassis, 1960; Roquefort, 1330. — 11. *Roquevaire*, 3010; Auriol, 2640; Bourine (La), 1240; Saint-Savournin, 1820.

« Vue du large, la **rade** de Marseille présente un aspect grandiose, et la nature a préparé à la ville phocéenne le plus magnifique encadrement. Les montagnes, âpres et nues, s'ordonnent les unes derrière les autres en amphithéâtre, se rattachent par gradations insensibles aux sommets plus élevés de l'Étoile et de Saint-Cyr, et se perdent dans le lointain, azurées par l'air et la distance. Les collines les plus voisines du rivage offrent des contours arrondis et gracieux, et sont en général recouvertes d'une végétation un peu terne, mais durable, qui s'harmonise d'une manière merveilleuse avec les tons bleuâtres et cendrés de la roche. Un nombre infini de taches blanches et presque brillantes marquent la place des bourgs, des hameaux, des villas et de plusieurs milliers de maisons de campagne en miniature. La vie libre, heureuse et prospère, s'épanouit en pleine lumière dans ce vaste hémicycle. La mer pénètre à l'aise dans l'enfoncement du golfe comme dans une immense vasque, et tandis que la côte, encombrée de navires de toute sorte, couverte d'édifices énormes, semble en proie à toute la fièvre du commerce et de l'industrie, les eaux de la rade, d'un bleu sombre, doux et profond, sont sillonnées par de petites voiles blanches qui glissent lentement à la surface de ce miroir, semblables à des cygnes endormis. Au fond, la ville, qui occupe à elle seule tout un groupe de collines, présente à première vue un entassement désordonné de constructions et de monuments à travers un fouillis de navires, de mâts, de vergues, de cordages, qui donnent tout d'un coup la mesure de son importance. Elle s'étale et s'étage avec orgueil dans son exubérante vitalité. Agile, bruyante, ivre de mouvement, éclairée par un soleil prodigue, elle offre à la fois toute la gaieté des grandes villes méridionales, toute la force et l'animation des cités industrielles, maritimes et commerçantes. »

(CH. LENTHÉRIC, *la Grèce et l'Orient en Provence*.)

L'étendue et la population de Marseille ont quadruplé depuis le commencement du siècle. La ville ancienne, qui s'étendait au nord du Vieux-Port, a conservé ses rues étranges et ses maisons mal bâties. Bien que les nouveaux bassins et leurs immenses docks se trouvent de ce côté avec la gare maritime, c'est surtout à l'est et au nord que se sont portés les accroissements et les embellissements modernes.

Deux artères principales, qui se croisent à angle droit, divisent la cité en quatre quartiers : l'une, partant du Vieux-Port, comprend les rues de la Cannebière et de Noailles, les allées de Meilhan et le boulevard de la Madeleine, qui aboutit tout à côté du magnifique jardin de Longchamps ; l'autre, longue de 5 kilomètres, se dirige de la gare maritime au rond-point du Prado, jolie promenade qui va rejoindre la superbe route de la Corniche, bordant les escarpements du littoral.

« La **Cannebière**, dit P. Joanne, jouit de longue date d'une célébrité qui a été souvent tournée en plaisanterie, et citée comme un des exemples caractéristiques de la jactance provençale : « Si Paris avait une Cannebière, ce serait un petit Marseille, » suivant le langage que l'écrivain Joseph Méry prêtait à ses compatriotes. Le propos n'a peut-être jamais été tenu, et d'ailleurs avant 1855 ou 1860 il n'eût pas été aussi ridicule qu'il le paraît au premier abord. Marseille a précédé les autres villes de France, Paris compris, dans le mouvement de rénovation qui les a transformées, et, au milieu du XIXe siècle, aucune voie ne pouvait rivaliser avec la Cannebière pour la largeur, la beauté des maisons, la richesse des magasins, pour

Marseille. — La Cannebière.

l'animation, pour la variété de langage, de costumes et d'allures de la population qui s'y presse : tout y attire l'étranger. La perspective se complète par une vue admirable sur la mer. C'est, dit Edmond About, « une porte ouverte sur la Méditerranée et le monde entier. » La Cannebière doit son nom aux champs de chanvre qui en couvraient l'emplacement au XVIe siècle. »

Marseille renferme peu de monuments anciens. De l'époque romaine, il ne reste que les souterrains voûtés appelés caves du Saint-Sauveur; et du moyen âge, les seuls édifices remarquables sont la *Major*, ancienne cathédrale, et l'église Saint-Victor, qui faisait partie d'une célèbre abbaye. Celle-ci, d'apparence féodale, s'élève sur deux étages de cryptes ou catacombes, qui remontent en partie aux premiers siècles chrétiens et où l'on vénère une Vierge noire. Viennent ensuite l'église des Accoules, si populaire par sa flèche en pierre, et l'église des Chartreux, ou Sainte-Madeleine, surmontée de deux élégants clochers; puis, du XIXe siècle, Saint-Joseph, de style classique; Saint-Lazare, Saint-Michel et Saint-Vincent-de-Paul, de style ogival; enfin la nouvelle cathédrale et Notre-Dame de la Garde. Appelée ainsi que l'ancienne, la Major ou Sainte-Marie-Majeure, la cathédrale actuelle est peut-être la plus vaste qui ait été construite en France depuis le moyen âge. Bâtie dans le style byzantin sur un terre-plein qui borde le port de la Joliette, « elle semble offerte aux Orientaux qui débarquent à Marseille comme un souvenir de leur pays. »

Notre-Dame de la Garde, aussi chère aux Marseillais que Notre-Dame de Fourvière l'est aux Lyonnais, a son sanctuaire construit dans le style romano-byzantin, avec coupole octogonale sur la croisée et tour sur la façade; la tour sert de piédestal à une statue colossale de la Vierge, portant dans ses bras l'Enfant Jésus qui bénit la cité. « Le sanctuaire tire son nom de la colline sur laquelle il est situé. C'est de ce point culminant, qui domine la rade de Marseille, la ville entière et son territoire, que l'on veillait jadis à la garde du port et de la grande cité. Aussi la piété reconnaissante se plut à trouver dans ce vocable l'expression de l'office de vigilance et de protection que l'auguste Reine du ciel daigne exercer dans ce lieu béni. Toutefois l'appellation la plus usitée, la plus chère aux cœurs marseillais, c'est toujours, quand il s'agit de la Madone de la Garde : LA BONNE MÈRE! »

« Depuis son origine au XIIIe siècle, ce sanctuaire n'a pas cessé d'être l'un des plus fréquentés du monde catholique. Il existe à Marseille, dans les familles pieuses, une coutume bien touchante; jamais on ne part en voyage sans aller visiter Notre-Dame de la Garde, surtout lorsqu'on doit affronter les dangers de la mer. Au siècle dernier, lorsque les marins apercevaient de loin le sanctuaire, ils chantaient à genoux sur le vaisseau le *Salve Regina*. En passant à la plage de Mont-Redon, qui est au-dessous de la montagne, ils saluaient la sainte Vierge, et, à peine débarqués, ils allaient déposer aux pieds de Marie des *ex-voto* et des offrandes pour la remercier d'avoir été délivrés de quelque tempête ou d'être arrivés au port. Du reste, ce n'est pas seulement aux marins que Notre-Dame de la Garde se montre propice; elle l'est également aux malades et aux affligés. »

(*Les Sanctuaires de Notre-Dame.*)

Les principaux monuments civils ou commémoratifs de Marseille sont : la préfecture, le palais de justice, la Bourse, le château du Pharo, construit sur un promontoire à l'entrée du Vieux-Port; le château Borély, avec parc et musée des antiques; la statue de Belsunce, la colonne de l'Immaculée-Conception, l'Arc de triomphe et le monument à la mémoire des enfants des Bouches-du-Rhône, morts pour la patrie en 1870-71. Mais la perle monumentale de Marseille, c'est son palais des Arts, dit palais de Longchamps. Cet édifice, « parfait dans son ensemble et complet dans ses détails, » s'élève en forme d'hémicycle au-dessus et en avant d'un magnifique jardin botanique; il comprend au centre un château d'eau, à droite et à gauche les musées de peinture, de sculpture et d'histoire naturelle.

Jadis privée d'eau, la ville en est aujourd'hui pourvue par un canal issu de la Durance, qui non seulement l'abreuve et l'assainit, mais encore fertilise toute sa banlieue.

Le commerce maritime, qui a fait de Marseille le premier port de la France et de la Méditerranée, a obligé à découper en pleine mer des bassins qui ont plus que sextuplé l'ancienne superficie de mouillage et de quais du Vieux-Port, créé par la nature dans une admirable situation. La superficie totale des bassins est de 184 hectares, et la longueur utilisable des quais de 16 000 mètres. Une immense digue, parallèle à la côte, ferme du côté du large les nouveaux bassins, dits, du sud au nord: de la Joliette, du Lazaret, d'Arenc, de la Gare-

Notre-Dame de la Garde.

Maritime, bassins National et de la Pinède, auxquels il faut joindre le bassin de radoub, merveilleusement outillé pour le doublage et la réparation des navires. Le port de refuge du Frioul, formé par les îles Pomègues et Ratonneau, réunies par une digue, est destiné aux quarantaines pour les bâtiments arrivant des contrées où sévit la peste. La marine spéciale du port comprend plus de 220 navires à vapeur, jaugeant 210 000 tonneaux et appartenant à diverses Compagnies: *Messageries maritimes, Compagnie générale transatlantique, Compagnie Fraissinet, Société générale de Transports maritimes, Compagnie de navigation mixte* (Touache), etc.

Le mouvement du port de Marseille a été, en 1893, de 15 000 navires jaugeant 9 000 000 de tonneaux, entrées et sorties réunies. La valeur du trafic, qui est presque deux fois plus considérable à l'importation qu'à l'exportation, représente le quart du commerce extérieur de la France, soit environ deux milliards de francs. Les matières importées sont : en premier lieu, les céréales de la Russie, des Indes, des États-Unis, de l'Égypte, de l'Algérie et de la Roumanie; puis viennent, sans ordre d'importance bien déterminé, le coton, la soie, la laine, l'alfa et le sparte; les minerais, le pétrole, la houille et les bois; les bestiaux et les peaux, le sucre de canne en poudre, le café et les graines oléagineuses, les raisins secs et les vins, le cacao et les épices. Les objets exportés sont surtout les suivants : tissus, passementerie, rubans de coton et de laine, soies et bourres de soie, céréales et farines, pâtes alimentaires, sucres raffinés, vins et liqueurs, huiles et savons, ouvrages en peau et en cuir, métaux ouvrés, ciment, tuiles, briques et faïence. Au mouvement du port, il convient d'ajouter le transport si considérable par les chemins de fer ; or, entre cette ville et Paris, le trajet peut s'effectuer en treize heures.

Marseille ne se borne pas à servir d'intermédiaire entre la France et les autres pays du monde, elle contribue aussi directement à l'activité des échanges par sa propre industrie, qui comprend principalement des savonneries, dont les produits sont sans rival pour la qualité et la quantité ; des fabriques nombreuses d'huiles d'olives et de graines; des minoteries, des raffineries, des tanneries, des forges, fonderies et hauts fourneaux; des ateliers de construction mécanique pour navires et chemins de fer. La pêche de la morue et des autres poissons fournit aussi un article considérable de commerce.

Malgré son importance, Marseille est loin d'être un centre complet d'administration; car elle ressortit toujours à Aix au triple point de vue ecclésiastique, judiciaire et universitaire; aussi bien n'est-elle pas ce qu'on appelle une « ville savante ».

Historique. — Marseille, l'ancienne *Massalia*, fut fondée en l'an 600 avant Jésus-Christ, probablement sur l'emplacement d'un comptoir phénicien, par une colonie phocéenne venue de l'Asie Mineure. Rapidement enrichie, elle bâtit à son tour plusieurs villes maritimes, telles que *Nicæa* (Nice), *Antipolis* (Antibes), *Agatha* (Agde). Rivale de Carthage, elle partagea avec cette ville célèbre le commerce de la Méditerranée. Elle s'allia de bonne heure aux Romains, et leur ouvrit le chemin de la conquête de la Gaule en les appelant à son secours contre les Ligures en 154 et 125 avant Jésus-Christ. Lors de la formation de la Province romaine, trois ans plus tard, Marseille demeura ville libre alliée de Rome; mais, ayant dans la suite embrassé le parti de Pompée contre César, elle fut prise en l'an 49 et dépouillée de ses colonies, à l'exception de Nice. Elle conserva pourtant son indépendance et cultiva avec tant de succès les lettres et les arts, qu'elle mérita le surnom d'Athènes des Gaules; mais une ville romaine s'établit à côté de la cité grecque, puis la domination étrangère finit par tout absorber. La prédication du christianisme amena la création de l'évêché de Marseille, dont une tradition provençale fait honneur à saint Lazare, le ressuscité de l'Évangile. Après le martyre en 303 de l'illustre saint Victor, il s'éleva sur son tombeau une puissante abbaye qui devint mère d'un grand nombre d'autres en Provence et en Languedoc. Les Barbares, puis les Sarrasins ravagèrent Marseille, qui passa au IVe siècle sous la domination de Boson. La ville grecque, qui avait conservé en partie son organisation primitive, obtint en 1112 une charte de ses vicomtes et s'érigea en république sous la présidence d'un podestat viager, tandis que la cité romaine, ou le quartier de la Major, continua d'appartenir à l'évêque. Au XIIIe siècle, la ville entière dut se soumettre aux comtes de Provence, ce qui, du reste, ne l'empêcha pas de recouvrer son autonomie dans la suite; mais elle demeura toujours impuissante au moyen âge à lutter contre Gênes et Venise, ses rivales commerciales. Saccagée en 1423

Cathédrale de Marseille.

par Alphonse d'Aragon, elle répara ses désastres sous le bon roi René; puis elle fut réunie à la France en 1481. Les impériaux, commandés par le connétable de Bourbon, l'assiégèrent inutilement en 1524; Charles-Quint lui-même fit, en 1586, une tentative qui n'eut pas plus de succès. Marseille, demeurée franchement catholique à l'époque de la Réforme, se montra très remuante pendant la Fronde, et vit à cette occasion s'élever le fort Saint-Nicolas, destiné à la contenir. Cependant elle redevint très prospère sous l'administration de Colbert, qui fit déclarer son port franc. Cette prospérité fut un moment très ébranlée par la fameuse peste de 1720, qui réduisit la population de 90000 à 50000 âmes. Chacun sait avec quel dévouement Mgr de Belsunce se prodigua alors en faveur de ses malheureux diocésains, surtout en leur portant les secours religieux qui assurent le salut éternel. Le 1er novembre, sur un autel au milieu du Cours, il célébra la messe pieds nus et la corde au cou, s'offrant comme une victime pour fléchir la colère céleste. Toutefois ce ne fut qu'après un vœu au sacré Cœur, fait publiquement au nom de la ville par l'évêque et les magistrats, que le fléau disparut complètement et sans retour.

Dès le commencement de la Révolution, l'effervescence s'empara de la ville, qui envoya sur Paris, en juillet 1792, un bataillon de « fédérés » destiné au camp de réserve de Soissons. Ces « Marseillais » prirent part, le 10 août, à l'attaque des Tuileries en chantant l'hymne guerrier, alors encore peu connu et depuis appelé de leur nom, *la Marseillaise*. Cependant Marseille se révolta contre la Convention en 1793, et prit ensuite part à la réaction thermidorienne. En 1814, elle vit avec joie la chute de Napoléon, qu'elle accusait de la ruine de son commerce, et en 1815, après Waterloo, elle eut sa « terreur blanche ». La conquête de l'Algérie mit fin à la piraterie barbaresque, si longtemps funeste au commerce méditerranéen et fut pour Marseille le signal d'une nouvelle ère de prospérité, aussi bien que le canal de Suez, véritable porte ouverte sur l'Afrique orientale, les Indes et l'Extrême-Orient. Toutefois le tunnel du Saint-Gothard a permis à Gênes de lui faire une concurrence sans cesse grandissante.

Allauch, au nord-est de Marseille, s'élève en amphithéâtre sur le penchant d'un coteau qu'il couronnait jadis, et où se trouvent encore les restes d'une double enceinte flanquée de tours, avec l'ancienne chapelle Notre-Dame du Château.

AUBAGNE, sur l'Huveaune, que domine la montagne crayeuse de Carlaban, approvisionne Marseille de légumes et de fruits, en même temps qu'il fabrique des poteries et autres produits céramiques. C'était autrefois le siège d'une baronnie, et une place forte dont les Ligueurs s'emparèrent en 1589. On y a élevé une fontaine monumentale à la mémoire de l'aubanien Barthélemy, membre du Directoire. — *Gemenos*, au pied occidental de la Sainte-Baume, est bâti dans une contrée des plus riantes, où l'on remarque surtout le vallon de Saint-Pons, chanté par Delille dans « l'hymne des Champs »; aussi est-il un des rendez-vous de prédilection des Marseillais. — *Cujes* a pour spécialité la culture des câpres.

La Ciotat est une ville maritime de 12700 âmes, située sur le golfe des Lèques, au pied d'un singulier rocher qui termine le cap du Bec-de-l'Aigle. Son port offre un bon mouillage aux navires de commerce et même de guerre; néanmoins le trafic y est peu considérable. La localité doit surtout son importance aux chantiers de la Compagnie des Messageries maritimes, qui emploient 3000 ouvriers à la construction des bâtiments à vapeur. — La Ciotat occupe l'emplacement de l'ancienne Cysthariste, fondée par les Massaliotes en 160 avant Jésus-Christ. Elle s'accrut au XIIe siècle par l'établissement de nombreux pêcheurs catalans, et compta 12000 habitants sous François Ier. — *Cassis*, sur la baie de même nom, est un petit port de pêche et de cabotage qui exporte les excellents vins muscats de son territoire, et les pierres de taille des nombreuses carrières voisines.

ROQUEVAIRE et *Auriol*, sur l'Huveaune, se distinguent, le premier par ses vins muscats, le second par ses intéressants vestiges de villas romaines; tous deux fabriquent du papier, des huiles et des faïences ou produits réfractaires. Dans leurs environs s'exploitent d'importants gisements de houille et de plâtre.

II. **AIX**, sous-préfecture de 29 000 habitants [1], est située par 205 mètres d'altitude à deux kilomètres de l'Arc, dans une plaine fertilisée et embellie par la dérivation du Verdon. Cette ville célèbre est très ancienne. Première colonie romaine dans les Gaules, elle fut fondée vers l'an 122 avant Jésus-Christ, auprès de sources thermales, par le consul Sextius Calvinus, qui l'appela *Aquæ Sextiæ :* d'où le nom d'Aix. Dotée d'un évêché au premier siècle par saint Maximin, la cité devint, au IVe, la métropole de la Narbonnaise seconde, en même temps qu'elle était érigée en capitale de cette nouvelle province. La ville fut donc très prospère sous les Romains ; mais elle n'en eut que plus à souffrir de la part des Barbares et des Sarrasins. Heureusement pour sa restauration, elle devint au Xe siècle la résidence des comtes de Provence, qui y formèrent une cour élégante et lettrée. Les ducs d'Anjou y fondèrent une université en 1409, Louis XII un fameux parlement en 1501, et Henri III une généralité en 1577 ; aux XVIIe et XVIIIe siècles, elle était capitale du gouvernement de Provence. Ces privilèges, Aix les a conservés en partie ; car, si elle n'a plus la prééminence civile, elle est le siège de l'académie, de l'archevêché et de la cour d'appel, auxquels ressortit le département ; en outre, elle possède l'une de nos trois écoles d'arts et métiers. Aix se divise en trois

Un détail de la cathédrale d'Aix.

---

[1] Arrondissement d'Aix : 10 *cantons*, 59 communes, 106 290 habitants.
Cantons et communes principales : 1-2. *Aix,* 28 910 habitants. — 3. *Berre,* 1570 ; Fare (La), 1080 ; Ventabren, 1010. — 4. *Gardanne,* 3060 ; Mimet, Pennes (Les), 1990 ; Septèmes, 1740. — 5. *Istres,* 3500 ; Fos, 1470 ; Saint-Chamas, 2240. — 6. *Lambesc,* 2350 ; Rognes, 1130 ; Roque (La), 1520 ; Saint-Cannat, 1210. — 7. *Martigues,* 5660 ; Châteauneuf, 1130 ; Marignane, 1920 ; Port-de-Bouc, 1300. — 8. *Peyrolles,* 1010 ; Jouques, 1300 ; Meyrargues. 1010 ; Puy (Le), 1310. — 9. *Salon,* 10 940 ; Barben (La), Grans, 1780 ; Lançon, 1290 ; Miramas, 2130 ; Pélissanne, 1590. — 10. *Trets,* 2520 ; Fuveau, 2190.

parties : la vieille ville, aux rues irrégulières et étroites; la ville neuve, bien bâtie, et le faubourg Saint-Louis. On y remarque plusieurs édifices classés parmi les monuments historiques; tels sont : les restes des thermes romains, dans l'établissement thermal dit Bains Sextius; la cathédrale Saint-Sauveur, avec un riche portail et un baptistère du vi[e] siècle, restauré au xviiie; l'église Saint-Jean de Malte, surmontée d'une flèche de 67 mètres de haut, et renfermant d'admirables tombeaux des comtes de Provence. Il faut encore citer Sainte-Madeleine, avec sa façade de style Renaissance; l'hôtel de ville et sa tour de l'Horloge; le palais de justice, ancienne résidence des comtes. La ville possède aussi plusieurs musées et deux riches bibliothèques; ses places et promenades sont ornées de belles fontaines, dont l'une porte la statue du roi René, si cher aux Provençaux. Parmi les industries aixoises, les principales sont : la minoterie, la chapellerie et surtout la fabrication des huiles d'olives, qui, avec les amandes de la contrée, s'exportent dans le monde entier. Quant aux eaux thermales bicarbonées calciques (20° et 37°), qui firent la prospérité de la ville romaine, elles sont toujours utilisées; mais les malades leur préfèrent les sources qui jaillissent dans les frais et pittoresques vallons des montagnes.

Berre, sur la rive orientale du vaste étang de ce nom, vit du produit de ses salines et de la pêche, ainsi que du commerce des huiles et des fruits de son territoire; c'était autrefois une place forte avec titre de baronnie. — La commune de *Ventabren* montre le beau pont-aqueduc de Roquefavour, qui conduit par-dessus la vallée de l'Arc les eaux du canal de Marseille. Cet aqueduc, haut de 80 mètres et long de 400, se compose, comme le Pont-du-Gard, de deux rangs superposés de grandes arcades et d'un rang de petites arcades en attique.

Gardanne, au sud d'Aix, exploite des mines de lignite et possède de jolies fontaines, entre autres la fontaine du Roi, qui occupe l'emplacement d'un château de chasse du roi René. Aux environs, les fidèles se rendent en pèlerinage à la chapelle Notre-Dame d'Espérance, et, près de *Mimet*, à celle de Notre-Dame des Anges, qui occupe une grotte en partie creusée de main d'homme et ornée de curieuses stalactites. — *Septèmes* a des fonderies et des fabriques de produits chimiques. Le 24 août 1793, les Marseillais, insurgés contre la Convention, y furent battus par Doppet et Carteaux.

Istres, près de la rive occidentale de l'étang de Berre, est une petite ville entourée de vieux remparts et dominée par les restes d'un château fort; elle exploite des salines et fabrique de la soude. — *Saint-Chamas*, sur la rive nord du même étang, possède une poudrerie de l'État, qui fournit annuellement un million de kilogrammes de poudre. Au sud-est, la Touloubre est franchie par le pont Flavien, construit sous Auguste ou Tibère : c'est le plus ancien pont de France. — *Fos,* près d'un golfe, doit son nom aux Fosses-Mariennes (*Fossæ Marianæ*), canal de navigation creusé par les soldats de Marius, campés en 104 et 103 avant Jésus-Christ entre

Arles et Marseille, pour y attendre les Teutons qui s'avançaient vers la Province romaine.

Lambesc est une ville d'origine antique, qui était avant la Révolution le siège d'une principauté de la maison de Lorraine, et le lieu de réunion des états de Provence. Il s'y fabrique des confitures et des conserves alimentaires. — *La Roque-d'Anthéron*, dans la vallée de la Durance, offre un beau château avec parc, des restes bien conservés de l'abbaye cistercienne de Sylvacane, reconstruite vers 1250, et, dans un très joli site, l'ermitage de Sainte-Anne de Goiron, avec chapelle du XIIIe siècle.

Martigues est une ville maritime située à l'origine de l'étang, ou plutôt

Arles. — Cloître de Saint-Trophime.

chenal de Caronte, qui relie l'étang de Berre au Port-de-Bouc. Son industrie comprend, outre une pêche et une chasse actives, la construction des bateaux, la préparation alimentaire d'œufs de poissons, dite boutargue, la production du sel et de la soude. Martigues se compose de trois quartiers séparés par des canaux : Jonquières, l'Ile et Ferrières, ce qui lui a fait donner, mais avec une exagération évidente, le surnom de « Venise provençale ». D'origine incertaine, cette localité fut organisée en bastide en 1232 et érigée en principauté par Henri IV. Sous Louis XIV, elle compta jusqu'à 20 000 habitants, c'est-à-dire plus de trois fois sa population actuelle. — *Port-de-Bouc*, sur le golfe de Fos, où aboutit le canal d'Arles, est un petit port de cabotage accessible aux plus grands navires et pouvant, en temps de guerre, servir de refuge à une flotte entière. — *Marignane*, sur l'étang de Bolmon, possède une chapelle de Notre-Dame de Pitié, — et *Peyrolles*, près de la Durance, une chapelle du Saint-Sépulcre.

Salon, dans une plaine fertilisée par le canal de Craponne, est un centre agricole important et très prospère, qui produit notamment beaucoup d'huile d'olive et une grande quantité de fruits, alimentant les marchés d'Aix, d'Arles et de Marseille. On y remarque des restes de fortifications; l'église Saint-Michel, bâtie au xiiie siècle par les Templiers; celle de Saint-Laurent, ancienne collégiale renfermant le tombeau du fameux astrologue Nostradamus, et une fontaine monumentale érigée en mémoire d'Adam de Craponne, l'auteur du canal qui porte son nom. — *La Barben,* sur la Touloubre, montre un château fort des plus pittoresques ayant appartenu au roi René. — En aval, *Pélissanne* possède des filatures de soie, ainsi que *Lançon,* tandis que *Miramas,* à l'extrémité nord de l'étang de Berre, se fait remarquer par son rocher, dont les flancs sont percés de grottes et le sommet couronné de belles ruines féodales.

Trets, près de l'Arc, au pied du mont Olympe portant l'ermitage de Saint-Jean-Baptiste, était jadis une ville importante, dont les invasions sarrasines amenèrent la décadence, mais qui était encore une place très forte au xvie siècle. C'est aujourd'hui, avec *Fuveau,* le centre d'exploitation des mines de lignite les plus considérables de France.

III. **ARLES**, sous-préfecture de 25 000 habitants[1], est située entre 1 mètre 70 et 17 mètres d'altitude, un peu au-dessous de l'origine du delta du Rhône, sur la rive gauche du bras principal, qu'un pont et un viaduc relient au faubourg de Trinquetaille. Entourée de beaux boulevards, Arles ne présente guère à l'intérieur que des rues irrégulières et mal pavées; mais, en revanche, que de débris romains témoignent de sa splendeur passée! Tels sont un obélisque de 15 mètres de haut, des restes de thermes, d'aqueducs, d'un pont, des vestiges du palais de Constantin, toute une ligne de remparts à l'est de la ville. Les *Arènes,* où 25 000 spectateurs pouvaient assister aux combats de taureaux et de gladiateurs, sont un vrai colosse de pierres composé de deux étages superposés d'arcades en forme d'ellipse, dont le grand axe mesure 140 mètres de longueur. Plus grandes, mais bien moins conservées que celles de Nîmes, elles servirent également de forteresse au moyen âge et devinrent ensuite un lieu habité. Elles ne furent déblayées qu'en 1825, puis appropriées de nouveau à des courses de taureaux. Le *théâtre* antique, bâti en demi-cercle comme celui d'Orange, n'offre plus que des ruines peu considérables; les œuvres d'art qu'on y a trouvées sont au musée, à part la célèbre « Vénus d'Arles », qui est au Louvre. Les *Alyscamps,* ou Champs-Élysées, sont l'ancien cimetière romain, consacré aux sépultures chrétiennes par saint Trophime, l'apôtre et le premier évêque de la cité. Jusqu'au xiie siècle, leur célébrité était telle, qu'on y envoyait des morts de fort loin. Ce n'est

---

[1] Arrondissement d'Arles : 8 *cantons*, 32 communes, 82 580 habitants.
Cantons et communes principales : 1-2. *Arles,* 24 570 habitants; Fontvielle, 2 540. — 3. *Châteaurenard-Provence,* 6 190; Barbentane, 2 790; Eyragues, 1 950; Graveson, 1 620; Noves, 2 170; Rognonas, 1 330. — 4. *Eyguières,* 2 330; Lamalon, Mallemort, 2 200. — 5. *Orgon,* 2 620; Cabannes, 1 580; Eygalières, 1 240; Saint-Andiol, 1 230; Sénas, 1 890. — 6. *Saintes-Maries* (Les), 1 450. — *Saint-Remy,* 5 980; Baux (Les), Maillanne, 1 350; Maussanne, 1 370; Mouriès, 1 680. — 8. *Tarascon,* 9 020; Boulbon, 1 020.

plus aujourd'hui qu'une promenade, des deux côtés de laquelle sont disposés des tombeaux chrétiens et païens; encore les plus intéressants de ces tombeaux se trouvent-ils au musée, qui renferme également beaucoup d'anciens autels et statues, ainsi que de précieux fragments d'architecture de toutes époques.

Parmi les édifices religieux, on remarque surtout l'ancienne cathédrale *Saint-Trophime*, avec son magnifique porche roman du XIIe siècle et le cloître presque attenant, célèbre par ses galeries romanes ornées de sta-

Arles. — Ruines des Arènes.

tues, colonnettes, frises et chapiteaux. Notre-Dame-la-Major, du XIe siècle, occupe l'emplacement d'un temple païen de Cybèle. Le principal édifice moderne est l'hôtel de ville, construit sur les dessins de Mansart.

A 4 kilomètres nord-est se voient les beaux restes de l'abbaye bénédictine de *Montmajour*, fondée au VIe siècle par saint Césaire, évêque d'Arles. Reconstruite à différentes époques et fortifiée, elle est dominée par une haute tour à mâchicoulis. Près de là se trouvent la chapelle romane de Sainte-Croix et celle de Saint-Pierre, renfermant une cellule creusée dans le roc et appelée « le confessionnal de saint Trophime ».

L'industrie arlésienne comprend la minoterie, la fabrication de l'huile d'olive et de saucissons renommés, la construction des bateaux et un important atelier de réparation des chemins de fer. Le commerce se fait en partie par le port de la ville, accessible aux bâtiments de 450 tonneaux, grâce au canal d'Arles à Bouc et au canal maritime de Saint-Louis, près de l'embouchure du Grand-Rhône. La commune d'Arles, la plus vaste de France (123 000 hectares), nourrit 200 000 moutons dans la plaine de la Crau, ainsi que de nombreux chevaux et bœufs à demi sauvages dans l'île de la Camargue.

Arles, l'antique *Arelate*, fut dès le ve siècle avant Jésus-Christ la plus puissante colonie de Marseille. Marius la réunit par un canal au golfe de Fos, et Jules César y établit une colonie romaine. Constantin, après l'avoir embellie et fortifiée, y résida souvent et fonda sur la rive droite du fleuve le quartier appelé aujourd'hui Trinquetaille, qu'il relia par un pont de bateaux à Arles. Celle-ci, qu'on surnommait alors la « petite Rome gauloise », devint sous Honorius le siège de la préfecture des Gaules, qui comprenait, outre la Gaule proprement dite, la Bretagne romaine, l'Hispanie et la Mauritanie Tingitane. Mais le flot de l'invasion qui ruina l'empire d'Occident approchait. Arles ne tarda pas à voir disparaître la plupart de ses monuments sous les coups des Goths, des Francs, et plus tard des Sarrasins. Elle conserva du moins son rang de métropole ecclésiastique, et, du ive au xiiie siècle, il s'y réunit treize conciles. De plus, elle devint en 879 la capitale du royaume de Bourgogne cisjurane, et en 933 celle du royaume d'Arles, formé par la réunion des Bourgognes transjurane et cisjurane. En 1032, ce royaume fut légué à Conrad II, roi de Germanie; puis, un siècle plus tard, Arles se constitua en république indépendante, sous l'administration de podestats, et atteignit alors l'apogée de sa prospérité maritime. Prise en 1252 par Charles d'Anjou, comte de Provence, elle suivit dès lors la destinée de cette province, qui fut réunie à la France en 1487. Ses habitants résistèrent victorieusement à Charles-Quint en 1536, et ne reconnurent Henri IV qu'après sa conversion au catholicisme. La Révolution supprima son archevêché.

De la commune d'Arles fait partie le port *Saint-Louis*, récemment créé sur la rive gauche du Grand-Rhône. Terminus d'un chemin de fer qui le relie à Arles, ce port est accessible aux plus grands navires, grâce au canal de 4 kilomètres qui le fait communiquer avec le golfe de Fos, où se trouve un avant-port vaste et commode. Déjà, en 1896, le mouvement de son commerce s'élevait à 260 000 tonnes, ce qui lui présage un avenir prospère.

FONTVIELLE, au pied de la chaîne des Alpines, exploite depuis le xve siècle d'importantes carrières de pierres de taille, dites pierres d'Arles.

CHATEAURENARD, centre agricole dans la vallée de la Durance, montre deux tours d'un château des comtes de Provence. — A l'est, *Noves* possède des remparts du xive siècle, percés de portes crénelées, et une chapelle de Notre-Dame, but de pèlerinage. — *Eyragues* conserve une église fortifiée du xie siècle, — et *Barbentane*, une très belle tour couronnant sa colline.

EYGUIÈRES s'élève au pied du mont des Aupies (492 mètres), dans une contrée fertile en oliviers et mûriers. — A l'est, *Lamanon* offre les grottes de Calès, occupant deux dépressions de la montagne boisée du Défends. Dans la tradition populaire, ces grottes ont servi de repaire aux brigands. Elles se composent de plusieurs étages; les unes sont de primitives grottes naturelles, les autres ont été taillées artificiellement dans l'épais-

Arles. — Les Alyscamps et les tombes antiques.

seur du tuf argileux en forme de trous carrés. Elles passent pour avoir été habitées avant et pendant l'ère chrétienne.

Orgon, centre agricole sur la Durance et la branche nord du canal des Alpines, est dominé par une colline calcaire qui porte les ruines de deux châteaux : l'un, qui appartenait aux comtes de Provence, fut démantelé en 1483; l'autre, qui le remplaça, fut à son tour démoli en 1629, en même temps que les remparts de la ville. — *Cabannes* possède de très importantes pépinières, dont les produits s'exportent en tous pays. — *Saint-*

Andiol a une église fortifiée de 1567 ; — *Eygalières*, des restes d'un aqueduc romain et d'un camp retranché.

Le bourg des Saintes-Maries, près de l'embouchure du Petit-Rhône, est le chef-lieu d'une commune de 37600 hectares, comprenant la moitié de la Camargue avec presque tous ses étangs, notamment celui de Valcarès. L'église est couronnée, à l'extérieur, d'un chemin de ronde et de mâchicoulis du XIIIe siècle, jadis destinés à sa défense contre les pirates barbaresques qui l'attaquèrent souvent. A l'intérieur, des tombeaux attirent de nombreux pèlerins. Une tradition raconte, en effet, que là débarquèrent, quelque temps après la Passion du divin Sauveur, les saintes femmes qui l'avaient servi durant sa prédication, et que leurs compatriotes inconvertis avaient forcées de s'exiler. Parmi elles se trouvaient Marie-Madeleine, qui n'y demeura pas ; Marie Jacobé et Marie Salomé, qui y furent ensevelies : d'où le nom donné à la localité qui se forma depuis en ce lieu.

Saint-Remy, au nord de la chaîne des Alpines, dans la fertile contrée des Paluds, exploite des carrières de pierres de taille et fait le commerce de grains. On y remarque la maison natale du fameux Nostradamus, et les beaux boulevards qui ont remplacé sa double enceinte fortifiée. Au sud se trouvent l'asile d'aliénés de Saint-Paul et les débris de la ville romaine de *Glanum Livii*, parmi lesquels on remarque un arc de triomphe très endommagé et un mausolée de 18 mètres de haut d'une conservation presque parfaite. Glanum ayant été détruite par les Westgoths, quelques-uns de ses habitants se réunirent pour former le noyau de la ville actuelle, qui prit le nom de l'illustre apôtre des Francs.

Au pied méridional des Alpines s'élève l'ancienne ville des **Baux**, jadis « séjour d'une cour charmante et domaine de puissants seigneurs, qui donnaient des podestats à toute la Provence ; aujourd'hui c'est une vaste solitude. Sa position est des plus pittoresques. Comme toutes les villes du moyen âge, elle est perchée au sommet d'un rocher de difficile accès. Cette roche est un calcaire très tendre, qui se taille avec facilité, mais se décompose et tombe en effervescence à l'air d'une manière bizarre, formant ainsi des cavités plus ou moins profondes et de l'aspect le plus varié. Sa mollesse et sa compacité ont donné sans doute aux premiers habitants du bourg l'idée de se tailler une ville dans le roc vif, au lieu d'élever des maisons et des murailles en entassant pierres sur pierres. L'ancien château, dont les restes occupent une partie considérable dans l'emplacement de la ville, est en grande partie construit, ou plutôt travaillé de cette façon. Des tours ont été faites en élevant de grands carrés de rocs ; des murailles sont des tranches de pierre d'un seul morceau, coupées à même dans le roc qu'on a déblayé à l'intérieur. Un grand nombre de chambres et même de maisons ont été pratiquées de la même manière. Il est impossible de décrire les ruines étranges que forment ces masses énormes en s'éboulant ».
(Mérimée, *le Midi de la France*.)

Mauriès occupe à peu près l'emplacement de la cité gallo-romaine de *Tericiæ*; on y a découvert un grand nombre d'antiquités, ainsi qu'à *Maussanne*.

Tarascon est une ville de 9000 âmes située sur la rive gauche du Rhône, en face de Beaucaire, auquel la relie un magnifique pont suspendu de 450 mètres de longueur. Elle offre deux monuments remarquables datant du moyen âge. Le premier est l'église Sainte-Marthe, précédée d'une belle façade romane et renfermant, avec le tombeau de la sainte, de bons tableaux qui représentent des scènes de sa vie; l'autre est l'imposant château féodal des comtes de Provence, qui sert aujourd'hui de prison. Cette

Costumes provençaux.

ville, siège du tribunal civil de l'arrondissement d'Arles, a pour industrie la filature des cocons, la fabrication des huiles et des cuirs, la préparation de saucissons renommés et l'extraction des pierres de taille. — D'abord comptoir massaliote, puis colonie romaine, Tarascon fut évangélisée, avec le pays voisin, par sainte Marthe au Ier siècle de notre ère. Cette conversion se fit surtout après que la sainte eut miraculeusement délivré la contrée d'un horrible dragon appelé la « Tarasque », qui dévorait bêtes et gens. Tous les ans, dans un jour de fête moitié religieuse, moitié profane, l'image de ce monstre parcourt les rues de la ville, entraîné au pas de course par les « Tarascaires », ou chevaliers de la Tarasque; ce qui attire une affluence considérable des alentours. — Aux environs se trouvent le village de *Saint-Gabriel*, qui occupe à peu près l'emplacement d'*Emerginum*, ville secondaire des Salyens, et dans le petit massif de la Montagnette l'abbaye des Prémontrés de Saint-Michel-de-Frigolet, dont les religieux furent, comme tant d'autres, odieusement chassés de leur couvent en 1880, mais au milieu de scènes particulièrement émouvantes et dramatiques.

VAR

3 ARRONDISSEMENTS, 28 CANTONS, 147 COMMUNES, 309 200 HABITANTS

Géographie. — Le département du *Var* est ainsi nommé d'un petit fleuve qui n'y coule plus depuis que l'arrondissement de Grasse en a été distrait en 1860, lors de la formation des Alpes-Maritimes. Il devrait donc recevoir une autre dénomination, par exemple : département de l'Argens, du nom de sa jolie rivière centrale, ou département de la Méditerranée, d'après la mer qui le baigne au sud. Formé d'une portion de l'ancienne Basse-Provence, il mesure 6 044 kilomètres carrés; ce qui le place au 47e rang pour la superficie.

Ce territoire est sillonné de montagnes plus ou moins hautes, qui, près de la mer, sont schisteuses ou granitiques, telles que la chaîne des Maures, 779 mètres; ou porphyriques, comme l'Estérel, 616 mètres, tous deux généralement boisés; calcaires et passablement dénudées ailleurs, où se trouvent à l'ouest le massif de la Sainte-Baume, 1154 mètres, célèbre par son pèlerinage à sainte Marie-Madeleine, et au nord-est les Alpes de Provence, avec la montagne de Beausoleil et celle de la Chense, 1 713 mètres, point culminant du Var, lequel trône au nord de Fayence, sur la frontière des Alpes-Maritimes. Entre ces monts s'étendent des plateaux stériles, secs et fendillés, où les eaux pluviales s'engouffrent dans des entonnoirs appelés *embucs*, pour rejaillir dans les vallées en admirables « foux ». Ces vallées, généralement étroites et souvent profondes, n'offrent parfois qu'un défilé sauvage, comme les fameuses gorges d'Ollioules, sur la route d'Aubagne à Toulon. De nombreuses grottes se rencontrent principalement dans la région calcaire. Draguignan est à 207 mètres d'altitude, Brignoles à 220 mètres; l'altitude moyenne est d'environ 400 mètres.

La merveilleuse côte du Var, généralement baignée par une mer calme sous un ciel lumineux, est découpée en une multitude de golfes arrondis et de promontoires aussi élevés qu'harmonieux, abritant des ports plus ou moins considérables. Citons, de l'est à l'ouest : la jolie rade d'Agay, le golfe de Fréjus ou de Saint-Raphaël, celui de Saint-Tropez, limité au sud par la presqu'île que termine le cap Camarat; la vaste rade d'Hyères, voisine d'une célèbre ville d'hiver, et qui, fermée au large par les îles du Levant, de Port-Cros et de Porquerolles, s'étend entre le cap Bénat et la presqu'île de Giens; la double rade de Toulon, abritée au sud par les

Gorges d'Ollioules, près de Toulon : calcaires, grès et basaltes.

presqu'îles des caps Sépet et Sicié; la baie de Sanary (Saint-Nazaire), avec son île des Embiers; la baie semi-circulaire de Bandol, le golfe des Lèques, appartenant principalement aux Bouches-du-Rhône.

Les eaux du département se rendent en partie au Rhône par la *Durance,* dont l'affluent le *Verdon* court sur la frontière nord, où il recueille le Jabron. Mais la majeure partie du territoire relève de divers bassins côtiers, savoir : la Siagne, qui forme limite à l'est; le Gapeau, qui finit dans la rade d'Hyères; la Môle, tributaire du golfe de Saint-Tropez, et surtout l'*Argens,* qui, sujet à des débordements terribles, se termine dans le golfe de Fréjus, après avoir parcouru le département dans presque toute sa longueur. Durant son cours, qui dépasse 100 kilomètres, l'Argens reçoit l'Issole, grossie du Caramy, venu de Brignoles, et la Nartuby, qui passe devant Draguignan, recueille l'abondante foux de Trans et forme plusieurs cascades.

Climat. Productions. — Le Var jouit, avec les Alpes-Maritimes et la Corse, du *climat* (méditerranéen) le plus beau et le plus doux de France, grâce à l'heureuse disposition des côtes faisant face au midi, et protégées par des montagnes contre les intempéries du nord et les bourrasques du mistral. La température moyenne n'est pas moins de 15° à Hyères, qui reçoit à peine 50 centimètres de pluie par an.

Les forêts du Var occupant 250 000 hectares et les landes plus de 100 000, il en résulte que la production des céréales est restreinte; en revanche, les coteaux et les vallons sont couverts de vignes, de mûriers et d'arbres fruitiers de toute sorte : oliviers, orangers, citronniers, grenadiers, figuiers, câpriers, jujubiers, amandiers; le châtaignier croît dans la région des Maures, aux versants recouverts de chênes-lièges. La culture maraîchère, donnant surtout des légumes de primeurs, prospère dans la plaine d'Hyères, le tabac aux environs de Fréjus et du Puget, les immortelles dans la contrée d'Ollioules. Parmi les animaux domestiques, les mulets et les chèvres sont les seuls relativement nombreux; autour du golfe de Saint-Tropez on élève d'excellents chevaux de race arabe.

Le Var extrait un peu de lignite et de fer, du plomb argentifère, du marbre, du porphyre et surtout 40 000 tonnes de sel des marais salants d'Hyères et de l'île des Embiers. L'industrie manufacturière est peu importante et d'ailleurs en décadence depuis quelques années. Toulon est de beaucoup le centre industriel le plus considérable par ses établissements de la marine; la Seyne, port voisin, possède d'immenses chantiers de construction de navires. Viennent ensuite les fabriques d'huiles d'olive, de parfums et de savons, d'eaux-de-vie et de fruits confits, de drap et de lainages, de bouchons de liège, de chapeaux de feutre, de papier et de faïence. La pêche côtière est active dans les différents ports, qui font au contraire un commerce bien médiocre.

Les salins des Pesquiers. — « A 5 kilomètres de la ville d'Hyères, se trouvent sur les bords de la Méditerranée les marais salants des *Pesquiers*, qui fournissent au touriste un but de promenade à la fois agréable et instructif. La route qui nous y conduit relie la presqu'île de Giens à la ville d'Hyères; elle est bordée sur presque tout son parcours par une forêt de pins parasols remarquables par leur belle venue. Nous apercevons de loin les tas de sel de toute dimension, qui procurent positivement l'illusion des glaciers de la Suisse. La récolte du sel commence vers le 5 août et dure jusqu'à la fin de septembre. Voici comment se fait cette opération, résultat d'une année d'attente.

« On fait arriver l'eau de mer dans un premier bassin appelé *étang*, où elle abandonne les matières qu'elle tient en suspension et se concentre d'un degré Baumé; de là on la conduit dans les *chauffoirs* ou *partènements extérieurs*, où, coulant de table en table, elle se concentre, arrive aux *partènements intérieurs* et atteint dans les dernières tables 24° Baumé. On l'amène alors dans les *tables salantes*, où elle atteint 25° Baumé et où elle se prend en cristaux. Tout le monde sait que le chlorure de sodium cristallise en cubes, qui s'accolent pour former des *trémies*.

« Lorsque la cristallisation est bien formée, on racle le sel et on en fait des tas d'environ trois mètres cubes appelés *gerbes;* les hommes qui exécutent ce travail, au nombre de 400 environ, sont les *enjaveleurs.* Le sel ainsi amoncelé s'égoutte, et les eaux mères sont utilisées dans un sanatorium voisin, établi pour les enfants scrofuleux de la ville de Lyon. Les gerbes disposées symétriquement en lignes servent à faire des tas de 250 mètres cubes environ appelés *camelles,* que l'on recouvre d'un toit de tuiles pour soustraire le sel à l'action des pluies.

« La production saline des Pesquiers atteint en moyenne 200 000 quin-

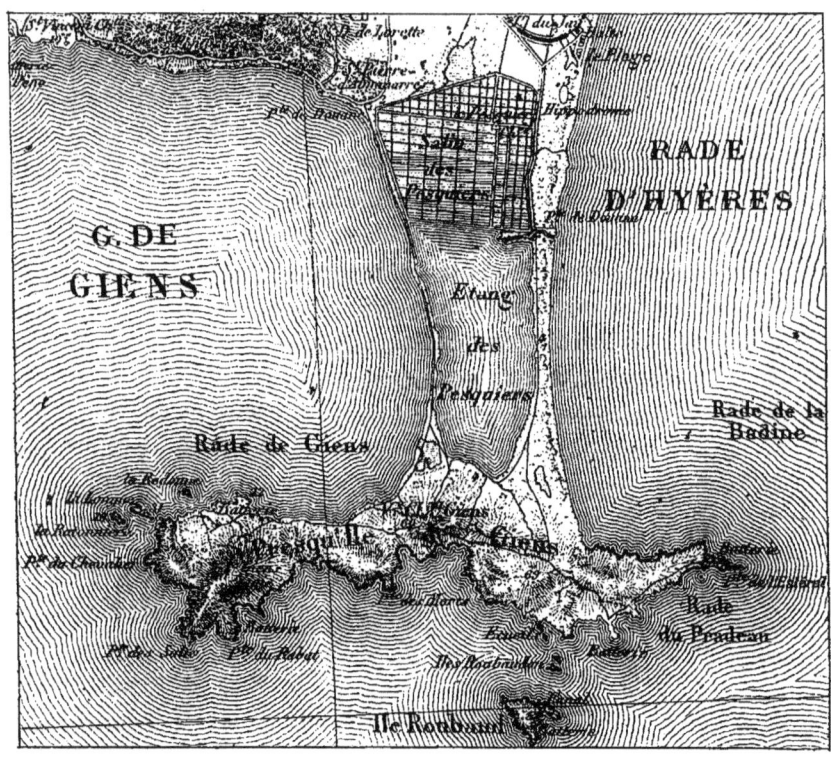

taux métriques de sel blanc, seule sorte que l'on y obtient sous trois formes différentes : sel *blanc* de première qualité, en cristaux volumineux qui contiennent plus de 95 pour 100 de chlorure de sodium; sel *fin,* ou sel blanc moulu dans des moulins à vapeur; sel *égrugé*, qui sert à la salaison du poisson.

« Des navires de tous les pays viennent aux salins des Pesquiers prendre leur chargement de sel; des rails, sillonnant toute l'étendue du parc, permettent d'amener les sacs de sel sur des wagons jusqu'à l'estacade, d'où ils sont transbordés sur des bateaux de pêche jusqu'au navire dont l'ancre est jetée au large. » (*La Nature.*)

Les habitants. — En 1896, le Var comptait 300 000 âmes, soit une augmentation de 91 000 sur 1801 et de 21 000 sur 1871. L'accroissement dans ces dernières années est dû principalement à l'immigration des étrangers, qui sont au nombre de 33 800, Italiens pour la plupart. Ce département est le 60e pour la population absolue et le 65e pour la densité, avec 51 habitants par kilomètre carré. Il renferme environ 2 000 protestants; on y parle surtout le provençal.

Personnages. — Le général romain Agricola, né à Fréjus, mort en 93. Saint Louis, évêque de Toulouse, né à Brignoles, mort en 1297. Joseph Parrocel, peintre de batailles, né à Brignoles, mort en 1704. Le prédicateur Massillon, né à Hyères, mort en 1742. Portalis, jurisconsulte et homme politique, l'un des rédacteurs du Concordat et du Code civil, né au Beausset, mort en 1807. Le chansonnier Désaugiers, né à Fréjus, mort en 1827. Barras, membre du Directoire, né à Fox-Amphoux, mort en 1829. Raynouard, littérateur et poète, né à Brignoles, mort en 1836. L'abbé Sieyès, homme d'État, né à Fréjus, mort en 1836. Le général Allard, né à Saint-Tropez, mort en 1839. De Blacas, fidèle ministre de Louis XVIII, né à Aups, mort en 1839. L'amiral Truguet, né à Toulon, mort en 1839.

Administrations. — Le département du Var forme le diocèse de Fréjus; il ressortit à la cour d'appel et à l'académie d'Aix, à la 15e division militaire (Marseille), à l'arrondissement maritime de Toulon, à la 11e région agricole (Sud), à la 34e conservation forestière (Nice) et à l'arrondissement minéralogique de Marseille.

Il comprend 3 arrondissements : *Draguignan, Toulon* et *Brignoles*, avec 28 cantons et 147 communes

I. **DRAGUIGNAN,** chef-lieu du département [1], est une ville de 10 000 âmes, bâtie à 207 mètres d'altitude au pied du Malmont, dans le beau bassin de la Nartuby. Un canal de dérivation de cette rivière fait mouvoir bon nombre des usines ou fabriques draguignanaises, dont les principales sont des fonderies de cuivre et de fonte, des filatures de soie, des savonneries, des huileries, des tanneries. Dominée par la tour de l'Horloge, du XVIIIe siècle, la ville n'a pas d'édifices bien remarquables; mais elle est ornée de belles fontaines et possède de jolies promenades, ainsi qu'un jardin botanique riche en plantes exotiques. — Le nom de Draguignan réunit le souvenir de la cité primitive de Guignan, en latin *Griminum,* bâtie au sommet de la colline, et celui du Dragon, symbole probable du paganisme vaincu par l'évêque d'Antibes. Fortifiée vers le VIIIe siècle, la ville

---

[1] Arrondissement de DRAGUIGNAN : 11 *cantons*, 62 communes, 79 950 habitants.
Cantons et communes principales : 1. *Draguignan*, 9 960 habitants; Ampus, Flayosc, 2 410; Trans, 1 200. — 2. *Aups*, 1 890; Bauduen. — 3. *Callas*, 1 350; Bargemon, 1 640; Châteaudouble. — 4. *Comps*, 610. — 5. *Fayence*, 1 530; Callian, 1 030; Mons, Montauroux, 1 110; Seillans, 1 540. — 6. *Fréjus*, 3 510; Muy (Le), 2 950; Puget, 1 100; Roquebrune, 1 800; Saint-Raphaël, 4 270. — 7. *Grimaud*, 1 060; Cogolin, 2 050; Garde-Freinet (La), 1 870; Plan-de-la-Tour, 1 080; Sainte-Maxime, 1 020. — 8. *Lorgues*, 3 280; Arcs (Les), 2 530; Thoronet (Le). — 9. *Luc (Le)*, 2 750; Vidauban, 2 630. — 10. *Saint-Tropez*, 3 600. — 11. *Salernes*, 2 710; Villecroze.

put résister à l'invasion des Sarrasins; elle devint le siège d'une cour d'appel sous les comtes de Provence et resta fidèle au catholicisme pendant les guerres de religion. Ce fut là que commença en 1649 l'insurrection dite du Semestre, occasionnée par les modifications apportées au parlement d'Aix par Mazarin. Aux environs se trouvent le dolmen dit Pierre de la Fée (monument historique) et l'abondante source de la Foux, aux eaux fortement aluminées.

Trans, sur la Nartuby, formant de belles cascades en amont et en aval, est un bourg industriel qui fabrique beaucoup d'huiles, ainsi que *Flayosc*. — *Ampus* exploite des carrières de marbre blanc veiné de rouge.

AUPS, au pied du mont des Espiguières, a d'importantes tanneries et des fabriques de poteries; c'est l'ancienne station romaine d'*Alpes,* sur la voie de Riez à Fréjus; on y remarque deux tours de son château, démoli en 1793. Au nord, on visite la chapelle Notre-Dame de Liesse, couronnant une montagne de 990 mètres d'altitude, — et au territoire de *Bauduen*, près des gorges à pic du Verdon, la fontaine de l'Évêque, l'une des plus fortes sources de France : 3000 litres par seconde à l'étiage, 14000 en crue.

CALLAS possède également une chapelle vénérée, Notre-Dame de Pennafort, pittoresquement bâtie au milieu des rochers. — *Bargemon* conserve des restes de remparts, — et *Châteaudouble* exploite les mines de fer de la montagne de Beausoleil.

COMPS, sur l'Artuby, offre des gorges pittoresques et de superbes grottes; c'était autrefois une place forte, qui fut prise et détruite en 1382 pendant la guerre que se firent Charles d'Anjou et Charles de Duras.

FAYENCE, au pied d'une montagne, passe pour le premier lieu de France où l'on ait fabriqué la faïence, qui venait d'être importée de la ville italienne de Faenza; ce qui lui a sans doute valu son nom. — *Callian*, important à l'époque romaine, fut détruit en 1390 par Raymond de Turenne.— Presque en face, *Montauroux* distille des essences de menthe et montre les ruines du château fort de Saint-Barthélemy, démantelé en 1592. — *Seillans* possède des fabriques de drap et une très ancienne chapelle dite Notre-Dame de l'Ormeau, but de pèlerinage. — *Mons* est une vaste commune renfermant le mont de la Chense, 1713 mètres, point culminant du département, d'où l'on embrasse d'un seul coup d'œil toutes les montagnes provençales de Nice à Marseille. Près du village commençait l'aqueduc de 30 kilomètres qui conduisait à Fréjus les eaux de la Siagne.

Fréjus, sur une éminence dominant la plaine alluviale de l'embouchure de l'Argens, est une ville déchue, dont la principale industrie est celle des bouchons de liège. Mais elle est, après Nîmes et Arles, la cité de l'ancienne Gaule qui a conservé les plus nombreux débris de ses monuments romains : amphithéâtre, remparts, théâtre, temple et aqueduc. Du moyen âge on y remarque la cathédrale Saint-Étienne, la chapelle du Baptistère et un cloître aux sveltes colonnes de marbre blanc. Fréjus fut, à proprement parler, créé avec son port sur l'emplacement de quelques cabanes de pêcheurs marseillais par Jules César, qui l'appela *Forum Julii*, « marché de Jules, » d'où son nom actuel. Bientôt après elle reçut le titre de colonie avec le surnom de « Navale », et 300 galères, prises à la bataille d'Actium, y furent envoyées par les vainqueurs, l'an 31 avant Jésus-Christ. A la fin de la domination romaine, elle comptait, dit-on, 100000 habitants; les dévastations successives des Barbares et des Sarrasins, puis des Corsaires en 1475 et de Charles-Quint en 1536, causèrent graduellement sa ruine, qu'acheva l'ensablement de son port. L'évêché de Fréjus, fondé vers 370, eut parmi ses derniers titulaires le cardinal de Fleury, précepteur et ministre de Louis XV. — *Saint-Raphaël* est un petit port qui a remplacé celui de Fréjus, entièrement comblé; c'est là que le général Bonaparte, « brillant de la gloire des Pyramides, » débarqua à son retour d'Égypte, le 22 août 1799, et c'est là aussi que, devenu empereur, il s'embarqua comme prisonnier pour l'île d'Elbe, le 28 avril 1814. Saint-Raphaël est, de plus, une station hivernale et balnéaire; on y prépare des salaisons d'anchois, et dans les environs s'exploitent de vastes carrières de porphyre. Ses armes, comme le réclamait son nom même, sont « d'azur à l'archange Raphaël conduisant le jeune Tobie, le tout d'or » : image frappante de l'ange qui nous accompagne partout de par notre Père céleste.

Le Muy, sur l'Argens, au pied nord de la montagne des Maures, possède de nombreuses scieries de pins maritimes, des fabriques de bouchons de liège et des filatures de soie. On y voit une tour du XIIIe siècle, dans laquelle s'enfermèrent sept gentilshommes provençaux qui avaient projeté de tuer Charles-Quint lorsqu'il envahit la Provence; tous périrent avec les soldats et paysans qu'ils commandaient.

Grimaud, à 5 kilomètres du golfe de Saint-Tropez, est un bourg ancien dominé par les ruines pittoresques du château de Grimaldi, attribué à la reine Jeanne II de Naples. — *La Garde-Freinet*, sur un col de la montagne des Maures, fabrique une grande quantité de bouchons de liège. C'est au sommet de l'un des rochers dominant ce village que se trouvait la forteresse de Fraxinet (château des Frênes), repaire des Maures qui ravagèrent la Provence, le Languedoc et le Dauphiné pendant près d'un siècle, jusqu'à leur expulsion en 973 par Guillaume Ier, comte d'Arles.

Lorgues, au pied de la colline de Saint-Ferréol, est une petite ville industrielle qui exploite des carrières de marbre; elle était jadis fortifiée; dans les environs s'élève le sanctuaire de Notre-Dame des Salettes. — La commune des *Arcs*, qui produit du drap et des écorces de chêne-liège, renferme le monastère de chartreuses de la Celle-Roubaud, où se vénère le tombeau de sainte Rossoline. — A l'ouest, l'abbaye cistercienne du *Thoronet* se distingue par l'état de conservation exceptionnelle de ses bâtiments claustraux : église, cloître, salle capitulaire, celliers et dortoirs, construits de 1120 à 1200.

Le Luc, au milieu des montagnes, élève des vers à soie, fabrique des bouchons de liège et fait le commerce des marrons dits de Lyon. Il doit son origine et son nom à un temple élevé à Auguste dans un bois sacré (*lucus*). Belle tour du xvie siècle. — *Vidauban*, qui participe à l'industrie du Luc, est situé sur l'Argens, qui en amont tombe d'un rocher par une jolie cascade et passe ensuite sous deux ponts naturels, jadis unis pour

former la « perte de l'Argens »; dans la vallée, on visite aussi la curieuse grotte de Saint-Michel-sous-Terre, qui recèle la belle source des Avens, en partie captée par la ville.

Saint-Tropez, agréablement situé sur la rive méridionale du golfe de même nom, est un port de pêche et de cabotage sûr et commode, qui expédie les huiles, marrons, vins, bois et bouchons de liège du pays environnant. C'est un point stratégique important, dont la citadelle pourrait être appelée à protéger les flottes qui mouilleraient dans le golfe. La douceur de son climat en a fait une station hivernale, de même que la beauté de ses plages y attire en été de nombreux baigneurs. Cette ville est l'ancienne *Athenopolis* ou *Heraclea*, et doit son nom actuel au martyr chrétien Tropez ou Torpès. Détruite à deux reprises par les Sarrasins et une troisième fois, en 1382, par les prétendants au trône de Sicile, elle fut repeuplée de familles génoises, qu'y attira le roi René en 1470. Elle résista notamment à une attaque du duc de Savoie en 1592 et à une escadre anglaise en 1791.

SALERNES, sur la Bresque, possède une grande faïencerie et de nombreuses fabriques de carrelages et d'autres produits céramiques. Ce bourg est dominé par les ruines considérables d'un château du XIIIe siècle; dans le voisinage on visite le pittoresque vallon de Saint-Barthélemy, — et près de *Villecroze* une magnifique grotte à quatre étages, ornée d'un grand nombre de stalactites et stalagmites curieuses.

II. **TOULON**, sous-préfecture[1], ville maritime et port de guerre de 1re classe, s'élève au fond d'une petite baie de la Méditerranée que dominent les collines boisées du Faron et du Coudon. C'est le chef-lieu de notre 5e arrondissement maritime, qui comprend tout le littoral méditerranéen. Cité prospère de 95 000 âmes, sa population a plus que triplé en ce siècle, et son étendue a été doublée depuis 1870 par le déplacement de l'ancienne enceinte bastionnée. La ville proprement dite n'offre rien de remarquable en dehors de l'ancienne cathédrale Sainte-Marie-Majeure, qui a subi plusieurs restaurations ou agrandissements successifs. Ses industries les plus importantes sont des fonderies de cuivre et de fer, un chantier de construction de navires, des ateliers de constructions mécaniques, des fabriques de pâtes alimentaires, des tanneries et savonneries. Le port marchand, qui occupe une partie de la Vieille darse et le terrain situé à l'est, n'a qu'un mouvement d'environ 50 000 tonnes.

« A droite et à gauche du port marchand s'étendent les établissements militaires. L'arsenal maritime occupe, avec celui de Castigneau, une surface de 270 hectares. Ces divers établissements se développent sur une ligne de sept kilomètres. Là se trouvent les forges, les ateliers de zingage, de la tôlerie, la corderie, le parc d'artillerie, l'atelier de l'armurerie, le musée des modèles, la limerie, les magasins de la garniture, la menuiserie, le musée naval, le hangar de la mâture, des cales couvertes et découvertes, trois bassins de radoub. Dans l'arsenal de Castigneau, lequel recouvre un espace de 37 hectares, entre la darse Neuve et la darse de Missiessy, se trouvent la boulangerie de la marine, la fonderie, la chaudronnerie, l'atelier d'ajustage, de montage, les magasins de subsistances, la buanderie, l'abattoir, les bureaux de la comptabilité, les parcs au

[1] Arrondissement de TOULON : 9 *cantons*, 31 communes, 179 310 habitants.
Cantons et communes principales : 1-2. *Toulon*, 95 280 habitants; Garde (La), 2 400; Pradet (Le), 1 380; Valette (La), 2 470. — 3. *Beausset* (Le), 1 920; Cadière (La), 1 760; Castellet (Le), 1 350; Saint-Cyr, 1 830; Signes, 1 260. — 4. *Collobrières*, 2 290; Bormes, 2 060. — 5. *Cuers*, 3 380; Carnoules, 1 040; Pierrefeu, 2 370; Puget-Ville, 1 670. — 6. *Hyères*, 17 710; Carqueiranne, 1 390; Crau (La), 3 190. — 7. *Ollioules*, 3 970; Bandol, 1 930; Sanary (Saint-Nazaire), 2 350. — 8. *Seyne-sur-Mer* (La), 16 340; Six-Fours, 2 820. — 9. *Solliès-Pont*, 2 760; Solliès-Toucas, 1 020.

charbon, aux ancres; enfin, sur la partie ouest de la darse de Missiessy, les ateliers des artificiers. Au Mourillon, autre dépendance de l'arsenal située à l'est du port marchand, se trouvent de grandes cales, une scierie, des forges et le magasin des fers et des cuivres. La flotte de guerre dont ce port est le stationnement comprend 87 navires (en 1897), soit : 23 bâtiments cuirassés, croiseurs, avisos, torpilleurs de haute mer; 19 cuirassés faisant partie de la flotte de réserve; enfin 51 torpilleurs de défense mobile, 6 vedettes, 5 cuirassés croiseurs et un sous-marin. »

(Vivien de Saint-Martin, *Dict. de Géogr. univ.*)

Vue du port de Toulon et de sa rade.

La situation de Toulon est fort belle et en même temps très favorable au rôle dominant que joue cette ville dans la défense des côtes françaises de la Méditerranée. La baie dite Petite-Rade, sur laquelle s'ouvrent les divers bassins formant son port, s'ouvre elle-même en face de la baie de la Seyne, qui lui fait pendant à l'ouest, et leurs eaux réunies débouchent, entre deux promontoires, sur la Grande-Rade de Toulon; celle-ci est bornée au sud par la longue presqu'île de Sépet, dans laquelle se trouvent l'important hôpital de Saint-Mandrier et le Lazaret. Quant au bagne, situé entre les darses Vieille et Neuve, il a perdu sa destination pour les forçats, qui s'y trouvaient au nombre de 3000. La ville, la rade et le port, sont défendus par des batteries de côtes et de nombreux forts, tels que ceux de Balaguier, l'Aiguillette, Malbousquet, Lamalgue, Napoléon, Saint-

Louis, Cap-Brun, Sainte-Marguerite ; c'est de la batterie du Salut, au sud de la Petite-Rade, qu'on en saisit le mieux l'ensemble.

D'origine gauloise, Toulon s'appelait primitivement *Telo ;* les Romains y établirent une teinturerie de pourpre, qui lui valut le surnom de *Martius*, Mars représentant la couleur rouge. Il y eut dès le iiie siècle un évêché, lequel subsista jusqu'à la Révolution. L'importance militaire et politique de Toulon date surtout des travaux faits à son port par Henri IV, Richelieu et Louis XIV. En effet, jusque-là il avait été successivement dévasté par les Sarrasins, les Corsaires, puis par le connétable de Bourbon et Charles-Quint. Mais en 1707 il put résister victorieusement au duc de Savoie et au prince Eugène, qui l'assiégeaient par terre, et à l'amiral des Anglo-Bataves, Cloudesly-Showel, qui fermait la mer. En 1793, la ville s'insurgea contre la Convention et se donna aux Anglais ; le général Dugommier fut chargé de la reprendre et de la châtier. Grâce au génie de Bonaparte, qui commença à se manifester pendant ce siège, l'artillerie battit en brèche les principales positions des Toulonnais, et les troupes républicaines entrèrent dans la place au bout de trois mois. Les Anglais ne se retirèrent qu'après avoir incendié les constructions maritimes. Un grand nombre d'habitants, qui ne purent fuir sur les bateaux alliés, furent exécutés sur le Champ de Mars, et le nom de la ville fut changé en celui de Port-de-la-Montagne. Devenu empereur, Napoléon répara les ruines de Toulon, qui est aujourd'hui le premier de nos cinq ports militaires.

Le Beausset conserve la maison natale du célèbre Portalis, l'un des rédacteurs du Concordat et du Code civil. — A l'ouest, près de *Saint-Cyr*, s'élevait jadis, sur le golfe des Lèques, la ville gallo-grecque de *Tauroentum*, l'un des ports les plus considérables de la côte ligure dans l'antiquité ; les Sarrasins la détruisirent vers 700.

Collobrières, dans la montagne des Maures, et Cuers, au pied du Pilon de Saint-Clément, possèdent de nombreuses fabriques d'huiles et de bouchons. — Au nord-est, *Puget-Ville* a élevé un sanctuaire à la vierge-martyre sainte Philomène, qui y est très vénérée.

Hyères (17 700 habitants), sur le penchant et au pied d'une colline qui regarde la mer, distante de 4 kilomètres, est une de nos villes d'hiver les plus fréquentées pour la douceur de son climat, qu'elle doit surtout aux montagnes qui la garantissent des vents froids du nord, mais non toutefois complètement du terrible mistral. C'est aussi une station de bains de mer, dont la plage est aujourd'hui couverte de nombreuses et coquettes villas. Hyères se partage en vieille ville, aux rues escarpées, ayant conservé ses remparts, et en ville neuve, s'étendant sur une longueur de deux kilomètres au pied de la première. Elle offre un aspect peu agréable ; mais son territoire, l'un des plus vastes de France (22 600 hectares), est remarquable par ses plantations de vignes, d'oliviers, de figuiers, de citronniers, de grenadiers et d'orangers, qui croissent en plein vent, ainsi que les palmiers et d'autres espèces tropicales. On y récolte également toutes sortes de primeurs, et ses importants salins fournissent annuellement 35 000 tonnes de sel : ceux des Pesquiers, d'une étendue de 250 hectares, sont bordés de langues de sable qui rattachent la presqu'île de Giens au continent. Aux environs se trouvent la chapelle Notre-Dame de Consolation, qui attire de nombreux fidèles; les vestiges du couvent cistercien de Saint-Pierre d'Almanarre et les ruines de la ville romaine de Pompania. La rade d'Hyères, défendue par plusieurs forts et batteries, abritée par les îles de même nom et par la presqu'île de Giens, est très belle et très sûre; c'est un des mouillages ordinaires des escadres françaises. — Hyères, qu'on a

La ville d'Hyères.

affirmé sans preuves avoir été bâtie sur l'emplacement de la ville ligure, puis grecque, d'*Olbia*, fut au moyen âge, sous le nom d'*Arlo*, un château et un port des comtes de Provence. Saint Louis y débarqua à son retour d'Égypte, en 1254. Elle fut presque entièrement ruinée par suite du siège de cinq mois qu'elle soutint en 1596 contre Henri IV.

Les *îles d'Hyères* sont au nombre de trois grandes et deux petites; boisées et fortifiées, elles ont ensemble une superficie de 2 500 hectares et une population de 600 habitants. Les principales sont : *Porquerolles*, ainsi nommée des porcs sauvages ou sangliers qui la parcouraient jadis;. *Port-Cros*, qui seule est pourvue d'un port de refuge; l'île du *Levant* ou du Titan, qui renferme une colonie pénitentiaire de jeunes détenus et, à ce qu'on dit, beaucoup de serpents. — Anciennes *Stœchades*, ces îles furent érigées en marquisat par François Ier sous le nom d'*îles d'Or*, bien que les orangers, qui leur ont valu ce nom, ne puissent y croître. — *La Crau*, près du Gapeau. fabrique des vins estimés et des liqueurs dites du Fenouillet.

Ollioules, à 5 kilomètres de la mer, est protégée contre le mistral par de hautes collines, ce qui rend son climat très doux et lui permet de produire en pleine terre toutes sortes de primeurs, de nombreux orangers et une grande quantité d'immortelles jaunes. Au nord-ouest s'ouvrent les célèbres gorges ou « Vaux d'Ollioules », qui évoquent encore aujourd'hui les sinistres souvenirs des brigands qui les infestaient jadis. Elles ont trois kilomètres de long sur plus de 100 mètres de profondeur et forment un défilé étroit, tortueux et sauvage, dont les pittoresques rochers prennent les tons les plus sombres ou les plus éclatants suivant l'état de l'atmosphère. — Au sud-ouest, *Bandol* et *Sanary* (naguère Saint-Nazaire) sont deux petits ports de pêche et de commerce sur les baies de mêmes noms.

La Seyne, au fond d'une anse faisant partie de la rade de Toulon, est une ville de 16 000 âmes, qui doit son importance toute moderne au grand établissement de la Société des Forges et Chantiers de la Méditerranée, lequel occupe plus de 2 000 ouvriers et peut construire les plus grands navires cuirassés. — A l'ouest s'étend la commune des *Six-Fours*, dont dépend l'île des Embiers, qui a des salines.

Solliès-Pont, sur le Gapeau, est renommé par ses vergers, qui approvisionnent nos marchés du Nord de cerises, d'abricots et de pêches hâtives. Il doit son origine aux habitants de *Solliès-Ville*, qui était une cité importante lorsqu'en 1625, à la suite d'une révolte, Lesdiguières rasa ses murailles et força la population à se disperser.

III. **BRIGNOLES**, chef-lieu d'arrondissement peuplé de 4800 âmes[1], s'élève à 220 mètres d'altitude sur la rive droite du Caramy, dans un bassin fertile et riant. La petite cité elle-même est très agréable; outre de belles places publiques, on y remarque un ancien château des comtes de Provence, occupé par la sous-préfecture, et une maison du XIIe siècle parfaitement conservée. Dans la sacristie de l'église se voient une mitre, une dalmatique et des gants de saint Louis d'Anjou, le plus illustre enfant de la ville. Brignoles fabrique principalement des cuirs et fait le commerce de fruits du Midi; toutefois les prunes dites « brignoles » viennent surtout de la contrée de Digne. Jadis résidence des comtes de Toulouse, puis des comtes de Provence, Brignoles fut en même temps une place assez forte que pillèrent Charles-Quint et les Ligueurs, mais qui pendant la guerre du Semestre contribua beaucoup au succès des troupes royales en Provence. — *Le Val* possède des tanneries importantes et des fabriques de poteries; — *Tourves*, des distilleries et des carrières de marbre.

---

[1] Arrondissement de Brignoles : 8 *cantons*, 54 communes, 49 930 habitants.
Cantons et communes principales : 1. *Brignoles*, 4280 habitants; Tourves, 1560; Val (Le), 1180. — 2. *Barjols*, 2410; Bras, 1020; Varages, 1050. — *Besse*, 1150; Cabasse, Flassans, 1170; Gonfaron, 2520; Pignans, 1750. — 4. *Cotignac*, 2290; Carcès, 1760; Entrecasteaux, 1170. — 5. *Rians*, 1920; Saint-Julien, 1000; Vinon, 1070. — 6. *Roquebrussanne* (La), 730. — 7. *Saint-Maximin*, 2420; Pourrières, 1180; Saint-Zacharie, 1650. — 8. *Tavernes*, 820.

Barjols est un joli bourg qui compte de nombreux établissements industriels; telles sont des tanneries et des fabriques de pâtes d'Italie, une papeterie antérieure à 1620, occupant plus de 80 ouvriers, et une importante minoterie installée dans un ancien couvent de Carmes; les protestants s'en emparèrent en 1562 et 1590. — *Varages* a des faïenceries et une curieuse grotte à congélations.

Au canton de Besse, *Pignans* possède le sanctuaire de Notre-Dame des Anges, couronnant un sommet boisé des Maures; — et *Cabasse*, sur l'Issole, le menhir du Champdumy, qui est un monument historique.

Cotignac, ancienne baronnie, cultive le mûrier et file la soie; sur une

Montagne et grotte de la Sainte-Baume. — Couvent de Dominicains.

hauteur voisine, l'église Notre-Dame de la Grâce est un but de pèlerinage, où Louis XIV se rendit en 1659. — A l'est, *Entrecasteaux* possède le château du célèbre navigateur de ce nom. — *Carcès*, au confluent de l'Argens et du Caramy, conserve les restes d'un château comtal, dont le seigneur, pendant les guerres de religion, fut le chef des catholiques de Provence, qui reçurent de là le nom de Carcistes, par opposition aux protestants, qui étaient appelés Razats.

Rians, au pied nord de la montagne de Sainte-Victoire, était jadis le siège d'un marquisat, — et La Roquebrussanne, sur l'Issole, un bourg défendu par un château dont il reste des remparts sur un rocher.

Saint-Maximin, dans une plaine près de la source de l'Argens, est une ancienne ville, autrefois fortifiée, qui tient d'importants marchés aux grains. Son église du XIIIe siècle est le type le plus pur du style ogival en Provence. Haute sous voûte de 29 mètres, elle est bâtie sur une crypte romane qui renferme le chef de sainte Marie-Madeleine et les ossements de saint Lazare son frère, de sainte Marthe sa sœur, et de saint Maximin, leur disciple ou compagnon, qui devint le premier évêque d'Aix et fut martyrisé durant la persécution de Dioclétien. La châsse de sainte Madeleine est une des plus belles œuvres de l'orfèvrerie moderne. Près de la ville on voit une colonne de pierre surmontée d'un groupe d'anges élevant une femme dans les airs; cette colonne marque, selon la tradition, le lieu où les esprits célestes déposèrent Marie-Madeleine au dernier soir de sa vie pour qu'elle pût recevoir le saint viatique. — *Pourrières* est un village au nord de l'Arc, sur les rives duquel Marius écrasa les Cimbres et les Teutons, en l'an 102 avant Jésus-Christ, dans la bataille dite d'Aix. Cette victoire, qui sauva Rome, coûta, dit-on, la vie à 100 000 Barbares; leurs cadavres infectèrent la contrée : aussi le théâtre de cet horrible carnage fut-il appelé *Campus putridi*, d'où le nom de Pourrières. — *Saint-Zacharie*, sur l'Huveaune, a de grandes fabriques de produits céramiques, — et TAVERNES, une chapelle de Notre-Dame, surnommée de Bellevue à cause du magnifique panorama dont on jouit du haut de sa colline.

La Sainte-Baume. — La montagne de la Sainte-Baume, qui s'allonge de l'est à l'ouest au sud de Saint-Maximin, est à jamais célèbre par le séjour qu'y fit sainte Marie-Madeleine au premier siècle de notre ère.

« Une belle forêt de sycomores, d'ifs, de frênes et de tilleuls dix fois séculaires, enveloppe de son ombre majestueuse la base de la montagne. Au-dessus se dressent, comme un immense rideau de pierres, des roches blanches et alignées qui se détachent sur l'azur profond du ciel de la Provence. Une vaste grotte s'ouvre au milieu de cette gigantesque muraille, à une altitude de 900 mètres; cette excavation ou baume (en provençal, *baoumo*) a donné son nom à la montagne et à la forêt; elle pourrait contenir un millier de personnes. A une grande profondeur au-dessous de la grotte gisent çà et là, au milieu de la forêt, d'énormes blocs de pierre détachés du roc primitif.

« C'est là que durant trente-trois ans la pécheresse convertie passait les jours et les nuits à pleurer les égarements de sa jeunesse; aussi nomme-t-on cette partie de l'antre saint le Rocher de la pénitence. Aujourd'hui la divine Eucharistie réside constamment dans la grotte, et l'âme fidèle peut à toute heure lui offrir ses larmes et ses prières. La légende dit que sept fois par jour les anges transportaient Madeleine sur le haut de la montagne, un peu à gauche de la grotte : la chapelle du Saint-Pilon consacre le sol en cet endroit et attire la vénération des fidèles. La Sainte-Baume devint un pèlerinage célèbre où les pontifes, les rois et les peuples sont venus invoquer la sainte pénitente, que Jésus, dans sa miséricorde, a daigné donner à la France pour lui apprendre à chercher dans le repentir et l'amour le pardon de ses crimes. »

(Is. VERNY, *les Saints de France*.)

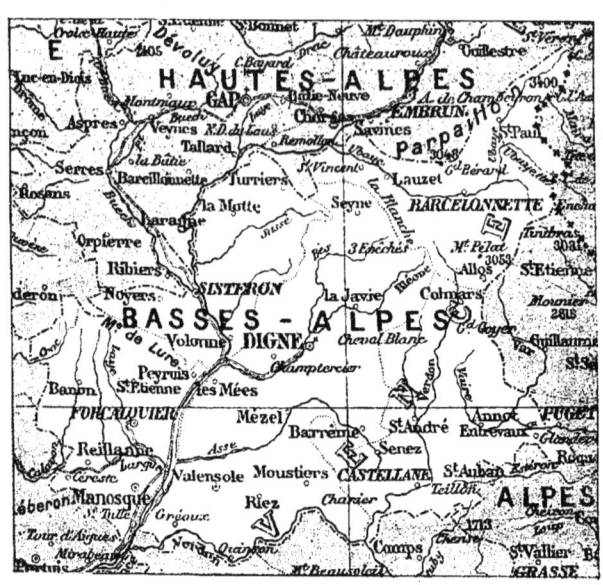

BASSES-ALPES

5 ARRONDISSEMENTS, 30 CANTONS, 250 COMMUNES, 118140 HABITANTS

Géographie. — Le département des *Basses-Alpes* est ainsi nommé de ce que ses monts alpins, bien que très hauts, le sont moins que ceux du Dauphiné. Formé d'une portion de la Haute-Provence, il a une superficie de 6987 kilomètres carrés, ce qui le place au 23e rang sous ce rapport.

Sauf la partie sud-ouest, le territoire est entièrement couvert par les Alpes, dont les plus hauts sommets, de nature crétacée ou schisteuse, s'élèvent au nord-est; tels sont : le Parpaillon, 2296 mètres; le Grand-Bérard, 3048 mètres; puis, sur la frontière d'Italie, la Tête-de-Moyse, 3110 mètres, et l'Aiguille de Chambeyron, 3400 mètres, point culminant, au nord de Larche. C'est aussi dans cette région que se trouve la célèbre vallée de Barcelonnette ou de l'Ubaye, avec ses monts revêtus de pâturages ou de sombres forêts de sapins, et ses pics couronnés de neiges perpétuelles. Son bassin est limité au sud par la montagne de la Blanche, avec le pic des Trois-Évêques, et par d'autres « Alpes de Provence » détachées du massif de l'Enchastraye, sur la frontière italienne. Plusieurs cols franchissent ici ladite frontière, notamment les cols de Longet, de Lautaret et de Larche ou de l'Argentière; ce dernier, que suivit l'armée de François Ier en 1515, est aujourd'hui muni d'une route carrossable qui relie Barcelonnette à Suze.

La montagne de Lure, 1827 mètres, et l'éperon oriental de celle du Lubéron, 786 mètres, font partie des chaînes calcaires du département, qui n'atteignent pas les altitudes des précédentes : les plus hauts sommets entre les vallées de la Durance et de la Bléonne n'ont que 2191 mètres (Blayun, entre le Bès et la Bléonne), 2116 mètres (Menges, entre le Bès, le Vançon et la Sasse). Ces chaînes sont presque toujours blanches de neige en hiver, brûlées en été par des soleils torrides, battues par le vent du nord et par le sirocco (sud-est), gercées de vallées de pierres, de ravins d'érosion, de gorges où s'engouffre une chaleur étouffante, et où l'on meurt de soif sur le bord sans ombre des torrents : triste résultat d'un déboisement inconsidéré.

La mort de la montagne. — A la suite de l'enquête agricole de 1866, le conseiller d'État chargé de l'étude de la région du Sud-Est de la France décrit ainsi qu'il suit le département des Basses-Alpes, dans un rapport dressé en 1868 :

« Ce qui frappe tout d'abord, quand on parcourt les parties montagneuses du département des Basses-Alpes, c'est l'aspect imposant, mais triste et désolé, qu'elles présentent. A la place des grandes forêts ou des riches pâturages qui, suivant la tradition locale, les couvraient autrefois, elles ne montrent plus que des cimes dénudées, des pentes arides, où quelques broussailles retiennent encore le peu de terre végétale que les eaux n'ont pas entraînée, et des ravins profonds où les torrents ont roulé d'énormes avalanches de roches et de graviers. Çà et là, et comme perdues au milieu de ces dévastations, on aperçoit, à des hauteurs ou sur des pentes qui souvent paraissent inaccessibles, de pauvres habitations, les unes abandonnées, les autres, restes misérables de quelque exploitation plus importante, que des défrichements inintelligents ont voulu accroître, et dont les éboulements ont successivement emporté des lambeaux. De loin en loin on rencontre quelques villages entourés de petits héritages morcelés, qu'une population rude au travail et à la fatigue a péniblement créés, et qu'elle défend plus péniblement encore contre les orages, les inondations et les autres causes de destruction qui menacent nos Alpes françaises. Puis, à de longs intervalles, apparaissent quelques rares prairies, quelques versants boisés, quelques plateaux où croissent de bonnes pâtures et que leur moindre déclivité a sauvés de la ruine commune : *ce sont les oasis de ces immenses steppes*. Autour d'elles se continue, lente mais incessante, l'œuvre d'appauvrissement commencée depuis plus d'un siècle, c'est-à-dire depuis le moment où une législation respectueuse, trop respectueuse peut-être du droit de propriété, a permis de morceler et de défricher les bois, les pâturages qui étaient autrefois la richesse et la sauvegarde de ces contrées. Chaque année, la couche de terre végétale qui recouvre les hauteurs se déchire et s'amoindrit de plus en plus; chaque année, le lit de gravier du torrent s'élargit et s'élève peu à peu en empiétant sur les terrains fertiles des vallées riveraines; chaque année, quelque pauvre famille voit se restreindre son modeste patrimoine, et l'on ne doit pas s'étonner que, sans cesse menacée dans ses moyens d'existence, la population se décourage et qu'elle émigre pour aller chercher ailleurs un bien-être plus facile et un travail plus rémunérateur. »

Il est temps qu'un reboisement général arrête la décadence de ces montagnes. En retenant ce qui reste de terre végétale, en favorisant la création

Destruction des montagnes. — Une avalanche.

d'un nouveau sol, en repeuplant par conséquent le pays, le reboisement aurait une heureuse influence sur le climat général de la contrée, qu'il arracherait à l'alternative des températures extrêmes; l'air y deviendrait plus frais et plus humide, sans qu'on y perdît un rayon de soleil, et les pluies, mieux équilibrées, ne manqueraient pas pendant des mois pour former ensuite en deux heures quelque épouvantable torrent, qui descend comme un déluge de gorge en gorge vers la Durance, entraînant avec lui les dernières terres des vallées.

La sortie de la Durance, par 250 mètres d'altitude, marque le point le plus bas du département, dont l'élévation moyenne est d'environ 1 000 mètres. Digne est à 590 mètres, Castellane à 723 mètres, Barcelonnette à 1 133 mètres d'altitude.

Les nombreux cours d'eau du territoire sont tous torrentueux et innavigables. Sauf le Var, qui écorne le sud-est, ils envoient leurs eaux dans le Rhône par l'intermédiaire de la *Durance*. En effet, cet immense torrent, qui baigne la place forte de Sisteron, recueille l'*Ubaye,* venue de Barcelonnette; le Buech, la *Bléonne,* qui passe à Digne; l'Asse, la Largue et le *Verdon,* pittoresque torrent de Castellane, le plus long du département : 170 kilomètres. Le principal lac est celui d'*Allos,* nappe de 250 hectares sommeillant à 2 237 mètres d'altitude.

Climat. Productions. — Le climat du département est extrêmement varié, suivant l'altitude et l'orientation. Les basses vallées du sud-ouest appartiennent au chaud climat *provençal,* tandis que les hautes vallées ont six à huit mois d'hiver, et les principaux sommets des neiges perpétuelles, voire même quelques glaciers. La hauteur moyenne des pluies annuelles est de 7 décimètres, mais elle atteint un mètre sur les cimes de l'est.

Vu son sol généralement rocheux, surélevé et dépouillé de terre arable, ce département est des plus pauvres au point de vue agricole. Dans le nord montagneux on cultive un peu d'orge, d'avoine, de seigle, et, dans les parties basses du sud, le mûrier, l'olivier, l'amandier et spécialement le prunier, qui donne les célèbres prunes dites *brignoles*. On récolte aussi beaucoup de truffes et de plantes aromatiques et médicinales; les bois, que l'on travaille à augmenter, couvrent 188 000 hectares. Des magnaneries existent notamment dans la vallée de la Durance. Mais la principale ressource du pays consiste dans les pâturages d'été, qui nourrissent un grand nombre de *moutons transhumants*. Par contre, il y a fort peu d'animaux de races bovine et chevaline; beaucoup plus nombreux sont les mulets, employés surtout pour les transports à dos. Une école pratique d'agriculture fonctionne à Oraison, près des Mées.

Le département exploite les mines de lignite de Manosque, des carrières de marbre et de gypse, ainsi que les sources minérales de Digne et de Gréoux. On y compte diverses filatures, quelques fabriques de drap et de toile, des tanneries, minoteries, papeteries et chapelleries. La préparation des fruits confits et la distillerie des essences aromatiques sont très importantes.

Les troupeaux transhumants. — « Ce nom, qui, en Espagne, est appliqué aux mérinos qui désertent chaque été les champs brûlés de l'Estramadure, pour aller chercher sur les montagnes de l'Aragon de frais et verdoyants pâturages, se retrouve dans le département des Bouches-du-Rhône. On compte plus de 300 000 bêtes à laine qui émigrent annuellement. Ces voyages donnent une qualité supérieure à leur toison et en augmentent le produit; car on évalue la tonte annuelle d'un mouton *transhumant* à cinq livres au moins. — Les troupeaux se rendent chaque année dans les départements de la Drôme, de l'Isère, des Hautes et Basses-

Alpes. — C'est au commencement du printemps que, fuyant la chaleur du midi, ils vont chercher sur les montagnes un air plus frais, des pâturages plus gras, et un printemps que l'automne seul termine. — Lorsque l'époque du départ arrive, plusieurs propriétaires réunissent leurs troupeaux au nombre de 6, 8, 10, 12 et même 15000 têtes. — Les sexes, les âges, les espèces sont classés et séparés. La partie la plus faible marche la première, et ainsi successivement jusqu'à la plus forte, qui termine la caravane. Les agneaux de l'année courante restent avec leurs mères jusqu'à l'arrivée à la montagne. — Le grand troupeau résultant de ce mélange se nomme *compagne*. Chaque compagne est subdivisée ensuite pour la

Les troupeaux dans la montagne.

marche en parties d'une même espèce de 1 000 à 2 000 bêtes. Ces parties ou subdivisions se nomment *scabois*. — Les scabois sont conduits par un berger et gardés par un chien par quatre cents têtes chacun. Ces chiens, d'une espèce particulière et d'une grosseur énorme, peuvent se battre avec avantage contre les loups. Ils ont le cou armé d'un collier de fer hérissé de pointes. Les scabois d'une même compagne se suivent de distance en distance; ils ont chacun à leur tête une vingtaine de boucs dits *menons*. Ces boucs et les chèvres ouvrent la marche, tracent la route; les bêtes à laine suivent, entraînées par l'instinct qui les attache aux chèvres et par le bruit sourd de grandes sonnettes appendues au cou des boucs. » (ABEL HUGO, *France pittoresque.*)

Les habitants. — Le département des Basses-Alpes, dont la population émigre sans cesse vers la plaine et les grandes villes, ne renfermait en 1896 que 118 140 personnes. Sous ce rapport il n'a d'inférieur que le département des Hautes-Alpes, et pour la densité il est tout à fait au dernier rang, avec 17 habitants par kilomètre carré. Aussi est-il en diminution de 16 000 âmes sur 1801 et de 21 000 sur 1871; les étrangers n'y atteignent pas le chiffre de 3 000. Par contre, la population est exclusivement catholique, et le français est parlé partout à côté des patois locaux.

Personnages. — Saint Mayeul, abbé de Cluny, né à Valensole, mort en 994. Saint Jean de Matha, fondateur des Trinitaires, né à Faucon, mort en 1213. Le général corse d'Ornano, né à Sisteron, mort en 1626. Le philosophe Gassendi, né à Champtercier, mort en 1656. L'amiral de Villeneuve, né à Valensole, mort en 1806. L'orateur parlementaire Manuel, né près de Barcelonnette, mort en 1827. Le général Desmichels et le ministre de Fortoul, nés à Digne, morts en 1845, 1856.

Administrations. — Ce département forme le diocèse de Digne; il ressortit à la cour d'appel et à l'académie d'Aix, à la 15e division militaire (Marseille), à la 12e région agricole (Sud-Est) et à la 26e conservation forestière (Aix). — Il comprend 5 arrondissements : *Digne, Barcelonnette, Castellane, Forcalquier* et *Sisteron*, avec 30 cantons et 250 communes.

I. **DIGNE,** chef-lieu du département[1], s'élève à 590 mètres d'altitude sur le penchant d'une colline baignée par la Bléonne, et dominée elle-même de tous côtés par de hautes crêtes jaunâtres. Cette ville de 7 000 âmes se divise en trois parties appelées, suivant leur hauteur relative, la *Tête*, le *Mitan* ou milieu, et le *Pied*. Elle est généralement mal bâtie; son unique édifice remarquable est la cathédrale actuelle, construite de 1490 à 1500 et précédée d'une façade moderne. Hors ville, se voit l'ancienne église Notre-Dame, qui est rangée au nombre des monuments historiques. On remarque aussi l'agréable promenade formée par le boulevard et le cours Gassendi, avec la statue du célèbre philosophe, qui, né dans les environs, à *Champtercier*, mourut chanoine prévôt de la cathédrale. — Digne, l'antique *Dinia*, capitale des *Bodiontii*, eut, à partir du IVe siècle, un évêché fondé par saint Domnin. Détruite par les Barbares, elle se rebâtit et fut encore saccagée pendant les guerres de religion, puis décimée en 1629 par une peste qui réduisit sa population de 10 000 à 1 500 habitants. Aujourd'hui elle fabrique du drap et fait le commerce d'excellentes prunes dites « brignoles », de fruits secs et confits.

BARRÊME, sur l'Asse, fabrique aussi du drap et rappelle le souvenir de Napoléon, qui y passa la nuit du 3 au 4 mars 1815.

Le bourg des MÉES, situé près de la Durance, au pied de montagnes escarpées, est connu pour ses bons vins ordinaires et son élevage de vers à soie. Au sud-ouest se trouve l'important domaine agricole de Pailherols,

---

[1] Arrondissement de DIGNE : **9** *cantons*, 83 communes, 40 350 habitants.
Cantons et communes principales : 1. *Digne*, 7 280 habitants. — 2. *Barrême*, 870. — 3. *Javie (La)*, 460. — 4. *Mées (Les)*, 1 920; Oraison, 1 900. — 5. *Mezel*, 700. — 6. *Moustiers-Sainte-Marie*, 1 000. — 7. *Riez*, 1 960. — 8. *Seyne*, 1 790. — 9. *Valensole*, 2 620; Gréoux, 1 090.

jadis ferme-école, où Pasteur appliqua dès le début ses grandes découvertes sur la sériciculture. Cette ferme-école est aujourd'hui remplacée par l'école pratique d'agriculture et d'horticulture d'*Oraison*.

MOUSTIERS-SAINTE-MARIE, assise à l'issue d'une gorge formée par des rochers abrupts de 150 mètres de hauteur, est une petite ville qui doit son origine et son nom à un monastère de Servites, ou Serviteurs de la Mère de Dieu. Aussi fut-elle de bonne heure un lieu de pèlerinage à la sainte Vierge. Un profond vallon la divise en deux parties que relient plu-

Digne, sur la Bléonne.

sieurs ponts, tandis que les sommets des pics rocheux qui la dominent sont rattachés depuis des siècles par une chaîne en fer portant suspendue en son milieu une étoile dorée. Cette chaîne passe pour l'ex-voto d'un chevalier de Blacas qui, fait prisonnier par les Sarrasins, dut sa délivrance à Notre-Dame de Moustiers.

RIEZ, sur un affluent du Verdon, fut primitivement la capitale des *Rienses*, laquelle devint très florissante sous les Romains, qui l'appelèrent *Colonia Augusta Reiorum*. De cette dernière époque se voient de nombreuses antiquités, entre autres six colonnes disposées en hémicycle dans la chapelle Saint-Maxime, et le curieux baptistère, dit Panthéon ou Rotonde, construit dans les premiers siècles chrétiens avec des débris romains. On remarque, en outre, les remparts du moyen âge et la cathédrale gothique, rebâtie de 1490 à 1524. Riez fut, en effet, jusqu'à la Révolution le siège d'un évêché qui datait du ve siècle.

Seyne, à 1260 mètres d'altitude, sur un contrefort de la montagne de la Blanche, est une localité d'origine probablement romaine, mais qui passe sans preuves pour avoir été la capitale des *Édenates*, dont le pays n'est pas même bien déterminé. C'est une ancienne place forte, qui servit notamment de refuge aux protestants et leur fut enlevée par le duc d'Épernon.

Valensole, sur un affluent du Verdon, occupe l'emplacement d'une station romaine et devint aussi une place des calvinistes, qui en furent chassés par le duc de la Valette. — *Gréoux*, sur le Verdon, possède des sources thermales sulfureuses et chlorurées d'une puissante action reconstituante; ces eaux étaient connues des Romains, qui les avaient consacrées aux « nymphes de Gréoux », ainsi qu'en témoigne une inscription; elles furent aussi utilisées par les Templiers, dont on voit sur la colline le vaste château ou couvent fortifié en ruines.

II. **BARCELONNETTE**, sous-préfecture de 2300 habitants[1], est une jolie petite ville de montagne, bâtie à 1133 mètres d'altitude dans une belle vallée sur la rive droite de l'Ubaye. On y remarque la tour de l'Horloge, du xiiie siècle, surmontée d'une élégante flèche en pierre, et le palais de justice, bel édifice moderne devant lequel s'élève le monument du député Manuel, né au hameau de la Conchette. Barcelonnette est une bastide au plan régulier, fondée en 1231 par le comte de Provence Raymond-Bérenger, dont la famille était de Barcelone. Place forte de frontière, elle fut vingt fois prise, reprise, saccagée, incendiée, et passa tour à tour des comtes de Provence aux ducs de Savoie et aux Français, qui en sont restés possesseurs depuis le traité d'Utrecht en 1713. La ville tient d'importants marchés et fabrique des tissus, de même que *Jausiers*, village d'amont, jadis peuplé de Vaudois.

Allos, au-dessus du Verdon, possède une église du xie siècle, Notre-Dame de Valvert, et des fortifications attribuées aux Romains; à l'ouest, sommeille à 2237 mètres d'altitude, dans une enceinte de rocs, un lac de 5 à 6 kilomètres de tour et de 42 mètres de profondeur; il est sans déversoir apparent, mais on espère l'utiliser pour les irrigations de la Provence.

Au canton du Lauzet, le village de *Saint-Vincent* est flanqué d'un fort qui garde à 1692 mètres d'altitude la vallée de l'Ubaye, tandis que *Méolans* est situé de telle sorte au pied du mont Siolane, qu'il ne voit pas le soleil durant quatre mois de l'année.

[1] Arrondissement de Barcelonnette : 4 *cantons*, 20 communes, 14130 habitants.
Cantons et communes principales : 1. *Barcelonnette*, 2290 habitants; Condamine, 1250; Jausiers, 1760. — 2. *Allos*, 930. — 3. *Lauzet* (Le), 650; Méolans, Saint-Vincent. — 4. *Saint-Paul*, 1060.

Saint-Paul est la commune la plus vaste du département (20554 hectares). On y trouve les carrières de beau marbre vert de Maurin, près du col international de Chabrière ou de Lautaret, et l'important fort de Tournoux, juché par 1720 mètres au-dessus du confluent de l'Ubaye et de l'Ubayette, qu'il commande avec la route de Barcelonnette à Coni, traversant le col de Larche ou de l'Argentière. Ce col, franchi par François Ier en 1515, fut aussi le théâtre de plusieurs combats entre Français, Piémontais et Autrichiens.

III. **CASTELLANE**, sous-préfecture de moins de 1800 âmes[1], s'élève à 723 mètres d'altitude sur la rive droite du Verdon, que traverse un pont hardi d'une seule arche. Mais ce qui donne sa physionomie spéciale à la petite localité, d'ailleurs mal bâtie, c'est le rocher qui la domine à

François Ier franchit les Alpes au col de l'Argentière (Basses-Alpes).

pic de 120 mètres de hauteur. Un sentier conduit au sommet de ce roc, que couronne un sanctuaire de la Mère de Dieu, et d'où l'on jouit d'une vue magnifique sur un amphithéâtre de montagnes sauvages. — Appelée *Salinum* par les Romains, sans doute à cause de ses sources salées, la ville fut dévastée par les Sarrasins au IXe siècle, puis reconstruite sur ledit

---

[1] Arrondissement de CASTELLANE : 6 *cantons*, 48 communes, 16150 habitants.
Cantons et communes principales : 1. *Castellane*, 1780 habitants. — 2. *Annot*, 1020. — 3. *Colmars*, 710. — 4. *Entrevaux*, 1390. — 5. *Saint-André-de-Méouilles*, 670. — 6. *Senez*, 490.

roc, qui, ayant la forme d'un *castellum*, donna lieu au nom de *Castellana*. Plus tard, les habitants redescendirent dans la vallée et fondèrent la cité actuelle, qu'ils entourèrent de fortifications dont on voit encore les débris. Castellane, près duquel on admire les gorges du Verdon, fabrique des lainages, des poteries, et fait le commerce de pruneaux, fruits secs et confits, de même que Annot, dans la vallée de la Vaïre, aux sites grandioses.

Colmars, sur le Verdon, entre deux montagnes dont l'une porte un fort, fabrique du drap et fait le commerce de fromages dits de Thorame; on visite aux environs la source intermittente de Fouent-Levant.

Entrevaux, sur le Var, est une place forte de deuxième classe, située entre de hautes crêtes que domine un rocher portant des forts. L'église, des xve et xvie siècles, servit, comme celle qui l'a précédée, de cathédrale aux évêques de *Glandèves*, après que cette ville, située à 3 kilomètres nord-ouest, eût été détruite par les Sarrasins et les inondations du Var. En 1536, les Impériaux s'emparèrent d'Entrevaux, qui relevait alors du Piémont; mais les paysans le reprirent quelques années plus tard et le donnèrent à François Ier.

Senez, sur une branche de l'Asse, était à l'époque gallo-romaine le chef-lieu des *Sentii*; au ive siècle, il y fut établi un évêché qui subsista jusqu'à la Révolution. L'ancienne cathédrale romane, bâtie de 1130 à 1242, est de dimensions modestes, mais d'un bon style.

IV. **FORCALQUIER**, sous-préfecture de 3000 âmes [1], s'élève en amphithéâtre à 550 mètres d'altitude moyenne, sur une colline conique couronnée par la jolie chapelle de Notre-Dame de Provence. Assez mal bâtie, mais possédant une belle église romano-ogivale, cette petite ville est l'antique cité des *Memini* et fut appelée *Forum Neronis* par les Romains. Dévastée par les Barbares et les Sarrasins, elle n'était plus au ixe siècle qu'un groupe de quelques maisons bâties à côté d'un four à chaux (*furnus calcarius*), qui a donné son nom à la localité. Un château y fut élevé au xe siècle, puis une église à laquelle un chapitre fut attaché en 1015; enfin Forcalquier devint en 1054 le siège d'un important comté, démembré de la Provence, à laquelle il retourna en 1209. Son canton s'adonne spécialement à l'élevage des vers à soie.

Banon, au pied méridional de la montagne de Lure, tisse la laine et fabrique des fromages estimés. — A *Simiane* se voit un très curieux édifice en rotonde et à double étage, qui est probablement une chapelle du xie siècle construite sur le plan du Saint-Sépulcre de Jérusalem.

Manosque, à 3 kilomètres de la Durance, au pied du Mont-d'Or chargé d'oliviers, est la deuxième ville du département par sa population, qui dépasse 5000 âmes, et la première par son industrie, qui comprend notamment des fabriques d'huile estimée, des briqueteries et des tanneries.

---

[1] Arrondissement de Forcalquier : 6 *cantons*, 50 communes, 29070 habitants.
Cantons et communes principales : 1. Forcalquier, 3020 habitants; Mane, 1100. — 2. Banon, 1040; Simiane, 1000. — 3. Manosque, 5270. — 4. Peyruis, 800; Lurs. — 5. Reillanne, 1330; Céreste, 1050. — 6. Saint-Étienne, 830.

De plus, elle fait un important trafic des vins, fruits et autres produits de son riche territoire, tels que du lignite, du bitume et du gypse. Mais cette ville est mal percée : la plupart de ses rues semblent n'être qu'une succession de cours, comme dans les anciens villages provençaux ; elle est encore renfermée presque entièrement dans la ceinture de ses vieux remparts, dont on remarque surtout la porte de la Louverie. — Manosque, simple *mansio* ou station militaire sous les Romains, prit peu à peu de l'importance. Au xe siècle, les comtes de Forcalquier y firent construire un château et le donnèrent ensuite avec la ville aux chevaliers hospitaliers de Saint-Jean-de-Jérusalem, qui y conservaient le corps de leur fondateur, le bienheureux Gérard de Martigues.

Peyruis et *Lurs*, sur la Durance, offrent, l'un des restes de trois châteaux et de fortifications, l'autre le couvent de Notre-Dame des Anges, lieu de pèlerinage.

Reillanne, qui passe pour être l'*Alaunia* des Romains, conserve des ruines de son château fort et de ses remparts. — Au sud-ouest, *Céreste* est l'antique station romaine de *Catuiaca*, dont on voit encore deux ponts et un monument dit Tourré d'Embarbo, pour « la tour Œnobarbus ».

Saint-Étienne est situé au pied des monts de Lure, dont une gorge possède une chapelle de la sainte Vierge, but d'un pèlerinage fondé en 522 par l'ermite saint Donat, qui a, dit-on, sculpté lui-même la statue vénérée.

V. SISTERON est une sous-préfecture de 4000 âmes [1] et une place de guerre qui commande un étroit défilé de la Durance confluant avec le Buech. Sise à 580 mètres d'altitude, elle est dominée par une citadelle où fut détenu au xviie siècle le frère de Ladislas VII, roi de Pologne. Son église Notre-Dame, ancienne cathédrale, est un édifice roman bien conservé. Au point de vue industriel, on ne peut guère mentionner qu'une filature de cocons et une papeterie. — Sisteron est l'antique cité de *Segustero*, dont le régime municipal se continua à travers presque tout le moyen âge sans autre modification que celle qu'apportait le changement des mœurs. Elle était alors beaucoup plus peuplée qu'aujourd'hui, et au commencement du xixe siècle elle comptait encore plus du double de sa population actuelle. Cette ville, qui eut beaucoup à souffrir des Barbares, devint au milieu du ve siècle le siège d'un évêché que supprima la Révolution. Les catholiques la prirent en 1562, les protestants cinq ans après, et elle fut démantelée en 1627.

Noyers-sur-Jabron est dominé par le rocher de Pëirimpi (*petra impia*), où, suivant la tradition locale, les Sarrasins furent défaits au xe siècle par saint Bevons. — Volonne, sur la Durance, possède les ruines d'une ancienne forteresse et une importante fabrique de chaux hydraulique.

---

[1] Arrondissement de Sisteron : 5 *cantons*, 49 communes, 18450 habitants.
Cantons et communes principales : 1. Sisteron, 3910 habitants. — 2. *Motte* (*La*), 650. — 3. *Noyers-sur-Jabron*, 800. — 4. *Turriers*, 440. — 5. *Volonne*, 880.

COMTÉ DE NICE

1 DÉPARTEMENT

ALPES-MARITIMES

3 ARRONDISSEMENTS, 26 CANTONS, 153 COMMUNES, 265200 HABITANTS

Carte historique.

Historique. — Les premiers habitants de la contrée des Alpes-Maritimes furent des Ligures ou Celtes : *Védantiens*, *Décéates* et autres. Après sa fondation, en 600 avant Jésus-Christ, Marseille domina bientôt sur tout le littoral de la région, et pour conserver sa conquête fonda les colonies de *Nicæa* (Nice) et d'*Antipolis* (Antibes). Sous les Romains, le territoire fut successivement compris dans la Narbonnaise et la province des Alpes-Maritimes, en attendant la bonne nouvelle du salut, que les saints Barnabé et Nazaire apportèrent à ses populations. Mais bientôt les Barbares y exercèrent leurs ravages, comme le firent dans la suite les pirates sarrasins. Après le démembrement de l'empire de Charlemagne, le pays fit partie de la Lotharingie, puis de la Bourgogne cisjurane et enfin du royaume d'Arles. Les comtes héréditaires de Provence la possédèrent jusqu'en 1090, et après eux les comtes provençaux de la maison d'Aragon jusqu'en 1245, époque à laquelle il passa dans la maison de France par le mariage de Charles d'Anjou, frère de saint Louis et roi de Naples, avec Béatrix, fille de Raymond-Bérenger. Par la convention de 1388, les Niçois abandonnés de leurs souverains se donnèrent à la maison de Savoie, à laquelle ils continuèrent d'appartenir malgré les événements dont leur territoire fut le théâtre pendant la lutte de François Ier et de Charles-Quint. Sous la domination des ducs de Savoie et plus tard des rois de Sardaigne, le comté de Nice forma une intendance comprenant les arrondissements de Nice, Oneglia et San-Remo, exactement ce que fut le département des Alpes-Maritimes sous Napoléon Ier. Rendu aux États sardes en 1814, il ne nous revint pas entièrement par le traité de Turin en 1860, mais seulement l'arrondissement de Nice, que l'on divisa en deux, et qui, avec celui de Grasse pris au département du Var, forma le nouveau département des Alpes-Maritimes.

Géographie. — Le département des *Alpes-Maritimes*, limitrophe de l'Italie, est ainsi nommé de ses montagnes, dont les contreforts avancés plongent dans la Méditerranée. Il mesure seulement 3738 kilomètres carrés, ce qui le relègue au 81e rang pour l'étendue.

« Le département des Alpes-Maritimes est le plus beau peut-être de la France, tant par le charme de ses vallons et de ses vallées boisées que par la grâce de ses côtes, où règne le climat le plus doux de l'Europe, et l'admirable contraste que ses montagnes aux neiges persistantes, aux flancs noirs de sapins, font avec les golfes où croît le palmier, et les promontoires lumineux qui frangent le rivage de la Méditerranée.

« C'est entre les diverses ramifications des Alpes-Maritimes que coulent la Roya, le Var et les affluents de ce dernier, la Tinée, la Vésubie, l'Estéron. Les vallées sauvages de tous ces cours d'eau présentent, dans la partie moyenne de leur développement, une série de bassins et d'étranglements successifs. Les bassins sont charmants de fraîcheur et de verdure; mais les défilés, ou *clus*, sont d'un aspect effrayant. De chaque côté du torrent se dressent des rochers à pic ou surplombants, hauts de plusieurs centaines de mètres et portant au sommet de leurs escarpements les murailles pittoresques de quelque ancien village. Ceux d'Entraunes, de Lieusola, de Saint-Martin-Lantosque, situés dans les bassins verdoyants où viennent se réunir les premières eaux descendues des montagnes en cascades et en rapides, sont destinés à remplacer pendant la saison d'été les résidences du littoral. Grâce aux nouvelles routes qui pénètrent dans les vallées supérieures, les étrangers domiciliés à Nice peuvent en l'espace de quelques heures échanger les rues poudreuses de la ville et les bords desséchés du Paillon pour de frais vallons remplis du murmure des ruisseaux et du bruissement des feuilles, embellis par la vue des neiges et des rochers, parfaitement abrités contre les vents du nord par la crête des grandes Alpes. Les villes d'hiver, situées sur le littoral, doivent se compléter par la création de villes d'été dans les hautes vallées des montagnes avoisinantes. » (Élisée Reclus.)

Le territoire est généralement couvert par les ramifications granitiques ou calcaires des Alpes, ainsi que par le porphyrique Estérel au sud-ouest. Les vallons, frais et riants aux bords de la mer, s'encaissent plus profondément en même temps que les montagnes s'élèvent, c'est-à-dire à mesure que l'on avance au nord. Là se dressent la cime culminante de Tinibras, 3031 mètres, sur la frontière du Piémont; l'Enchastraye, 2971 mètres, et le Mounier, 2818 mètres. La cime du Diable, 2687 mètres, et le Tournairet, 2085 mètres, sont à l'est; le Cheiron, 1778 mètres, à l'ouest; au nord de Monaco, le mont Agel a 1149 mètres. Puget-Théniers est à 400 mètres, Grasse à 325 mètres; l'altitude moyenne est d'environ 850 mètres. Les différents cols internationaux s'ouvrent tous en Italie, même le Colla Lunga, près duquel le faîte alpin cesse d'être français.

La côte, généralement ensoleillée et baignée par une mer d'azur admirable, est tantôt basse, tantôt élevée et rocheuse, très découpée et presque toujours bordée par la voie ferrée de Toulon à Gênes. D'un développement d'une centaine de kilomètres, elle dessine, à partir des escarpements de l'Estérel, le gracieux golfe de la Napoule, où est assise Cannes, ville d'hiver renommée, et que ferme le cap Croisette, s'avançant vers les îles Lérins; viennent ensuite le beau golfe Jouan, où débarqua Napoléon échappé de l'île d'Elbe, et la presqu'île de la Garoupe, qui le sépare de la plage d'Antibes, petit port actif. Au delà de l'embouchure du Var s'étale la reine des villes d'hiver, Nice, qui est en même temps un grand camp retranché; puis s'ouvre la charmante baie de Villefranche, également fortifiée, et que limite à l'est la presqu'île de Saint-Hospice; enfin apparaissent la cité princière de Monaco et, derrière le cap Martin, la station sanitaire de Menton, notre dernier port du côté de l'Italie.

Tous les *cours d'eau* du département sont autant de torrents, dont un bon nombre se déversent directement dans la mer. Les principaux sont, de l'ouest à l'est : la Siagne, célèbre par ses *foux*, ou fontaines; le Loup, le *Var*, qui, absolument étranger au département qu'il dénomme, baigne Puget-Théniers et se grossit de la Tinée, de la Vésubie et de l'Estéron; le Paillon, qui se termine à Nice, et la Roya, dont les cours supérieur et inférieur appartiennent à l'Italie.

Climat. Productions. — Le département des Alpes-Maritimes, qui jouit du *climat* méditerranéen, est renommé entre tous pour la douceur de sa température. Malheureusement le terrible mistral apporte, surtout dans l'arrondissement de Grasse, de brusques variations atmosphériques. La hauteur des pluies annuelles croît du sud au nord, depuis Cannes, où elle est de 66 centimètres, jusqu'à la Tinée supérieure, où elle atteint 12 décimètres.

Ce climat exceptionnel, joint à l'énorme différence des altitudes, favorise les cultures les plus belles et les plus variées. Au-dessous de 700 mètres c'est la région méditerranéenne, pays privilégié où croissent en abondance l'oranger, le citronnier, le mûrier, le figuier, l'amandier, le jujubier, le caroubier, la vigne et surtout l'olivier, sans parler d'autres arbres ou plantes exotiques : palmier, aloès, cactus, eucalyptus, ricin, etc. Les environs de Nice et de Grasse, notamment, offrent de magnifiques champs de fleurs, cultivées pour l'exportation ou l'industrie. Au-dessus de cette zone s'étalent celles des céréales, des châtaigniers, des forêts de pins, de sapins et de mélèzes (91 000 hectares), enfin des pâturages d'été pour bœufs, chèvres et moutons. Il existe une ferme-école à Saint-Donat, près de Grasse.

L'exploitation des minéraux est peu importante en dehors des carrières de marbre de Grasse, Nice, Villefranche, et du granit de l'Estérel et de Saint-Martin-Lantosque. L'industrie manufacturière a principalement pour objet la parfumerie, avec ses essences ou eaux de fleurs d'orangers, de roses, de jasmins, de violettes, etc.; l'huile d'olive, pour laquelle ce département tient le premier rang; les savons,

Route de la *Corniche*, de Nice à Gênes.

les pâtes alimentaires, les liqueurs et confitures, qui, avec les fleurs, les fruits exquis et l'entretien des riches étrangers, sont une source de revenus considérables pour le pays.

Les habitants. — La population des Alpes-Maritimes, très dense sur le littoral, est naturellement clairsemée dans la montagne. En 1896, le département comptait 265 200 habitants, soit 70 000 de plus qu'en 1861, époque du premier recensement. Il est au 72e rang pour la population absolue, et au 24ᵉ pour la densité, avec 71 habitants par kilomètre carré. Les étrangers, presque tous Italiens, ne sont pas moins de 54000; par contre, les non-catholiques ne sont guère plus d'un millier. Les paysans parlent le patois provençal à l'ouest et le patois italien dans l'ancien comté de Nice; beaucoup d'entre eux sont complètement illettrés.

Personnages. — Saint Eldrade, né à Beuil, mort au xᵉ siècle. Les peintres Fragonard, père et fils, nés à Grasse, morts en 1806, 1850. Le maréchal Masséna, prince d'Essling, né à Nice, mort en 1817. Le général Bréa, né à Menton, mort en 1848. Le maréchal Reille, né à Antibes, mort en 1860. Le peintre Carle Vanloo, né à Nice, ainsi que les révolutionnaires Blanqui et Garibaldi, morts en 1865, 1880, 1881.

Administrations. — Le département forme le diocèse de Nice (arrondissements de Nice et de Puget-Théniers) et une partie de celui de Fréjus (arrondissement de Grasse); il ressortit à la cour d'appel et à l'académie d'Aix, à la 15ᵉ division militaire (Marseille), à l'arrondissement maritime de Toulon, à la région agricole du Sud et à la 34ᵉ conservation forestière (Nice).

Il comprend 3 arrondissements : *Nice, Grasse* et *Puget-Théniers,* avec 26 cantons et 153 communes.

I. **NICE**, chef-lieu du département [1], est une ville prospère de 94000 âmes, magnifiquement située au fond de la baie des Anges, sur le torrent du Paillon, qui la divise en deux parties principales. A droite est la ville neuve, presque entièrement composée de grandes maisons, d'hôtels élégants et de vastes jardins, destinés aux étrangers; à gauche, la vieille ville et la ville du port, séparées par une colline rocheuse, autrefois couronnée d'un château fort, aujourd'hui transformée en une belle promenade, d'où la vue est admirable. « Nice, et c'est là son charme suprême, Nice n'est point une ville, dit Malte-Brun; c'est un grand parc, où les plus splendides palais disparaissent dans des bouquets d'orangers, sous des touffes de roses. Nice n'est pas plus dans ses rues ombragées que sur la pente de ses collines ou dans l'ombre de ses vallées; on ne voit ni où elle commence, ni où elle finit. C'est un immense jardin où chacun semble avoir planté sa tente au hasard, sûr de trouver, n'importe sur quel point de ce paradis terrestre, la santé et le bonheur. »

Nice a peu de monuments remarquables. Citons la cathédrale Sainte-Réparate, de 1650; l'église du Vœu ou de Saint-Jean-Baptiste, élevée en 1835 en reconnaissance de la préservation du choléra; la nouvelle église

---

[1] Arrondissement de Nice : 11 *cantons,* 45 communes, 153450 habitants.
Cantons et communes principales : 1.-2. *Nice,* 93760 habitants; Trinité (La), 1280. — 3. *Breil,* 2670; Fontan, 1160; Saorge, 1210. — 4. *Contes,* 1690; Châteauneuf, 1170. — 5. *Escarène* (L'), 1370; Lucéram, 1430; Peille, 1840. — 6. *Levens,* 1510; Saint-Martin, Tourrette-Levens, 1090. — 7. *Menton,* 9040; Cabbé, 2590. — 8. *Saint-Martin-Vésubie,* 1720; Belvédère, 1180; Bollène (La), Roquebillière, 1650. — 9. *Sospel,* 3760. — 10. *Utelle,* 1640; Lantosque, 1960. — 11. *Villefranche,* 4430; Beaulieu, 1060; Eze, Turbie (La), 3070.

gothique de Notre-Dame, surmontée de deux tours de 65 mètres de hauteur; l'ancien palais des Lascaris; la tour de l'Horloge, du XVIIe siècle; les casinos, les statues du roi Charles-Félix et de Masséna; enfin, et cela n'a rien de surprenant pour une ville cosmopolite, des temples russes, anglais, allemands, écossais, américains, israélites. Outre la promenade du Château, Nice offre celle du Cours, ornée d'ormes séculaires, et la promenade des Anglais, superbe et large avenue plantée de palmiers, qui borde la mer sur un espace de 4 kilomètres, et qui, dans les belles matinées hivernales, est le salon de Nice.

C'est surtout aux multiples étages des sommets, dont elle est environnée

Nice, sur la côte de Provence.

au nord, que Nice doit d'avoir son climat tellement doux et égal, que les froids d'hiver produisent rarement la glace, et que les chaleurs de l'été sont moins fortes qu'à Paris. C'est aussi aux brises alternatives de terre et de mer, qui de plus assainissent continuellement l'atmosphère avec l'aide des vents, ici fort inconstants et parfois très violents. Quoi qu'il en soit, le climat de Nice est certainement, excepté pendant les jours de poussière, l'un des plus agréables de la Méditerranée; aussi de nombreux malades vont-ils, principalement en hiver, lui demander le rétablissement ou au moins l'amélioration de leur santé. Du reste, les humains ne sont pas les seuls qui se trouvent bien sous le beau et clément ciel niçois: l'olivier, l'amandier, le figuier, le citronnier, l'oranger, la vigne et les fleurs de toutes sortes y croissent à l'envi. Il s'ensuit que la ville possède de nombreuses distilleries d'essences de roses, de violettes et de fleurs d'oranger; des fabriques d'huile d'olives, de savons et de confitures, auxquelles il faut ajouter notamment une vaste manufacture de tabac. Ces produits sont expédiés, avec de grandes quantités de fleurs et d'excellents fruits, soit par les chemins de fer, soit par le port dit de Lympia, qui est très sûr et accessible aux bâtiments d'un tonnage moyen. Le mouvement des marchandises pour ce dernier est d'environ 100 000 tonnes, entrées et sorties réunies.

Nice, en italien *Nizza*, fut fondée vers l'an 300 avant Jésus-Christ par les Massaliotes, qui la nommèrent *Niké* (victoire), ou *Nicæa*, en mémoire d'un succès remporté sur les indigènes liguriens. Ceux-ci ayant plus tard attaqué la ville, les Massaliotes appelèrent à son secours les Romains, qui à cette occasion intervinrent pour la première fois dans les affaires des Gaules. Nice appartint dans la suite à ses libérateurs, qui en firent un arsenal maritime. Elle fut pourvue au iiie siècle d'un évêché, qui engloba, vers 500, le diocèse voisin de *Cemenelum*. Ruinée par les Barbares, la ville se releva au viiie siècle pour être en butte à la fois aux ravages des pirates et aux compétitions des seigneurs féodaux ou des républiques italiennes. De la domination des comtes de Provence, elle passa en 1388 sous l'autorité des princes de Savoie. Charles-Quint l'occupa en 1538 et y signa une trêve avec François Ier. Souvent assiégée depuis, dans les guerres entre la France et la maison d'Allemagne ou d'Autriche, la ville nous appartint de 1792 à 1814; puis elle retourna aux États sardes, qui nous la rétrocédèrent en 1860. Elle est aujourd'hui entourée de forts et de batteries, qui en font le « réduit » des Alpes-Maritimes.

Aux environs, Cimiez est l'antique cité romaine et épiscopale de *Cemenelum*, détruite par les Vandales. On y voit les restes d'un amphithéâtre, d'un temple d'Apollon, de thermes, et un beau couvent de Récollets. L'abbaye de Saint-Pons, fondée en 775 et plusieurs fois saccagée, est maintenant occupée par les Oblats de Marie-Immaculée.

Breil et *Saorge*, sur la Roya, qui coule dans d'étranges défilés, sont deux anciennes places fortes qui barraient la vallée et la route de Nice à Tende. Saorge surtout était importante; Masséna s'en empara en 1794 et la fit démanteler. La chapelle Notre-Dame de Morin est un but de pèlerinage. — *Châteauneuf*, au canton de Contes, possède de curieuses grottes et les ruines d'un temple romain.

L'Escarène, sur l'une des branches mères du Paillon, fabrique de bons vins muscats et mousseux, ainsi que *Peille*, remarquable par ses maisons étroitement groupées et d'aspect du moyen âge; la mairie et l'école y occupent un ancien palais des Lascaris, qui régnèrent sur Nice.

Tourrette-Levens, sur l'une des pentes du mont Chauve, conserve les restes d'un château fort, occupant l'emplacement d'un oppidum gallo-romain. Les deux sommets du mont sont aujourd'hui couronnés de forts, qui font partie du camp retranché de Nice et commandent la vallée du Var. — Vers *Saint-Martin*, ce torrent est traversé par deux ponts en fer, dont l'un, de plus de 400 mètres de long, livre passage au chemin de fer, aux voitures et aux piétons.

Menton, en amphithéâtre sur un promontoire, à 2500 mètres de la frontière italienne, est une ville de 9000 âmes, encore plus remarquable que Nice et Cannes pour la douceur constante de son climat et la belle végétation qui l'entoure. Dominée par l'église Saint-Michel, elle se divise en vieille ville, qui escalade les pentes de la colline, et en ville neuve, formée de charmantes villas et d'élégants hôtels s'alignant au bord de la mer. A l'ouest, la promenade du Midi rejoint le cap Martin, bois de Boulogne mentonnais, tandis qu'à l'est le pont Saint-Louis, jeté sur le torrent du Passo, fait communiquer la France avec l'Italie. Menton, qui récolte 30 000 000 de citrons par an, fabrique des pâtes alimentaires, des huiles, de la parfumerie, et a pour industrie spéciale la marqueterie, qui consiste à incruster dans le bois de véritables compositions artistiques d'une grande délicatesse.

D'origine féodale, la ville fut particulièrement agitée aux XIIIe et XIVe siècles par les guerres entre les Guelfes et les Gibelins. Achetée en 1346 par les princes de Monaco, elle se constitua en république avec *Roquebrune* en 1848. En 1861, le prince nous vendit pour 4 millions tous ses droits sur les deux localités.

Menton et les villes liguriennes. — Dans le tremblement de terre du 23 février 1887, qui détruisit un grand nombre de localités liguriennes et ensevelit une partie de leurs habitants, Menton compta parmi les plus éprouvées de notre pays. Or Menton est précisément la ville qui a, sauf ses abords nouveaux, le mieux conservé la structure des vieilles cités liguriennes du moyen âge.

La ville est bâtie en amphithéâtre serré, sur une croupe élevée s'avançant dans la mer comme un cône. Sur le sommet de cette espèce de pain de sucre et jusqu'à mi-côte de ses flancs, figurez-vous un massif compact de hautes maisons, tenant toutes les unes aux autres, la base des unes ou un de leurs étages reliés au sommet de celles qui sont en contre-bas. Enfin le tout forme un seul bloc de maçonnerie, s'élevant par gradins de terrasses ou de toits.

Mais, demandez-vous, les rues, les places, il n'y en a donc pas? Pardon! Seulement les rues ce sont des passages voûtés, où de place en place un jour en haut est ménagé, et par lequel, entre de hautes murailles, on aperçoit environ 2 mètres carrés de ciel. Les places, ce sont des sortes de puits creusés dans ce massif de maçonnerie, à l'intersection de deux passages voûtés. Il y a là un peu plus de largeur qu'autre part; aussi le plus souvent un arbre est-il planté au milieu, absolument comme s'il était au fond d'une haute caisse en pierres. Sur la pente raide de la colline, le sol de ces prétendues rues et prétendues places n'est jamais une chaussée. C'est toujours un escalier aux marches larges d'un mètre ou de deux et fortement inclinées elles-mêmes. Naturellement, aucun véhicule roulant ne circule dans ces rues.

Le climat et le besoin de se défendre contre les pirates ont imprimé, à tous les centres d'habitation datant du moyen âge, le même choix d'emplacement et un système analogue de groupement des maisons.

On doit étouffer là-dessous, pensera-t-on, si on n'y a pas passé en été : c'est une erreur. Dans ces espèces de fosses profondes et à demi couvertes, qui sont les ruelles, il fait toujours frais; le soleil n'arrive jamais jusqu'en bas. Y voit-on assez clair? demandez-vous. Dans ce pays de soleil aveuglant, on y voit toujours assez, même trop; la pénombre des rues est un repos pour la vue. Et l'air? Rassurez-vous aussi. Il fait par là-bas de tels ouragans, de tels coups de mistral ou de *libeccio*, que l'air est violemment renouvelé dans tous les recoins des dessous de maçonnerie.

Telle est la disposition des anciennes villes. Ordinairement l'église est au sommet, dominant le tout; Menton est de la sorte. Or, on le comprend, avec toutes ces constructions s'appuyant les unes sur les autres, si une d'elles s'effondre, tout le massif en souffre. Celles qui entourent la maison écroulée s'écroulent aussi, et, si la chute est causée par un mouvement du sol, l'écroulement gagne de proche en proche et comprend tout le bloc de maisons. Voilà pourquoi, lors d'un tremblement de terre, on a à déplorer tant de victimes dans les anciennes localités encore construites de cette façon.

Monaco. — C'est dans le canton de Menton qu'est enclavée la principauté indépendante de *Monaco*, peuplée d'environ 15 000 âmes. Sa capitale, Monaco, se compose de trois parties : la *Vieille ville*, entourée de ses fortifications sur un promontoire rocheux; la *Condamine*, ou nouvelle ville, et *Monte-Carlo*, trop fameux par sa maison de jeu, dont les villes voisines ont demandé en vain la suppression. La cité doit son origine et son nom à un temple du dieu Melkarth, qui s'appelait ici *Monœcus* (honoré seul). Elle fut enlevée aux Arabes, au xe siècle, par les Grimaldi de Gênes, qui en firent le siège d'une principauté. Richelieu ayant aidé le prince Honoré II à chasser une garnison espagnole, celui-ci se plaça sous la protection de la France, où lui et ses successeurs acquirent, entre autres fiefs, le duché de Valentinois. La principauté passa en 1815 sous l'égide de la Sardaigne, mais les événements de 1859-1860 la replacèrent sous le protectorat français.

Saint-Martin, dans les montagnes, au confluent de deux pittoresques torrents formant la Vésubie, est un bourg très riche qui doit sa prospérité à ses pâturages, à l'affluence des touristes, attirés par la beauté des environs, et au séjour qu'y font en été, grâce à son climat doux et salubre, un grand nombre d'habitants de Nice. — *Roquebillière*, dont dépend l'établissement thermal de Berthémont ; *Belvédère* et *la Bollène,* sont aussi des stations d'été dans le val de la Vésubie.

Sospel, entre des montagnes boisées, est une ancienne place forte que les Français prirent au duc de Savoie en 1692 et aux Piémontais en 1792. Encore entourée de ses fortifications, cette petite ville possède des forges, des huileries, et tend à devenir une station d'hiver ; le mont Barbonnet porte un fort qui bat la route de Turin à Nice par le col de Tende.

Monaco, la Vieille ville, siège d'une principauté indépendante.

Utelle, sur une colline de 800 mètres dominant les gorges de la Vésubie, possède une belle église du xive siècle, surmontée de la statue colossale de saint Véran, et le sanctuaire de Notre-Dame des Miracles, couronnant un sommet voisin. La position militaire de ce bourg, entre les défilés fortifiés de Saint-Jean et de la Balme-Nègre, est très importante dans la défense des abords de Nice ; du défilé de Saint-Jean part le canal d'alimentation de cette grande ville. C'est au territoire d'Utelle que le Var s'engouffre dans la plus longue et la plus célèbre de ses gorges, la clus de l'Échauda ou de Ciaudan, profonde de 200 à 400 mètres entre monts s'élevant, de retrait en retrait, jusqu'à 1550 mètres.

VILLEFRANCHE, à 2 kilomètres à l'est de Nice, au fond d'une magnifique baie très bien abritée, est un petit port fortifié avec arsenal maritime et chantiers de construction. La rade, profonde et sûre, sert de station pendant une partie de l'hiver à l'escadre française de la Méditerranée, ainsi qu'à des navires de guerre étrangers. Fondée au XIIIe siècle par Charles II d'Anjou, comte de Provence et roi de Sicile, cette ville fut prise par les Français en 1691 et 1792. — A l'est, *Eze* est situé, comme un nid d'aigle, au sommet d'un roc, d'où l'on a une vue admirable sur la mer. — *La Turbie*, entre le mont Agel et le promontoire de la Tête-de-Chien, montre les restes, convertis en donjon au XVe siècle, du célèbre Trophée des Alpes, élevé par Auguste en l'an 17 avant Jésus-Christ, pour conserver le souvenir de ses victoires remportées sur 45 peuples alpins.

II. **GRASSE** est une sous-préfecture de 15 000 âmes [1], occupant un beau site au milieu des montagnes qui l'abritent des vents froids. De là ce climat tellement doux, que, malgré son altitude de 325 mètres, elle est entourée de la plus riche végétation méridionale : orangers, oliviers, citronniers et palmiers, ainsi que de rosiers, jasmins, géraniums et cent autres fleurs. Il en résulte que les Grassois pratiquent en grand la distillation des essences et la fabrication des parfums, pour lesquels ils emploient par saison environ un million de kilogrammes de roses et un poids double de fleurs d'oranger. Ils fabriquent aussi des huiles d'olives et d'amandes, des confitures et liqueurs, des savons, des fils de soie, en même temps qu'ils s'industrient à héberger les étrangers, de plus en plus nombreux, qui viennent chez eux passer l'hiver. Ville aux rues étroites et escarpées, Grasse s'est formée auprès d'une source abondante qui, jaillissant sur la partie la plus élevée, alimente aujourd'hui de jolies fontaines et fait mouvoir une centaine d'usines, pour aller ensuite irriguer les jardins et les plaines voisines. Outre l'église Sainte-Marie ou Notre-Dame, jadis cathédrale, il faut citer l'ancienne chapelle Saint-Sauveur ou Saint-Hilaire, dont la forme est celle d'un polygone de 16 côtés; la promenade du Cours, d'où l'on jouit d'un des plus beaux panoramas du Midi sur les Alpes, la vallée de la Siagne, Nice et la mer. Au sommet du rocher se dressent trois cyprès; c'est là que Napoléon Ier fit halte le 2 mars 1815 à son retour de l'île d'Elbe. — Grasse, que l'on croit généralement d'origine antique, et dont le nom latin est simplement *Grassa*, forma du Xe au XIIe siècle une petite république, qui s'allia successivement avec celles de Pise et de Gênes. Détruite à deux reprises par les corsaires africains, elle se ruina elle-même à l'approche de Charles-Quint, qui venait l'investir. A la Révo-

---

[1] Arrondissement de GRASSE : 9 *cantons*, 60 communes, 90 840 habitants.
Cantons et communes principales : 1. *Grasse*, 15 020 habitants; Auribeau. — 2. *Antibes*, 9 330; Biot, 1 340; Vallauris, 6 250. — *Bar (Le)*, 1 250; Courmes, Tourrette-sur-Loup, Valbonne, 1 140. — 4. *Cagnes*, 3 030; Colle (La), 1 460; Saint-Laurent, 1 370. — 5. *Cannes*, 22 960; Cannet (Le), 2 590; Mouans, Mougins, 1 660. — 6. *Coursegoules*, 410. — 7. *Saint-Auban*, 510. — 8. *Saint-Vallier*, 520; Saint-Cézaire, 1 210. — 9. *Vence*, 3 040; Saint-Jeannet, 1 060.

lution, Grasse vit supprimer son évêché, transféré d'Antibes en 1245, et devint le chef-lieu d'un arrondissement qui fit partie jusqu'en 1860 du département du Var. — Aux environs d'*Auribeau*, la chapelle Notre-Dame de Valcluse renferme des ex-voto antérieurs à 1790.

Antibes, ville prospère de 9 000 âmes, s'élève au fond d'une belle rade séparée du golfe Jouan par la presqu'île de la Garoupe, laquelle porte deux phares et le sanctuaire de Notre-Dame de la Garde, très vénérée des marins. Son port, d'un accès facile et sûr, est protégé par une jetée

Villefranche, sa baie et la presqu'île Saint-Hospice.

de 470 mètres et défendu par deux forts. Il exporte notamment les produits de l'industrie antipolienne : huiles, essences de fleurs, poteries, salaisons, fruits, pâtes d'Italie, dont une partie provient des magnifiques jardins environnants, au milieu desquels s'élèvent de nombreuses villas. Antibes fut fondée par les Phocéens de Marseille vers l'an 340 avant Jésus-Christ, en face de Nice : d'où son nom grec *Antipolis*. Les Romains en firent un arsenal maritime et la dotèrent de plusieurs monuments, dont on voit encore les vestiges. En l'an 400, saint Armantaire y fonda à son tour un évêché, que les incursions des pirates obligèrent de transférer à Grasse en 1245. Fortifiée par François Ier et Henri IV, la ville résista héroïquement aux Impériaux en 1746 et aux Austro-Russes en 1815. — *Vallauris* participe du caractère d'Antibes, tant par ses importantes fabriques de parfumerie, d'huiles et de poteries artistiques, que par les antiquités romaines de son territoire. On y remarque aussi de charmantes villas et une plage balnéaire près du golfe Jouan, où vint débarquer, le 1er mars 1815, Napoléon échappé de l'île d'Elbe. — Au nord, *Biot* fabrique les mêmes produits que Vallauris et exploite des carrières de marbre blanc.

Le Bar, sur une colline baignée par le Loup, cultive en grand l'oranger et les fleurs pour la distillerie. On visite le château de ses anciens comtes, et en amont, près de *Courmes*, les admirables clus ou gorges du Loup, profondes de 400 mètres et renfermant l'ermitage de Saint-Arnoux. —

La ville d'Antibes et ses anciennes fortifications.

Au territoire de *Tourrette* se trouve le château du Caire, ancienne propriété des maréchaux Masséna et Reille.

Cagnes, bâti en amphithéâtre non loin de la mer, est un bourg qu'enrichit la fabrication des essences de fleurs et des huiles d'olives, ainsi que les salaisons d'anchois et de sardines. On y remarque le château crénelé des Grimaldi, monument historique, et sur le rivage les ruines du monastère de Saint-Véran, fondé au VIe siècle. — *Saint-Laurent,* sur le Var, est renommé par ses vins muscats.

Cannes, cité de 23 000 âmes, s'étale au fond de l'anse ou golfe de la Napoule, au pied et sur le penchant d'une colline dominée par les tours d'un ancien château fort et de l'église Notre-Dame d'Espérance. La ville en elle-même est peu agréable; mais la douceur exceptionnelle de son climat, la beauté de sa situation, de ses plages et des campagnes environnantes, couvertes d'orangers, de citronniers et d'oliviers, en font une station balnéaire et hivernale privilégiée. De là les villas, les châteaux et autres habitations de plaisance qui envahissent de plus en plus la côte cannoise. Le port exporte en partie les productions de la ville et celles de

Grasse : parfumerie, savons, huiles, oranges, figues, citrons, poissons salés et verrerie fine. — Cannes occupe l'emplacement présumé de *Castrum Marcellinum*, fondé par les Massaliotes; après avoir été dévastée deux fois par les Sarrasins au VIIIe et au Xe siècle, elle fut repeuplée par quelques familles génoises. — De la commune de Cannes dépendent les petites *îles Lérins* : Saint-Honorat et Sainte-Marguerite. Celle-ci, l'antique *Lero*, est couverte dans sa partie orientale d'une magnifique forêt de pins maritimes, et défendue sur sa côte nord-ouest par une citadelle due à Richelieu et qui sert de prison d'État. C'est là que, sous Louis XIV, fut enfermé

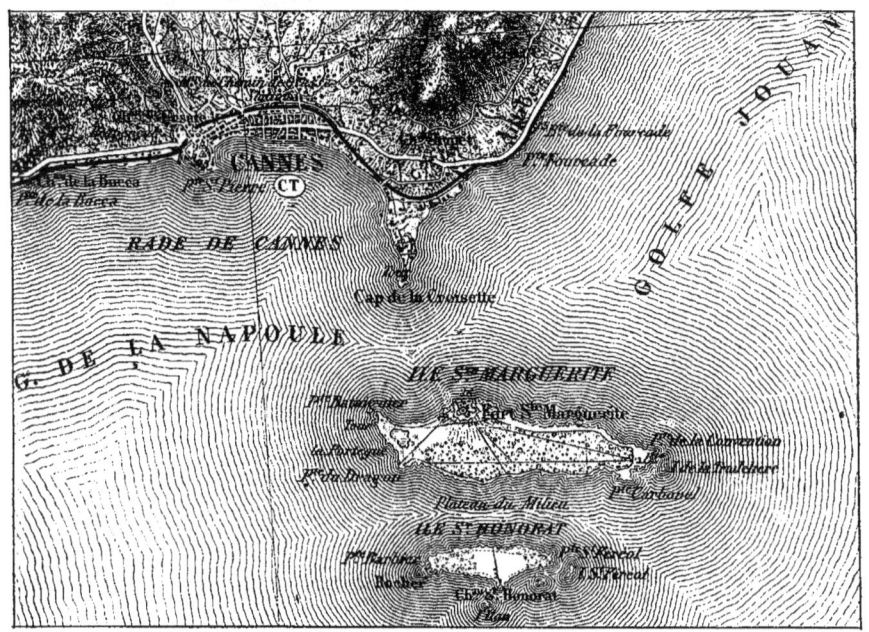

Cannes et les îles Lérins. — Carte au 80 000e.

pendant dix-sept ans le mystérieux personnage dit « l'Homme au masque de fer », et en 1874 l'ex-maréchal Bazaine, qui parvint à s'évader dans la nuit du 9 août pour se réfugier à Madrid, où il est mort en 1888.

Saint-Honorat, l'ancienne *Lerina*, doit sa célébrité à un monastère fondé en 410 par saint Honorat, et d'où sortirent une foule de saints, d'évêques et de savants; c'était, au commencement du VIe siècle, le plus important de la chrétienté, et à la fin du VIIe il comptait 3500 religieux. Les incursions fréquentes des pirates déterminèrent à construire, au XIe siècle, le château fort aux imposantes tours à mâchicoulis que l'on voit encore. Néanmoins le couvent fut dévasté en 1107 par les Sarrasins, qui tuèrent tous ses habitants; il fut de même pillé en diverses autres circonstances. Aujourd'hui une colonie de Cisterciens habite et cultive l'île, dont tout le pourtour conserve des restes d'anciennes redoutes.

Le Cannet, au nord de Cannes, s'adonne à la distillerie des essences de fleurs et à la fabrication de l'huile d'olives. — Il en est de même de *Mouans*, qui conserve un vieux château féodal, et de *Mougins*, situé au sommet d'une colline isolée, d'où l'on jouit d'une vue étendue sur l'Estérel, les Alpes et la mer. A côté s'élève la chapelle Notre-Dame de Vie.

Coursegoules, au versant sud du Cheiron, possède des glacières qui alimentent tout le pays, jusques et y compris Marseille. — Au canton de Saint-Vallier, le bourg de *Saint-Cézaire*, qui borde les profondes gorges de la Siagne, a conservé l'aspect des villes féodales de la Provence : église et maisons romanes, restes d'un château fort et de l'enceinte urbaine. Aux environs se trouvent une dizaine de dolmens et plusieurs grottes jadis habitées, dans l'une desquelles jaillit une abondante « foux ».

Vence, à 5 kilomètres du Var, est une agréable petite ville qui jouit d'un des plus beaux climats provençaux; aussi produit-elle des figues renommées, de l'huile d'olives et des essences de fleurs. On remarque son ancienne cathédrale, des Xe, XIIIe et XIVe siècles, qui renferme de nombreux objets d'art; bon nombre de vieilles maisons et d'importants restes de remparts, en dehors desquels s'est bâtie une ville nouvelle. Vence, l'antique *Ventium*, capitale du petit peuple des *Nerusi*, devint en 375 le siège d'un évêché, qui fut réuni au XVIIIe siècle à celui de Grasse.

III. **PUGET-THÉNIERS**, petite ville de 1 200 habitants [1], s'étale par 400 mètres d'altitude sur la rive gauche du Var, au pied sud-ouest du mont Meirola; c'est la plus modeste de nos sous-préfectures. Son arrondissement est aussi le seul de France qui n'ait point de tribunal civil : les causes en sont portées à Nice. Puget-Théniers élève des vers à soie et fabrique des tapis-drap. Son église, dite des Templiers, rappelle une époque où cet ordre avait de nombreuses possessions dans la contrée.

Guillaumes, sur le Var, conserve d'importants restes de son enceinte et ceux d'un château fort considérable, bâti au milieu de rochers escarpés.

Saint-Étienne, à 1140 mètres d'altitude, sur la Tinée, est une vaste commune dont les pâturages nourrissent de nombreux bestiaux. — En aval, *Isola* passe pour occuper « le site à la fois le plus charmant et le plus grandiose des Alpes-Maritimes ». Sa cascade du Louch n'a pas moins d'une centaine de mètres de hauteur. — A l'ouest de *Touët-de-Beuil*, canton de Villars, s'ouvrent les gorges du *Gians*, longues de 25 kilomètres, et qui sont parmi les plus belles qu'on puisse voir. « Les parois, qui s'élèvent jusqu'à 200 mètres, se composent d'assises de diverses couleurs, jaune, rouge, grise; des saillies arrondies et semblables à de gigantesques colonnes flanquent ces assises; les aiguilles et les dents qui hérissent les crêtes des rochers ont l'apparence d'anciens châteaux forts. »

---

[1] Arrondissement de Puget-Théniers : 6 *cantons*, 48 communes, 20 870 habitants.
Cantons et communes principales : 1. *Puget-Théniers*, 1 220 habitants. — 2. *Guillaumes*, 1 030. — 3. *Roquestéron*, 430. — 4. *Saint-Étienne-de-Tinée*, 1 860; Isola, 1 050. — 5. *Saint-Sauveur*, 700. — 6. *Villars*, 740; Touët-de-Beuil.

CORSE

1 DÉPARTEMENT

5 ARRONDISSEMENTS, 62 CANTONS, 364 COMMUNES, 290200 HABITANTS

Historique. — La **Corse**, appelée *Cyrnos* par les anciens Grecs et *Corsica* par les Romains, fut probablement habitée à l'origine par des peuplades celtes. Colonisée d'abord par les Phéniciens et les Phocéens, elle fut occupée au ve siècle avant Jésus-Christ par les Carthaginois, auxquels les Romains l'enlevèrent après la première guerre punique. Sous la domination de ces derniers, 162 ans seulement avant notre ère, la Corse fut très florissante et compta, dit-on, un million d'âmes. Mais elle fut cruellement éprouvée par les diverses invasions des Barbares, notamment par le terrible Genséric, qui en persécuta les habitants parce qu'ils avaient embrassé la religion catholique. Entre tous les martyres, celui de sainte Julie est resté le plus célèbre; elle partage la popularité de sainte Lurine et de sainte Dévote, martyrisées au siècle précédent, époque à laquelle probablement le christianisme s'introduisit en Corse.

Après les Vandales, vinrent les Hérules et les Goths; puis l'île rentra sous la domination des empereurs d'Orient, qui ne purent empêcher les Sarrasins de la dévaster en 713. En établissant le pouvoir temporel des papes, Pépin le Bref comprit la Corse dans l'acte de donation, et ses successeurs la défendirent à plusieurs reprises contre les pirates jusqu'à l'établissement du régime féodal. Vers le xie siècle, Sambocuccio combattit la domination seigneuriale et organisa la « Terre de Commune », qui s'étendait de Brando, au nord, à Aleria, Corte et Calvi. Le territoire affranchi, administré par le conseil supérieur des *douze nobles*, était subdivisé en *pièvres*, territoire répondant à peu près à un canton actuel, et ayant chacun son *podesta* (maire et juge), assisté des *pères de commune*, et son *caporali*, chargé de veiller à l'exécution des lois. Telle fut l'organisation administrative qui, en principe du moins, resta en vigueur dans l'île jusqu'à la Révolution. Après la mort de Sambocuccio, la Corse fut principalement le théâtre de luttes sanglantes que les Pisans, auxquels le pape Urbain II l'avait donnée en fief, eurent à soutenir contre les Génois pendant deux siècles. Ceux-ci en devinrent les maîtres en 1347. Leur domination, justement détestée à cause de leur mauvaise administration, subsista jusqu'en 1769, interrompue toutefois par de nombreuses révoltes. Telles furent celle de 1553 à 1559, dirigée par le brave Sampiero, avec l'aide de notre roi Henri II; celle de 1735, qui fit momentanément de la Corse un royaume pour l'aventurier allemand Théodore de Neuhoff; celle de 1752 à 1768, dirigée par les deux Paoli. Incapable de dominer plus longtemps, Gênes vendit ce territoire à la France, qui l'avait soutenue dans ses dernières luttes, et Louis XV en proclama l'annexion le 15 août 1768, un an, jour pour jour, avant la naissance du plus célèbre Corse, Napoléon Bonaparte. En vain Pascal Paoli essaya-t-il de résister pour conserver à son pays l'indépendance : ses héroïques défaites à Lente, Canavaggia et Pontenovo décidèrent du sort de l'île. Toutefois Paoli, retiré en Angleterre, offrit la Corse au roi Georges III, qui la posséda de 1794 à 1796. Réunie alors définitivement à la France, l'île fut divisée en deux départements : le *Golo*, chef-lieu Bastia, et le *Liamone*, chef-lieu Ajaccio, que réunit en un seul le sénatus-consulte du 19 avril 1811.

Avant 1790, la Corse était divisée au point de vue religieux en cinq diocèses, et au point de vue civil en dix provinces, dont six dans l'*En deçà des Monts*, c'est-à-dire à l'est, y compris tout le nord jusqu'à Calvi, et quatre dans l'*Au delà des Monts*, à l'ouest.

Géographie. — Le département de la *Corse* comprend l'île de même

Col de Bavella (1211 mètres d'altitude), au N.-E. de Sartène.

nom, située au sud-est de la France, dont elle est éloignée de 170 kilomètres. Sa forme est une ellipse irrégulière, s'allongeant du sud au nord et que déprime la presqu'île du cap Corse. C'est le plus long département (183 kilomètres) après celui du Nord, et le 6e par sa superficie, qui est de 8722 kilomètres carrés.

La Corse est traversée dans toute sa longueur par une chaîne de montagnes élevées, qui suivrait régulièrement la courbure de la côte occidentale, si à partir du centre elle ne s'infléchissait vers l'est. Cette chaîne envoie à droite et à gauche, surtout au sud-ouest, de nombreuses ramifications ne laissant entre elles que des gorges, d'étroites vallées et, sauf la plaine d'Aleria, à l'est, de minces bordures d'alluvions autour des baies qui échancrent la plus grande partie de l'île. Ces montagnes, dont quelques sommets sont couverts de neiges perpétuelles, ont leurs flancs garnis d'herbages, de belles forêts où domine l'admirable pin laricio, de châtaigneraies et de bois d'oliviers, de *maquis* ou broussailles, dont les plantes aromatiques embaument l'air. Cette terre montagneuse appartient aux formations granitique et porphyrique à l'ouest d'une ligne tirée du nord-ouest au sud-est, et aux terrains tertiaires et calcaires à l'est, où s'étend de Bastia à Travo la longue plaine alluviale et marécageuse d'Aleria.

Dans la région granitique se trouvent les plus hauts sommets : le *Cinto*, 2707 mètres, au nord-ouest de Corte; le Rotondo, 2625 mètres, qui a longtemps passé pour le point culminant; le Paglia Orba, 2525 mètres; les monts Cardo, Padro, d'Oro, Renoso, Incudine, de plus de 2000 mètres. L'arête centrale et ses ramifications ont de nombreuses dépressions traversées par des voies carrossables ou muletières; le col de Vizzavona (1162 mètres) est franchi à ciel ouvert par la route d'Ajaccio à Corte, et en tunnel par le chemin de fer qui dessert ces deux villes. — Corte s'élève de 400 à 500 mètres d'altitude; Sartène, à 330 mètres; l'altitude moyenne est d'environ 500 mètres.

Le littoral de l'île a un développement de 490 kilomètres. A l'ouest, il est élevé et rocheux, déchiqueté en de nombreuses dentelures, profondément découpé par les golfes de Saint-Florent, de Calvi, de Porto, de Sagone, d'Ajaccio et de Valinco. Le cap Pertusato forme la pointe méridionale, voisine du port de Bonifacio, qui donne son nom au détroit de 10 kilomètres séparant la Corse de la Sardaigne. La côte orientale est indentée dans sa partie sud par les golfes de Santa-Manza et de Porto-Vecchio, qui offrent d'excellents mouillages; plus au nord, elle est généralement droite, basse, bordée d'étangs miasmatiques sans ports notables, sauf celui de Bastia, situé à la base de la presqu'île du cap Corse.

L'île est arrosée par de nombreux torrents (*fiumi*), dont les principaux sont, sur le versant oriental : le Golo, le Tavignano, et le Fium' Orbo; sur le versant occidental : le Taravo, le Prunelli, le Gravone et le Liamone. Dans la montagne gisent de charmants petits lacs, et sur la côte orientale des étangs assez considérables, tels que celui d'Urbino et ceux de Diana et de Biguglia, qui furent les ports d'Aleria et de Mariana.

Climat et productions. — En général, on distingue en Corse deux sortes de climats : celui de la zone de 600 à 1800 mètres, tempéré, vivifiant, salubre, et celui de la zone inférieure, chaud et malsain dans les plaines marécageuses des embouchures et surtout de la côte orientale, qui engendrent les pernicieuses fièvres appelées *malaria* (mauvais air). Aussi dès le mois de juillet et pendant ceux d'août et de septembre, tout le monde se hâte d'abandonner ces dangereux parages pour la montagne, et la plus affreuse solitude règne dans toute la plaine, en dépit de la fécondité et du magnifique ciel bleu qui la couvre. Or il serait possible de remédier à cet inconvénient, notamment par des plantations d'eucalyptus. Les vents dominants sont le *libeccio* et le *sirocco*, venus du sud. Ajaccio reçoit en moyenne 72 centimètres et Bastia 86 centimètres de pluie par an.

Malgré la fertilité du sol, très peu de terres sont cultivées; encore ne le sont-elles généralement que par des Italiens. C'est que, outre le manque de capitaux et de voies de communication, le Corse dédaigne les travaux champêtres, auxquels il préfère la chasse et la pêche; d'ailleurs, il se contente le plus souvent pour nourriture du fromage (*broccio*) fait avec le lait des chèvres, et de la traditionnelle *polenta*, fabriquée avec la farine des châtaignes, extrêmement abondantes dans le pays. Mais si les plaines et les vallées inférieures produisent peu de céréales, on y rencontre en grand nombre l'olivier, le citronnier, l'oranger, le cédratier, l'amandier, le grenadier, le mûrier et les plants de vigne. Plus haut croissent le pommier, le noyer et surtout le châtaignier, puis de belles forêts de hêtres, de bouleaux, de sapins et de pins laricios, enfin les pâturages nourrissant plus de 200 000 chèvres et de 450 000 moutons. A part les chèvres, qui sont de forte taille, les animaux domestiques sont petits, mais vigoureux; le mouflon est assez commun sur les sommets rocheux; l'éducation du ver à soie réussit bien. Quant à la superficie boisée, elle est de 183 000 hectares, soit à peu près celle des terres incultes et des *maquis*, formés d'arbousiers, de myrtes, de lentisques, etc. Parmi les forêts, qui sont une des beautés de la Corse, on remarque celles d'Aïtone, de Bavella, du Coscione et de Valdoniello; malheureusement elles ont eu à souffrir des incendies et surtout de la dent des chèvres qui mangent les jeunes pousses, d'autant plus que les bergers sont encouragés par l'impunité dont ils jouissent. En effet, en se réfugiant dans les maquis, ils échappent aux poursuites de l'autorité, rendue impuissante « par le régime spécial qui, pour l'administration de la justice et surtout pour l'exécution des jugements, a mis jusqu'ici la Corse en dehors et les Corses au-dessus de la loi française ».

Les richesses minérales de la Corse sont des plus variées, mais encore très peu exploitées. Citons, entre autres, le minerai de fer, l'antimoine, le manganèse, le plomb, le cuivre, l'amiante, surtout les granits roses et rouges de la côte occidentale, les marbres blancs et gris, les porphyres, le jaspe et l'albâtre. Les sources minérales les plus renommées sont les eaux ferrugineuses d'Orezza et les eaux sulfureuses de Pietrapola. L'industrie manufacturière, à peine naissante, fabrique quelques étoffes et des toiles grossières dans l'intérieur, un peu de fer à Bastia, des vins, des huiles d'olives, des pâtes alimentaires et des fromages, que l'on exporte avec des châtaignes, des fruits de table, des bois communs, du corail brut et des poissons salés. Espérons que les chemins de fer récemment établis dans le pays donneront un élan à sa production agricole et industrielle, si inférieure à celle qu'il peut et doit fournir.

Les habitants. — D'après le recensement de 1896, la Corse renferme 290 200 habitants, soit 126 300 de plus qu'en 1801. C'est notre 63e département au point de vue de la population absolue, et le 83e pour la densité, avec 33 habitants par kilomètre carré. Les étrangers, presque tous italiens, sont environ 13 000. Le langage, qui varie suivant les localités,

Costumes corses.

est un dialecte vif et imagé de la langue italienne; mais aujourd'hui le français est enseigné dans tous les villages de l'île, dont beaucoup d'habitants ignorent même les premiers éléments de l'instruction. Le catholicisme est partout professé, ce qui du reste, comme ailleurs, ne veut pas dire toujours pratiqué.

A cause des luttes incessantes soutenues au moyen âge par les Corses, presque tous les villages sont perchés sur le flanc ou même le sommet des montagnes; aujourd'hui il y a tendance contraire : les habitations descendent dans les vallées, à proximité du chemin de fer et des ports.

Mœurs corses. — « On connaît, dit Vivien de Saint-Martin, le caractère de la nation corse, dans laquelle sont fondues un très grand nombre de races autochtones de sang inconnu : Phéniciens, Ligures, Celtes, Romains, Arabes, Espagnols, Catalans, Français. C'est une race sobre, hospitalière, adroite aux exercices du corps, pleine de courage, dédaigneuse du confortable, que la plupart des indigènes ne soupçonnent même pas; mais superstitieuse, peu laborieuse, joueuse et surtout vindicative à l'excès.

Malgré les progrès de la civilisation, qui sont sensibles surtout dans les villes, il n'est pas rare de se voir transmettre encore comme un héritage sacré cette haine sanguinaire si connue sous le nom de *vendetta,* et qui armait les familles les unes contre les autres, ensanglantait les villages et peuplait les maquis de bandits. » De « bandits », c'est-à-dire de proscrits volontaires, fuyant pour échapper aux représailles ou encore, de nos jours, aux poursuites administratives, mais prêts à se défendre jusqu'au meurtre.

« Le banditisme, dit G. Faure, a fait plus de mal à la Corse que les luttes incessantes qu'elle a eues à soutenir depuis deux mille ans. C'est lui qui a tué dans son sein le travail, l'agriculture, le commerce et l'industrie, étouffé la littérature, les lettres et les arts, et retenu dans l'engour-

Ajaccio. — La grotte de Napoléon (page 355).

dissement une des races les plus actives, les plus intelligentes et les plus énergiques de l'Europe. »

Selon Élisée Reclus, « la fréquence des meurtres pendant les siècles passés devait être attribuée à la perte de l'indépendance nationale; l'invasion génoise avait eu pour résultat de diviser les familles. D'ailleurs, la certitude de ne pas trouver d'équité chez les magistrats imposés par la force portait les indigènes à se faire justice eux-mêmes; ils en étaient revenus à la forme rudimentaire du droit : le talion.

« En certains endroits, chaque maison de paysan était devenue une citadelle crénelée, où les hommes se tenaient sans cesse à l'affût, tandis que les femmes sortaient librement et vaquaient aux travaux des campagnes. Terribles étaient les cérémonies funèbres, quand on apportait à sa famille le corps d'un parent assassiné. Autour du cadavre se démenaient les femmes en agitant les habits rouges de sang, tandis qu'une jeune fille, souvent la sœur du mort, hurlait un cri de haine, un appel furieux à la vengeance. Ces *voceri* de mort étaient la poésie populaire des Corses. »

Le *costume* du paysan corse est simple et original : un bonnet pointu ayant la forme d'un casque phrygien, en peau ou en laine, dont les côtés peuvent retomber sur les oreilles ; une veste d'étoffe brune, des culottes courtes, que soutient une ceinture où par-devant pend une large giberne, et enfin des bottines de cuir écru, composent son habillement. Le costume des femmes est plus varié. Les Grecques de Cargèse ont un habillement qui rappelle celui des femmes maïnotes. Les paysannes des autres cantons, avec leur voile ou mantille de drap à l'espagnole, portent dans les jours de fête des corsets, des jupons et des tabliers à couleurs vives et variées, comme ceux des paysannes italiennes.

Personnages. — Le patriote Sampiero, né à Bastelica, mort en 1567.

Ajaccio. — Maison où est né Napoléon.

Le commandant Casabianca, né à Bastia, tué à Aboukir (1798). Le général Abbatucci, né à Zicavo, tué à Huningue, en 1798. Pascal Paoli, le champion moderne de la Corse, né à Morosaglia, mort en 1807. L'empereur Napoléon Ier (1769-1821), né à Ajaccio, ainsi que ses quatre frères : Joseph, roi d'Espagne, mort en 1844 ; Lucien, prince de Canino, mort en 1840 ; Louis, roi de Hollande, mort en 1846, et Jérôme, roi de Westphalie, mort en 1860. Le cardinal Fesch, né à Ajaccio, mort en 1839. Le diplomate Pozzo di Borgho, né à Alata, mort en 1842. Le maréchal Sébastiani, né à la Porta, mort en 1851. Le général Arrighi, duc de Padoue, né à Corte, mort en 1853. Le maréchal d'Ornano, né à Ajaccio, mort en 1863.

Administrations. — La Corse forme le diocèse d'Ajaccio ; elle ressortit à la cour d'appel de Bastia, à l'académie d'Aix, à la 15e région militaire (Marseille), à l'arrondissement maritime de Toulon, à la région agricole du Sud, à la 30e conservation forestière (Ajaccio) et à l'arrondissement minéralogique de Marseille.

Elle comprend 5 arrondissements : *Ajaccio, Calvi, Bastia, Corte, Sartène*, avec 62 cantons et 364 communes.

I. **AJACCIO**, chef-lieu du département[1], est une ville de plus de

---

[1] Arrondissement d'AJACCIO : 12 *cantons*, 80 communes, 78 640 habitants.
Cantons et communes principales : 1. *Ajaccio*, 20 560 habitants. — 2. *Bastelica*, 3 340. — 3. *Bocognano*, 1 820 ; Ucciani, 1 200. — 4. *Evisa*, 910. — 5. *Piana*, 1 480 ; Cargèse, 1 220 ; Ota, 1 060. — 6. *Salice*, 610. — 7. *Santa-Maria-Siché*, 790 ; Coti-Chiavari, 1 600 ; Pina-Canale, 1 160. — 8. *Sari-d'Orcino*, 960. — 9. *Sarolla-Carcopino*, 900 ; Cutoli, 1 040. — 10. *Soccia*, 730 ; Guagno, 1 130. — 11. *Vico*, 1 970. — 12. *Zicavo*, 1 640 ; Cozzano, 1 020 ; Guitera, Palneca, 1 300.

20 000 âmes, magnifiquement située sur la rive nord d'un vaste golfe de la côte sud-ouest. Dominée au loin par des cimes majestueuses, toujours blanches de neige, elle s'élève elle-même en amphithéâtre, environnée de sites charmants, sous un climat d'une grande douceur; aussi est-elle devenue une station d'hiver assez fréquentée. L'intérieur de la ville offre des rues spacieuses et bordées de belles maisons, des promenades agréables et plusieurs places rappelant Bonaparte : celles de Lætitia et du Casone, dont l'une possède la maison où il naquit, l'autre est située près d'une grotte où, jeune enfant, il se retirait pour étudier; la place du Marché, ornée

Vue d'Ajaccio.

d'une statue en marbre du premier consul, et la place Diamant, avec un groupe représentant Napoléon Ier à cheval, entouré de ses quatre frères à pied. La cathédrale, de 1587, a la forme d'une croix grecque surmontée d'une élégante coupole, et le palais Fesch, transformé en lycée, renferme une bibliothèque de 30 000 volumes, un musée de 600 tableaux et la jolie chapelle où se trouvent le tombeau de Lætitia Ramolino, mère de Napoléon, ceux du cardinal Fesch et du prince Lucien Bonaparte.

Le port d'Ajaccio, défendu par une citadelle qui croise ses feux avec d'autres ouvrages, pourrait abriter une flotte entière et recevoir des navires du plus fort tonnage. Il exporte des peaux de chevreaux et d'agneaux, du cuir, des bois de construction, des minerais, du poisson; divers produits de l'industrie d'Ajaccio : cigares, pâtes alimentaires, corail, huile d'olive, et ceux de son territoire : cédrats, oranges, citrons et vins. La ville possède une pépinière départementale et un jardin botanique, où la cochenille du Mexique naît et se propage merveilleusement sur des figuiers d'Inde, qui poussent là comme dans leur pays d'origine.

Ajaccio existait déjà sous les Romains, mais à 2 kilomètres nord, sous le nom d'*Urcinium,* et devint le siège d'un évêché au vi^e siècle. C'est seulement en 1495 que la ville fut fondée sur son emplacement actuel; aussi fut-elle toujours, sous la domination génoise, moins considérable que Corte et Bastia : on n'y comptait que 3000 habitants en 1739, et de nos jours encore elle le cède en importance à cette dernière, bien qu'elle soit depuis

Ajaccio. — Groupe des cinq frères Bonaparte.

1811 le chef-lieu de l'île. Mais ce qui la rendra à jamais célèbre, c'est qu'elle a donné le jour au plus grand conquérant des temps modernes, Napoléon Bonaparte, qui fut le premier empereur des Français.

BASTELICA est un séjour d'été au milieu de belles forêts. — Aux environs d'EVISA on visite la belle forêt d'Aïtone et la fameuse gorge de la Spelunca, défilé-gouffre entre des parois de granit noirâtre, que les gens du pays croient hanté par de mauvais génies.

PIANA, sur une colline dominant le beau golfe de Porto, est dominé lui-même par une hauteur qui porte les restes du château de Jean-Paul de Lecca, le héros de l'indépendance corse contre les Génois au xve siècle. A l'est se trouve une région de rochers granitiques, qui affectent les formes les plus étranges : « Ce caprice de la nature, où le grotesque se mêle au sublime, où les têtes de chimères, les squelettes de mastodontes s'accrochent aux fûts et aux colonnes de palais bizarres, de forteresses branlantes et inachevées, s'appelle les *Calanche* et constitue l'une des plus grandes curiosités de la Corse. » — *Cargèse*, en amphithéâtre au-dessus du golfe de Sagone, fut fondé en 1764 par le gouverneur de Marbeuf pour donner asile à des familles grecques établies dans l'île dès 1676, mais jusqu'alors dispersées; ses habitants se distinguent encore du reste des Corses par leur langage, leur costume, leurs mœurs et leur religion.

Napoléon Bonaparte.

Santa-Maria-Siché, à 6 kilomètres du Taravo, montre les restes du château de Sampiero d'Ornano, le héros de l'indépendance corse au XVIe siècle, et la tour dite Vanina, du nom de sa femme. — *Coti-Chiavari* possède un pénitencier agricole d'environ 750 détenus, presque tous sujets de nos possessions africaines. La plage de Chiavari est en relations journalières avec Ajaccio.

Au canton de Soccia, *Guagno*, au milieu de montagnes couvertes de

forêts de châtaigniers, exploite deux sources thermales sulfureuses (37°
et 55°), efficaces contre les rhumatismes et les blessures d'armes à feu.
Ces eaux alimentent un établissement de bains et un hôpital militaire pour
200 malades.

Vico, au-dessus de la rive droite du Liamone, est une petite ville, jadis
sous-préfectorale, dont le territoire exceptionnellement fertile renferme
d'excellents vignobles. Au sud-ouest, le hameau de Sagone, avec port et
plage, est une ancienne cité épiscopale, à laquelle Vico succéda au XIe siècle,
sans toutefois jamais prendre officiellement le titre de capitale du diocèse.

Zicavo, sur une hauteur dominant la rive gauche du Taravo, tend à
devenir une des stations estivales les plus fréquentées de la Corse. — Sur
la rive droite du petit fleuve, se trouvent les bains de *Guitera*, dont les
eaux sulfurées sodiques (45°) sont employées avec succès contre les blessures et les maladies articulaires.

II. **CALVI**, petite sous-préfecture d'un peu plus de 2000 âmes[1], est
la ville de Corse la plus rapprochée de France, soit à 8 ou 10 heures de
mer d'Antibes. Bâtie sur la côte occidentale d'un golfe, elle se divise en
vieille ville occupant, avec le fort du Muzello, le haut d'un roc majestueux qui s'avance dans la mer, et en ville neuve, s'étalant sur la plage.
Éclairé par un feu fixe de premier ordre, établi sur la pointe Revellata,
le port est magnifique; mais son importance a diminué depuis la création
de l'Ile-Rousse. — Calvi, dont le territoire est couvert d'oliviers et de
mûriers, fut jadis très attachée à la république génoise, qui la qualifia
de *semper fidelis :* seule des villes de l'île, elle résista en 1553 aux armées
franco-turques dirigées par le maréchal de Thermes et Sampiero. Prise
par les Anglais en 1794, après une défense également héroïque, elle fut
reprise par les Français l'année suivante. Au siège de 1553 se rapporte
un crucifix miraculeux, que l'on conserve dans l'oratoire de Saint-Antoine.

Calenzana, la commune la plus étendue du département (44000 hectares), s'adonne à l'éducation des abeilles et à l'extraction du minerai de
plomb argentifère. Sa chapelle Santa-Restituta est l'une des plus vénérées
de l'île. En février 1732, les Corses défirent les Génois aux environs.

L'Ile-Rousse, sur une baie au nord-ouest de Calvi, est un petit port
bien abrité, dont le commerce, qui va en s'accroissant, consiste surtout
en fruits, huiles d'olives, bois et minerais. La ville tire son nom d'un groupe
d'îlots de granit rouge qui ferment son port au nord; elle fut fondée en
1758 par Paoli, qui voulut susciter ainsi une rivale à Calvi, restée fidèle
à Gênes; le buste du fondateur couronne une fontaine monumentale.

Algajola, au canton de Muro, était autrefois une ville fortifiée et un
port florissant, qui exportait les produits de la fertile contrée appelée

---

[1] Arrondissement de Calvi : 6 *cantons,* 35 *communes*, 26500 habitants.
Cantons et communes principales : 1. *Calvi*, 2130 habitants. — 2. *Belgodere*, 1000. —
3. *Calenzana*, 3060; Galeria, 1130. — 4. *Ile-Rousse (L')*, 1840; Corbara, 1050; Santa-Reparata,
1240. — 5. *Muro*, 1200; Algajola, Speloncato, 1000. — 6. *Olmi-Cappella*, 940.

Balagne. Ruiné par l'Ile-Rousse, il n'est plus connu aujourd'hui que par ses carrières de granit rose.

III. **BASTIA**, sous-préfecture de 22 500 âmes [1], s'élève en amphithéâtre à l'entrée orientale de la presqu'île du cap Corse, en face de l'île d'Elbe et des côtes de la Toscane. C'est la première localité de l'île, aux multiples points de vue de la population, de l'industrie, du commerce et de l'histoire. Défendue par une citadelle, elle se divise en deux parties : *Terra-Vecchia* et *Terra-Nuova*. Sauf le beau boulevard de la Traverse, long d'un kilomètre, elle n'a que des rues étroites, mais dallées en belles pierres. Elle manque de monuments civils, et ses églises, construites dans le style italien, sont décorées avec un luxe tout méridional; sur la place Saint-Nicolas s'élève la statue en marbre blanc de Napoléon Ier. Au sud et au nord de cette place se trouvent les deux ports de Bastia : l'ancien et le nouveau, celui-ci accessible en tout temps. Ce double port, dont dépend un chantier de construction de navires, fait plus de la moitié du commerce de l'île. Ses objets d'exportation sont en partie les produits du territoire et de l'industrie de Bastia : minerais d'antimoine, de fer et de cuivre, fonte du hameau de Toga, pâtes alimentaires, fruits, vins, poissons, corail, bois de construction, huile d'olive, cuirs et tabac. — Ancienne *Martinum*, détruite après la domination romaine, Bastia n'était au XIVe siècle qu'une dépendance de Cardo, devenu hameau à son tour. En 1380, les Génois la relevèrent pour en faire leur principale forteresse (*Bastida*) et le siège du gouvernement de l'île. Après avoir été jusqu'en 1790 la capitale de la Corse, elle fut de 1793 à 1811 le chef-lieu du département du Golo, pour tomber ensuite au rang de sous-préfecture, mais en conservant la cour d'appel pour le département. Parmi les sièges qu'elle soutint, le plus remarquable est celui de 1794 contre Paoli et les Anglais, auxquels, à moitié ruinée, elle se rendit le 20 juillet.

Borgo, au sud de Bastia, fut en 1768 le théâtre d'une bataille gagnée par Paoli sur les troupes françaises. — *Biguglia*, située près d'un étang insalubre mais très poissonneux, surtout en anguilles, est l'ancienne ville romaine de *Cersunum*, qui devint la capitale de l'île sous la domination pisane et au commencement de celle des Génois. En 1394, Arrigo della Rocca y remporta une victoire sur ces derniers, qui durent momentanément évacuer le pays. — Au territoire de *Lucciana*, à 2 kilomètres du rivage, la vieille église romane dite la Canonica occupe l'emplacement de

---

[1] Arrondissement de Bastia : 20 *cantons*, 94 communes, 80 450 habitants.
Cantons et communes principales : 1-2. *Bastia*, 22 550 habitants. — 3. *Borgo*, 900; Biguglia, Lucciana. — 4. *Brando*, 1680. — 5. *Campile*, 990. — 6. *Campitello*, 340. — 7. *Cervione*, 1560. — 8. *Lama*, 540. — 9. *Luri*, 1960. — 10. *Murato*, 1070. — 11. *Nonza*, 540; Canari, 1180. — 12. *Oletta*, 1190; Olmeta. — 13. *Pero-Casevecchie*, 510. — 14. *Porta*, 530; Casabianca. — 15. *Rogliano*, 1590. — 16. *Saint-Florent*, 680. — 17. *San-Martino-di-Lota*, 910. — 18. *San-Nicolao*, 720. — 19. *Santo-Pietro-di-Tenda*, 1210. — 20. *Vescovato*, 1560; Loreto-di-Casinca, 1020; Penta-di-Casinca, 1020; Venzolasca, 1250.

la cité épiscopale de *Mariana*, fondée, croit-on, par Marius et détruite par les Sarrasins.

Brando, dans la presqu'île du cap Corse, est connue par sa jolie grotte à stalactites et stalagmites, ayant l'apparence de l'albâtre; la chapelle Notre-Dame, à Levasina, est très vénérée dans le nord de la Corse.

Cervione, en amphithéâtre sur les dernières pentes du Monte Castello, est remarquable par son église Sainte-Christine, de construction pisane et ornée d'intéressantes peintures murales du xvie siècle.

Luri, dans un charmant et fertile vallon de la presqu'île du cap Corse, conserve un donjon du moyen âge, appelé tour de Sénèque, mais qui, en dépit de la tradition, n'a jamais renfermé le célèbre philosophe pendant son exil en Corse.

Murato, au-dessus de la rive gauche du Bevinco, possède non pas une, mais trois églises bâties par les Pisans au xiie et au xiiie siècle; d'après Mérimée, celle de Saint-Michel est « la plus étrange et la plus jolie qu'il y ait en Corse ».

Nonza, perché sur une falaise de la presqu'île du cap Corse, cultive de vigoureux cédratiers, qu'arrosent les eaux de la fontaine Sainte-Julie. Cette sainte était une jeune chrétienne du pays, martyrisée par les Romains; suivant la légende, ses bourreaux lui ayant arraché les deux mamelles et les ayant jetées sur un rocher, il en jaillit immédiatement deux fontaines que le temps n'a pas taries, et dont les eaux sont réputées miraculeuses.

Oletta, au sud-ouest de Bastia, possède le mausolée du général Rivarola, mort gouverneur de Malte, — et *Olmeta-di-Tuda*, le château du maréchal Sébastiani.

Porta s'élève sur la rive gauche du Fium Alto, près des ruines de la cité épiscopale d'*Accia*, abandonnée à la suite des guerres avec les Génois. — C'est à *Casabianca*, au nord, dans la Consulte nationale de Saint-Antoine, que Pascal Paoli fut élu général des Corses, le 14 juillet 1755.

Rogliano occupe presque l'extrémité de la presqu'île du cap Corse, la partie la plus laborieuse, la plus morale, la plus riche de l'île, disait naguère M. Victor Rendu, et qui a, pour ainsi dire, le monopole de la fabrication des vins muscats, façons madère et malaga; le hameau de Macinaggio lui sert de « marine » ou port.

Saint-Florent, au fond d'un golfe, est un petit port bien situé et défendu par une citadelle, mais malheureusement entouré d'alluvions insalubres. Près de là, sur une colline, se trouvent les ruines de la cathédrale Sainte-Marie de l'Assomption, seuls restes de la ville épiscopale de *Nebbio*.

Vescovato, près du Golo, pratique en grand la sériciculture, et dans ses environs se voient de belles cascades. Après les premières invasions sarrasines, cette bourgade devint le siège de l'évêché de Mariana, ce qu'indique d'ailleurs son nom; elle est aussi connue depuis 1815 par la conspiration de Murat. — A *Penta*, sont les forges dites de Fiumalto.

IV. **CORTE** est une sous-préfecture de 5 000 âmes[1], en même temps qu'une petite place de guerre située parmi les plus hautes montagnes et presque au centre de l'île. Bâtie par 400-500 mètres d'altitude, elle se divise en vieille ou haute ville avec citadelle, s'étageant jusqu'au sommet

Vue de Corte, ville haute (altitude, 500 mètres).

d'un roc qui domine abruptement de 110 mètres la vallée du Tavignano, et en basse ou nouvelle ville, occupant les rives du petit fleuve. Outre son aspect pittoresque et sa citadelle construite vers 1420, Corte nous présente

---

[1] Arrondissement de CORTE : 16 *cantons*, 108 communes, 59 500 habitants.
Cantons et communes principales : 1. *Corte*, 5 000 habitants. — 2. *Calacuccia*, 930 ; Albertacce, 1 190 ; Lozzi, 1 050. — 3. *Castifao*, 540. — 4. *Ghisoni*, 1 890 ; Ghisonaccia, 1 030. — 5. *Moita*, 840 ; Aleria, Zalana, 1 040. — 6. *Morosaglia*, 1 040. — 7. *Omessa*, 850. — 8. *Piedicorte-di-Gaggio*, 840. — 9. *Piedicroce* (Orezza), 1 540. — 10. *Pietra*, 790. — 11. *Prunelli-di-Fiumorbo*, 1 080 ; Isolaccio (Pietrapola), 1 550 ; Ventiseri, 1 230. — 12. *San-Lorenzo*, 510. — 13. *Sermano*, 270. — 14. *Valle-d'Alesani*, 670. — 15. *Venaco*, 1 630 ; Gatti-di-Vivario, 1 400. — 16. *Vezzani*, 960.

encore la maison où Paoli avait installé le gouvernement national, et qui sert de palais de justice; la maison du patriote Gaffori, vainement assiégée par les Génois en 1750, et qu'habitèrent ensuite quelque temps le père et la mère de Napoléon; les statues de Paoli et du général Arrighi de Casanova, duc de Padoue. C'est à sa situation avantageuse que cette ville dut d'être, au XVIIIe siècle, le centre de la résistance contre les Génois; elle eut aussi de 1764 à 1790 une université créée par Paoli, et dont une école rappelle le souvenir. L'industrie y est représentée par des scieries de marbre, des fabriques de pâtes d'Italie, de poterie, de vins estimés, et il s'y fait un commerce assez actif de bois, huiles d'olive, châtaignes et autres produits régionaux.

CALACUCCIA et *Albertacce*, sur le Golo, que domine la belle forêt de Valdoniello, sont les principales localités de l'ancienne piève de Niolo, la région la plus élevée de toute la Corse et dont les habitants, de race à part et presque tous bergers, atteignent la plus haute taille, de 1 mètre 90 à plus de 2 mètres. Les chèvres en font la principale richesse; leur lait sert à fabriquer le délicieux fromage *broccio*, et leur toison à confectionner le *pelone*, manteau noir à capuchon des montagnards. — GHISONI, près du Fium Orbo, est remarquable par les magnifiques rochers du « Kyrie-Eleison » et du « Christe-Eleison », qui le dominent de plus de 900 mètres.

Aleria, au canton de MOITA, est un petit village situé près de l'embouchure du Tavignano, entre les étangs de Diana et d'Urbino, renommés pour leurs huîtres. Ce village est tout ce qui reste de la ville la plus ancienne et la plus classique du département. Aleria remonte en effet au VIe siècle avant Jésus-Christ, alors que les Phocéens la fondèrent sous le nom d'*Alalia*. Dévastée par Scipion, colonisée ensuite par Sylla, elle fut la capitale de l'île pendant toute la domination romaine et une partie du moyen âge. Au XIe siècle les Maures la saccagèrent, et depuis elle ne s'est pas relevée, d'autant plus que le mauvais air de sa plaine et le comblement de son port, remplacé par l'étang de Diana, sont venus s'ajouter à ce désastre. Cependant l'évêché d'Aleria, créé dès les premiers siècles chrétiens, subsista jusqu'à la Révolution de 1789.

MOROSAGLIA, au versant sud du Monte Piano, conserve au hameau de Stretta la maison où naquit le célèbre Pascal Paoli et dans laquelle ont été rapportées ses cendres. On y voit aussi un ancien couvent de Franciscains, où il se retirait souvent. Le hameau de Pontenovo, sur le Golo, fut témoin de la dernière défaite du grand patriote par les troupes de Louis XV (8 mai 1769).

PIEDICROCE, qui exploite des mines d'amiante, s'élève sur des hauteurs dominant le Fium Alto naissant, dans la pittoresque et fertile région appelée « Castagniccia », la Châtaigneraie. C'est dans l'ancien couvent, occupé par la gendarmerie, que se tenaient les consultes ou assemblées générales du peuple corse, et que se décidèrent souvent les prises d'armes contre les Génois. Aujourd'hui c'est le hameau d'Orezza qui attire les populations, grâce à ses sources ferrugineuses et gazeuses (15°), utilisées dans un établissement thermal, et dont il s'exporte 400 000 bouteilles par an.

Au canton de PRUNELLI, la commune d'*Isolaccio* possède également une station thermale, celle de Pietrapola, dont les eaux sulfurées sodiques étaient déjà connues des Romains.

VALLE-D'ALESANI, sur les pentes du mont Olmelli, rappelle la victoire remportée en 810 sur les Sarrasins par Charles, fils de Charlemagne. Ce fut dans le couvent d'Alesani, aujourd'hui ruiné, que le baron de Neuhoff fut, en 1736, proclamé roi de Corse sous le nom de Théodore. — VENACO est le nom officiel d'un canton dont le chef-lieu est *Serraggio*, sur le versant oriental du Monte Rotondo; exploitation de carrières de marbre.

V. SARTÈNE, chef-lieu d'arrondissement peuplé d'environ 6 000 âmes[1], s'élève par 330 mètres d'altitude moyenne dans un pays pittoresque, aussi fertile en grains et vins qu'il est riche en monuments mégalithiques. La ville elle-même est étrange. « Adossée à un mont, parmi des granits âpres de couleur violacée, avec ses maisons régulières, rigides, d'une hauteur singulière, et les ouvertures de ses fenêtres noires comme des meurtrières, elles ressemble à une vaste forteresse. Vers la gauche, comme pour compléter ce robuste décor, l'Incudine montre sa cime désolée, et les aiguilles fatidiques d'Asiano s'élèvent menaçantes vers les nues. D'anciens remparts, qui protégeaient autrefois Sartène contre les Barbaresques, courent en ruines le long des roches qui supportent les maisons, montrant encore des restes de ronde et des tourelles de guetteurs. » (A. DE MORTILLET.)

Bonifacio, presque à l'extrémité sud de la Corse, est une petite place forte et maritime, baignée par le détroit de 10 kilomètres de largeur, appelé Bouches de Bonifacio, qui la sépare de la Sardaigne. « Cette ville, la plus curieuse de la Corse, occupe entièrement la plate-forme d'une très étroite presqu'île, formée de strates presque horizontales de calcaire blanc. Fièrement campée sur cette table de pierre, qui de tous côtés ne présente qu'un seul front de falaises verticales, et même sur quelques points évidées, hautes de plus de 60 mètres, elle domine la longue et étroite lagune qui lui sert de port, et s'avance hardiment en surplomb au sud, au-dessus de la mer, en face de la Sardaigne. Ses vieilles fortifications, ses clochers lui donnent un grand air, et elle a une de ces physionomies que l'on n'oublie plus une fois qu'on les a vues. »

(A. LEQUEUTRE.)

---

[1] Arrondissement de SARTÈNE : 8 *cantons*, 47 communes, 45 070 habitants.
Cantons et communes principales : 1. *Sartène*, 6150 habitants. — 2. Bonifacio, 3860. — 3. *Levie*, 2660; Figari, 1250; Zonza, 1320. — 4. *Olmeto*, 2070; Propriano, 1860. — 5. *Petreto-Bicchisano*, 1360; Sollacarò, 1340. — 6. *Porto-Vecchio*, 3200; Sari (Solenzara). — 7. *Santa-Lucia-di-Tallano*, 1500. — 8. *Serra-di-Scopamene*, 890; Aullene, 1150; Monacia, 1130; Sotta, 1290.

Bonifacio est en effet très monumental. Outre les fortifications et la citadelle, on y remarque la belle église Sainte-Marie-Majeure, de construction pisane ; l'église gothique de Saint-Dominique, ayant appartenu aux Templiers et aux Dominicains ; l'église Saint-François et la grosse tour de Torrione, qui sert de poudrière. La ville offre, en outre, plusieurs grottes fort curieuses, creusées par les eaux marines dans le plateau même qui la supporte. Ces excavations, qui s'étendent jusque sous la place publique, peuvent être visitées en bateau lorsque la mer est calme. Le port, créé par la nature, est profond et sûr, mais ne peut recevoir que de petits bâtiments ; il s'adonne à la pêche du corail et commerce surtout avec la Sardaigne. — Bonifacio doit son origine et son nom à un lieutenant de Charlemagne, le pisan Boniface, qui y établit une forteresse dans le but de réprimer les continuelles irruptions des Sarrasins. Elle fut la première ville corse qui subit la domination des Génois et la seule qui l'accepta dans la suite sans regret : il est vrai qu'aussitôt après la conquête, en 1195, les habitants avaient été expulsés et remplacés par des familles génoises. En 1420, les Bonifaciens parvinrent à repousser les assiégeants aragonais ; mais ils furent moins heureux contre les Franco-Turcs en 1553.

Olmeto, dans une belle position en vue de la mer, comprend presque tout l'ancien fief d'Istria, patrimoine d'une famille célèbre dans les guerres corses. — *Propriano,* sur le golfe de Valinco, est un bon petit port qui expédie les produits de la région : vins, huiles, fruits, grains et bois. Au nord-est, jaillissent les sources thermales sulfureuses de Barraci (40°), efficaces contre la goutte et les rhumatismes.

Porto-Vecchio, au fond d'une magnifique baie, est un port aujourd'hui insignifiant, mais auquel son excellente situation pourra un jour donner de l'importance, surtout comme port militaire. Ses habitants, que la malaria oblige à se retirer dans la montagne en été, s'adonnent à l'élevage de chevaux renommés et à l'exploitation des chênes-lièges, mais non plus des salins qui faisaient naguère leur fortune. Porto-Vecchio, autrement dit Port-Vieux, conserve en partie l'enceinte fortifiée que les Génois y avaient élevée, pour empêcher les Sarrasins de trouver comme jadis un asile dans le golfe. — Au nord, sur la limite du territoire de *Sari,* le petit port de Solenzara possède une grande usine métallurgique (en chômage) et une importante minoterie ; il exporte le bois des forêts environnantes.

Santa-Lucia, dans un site pittoresque sur le Tavaria, produit d'excellents vins allant de pair avec les meilleurs crus du cap Corse, et extrait de magnifiques minerais d'amphibolite globuleux, propre à la fabrication d'objets de prix.

En résumé, dirons-nous avec M. P. Joanne, « la Corse, avec ses côtes merveilleusement découpées, ses fiers sommets couverts d'une parure forestière, ses falaises dominant à pic, en fantastiques arêtes, le flot bleu de la Méditerranée, l'azur de son ciel, ses maquis odorants, ses défilés sauvages, ses vallées verdoyantes et profondes, sa végétation subtropicale, est admirablement belle, d'une beauté fruste à nulle autre pareille.

« Le parfum que répand cette terre élyséenne est si vif et si pénétrant, qu'on a pu dire avec raison de la Corse qu'on la sent avant de la voir ; au printemps surtout, ses myrtes, ses cistes, ses lentisques embaument, et du pont du navire, bien avant d'y aborder, ses doux parfums arrivent au voyageur ; les délicieux aromes, dont les arbustes indigènes imprègnent l'air, rappellent le mot de Napoléon à Sainte-Hélène : « A l'odeur seule, « je devinerais la Corse les yeux fermés. »

TABLE DES MATIÈRES[1]

Province d'AUVERGNE. — Historique (Vercingétorix) 7
— Département du **PUY-DE-DOME**. — Géographie[2]. — Dore et Dômes. 14

I. CLERMONT-FERRAND (concile), Montferrand, Royat, Billom, le Mont-Dore, Gergovie. 19
II. RIOM, Volvic, Montpensier, Pontgibaud. 24

III. THIERS, Lezoux, Maringues, Saint-Rémy. 26
IV. AMBERT, Arlanc, Olliergues. 27
V. ISSOIRE, Besse (grotte de Jonas), Saint-Nectaire, Brassac, Latour. . 28

— Département du **CANTAL**. — Géographie. — Massif du Cantal. Vie d'hiver. . . 31

I. AURILLAC, Maurs, Vic-sur-Cère, col du Lioran. 36
II. MAURIAC, Champagnac, Salers (pâturages et fromages). 38

III. MURAT, Allanche, Condat 40
IV. SAINT-FLOUR, Chaudesaigues, Ruines (Garabit) 41

Province de GASCOGNE. — Historique (le Gascon). 43
— Département du **GERS**. — Géographie. — Le Gers. 47

I. AUCH, Gimont, Vic-Fezensac. 49
II. CONDOM, Casaubon, Eauze, Nogaro, Castéra-Verduzan 50
III. LECTOURE, Fleurance, Mauvezin, Miradoux. 53

IV. LOMBEZ, Simorre, l'Isle-Jourdain, Samatan. 53
V. MIRANDE, Marciac, Montesquiou, Plaisance 54

— Département des **LANDES**. — Géographie. — Dunes et landes. Forêts de pins. Courses landaises. 55

I. MONT-DE-MARSAN, Gabarret, Labrit, Morcenx, Labouheyre. 61
II. SAINT-SEVER, Aire, Hagetmau, Tartas. 63

III. DAX, Saint-Vincent-de-Paul, Peyrehorade. 64

— Département des **HAUTES-PYRÉNÉES**. — Géographie. — Les Pyrénées. Le gave de Pau 69

I. TARBES, Maubourguet, Rabastens. . . 74
II. BAGNÈRES-DE-BIGORRE, Arreau, Campan. 75

III. ARGELÈS, Cauterets, Lourdes (Notre-Dame), Luz, Barèges, Saint-Sauveur, cirque de Gavarnie. . . . 77

Province du BÉARN. — Historique. 84
— Département des **BASSES-PYRÉNÉES**. — Géographie. — Les Basques. . . . 85

I. PAU et son château, Lescar, Morlaàs, Nay, Notre-Dame de Bétharram. . 89
II. ORTHEZ, Navarrenx, Salies, Sauveterre. 94
III. OLORON-SAINTE-MARIE, Laruns et Eaux-Chaudes, Eaux-Bonnes. 95

IV. MAULÉON, Saint-Étienne de Baïgorry, Saint-Jean-Pied-de-Port (Roncevaux), Saint-Palais. 96
V. BAYONNE, Biarrits, Hasparren, Saint-Jean-de-Luz, Hendaye, la Bidassoa et l'Île des Faisans 98

Comté de FOIX. — Historique. 104
— Département de l'**ARIÈGE**. — Géographie. — L'Ariège. Forge à la catalane. . . 105

I. FOIX, Ax, Lavelanet, Bélesta et Fontestorbe, Tarascon (grotte de Lombrive), Val d'Andorre. 109

II. SAINT-GIRONS, Massat, Saint-Lizier. . 112
III. PAMIERS, le Mas-d'Azil, Mirepoix, Saverdun, Mazères, Varilhes. . . 115

---

[1] Cette table ne donne que la division générale et les principales localités décrites. On trouvera les autres localités, soit dans le texte, soit dans un tableau des cantons, en tête des arrondissements.
[2] La géographie comprend : l'orographie, l'hydrographie, le climat, l'agriculture et l'industrie ; en outre, les habitants (statistique), les personnages et les divisions administratives.

TABLE DES MATIÈRES

Province du ROUSSILLON. — Historique................ 118

— Département des **PYRÉNÉES-ORIENTALES**. — Géographie. — Montagnards, contrebandiers, gitanos........................ 119

I. Perpignan, Elne, Estagel, Rivesaltes, Salces............. 124
II. Céret, Port-Vendres, Banyuls, Amé-lie-les-Bains............. 127
III. Prades, Mont-Louis, Llyvia.... 131

Province du LANGUEDOC. — Historique (la Langue d'oc)....... 132

— Département de la **HAUTE-GARONNE**. — Géographie. — La Garonne.... 140

I. Toulouse, Villefranche, Pibrac (sainte Germaine), Villemur....... 144
II. Villefranche, Revel (bassin de Saint-Ferréol)................ 149
III. Muret (bataille), Cazères, Montes-quieu-Volvestre........... 150
IV. Saint-Gaudens, Bagnères-de-Luchon, Saint-Bertrand-de-Comminges, Montréjeau, Saint-Martory...... 152

— Département du **TARN**. — Géographie. — Le Sidobre. Le Tarn......... 157

I. Albi (les Albigeois, p. 136), Carmaux, Pampelonne, Réalmont...... 161
II. Castres, Lacaune, Mazamet.... 166
III. Lavaur, Graulhet, Puylaurens... 169
IV. Gaillac, Cordes, l'Isle-d'Albi, Rabastens............... 170

— Département de l'**AUDE**. — Géographie. — Gorges de l'Aude. Canal des Deux-Mers (p. 139)............... 172

I. Carcassonne (la Cité), Montolieu, Montréal, Caunes............ 176
II. Castelnaudary (bataille), Saint-Papoul (saint Pierre Nolasque)...... 180
III. Limoux, Alet, Chalabre, Quillan.. 182
IV. Narbonne, Sigean, la Nouvelle... 184

— Département de l'**HÉRAULT**. — Géographie. — L'Hérault. Les vignobles.... 187

I. Montpellier (saint Roch), Aniane, Frontignan, Cette, Lunel.... 190
II. Béziers, Agde, Bédarieux, Pézenas. 196
III. Saint-Pons, Saint-Chinian, la Salvetat. 199
IV. Lodève, Clermont-l'Hérault, Mourèze................ 200

— Département du **GARD**. — Géographie. — Le Gard et les Gardons........ 201

I. Nîmes (Arènes, Maison-Carrée), Aigues-Mortes, Beaucaire, Saint-Gilles. 206
II. Uzès, Pont-Saint-Esprit (Pont du Gard)................ 213
III. Alais, Anduze, Bessèges, la Grand-Combe.............. 215
IV. Le Vigan, Saint-Hippolyte-du-Fort, grotte de Bramabiau........ 217

— Département de l'**ARDÈCHE**. — Géographie. — Volcans du Vivarais. Gorges de l'Ardèche............... 219

I. Privas, Aubenas, Bourg-Saint-Andéol, Viviers, la Voulte........ 225
II. Largentière, Joyeuse, les Vans (bois de Païolive)............ 229
III. Tournon, Annonay, saint François-Régis................ 231

— Département de la **LOZÈRE**. — Géographie. — Grottes des Causses. Gorges du Tarn. Gavaud................ 235

I. Mende, Châteauneuf-de-Randon, Langogne............... 243
II. Florac, Meyruès, Sainte-Enimie.. 245
III. Marvejols, Javols, le Malzieu (bête du Gévaudan), Saint-Chély.... 246

— Département de la **HAUTE-LOIRE**. — Géographie. — Dykes. Loire. Industrie dentellière.................. 259

I. Le Puy (Notre-Dame de France), Saint-Paulien, Saugues...... 254
II. Yssingeaux, Monistrol, Saint-Didier. 260
III. Brioude, la Chaise-Dieu, Leangeac. 262

Province du COMTAT. — Historique........... 264

— Département de **VAUCLUSE**. — Géographie. — Fontaine de Vaucluse..... 265

I. Avignon (palais des Papes, saint Bénézet), Cavaillon, l'Isle-sur-la-Sorgue. 268
II. Orange, Bollène, Vaison, Valréas... 273
III. Carpentras, Venasque, Sault (Ventoux)................ 275
IV. Apt, Cadenet, Pertuis........ 277

Province de PROVENCE. — Historique............ 279

— Département des **BOUCHES-DU-RHONE**. — Géographie. — Crau et Camargue. Le Marseillais.................. 283

I. Marseille (Notre-Dame de la Garde, port historique), Aubagne, la Ciotat................ 289
II. Aix, Martigues, Salon........ 297
III. Arles, Saint-Remy, les Baux, Tarascon............... 300

— Département du **VAR**. — Géographie. — Salins des Pesquiers 306

I. Draguignan, Fréjus, Saint-Tropez. . 310
II. Toulon (port militaire), Hyères (ville et iles), Ollioules, la Seyne. . . . 314
III. Brignoles, Pourrières, Saint-Maximin, Sainte-Baume 318

— Département des **BASSES-ALPES**. — Géographie. — Mort de la montagne. Moutons transhumants. 318

I. Digne, Moustiers-Sainte-Marie, Riez, Gréoux 326
II. Barcelonnette, Jausiers, Saint-Paul. 328
III. Castellane, Entrevaux, Senez . . . 329
IV. Forcalquier, Banon, Manosque. . . 330
V. Sisteron, Noyers, Volonne 331

COMTÉ DE NICE. — Historique 332

— Département des **ALPES-MARITIMES**. — Géographie. — La côte et la montagne 333

I. Nice, Menton et les villes liguriennes, Villefranche. 336
II. Grasse, Antibes, Cannes, îles Lérins, Vence. 342
III. Puget-Théniers, Guillaumes, Isola. 346

Province de CORSE. — Historique. 347

— Département de la **CORSE**. — Géographie. — Mœurs corses 349

I. Ajaccio, Piana, Cargèse, Vico. . . . 354
II. Calvi, Calenzana, l'Ile-Rousse. . . . 358
III. Bastia, Rogliano, Saint-Florent . . 359
IV. Corte, Calacuccia (Niolo), Aleria, Piedicroce (Orezza). 361
V. Sartène, Bonifacio, Porto-Vecchio. . 363

www.ingramcontent.com/pod-product-compliance
Lightning Source LLC
Chambersburg PA
CBHW070842170426
43202CB00012B/1918